中国军控与裁军协会

2006年度
国际军备控制与裁军
——报告——

世界知识出版社

图书在版编目（CIP）数据

2006年度国际军备控制与裁军报告/中国军控与裁军协会编. —北京：世界知识出版社，2006. 4

ISBN 7-5012-2814-0

Ⅰ. 2… Ⅱ. 中… Ⅲ. ①军备—控制—研究报告—世界—2006②裁军问题—研究报告—世界—2006

Ⅳ. ①E118②D815. 4

中国版本图书馆 CIP 数据核字（2006）第 030792 号

责任编辑/罗养毅

封面设计/勾建山

责任出版/林　琦

责任校对/余　岚

书　　名/2006年度国际军备控制与裁军报告

出版发行/世界知识出版社

地址电话/北京市东城区干面胡同51号　（010）65265923

网　　址/www.wap1934.com

邮政编码/100010

经　　销/新华书店

排版印刷/世知萨隆文化交流中心排版　世界知识印刷厂印刷

开本印张/970×640毫米　1/16　25¾印张　396千字

版次印次/2006年5月第一版　2006年5月第一次印刷

定　　价/35.00元

出版说明

由协会专家撰写和编辑的《2006年度国际军备控制与裁军报告》业已由北京世界知识出版社出版发行，本年度《报告》收录了过去一年里国内关于国际军备控制、裁军与防扩散领域里的最新研究成果，涉及核、生、化、外空、防扩散以及非政府组织等多方面的内容。

2005年，国际军备控制与裁军领域深受国际安全形势演变、国际关系调整和部分国家内外政策变化的影响。国际机构在推进国际军备控制与裁军方面做出不懈努力，达成相关条约和公约。一些有核武器国家继续在核政策、核战备、核技术发展方面做出新的调整。地区扩散问题仍是2005年国际军备控制与裁军问题的热点问题，成为有关国家和集团竞争与合作的重要平台。中国从维护国际社会稳定和周边安全环境以及维护本国安全利益的需要出发，积极参与国际军备控制与裁军事务，为推动地区和平与稳定发挥了重要和积极的作用。

本年度报告共收集论文21篇、采访稿1篇和4个附件，在体例上与前两本年度报告基本一致。所不同的是，这次的报告还收录了三篇国内专家关于中国核政策和航天政策的英文稿件，向英文版的年度报告迈出了尝试的一步。在编辑本年度报告的过程中，我们致力于2005年情况综述与背景分析的结合；注重感性认识与理性分析的统一；旨在进一步提高报告的权威性和完整性，提高资料的可靠性，并吸纳了学者一些独到的见解。我们希望，随着编辑此类报告经验的丰富和广泛地吸收专家学者的高见，这样一份研究报告能成为目前国内本领域研究重要成果之集大成者，也是从事本专业研究工作者和业余爱好者参阅的有益文献。

协会的宗旨一直是为国内外专家学者提供一个展现自己学术成果和交流思想的平台。在编撰过程中，我们选取了具有代表意义的文稿，尽最大可能保留原作者的观点和思想，但这并不表示所选内容代表中国军控与裁军协会的观点。

限于水平，奉献给广大读者的这期年度报告肯定存在种种不足，敬请各位专家、学者和其他读者批评指正。

《国际军备控制与裁军报告》课题组

2006年2月于北京

目　录

【年度回首】

2005年国际军备控制与裁军进程

☞李根信　滕建群　张玉龙

2005年国际社会的军控与裁军努力

☞孔　军

2005年国际军备控制与裁军进程

李根信　滕建群　张玉龙

内容提要：2005年，国际军备控制与裁军进程深受国际安全形势演变、国际关系调整和部分国家内外政策变化的影响。国际机构，特别是联合国在推进国际军备控制与裁军方面做出不懈努力，达成相关条约和公约，对规范国际行为准则提供了新的标准。一些有核武器国家仍不放弃核力量建设,并在核政策、核战备、核技术发展方面做出新的调整。地区扩散问题仍是2005年国际军备控制与裁军问题的关注点，朝鲜半岛核问题和伊朗核问题不仅成为影响地区稳定与安全的重要因素，而且成为有关国家和集团竞争与合作的重要平台。中国从维护国际社会和平、安全与稳定，以及周边安全环境和本国安全利益的需要出发，积极参与国际军备控制与裁军事务，发表《军控、裁军与防扩散努力》白皮书，向世界宣示中国在这一领域里取得的成果。

主 题 词：国际军控与裁军　形势　综述

作者单位：北京　中国军控与裁军协会　中国国防科技信息中心

一、国际机构和组织在国际军备控制与裁军领域的努力

（一）联合国

过去一年，联合国达成《制止国际恐怖行为国际公约》① 等国际条约,但在审议《不扩散核武器条约》和推进《全面禁止核试验条约》生效等方面，由于受到大国阻挠，或无果而终，或进展缓慢。

1. 联合国大会通过《制止国际恐怖行为国际公约》。4月，联合国大会投票表决通过旨在制止核恐怖主义的国际公约草案。9月举行的

① 中新网2005年4月14日电，新华社消息：第59届联大通过《制止核恐怖行为国际公约》。

首脑会议上，联合国秘书长安南向大会提交此案，供各国首脑签署。根据规定，公约在22国批准后生效，成为国际法律文书和国际行为准则。这是近年来联合国通过的第13个国际反恐怖文件。公约要求签署国调整本国法律，把核恐怖行为列入犯罪行为，并配以相应的刑与罚。公约认定，以制造伤亡、损害财产或破坏环境为目的，拥有和使用放射性物质或放射性装置和破坏核设施以及威胁使用放射性物质和装置的行为，是核恐怖行为。这就对什么是核恐怖行为做了较为全面的界定。

作为联合国第13个国际反恐怖公约，它是由俄罗斯在7年前提出来的，对当前反恐怖和防扩散具有重要的现实意义。安南在草案通过后指出，这是国际反对恐怖主义斗争的重大进展，有助于防止恐怖主义获取具有威胁性的武器，从而维护世界安全；有助于强化国际反恐怖的法律框架和各国反恐怖主义合作。此前在提出联合国改革报告时，安南就把通过本公约视为联合国的重要任务之一。他说，“通过一项反核恐怖的全球协议，同时加快有关阻止高浓缩铀和钚扩散谈判。在2006年9月前达成一个全面的国际反恐怖公约。”① 《公约》特点有三：第一，规定“拥有”、“威胁使用”和“使用”三种行为都是恐怖行为，不但要求不能使用放射性物质和装置，而且“拥有”这样的装置或物质都是恐怖行为。第二，公约把核恐怖的行为者聚焦在个体行为者身上，缩小了核恐怖活动的光圈。恐怖分子或恐怖组织是这一公约要制止或者说打击的对象。第三，公约规定，核恐怖行为使用的工具主要是放射性物质和核装置，而真正传统上的核武器并不是公约关注的重点。

《公约》重申，“核武器、化学武器和生物武器及其运载工具的扩散对国际和平与安全构成威胁……严密关注恐怖主义的威胁，以及非国

---

① 简评《制止国际恐怖行为国际公约》，人民网，2005年4月25日，〈http://military.people.com.cn/ GB/8221/43240/43241/3345410.html〉。联合国“威胁、挑战和改革问题高级别小组”的报告指出，“仅以核恐怖主义威胁为例，据专家估计，50千克高浓缩铀可以放进6个1升装牛奶纸桶，恐怖主义分子只需将这些高浓缩铀偷运过边境，制成简易核装置，就足以将一个中等城市夷为平地。边境管制不足以防范这种威胁。要战胜核恐怖主义威胁，各国之间，不论强弱，必须开展合作，清理高浓缩铀的储存，加强保护港口内货运集装箱，并达成新的规则，对铀的浓缩进行管理。各国之间在互通情报方面开展合作，这对制止恐怖主义来说至关重要。”〈http://www.un.org/chinese/secureworld/reportlist.htm〉

家行为者……非国家行为者可能获取、开发、贩运或使用核、生、化武器及其运载工具的危险，严重关注非法贩运核、生、化武器及其运载工具和相关材料所造成的威胁……所有国家亟需采取更多有效措施，防止核、生、化武器及其运载工具的扩散……需要根据《联合国宪章》，采取一切手段，应对恐怖行为对国际和平与安全造成的威胁，决心今后促进在不扩散领域对全球威胁做出有效应对。”公约确定了“非国家行为者”的基本概念和防止向“非国家行为者”扩散的必要性。

2.《不扩散核武器条约》审议大会无果而终。第七届《不扩散核武器条约》审议会2005年5月2—27日联合国总部举行。5月25日，分别负责“核裁军”和“和平利用核能”议题的委员会在未能达成一致的情况下结束讨论。此前负责“防止核扩散”议题委员会也未达成共识。大会最终只通过一份程序性文件。

审议大会的主要分歧在于把当前的国际军备控制与裁军进程引向何方？无核武器国家强烈要求，核武器国家应履行承诺，落实上次审议大会提出的“13个步骤”，保证在核禁试、核裁军等方面有所进展。但以美国为首的一些大国只谈扩散问题。美国认为，当前国际防扩散形势发生变化，不应拘泥于2000年审议会通过的文件，应制订应对当前形势的新文件。美国不再支持2000年通过的13项步骤，因为其中有些已过时。例如，2000年的文件要求加强1972年达成的《反弹道导弹条约》。而美国2002年退出了《条约》。美国还认为，2000年的文件不是“一份路线图或具有约束力的指南或别的任何类似文件”。相反，美国要求强化《条约》中无核武器国家不扩散义务的条款。伊朗外长哈拉齐在大会上强调，和平利用核技术一直是《条约》三大支柱之一，也是国际原子能机构的主要目标。一些国家试图以防止核武器扩散为借口，限制别国寻求和平利用核能。这一态度违背《条约》精神。[①]

这种尖锐的对立，是当前国际军备控制与裁军领域里矛盾的具体表现，联合国只是给有关各方提供展示矛盾的舞台。一是大国主导国际军备控制与裁军进程，主谈防扩散，而不再谈传统意义上的核裁军和军备控制。二是国际社会不但关注主权国家，而且关注包括恐怖主义分子在内的“非国家行为体”，特别是关注他们的扩散行为。三是无

① 伊朗外长称伊决心继续寻求用于和平目的的核技术，人民网，2005年5月3日，<http://military.people.com.cn/GB/42967/3366217.html>

核武器国家继续为争取有核武器国家的核裁军而努力着，出现“新议程联盟”这样一些由多个政府组成的国际实体和诸如“国际禁雷运动”这样一些非政府组织组成的实体，成为当前推动国际军备控制与裁军进程的重要力量。

笔者认为，维持国际核不扩散机制需要两方面努力：一是核武器国家采取必要的实际性努力，真正在防扩散、核裁军以及和平利用核能方面发挥表率的作用，尤其应并对无核武器国家做出不使用核武器的安全保证；二是无核武器国家继续恪守不拥有核武器的义务，保证不涉足核武器的研究与发展。与此同时，推动大国在核裁军等方面做出努力。

3.《全面禁止核试验条约》生效前景黯淡。第四届促进《全面禁止核试验条约》生效大会9月21—23日在纽约召开。大会通过最后《宣言》，呼吁各国把签批约问题置于最高政治地位，加速批约进程。各国在《条约》生效之前，应继续保持暂停所有核武器爆炸试验和任何其他核爆炸、限制发展核武器和改进核武器质量、停止发展先进的新型核武器，继续高效建设核查体制。大会表达了对《全面禁止核试验条约》生效将增强国际和平与安全的信心。

截至2005年11月，共有176个国家签署了《全面禁止核试验条约》，125个国家批约。根据规定，《条约》必须要在批约的44个有核能力的国家中41国签约和33国批约后方能生效。然而，美国布什政府明确表示，在其任期内不会考虑批约问题，也不会把批约提交国会讨论。美国还在不断地削减应向《全面禁止核试验条约》组织提供的经费，截至11月9日，美国应缴纳会费1100万美元和949万欧元，拖欠会费293万美元和229万欧元。受相关大国政策的影响，《条约》短期内生效前景黯淡。但在各方的努力下，《条约》的核查体制建设工作正在稳步进行。截至2005年8月，四种基本技术台站（基本地震台站、辅助地震台站、次声台站、水声台站和放射性核素台站）建设工作已分别完成70%、76.7%、53.3%、72.7%和51.2%，按照现有计划，全部核查台站建设将于2007年底之前完成。[①]

① 以上数字由国防科技信息中心张玉龙和刘华秋同志提供。

(二) 国际组织

2005年，伊朗核问题随着国际和伊朗国内政治的变化一波三折。焦点是伊朗是否拥有和平利用核能的权利和国际社会是否应把伊朗核问题从国际原子能机构提交给联合国。[①] 为解决伊朗核问题，国际原子能机构和欧盟扮演着重要的角色。

2003年初，当伊朗宣布发现并提炼出能为其核电站提供燃料的铀后，其核计划立即引起国际社会的关注。为尽快促成伊朗与国际原子能机构合作，德、英、法三国代表欧盟与伊朗举行多轮会谈，提出由欧盟提供核技术、核原料来换取伊朗放弃铀浓缩活动的建议，伊朗做出妥协。2004年11月，伊朗宣布中止与铀浓缩有关的一切活动。但之后伊朗又多次强调，中止铀浓缩只是暂时行为，将在适当的时候恢复。

2005年2月9日，伊朗总统哈塔米在德黑兰对各国驻伊朗大使说，伊朗绝不会放弃核计划。他指出，在核问题上对伊朗的不公平对待将导致“严重”后果。他说：“伊朗保证不会制造核武器，因为反对核武器，也不认为核武器是权力之源，但伊朗不会放弃和平使用核技术。”他强调，伊朗不会放弃铀浓缩活动，暂停铀浓缩活动只是“善意”的表现。[②] 4月底，欧盟与伊朗的接触会谈未果，伊朗重申恢复铀浓缩活动，引起欧美强烈反应。5月，伊朗与欧盟恢复接触，并称将遵守2004年11月停止铀浓缩活动的协定，欧盟则表示将在约两个月内提出一项综合计划，并进一步解决伊朗核问题。

2005年6月底，内贾德赢得总统选举以来，伊朗核问题再次出现波折。伊朗一度要求欧盟必须于8月1日之前提交5月承诺的伊朗核问题谈判一揽子解决方案，否则将重启与铀浓缩相关的活动，但同时还声明仍准备与欧盟继续谈判。欧盟警告伊朗不要采取任何单边行动，与美国一道再度威胁要将该问题提交联合国安理会。8月5日，英、法、德向伊朗提交一揽子提议，承认伊朗拥有和平开发核能的权利，

---

① 就在本书付印之际，国际原子能机构已经把伊朗核问题报告给了联合国安理会。2006年3月10日，安理会五个常任理事国在美国驻联合国办事机构进行闭门磋商，无果。美国和西欧国家已公开宣称，要对伊朗进行严厉的制裁。与此同时，伊朗政府的态度也趋向强硬，伊朗外交部发言人阿塞菲12日在德黑兰表示，伊朗决不会再度中止铀浓缩活动，即使联合国安理会提出这样的要求，伊朗也不接受。参见新华网德黑兰3月12日电。

② 伊朗总统：保证不制造核武器 绝不放弃核计划，新华网，2005年2月10日，<http://news.xinhuanet.com/world/2005-02/10/content_2567010.htm>

但敦促伊朗放弃自建核反应堆，改由他国提供核燃料，遭伊朗拒绝。8月8日，伊朗宣布，由立场强硬的拉里贾尼取代鲁哈尼担任伊朗首席核谈代表。同日，伊朗在国际原子能机构监控下重新启动位于伊斯法罕的铀转化设备。

9月15日，伊朗伊斯兰共和国通讯社援引总统内贾德的话说，伊朗准备与其他伊斯兰国家分享用于和平目的的核技术。内贾德说："伊斯兰共和国从未寻求大规模杀伤性武器，考虑到伊斯兰国家的需求，我们准备将核技术秘诀转让给这些国家。"① 19日，在国际原子能机构理事会会议开幕上，德、英、法三国向大会正式提交决议草案，要求将伊朗核问题提交联合国安理会，使伊朗核问题进一步升温。此前，伊朗总统内贾德于17日就解决伊朗核问题提出一系列建议，其中包括邀请外国公司参加伊朗的铀浓缩计划，以增加该计划的透明性，消除外界对伊朗发展核武器的疑虑。德、英、法三国对此建议表示"失望"，理由是伊朗不仅没有满足欧盟有关伊朗停止铀转化活动的要求，而且更进一步大谈铀浓缩计划。伊朗态度强硬，德、英、法也不示弱，明里暗里表示要将伊朗核问题提交安理会，考虑对伊朗实施制裁。

9月下旬，国际原子能机构理事会通过欧盟提出的关于伊朗核问题的决议，称必要时将其核问题报告联合国安理会。② 该项决议由法、德、英三国多次修改并提交理事会会议表决通过。伊称该决议是"非法的和不可接受的"；美国称仍希望通过和平外交方式处理核问题；国际原子能机构总干事巴拉迪表示，通过对话和外交手段解决伊核问题还有广阔空间；俄表示该决议预示着国际原子能机构将继续加强与伊合作。

伊朗的强硬态度和欧盟面临的窘境让欧洲舆论感到担忧。一些欧洲报刊指出，如果2006年春天伊朗和欧盟仍不能就核问题达成某种妥协，伊朗核问题的博弈势将升级。欧洲不少媒体甚至猜测2006年3月可能是欧美对伊朗"摊牌"的最后期限。

---

① 伊朗总统称准备向其他伊斯兰国家转让核技术,新浪网，2005年9月15日，<http://news.sina.com.cn/w/2005-09-15/18236954385s.shtml>

② 美国与伊朗：继续顶牛的老冤家,光明网，2005年11月14日，<http://guancha.gmw.cn/show.aspx?id=5052>

二、防扩散是当前国际军控与裁军领域的主要内容，传统裁军毫无进展

2005年,国际军控与裁军进程仍以防扩散为主要内容,传统的多边军控与裁军举步维艰。除在第七届《不扩散核武器条约》审议大会上表现出有核武器国家与无核武器国家之间的严重分歧外,在核裁军、《全面禁止核试验条约》等生效等方面,国际社会几乎达不成统一行动的基础。

1. 防扩散继续是有关国家和国际组织关注的重要内容。2005年6月20日美国公布了“欧盟和美国关于不扩散大规模杀伤性武器工作联合计划的声明”。决定加强信息共享,拓宽全球对不扩散的支持和参与;敦促普遍遵守各项防条约和加入防导弹扩散的《海牙行为准则》;促进全面执行安理会1540号决议;欢迎国际原子能机构建立新的保障监督与核查委员会的决定,确保所有国家与该机构缔结全面的保障监督协定和附加议定书;承诺加强“防扩散安全倡议”,鼓励倡议的参加国在打击扩散网络中进行合作,包括跟踪和阻断用于扩散的金融交易。

7月26日，澳大利亚、智利、印尼、挪威、罗马尼亚、南非和英国等七国外长发表加强遵守核不扩散与裁军协议的声明，号召普遍加入《不扩散核武器条约》；呼吁所有尚未缔结和执行保障监督协定和附加议定书的国家毫不迟延地缔结和予以执行。七国重申《条约》国应不受歧视地享有为和平目的研究、生产和使用核能的权利，但要与它们承担的义务保持一致，保证不转用于武器目的。尽管缔约国有退出《条约》的权力，但仍需采取措施阻止退约行为，退约国仍然要对退约前违反的义务承担法律上的责任。各国应增强其裂变材料的透明度和安全；都有义务执行安理会1540号决议。七国对修改《核材料实物保护公约》表示欢迎，并促使其早日批准。必须继续推进全面和彻底核裁军，以便走向一个无核武器的世界。必须设法使《全面禁止核试验条约》早日生效，无条件启动《禁产条约》的谈判。

8月15日，美国副国务卿约瑟夫阐述美国军控政策的三项核心工作：一是转型外交；二是防扩散安全倡议；三是保护美国免受大规模杀伤性武器威胁需要采取措施。转型外交是指外交工作要从过去应对美苏削减战略核武器谈判转变到应对武器扩散和恐怖主义威胁上来。转型外交需要国内各部门之间建立协同与对话，需要与世界上和美国

价值观一致者结成伙伴关系。倡议是执行转型外交所不可或缺的，当前的关键是演习计划，除阻截扩散项目的转运之外，还要阻止扩散者进入银行系统、与合法的公司结成伙伴以及进入金融市场。面对大规模杀伤性武器威胁，美国必须做好准备，采取全面防御措施，其中包括导弹防御。

2. 欧盟越来越重视防扩散的地位和作用。近年来，欧盟明显提升防扩散政策在其对外政策中的地位，并从战略和资金等方面强化欧盟防扩散的能力，先后推出“欧洲安全战略”和“应付大规模杀伤性武器战略”,[①] 设想出以预防为主的防扩散措施。2005年，欧盟继续围绕着这些文件精神采取一系列措施，加强作为地区性组织在防扩散方面的能力，所采取措施归纳为：

第一，确保欧盟各成员国成为“模范公民”。欧盟成员国的多家公司曾是汗核走私网络参与者，并提供可用于核武器计划的物项。2004年2月开始，欧盟特设小组对成员国出口管制制度进行严格的审查。安理会通过1540号决议后，欧盟委员会邀请相关的隶属机构，审议合理的政治与法律手段，包括在司法和内务框架下可能采取的行动。这些政策涉及到大规模杀伤性武器材料的非法出口、交易和走私的刑事制裁等事项。[②]

第二，强化全球军控程序，以促进所谓“有效的多边主义”的发展。欧盟一直在提供资金，促进相关《条约》、协议和公约的全面生效和遵守。欧盟承诺180万欧元，推动全面参加《禁止化学武器公约》和支助成员国能有效地履行本公约。欧盟提出“‘质疑性核查’的行动计划”，目的就是要强化《禁止化学武器公约》的核查力度。[③] 欧盟成员国承诺为“防扩散安全倡议”做出努力。欧盟承诺将采取“必要措施，在成员国和共同体法律授权允许范围内和在与国际法和框架所承担义务相一致的条件下支持拦截的努力”。[④]

---

① 两个战略均发表于2003年12月。

② 欧盟部长理事会，“欧盟部长理事会关于犯罪制裁的声明”，欧盟理事会文件10774/04，布鲁塞尔，2004年6月23日。<http://ue.eu.int/uedocs/cmsUpload/st10774.en04.pdf>.

③ 荷兰常住联合国大使克里斯·桑德斯在联合国安理会第一委员会第59次会议上代表欧盟发表的声明，“欧盟主席声明：其他类型的大规模杀伤性武器”,2004年10月19日。<http://europa-eu-un.org/articles/en/article_3929_en.htm>.

④ 欧盟部长理事会，“在不扩散方面对‘防扩散安全倡议’的支持”，文件10052/04，布鲁塞尔，2004年6月1日，<http://ue.eu.int/uedocs/cmsUpload/st10052.en04.pdf>.

第三，提供资金支持，以确保武器以及相关材料的安全。欧盟在对国际不扩散和军控的资助一直相对有限。欧盟《应付大规模杀伤性武器战略》把对强化旨在裁军、敏感材料和设施以及专业知识控制和保护计划放在突出地位。欧盟正在实施“联合行动计划”，[①] 计划15个月内提供330亿欧元，支持确保核安全的计划。2004年底，欧盟同意支持“全俄罗斯科学无机材料研究院”实施的保护计划，[②] 提供大约800万欧元。

第四，把不扩散政策融入欧盟对外政策中。欧盟负责防扩散事务的代表吉安娜拉指出，由于把防扩散政策融入欧盟对外政策中，欧盟在谈判中有“真正的工具”。她说:“防扩散现在被放在与人权和反恐相提并论的地位上。如果你不达到一定标准，它将会影响到你与欧盟的关系。[③] 目前，欧盟已把防扩散条款写入与叙利亚、阿尔巴尼亚、塔吉克斯坦、以色列、摩尔多瓦和乌克兰达成的相关文件中。[④] 欧盟三国与伊朗围绕着核问题的周旋同样是在上述战略指导下进行的。[⑤]

3. 美国推行双重标准，使防扩散工作复杂化。2005年6月，美国与印度签署了防务框架协议。接着,布什又与到访的印总理辛格会晤并发表联合声明。两国表示将进一步加强全球性伙伴关系，在防务和安全领域更为紧密的合作，美国将研究解除对印度空间和核技术的出口限制，在民用核能领域进行全面的合作和贸易。2006年3月2日，访问印度的布什总统与印度签署了民用核能合作协议，引起国际社会关注。

---

① 欧盟部长理事会,“理事会在核安全计划和在落实欧盟应付大规模杀伤性武器战略框架下支持国际原子能机构活动的联合行动计划”2004/495/CFSP，2004年5月17日，欧盟官方刊物，L182/46，2004年11月22日，第46-50页。

② 欧盟部长理事会，“理事会对俄罗斯联邦境内一处核场地进行实物性保护提供支持的联合行动计划”2004/796/CFSP，2004年11月22日，欧盟官方刊物，L349，2004年11月22日，第57-62页。

③ A.吉安娜拉，“欧盟防止大规模杀伤性武器扩散战略中出口管制的作用”，在“新挑战与履约战略研讨会上的发言”，伦敦，2004年11月17-19日。

④ 行动计划的文本可以在欧盟对外关系秘书处的网站上查阅，<http://europa.eu.int/comm/worldenp/document_en.htm>.

⑤ 欧盟部长理事会，“对付大规模杀伤性武器的扩散：把不扩散政策融入对第三方国家更广泛的关系中”，文件14997/03，2003年11月19日，参见网页：<http://www.sipri.org/contents/expcon/wmd_mainstreaming.pdf>.

美印核能合作计划引起各国强烈反应，认为在印度未签署《不扩散核武器条约》的前提下，美印在核能领域进行全面合作，事实上默认了印核武器扩散行为，认可了印度核武器国家地位。众所周知，美印两国核能合作由来已久，印度最早的核技术开发是在美国、加拿大等国支持下进行的。当前，美国与印度再次进行核能合作，不但违背《不扩散核武器条约》的宗旨，而且违反联合国的有关决议和美国自己所倡导反扩散的原则，应该引起相关国家的重视。

与此形成鲜明对比的是，布什2005年6月29日签署的“关于切断大规模杀伤性武器扩散活动资金来源的行政命令”把伊朗、朝鲜和叙利亚的八家机构和公司列入从事扩散的“黑名单”，并宣称任何同它们进行商业往来者都将面临美国的制裁，其在美国的资产将被冻结。分析人士指出，这种完全按与美国意志决定取舍，而不是按照是否存在扩散事实为依据的做法，必然会使国际社会扩散与防扩散矛盾的加剧。

4. 传统的军控与裁军进程仍处于低谷。凡是涉及战略性、与安全利益攸关的军控项目都处于僵局。按计划，2005年1月至4月、5月至7月和8月至9月裁军谈判会议在日内瓦召开三期会议，但会议对工作计划未能达成一致，裁谈会的实质性工作仍停滞不前。总的看，由于大国单边主义盛行，裁谈会在今后一定时期内仍难达成实质性成果。

美国表示，现阶段不同意“五国大使方案”① 或“荷兰非文件”② 中提出的工作计划。美国只同意就禁止长效地雷的转让和无核查的《禁产条约》两项议题开始工作。美国批评裁谈会现行议题是冷战产物，不是应对共同威胁的办法，不符合现时代的要求。美国代表的发言批评裁谈会没有成为其倡导的防扩散和反扩散行动的一部分，强调裁谈会必须超越冷战时期的议题，放弃“一切照旧”的工作态度。多数国家要求裁谈会在“五国大使方案”或“荷兰非文件”的基础上尽快达成一项工作计划。美国的论调遭到古巴、伊朗、阿尔及利亚和巴西的强烈反驳，并称核武器的威胁是现实威胁，核武器和使用核武器

---

①“五国大使方案”由比利时、阿尔及利亚、智利、哥伦比亚、瑞典五国大使在2003年1月提出，主要内容为裁谈会建立无核安保、核裁军、禁止核武器用易裂变材料生产和防止外空军备竞赛四项议题特设委员会，对各自议题进行谈判或讨论。

②“荷兰非文件”是荷兰大使在“五国大使方案”的基础上于2005年2月提出的，不同之处在于削弱了无核安保特委会职权，要求禁产特委会不设先决条件地启动谈判

的战略是冷战时期的产物。

在第三期会期间，裁谈会主席秘鲁大使在未经充分磋商的情况下提出工作计划新建议案文，该建议在形式上照搬“五国大使方案”，但削弱四大议题特委会职权。巴西、伊朗、阿尔及利亚、俄罗斯等表示不同意主席建议，继续主张在“五国大使方案”基础上达成工作计划。美、法、英、德、加等国则表示对主席建议仍需研究。

三、美国和俄罗斯继续核力量建设

（一）美国

1. *核力量结构保持稳定，更新换代计划仍在进行。*2005年，美国核库存中大约有5300枚现役核弹头，其中包括4530枚战略核弹头和780枚非战略核弹头。[①] 此外，美国还保存大约5000枚非现役核弹头，一部分留作“机动储备力量”使用，另一部分去除了核装药，处于失能状态。2004年6月，美国能源部宣布，当前核库存中的“几乎半数”核弹头将在2012年前退役并拆解。目前库存量（10350枚）到2012年会减少到6000枚左右。

2005年10月，MX“和平卫士”洲际弹道导弹全部退役。按照已作废《第二阶段削减战略武器条约》的要求，MX导弹发射井应该予以摧毁，但《2001年核态势回顾报告》却呼吁保留，理由是保留MX导弹用途很多：一是可用作航天发射器，二是可用作靶弹，三是再部署。从50枚退役的MX导弹上拆下来的550枚W87核弹头将暂时存储到2006年，到时其中部分将用来替换“民兵”Ⅲ导弹上的W62弹头。

美国当前部署500枚“民兵”Ⅲ导弹，另有300枚导弹携载当量更高的W78弹头和精确度更高的Mk-12A弹头。美国拥有336枚潜射弹道导弹（SLBM），分别部署在14艘弹道导弹核潜艇（SSBN）中。这些导弹装备大约2016枚核弹头，约占美国现役战略核弹头的48%。美国执行核打击任务的远程轰炸机有：B-2A“幽灵”式轰炸机和B-52H“同温层堡垒”式轰炸机。两种轰炸机均不参加日常战备值班，都可执行常规打击任务。

① 本节以及俄罗斯一节所引用的数字来源：原子科学家通告网站 <http://www.thebulletin.org>

2. 公布新版《联合核作战条令》，[①] 为“先发制人”战略服务。9月11日，美国《华盛顿邮报》率先报道，美国防部已起草并提交新版《联合核作战条令》草案，该草案在核武器使用原则和程序方面与以前的版本有所不同。它允许战场指挥官在获得总统授权的情况下，对使用大规模杀伤性武器的国家或恐怖主义分子集团进行先发制人的核打击，同时还允许使用核武器先发制人摧毁敌人的核、生、化武器库。美国分别于1993年、1995年对《联合核作战条令》进行过两次修改。

文件称，尽管冷战已结束，但大规模杀伤性武器的扩散使“核武器可能被用于作战使用”的危险加大。美国认为，目前大约有30个国家拥有大规模杀伤性武器项目，一些独立或由敌对国家资助的“非国家行为体（恐怖主义集团）”也在寻求大规模杀伤性武器。为应对这种形势，美国要为这种有可能存在的威胁做好准备。文件称，美国过去的政策“一贯是拒绝采用‘不首先使用’核武器，因为这种政策会削弱威慑能力”。为遏制使用大规模杀伤性武器袭击美国，美国必须做好使用核武器的准备并要显示在必要时使用核武器的决心。为遏制潜在敌人使用大规模杀伤性武器，美国必须让敌人“相信美国有能力和意愿利用可靠和有效的手段进行先发制人的打击或迅速地进行报复”。[②]

文件阐明，美军指挥官可在以下情况下要求总统授权使用核打击来应对可疑的大规模杀伤性武器的威胁：对手正使用或试图使用大规模杀伤性武器来袭击美国、多国联盟的部队和无辜的民众，而且对手的行动是用常规军事力量制止不了的；对手即将发动（生物武器）攻击，而只有核武器效应才可以安全地将其摧毁或清除；打击敌人可能用来袭击美国的大规模杀伤性武器，例如，打击敌人放置生化学武器的深埋和加固的地堡，或者敌人用来执行大规模杀伤性武器攻击的指挥控制基础设施。

3. 强力钻地型核弹计划受挫，但研究并未终止。10月25日，美国会否决了2006财年对研究强力钻地型核弹的拨款，转而支持发展常规的钻地弹。媒体称，强力钻地型核弹已被取消，但实际上该研究计划并未寿终正寝。国会否决该项拨款是因为目前核钻地弹不可能钻到

---

① 2005年3月15日发表的《联合核作战条令》可在以下网站上查阅：<http://www.globalsecurity.org/wmd/library/policy/dod/jp3_12fc2.pdf>

② 同上。

要求不泄露核爆炸放射性物质的深度，造成的伤亡人数可达百万以上；而且用它打击生、化学武器地下贮存库，反而会使这些战剂散布在大气中，造成更大的伤亡；加之发展核钻地弹将破坏防扩散机制，引发核军备竞赛。尽管国会否决了该项拨款，但美国的军事分析家认为，当前世界上有上万个地下加固设施，而且未来战争会向更深的地下领域拓展，因此，美国不会放弃对付地下加固设施的手段。拉姆斯菲尔德声称，他打算2007年再次将钻地核弹列入预算。其实，《核态势审议报告》中并不要求做到地下爆炸完全封闭，只要求“放射性沉降仅为当量大得多的核武器在地面爆炸时所产生的沉降的1/10至1/20”即可。可见，只要今后钻地深度取得进展，美国军方会接受一定程度的放射性物质泄露。美国家核安全局10月表示，希望按计划在圣地亚国家研究所完成“撞击试验”，它将提供有关钻地弹（不管携带什么弹药）能否实现摧毁加固和深埋目标的可行性和经济上可否承受的重要信息。从政府和国会近几个月发表的报告和言论来看，钻地弹计划有可能从能源部转交国防部掌管，并重新命名，重点是研究常规钻地武器，但也继续核钻地弹研究。

（二）俄罗斯

2005年伊始，俄罗斯现役核武库中有7200枚可部署的核弹头，包括3800枚战略核弹头和3400枚非战略核弹头。战略核弹头的数量与2004年相比减少400枚。非战略核弹头的数量与2004年相比维持不变。2004年下半年，俄罗斯发表与美国简化版《核态势审议》等同的声明。声明中阐述了俄罗斯未来战略力量的发展计划，并说明该计划的依据是俄罗斯单方面的决定和2002年的《莫斯科条约》。根据该计划，2012年俄罗斯用于军事部署的战略核弹头的数量上限是2200枚。俄罗斯国防部官员描述，洲际弹道导弹（洲际弹道导弹）力量的规模和组成将有重大变化，潜射弹道导弹力量的变化次之，战略轰炸机力量则不会有什么变化。一是SS-27洲际弹道导弹的年部署量维持不变，为每年6枚单弹头导弹；二是5艘“德尔塔”Ⅲ型战略核潜艇在继续服役的同时，两艘新型的第三代战略核潜艇加入现役；三是图-160“海盗旗”战略轰炸机的产量继续维持在低水平。

新战略力量计划显示俄罗斯将不再强调洲际弹道导弹，而是让大多数多弹头的SS-18和SS-19导弹退出现役。因此，俄罗斯的洲际弹道导弹核弹头的数量将下降大约70%，在今后的5年中将由2270枚裁减到大约750枚。到2010年，洲际弹道导弹和潜射弹道导弹的弹头携载量将大体相等。俄罗斯目前部署585枚洲际弹道导弹，比一年前少23枚。俄罗斯希望于2006年开始部署机动发射型“白杨”-M，它将逐步取代公路机动发射的SS-25导弹。俄罗斯弹道导弹战略核潜艇目前为12艘，包括6艘“德尔塔”Ⅳ型和6艘“德尔塔”Ⅲ型，部署在俄罗斯4大舰队中的两个舰队。俄罗斯的战略轰炸机包括78架飞机，分3种类型：14架图-160“海盗旗”式轰炸机；32架图-95MS6“熊”H6轰炸机；32架图-95MS16“熊”H16轰炸机。

三、朝鲜半岛“六方会谈”取得阶段性成果

由于有关国家内外政策的调整，朝鲜半岛核问题2005年有关国家相继举行了一轮半的“六方会谈”，使朝鲜半岛核问题的和平解决向前迈进了一大步，特别是第四轮“六方会谈”达成的“承诺对承诺，行动对行动”的行动原则。但由于美朝两国积怨深远，在最后落实各方文件的具体行动阶段，会有更多挑战。

2月10日，朝鲜外务省发表声明，宣布由于美国继续对朝鲜采取敌视政策，朝鲜将无限期中止参加“六方会谈”。声明称，朝鲜拥有基于自卫目的的核力量，朝鲜已经拥有核武器，其目的完全是为了自卫。朝鲜政府认为现在没有理由继续进行会谈。朝中社援引朝鲜外务省的声明说：“我们希望举行‘六方会谈’，但我们不得不无限期中止参加谈判，直到我们认为我们有理由参加会谈，而且我们预期这个会谈能够取得积极成果。”声明指责布什政府在第二任期内仍然对朝鲜采取敌视政策，谋求在朝鲜实现“政权更迭”，称这是造成朝鲜拒绝参加会谈的主要原因。“布什政府把它的对话伙伴朝鲜民主主义人民共和国称为一个‘暴政据点’——这表明了其敌对政策，”声明说，“这使得朝鲜民主主义人民共和国没有理由参加‘六方会谈’。”声明说，美国总统布什连任后所作的就职演说和国情咨文以及美国务卿在国会听证会上的讲话表明，美国政府将采取不与朝鲜“共存”的政策。在过去布什执政的4年中，朝鲜已经表现出了最大限度的容忍和耐心，朝鲜不会也不需要再这样忍受4年。声明最后强调，朝鲜政府在朝核问题上的原则立场仍然是通过对话和谈判解决争端，其实现朝鲜半岛无核化

的最终目标也从未改变。[1]

中国一直在为和平解决朝鲜半岛核问题而努力。2月19日，中共中央对外联络部部长王家瑞赴朝鲜访问。朝鲜领导人金正日21日会见王家瑞部长。王家瑞转达中共中央总书记、国家主席胡锦涛致金正日总书记的口信。胡锦涛在口信中表示，中朝双方都坚持实现半岛无核化、维护半岛和平稳定的立场，认为通过“六方会谈”解决核问题及朝方的合理关切符合中朝双方的根本利益，希望避免局势进一步复杂化并早日重开“六方会谈”。[2] 4月2日至5日，朝鲜外务省第一副相姜锡柱对中国进行访问。期间，姜锡柱与外交部副部长戴秉国举行会谈，就双边关系、朝鲜半岛核问题等共同关心的问题深入交换了意见。

进入6月,美国对朝鲜政策发生明显变化,减少对朝鲜领导人和政府的攻击,美朝两国官员接触也开始增多。美国国务院发言人肖恩·麦科马克6日对新闻界证实，美国朝鲜问题特使狄长礼及美国国务院朝鲜事务负责人福斯特当天在纽约与朝鲜官员再次举行会晤，商讨恢复朝核问题“六方会谈”的问题。这是继5月13日美朝官员在纽约举行工作会谈之后，双方在纽约举行的又一次会晤。正是在这样的条件下，第四次“六方会谈”才得以顺利举行，并取得重大成果。

7月26日，第四轮“六方会谈”在北京举行。8月7日，朝核问题第四轮“六方会谈”在经过13天的讨论与磋商后结束第一阶段会议。9月19日第四轮“六方会谈”举行全体会，会上通过《第四轮‘六方会谈’共同声明》，声明六方从朝鲜半岛和东北亚地区和平与稳定出发，本着相互尊重、平等协商的精神，在前三轮“六方会谈”共识基础上，围绕实现朝鲜半岛无核化目标，达成如下共识：（1）六方一致重申，以和平方式可核查地实现朝鲜半岛无核化是“六方会谈”的目标。朝方承诺，放弃一切核武器及现有核计划，早日重返《不扩散核武器条约》，并回到国际原子能机构保障监督。美方确认，美国在朝鲜半岛没有核武器，无意以核武器或常规武器攻击或入侵朝鲜。韩方重申其依据1992年《朝鲜半岛无核化共同宣言》不运入、不部署核

---

① 朝鲜正式宣布拥有核武器恢复六方和谈前景黯淡，新浪网，2005年2月11日，<http://news.sina.com.cn/w/2005-02-11/04205096563s.shtml>

② 中共中央对外联络部部长王家瑞离开北京出访朝鲜,中国新闻网，2005年2月19日，<http://www.chinanews.com.cn/news/2005/2005-02-19/26/541384.shtml>

武器的承诺，并确认在韩国领土上没有核武器。1992年《朝鲜半岛无核化共同宣言》应予遵守和落实。朝方声明拥有和平利用核能的权利。其他各方对此表示尊重，并同意在适当时候讨论向朝提供轻水堆问题。(2) 六方承诺，根据《联合国宪章》宗旨和原则以及公认的国际关系准则处理相互关系。朝方和美方承诺，相互尊重主权，和平共存，根据各自双边政策，采取步骤实现关系正常化。朝方和日方承诺，根据《日朝平壤宣言》，在清算不幸历史和妥善处理有关悬案基础上，采取步骤实现关系正常化。(3) 六方承诺，通过双边和多边方式促进能源、贸易及投资领域的经济合作。中、日、韩、俄、美表示，愿向朝提供能源援助。韩方重申其2005年7月12日提出的有关向朝提供200万千瓦电力援助的方案。(4) 六方承诺，共同致力于东北亚地区持久和平与稳定。直接有关方将另行谈判建立朝鲜半岛永久和平机制。六方同意探讨加强东北亚安全合作的途径。(5) 六方同意，根据“承诺对承诺、行动对行动”原则，采取协调一致步骤，分阶段落实上述共识。①

2005年11月，第五轮“六方会谈”在京举行。11日，会谈第一阶段会议结束。中国代表团团长当天宣读了《主席声明》，各方重申，将根据“承诺对承诺、行动对行动”的原则全面履行《共同声明》早日可核查地实现朝鲜半岛无核化的目标，维护朝鲜半岛及东北亚地区性的持久和平与稳定。各方强调，愿在增信释疑的基础上，整体落实《共同声明》，分类实施各项承诺，自始至终及时行动，协调一致，实现利益均衡，达到合作共赢。

持续多年的朝鲜半岛核问题已远远超出核问题本身，不同国家出于不同的目的和为维护各自在东北亚地区的利益，参与“六方会谈”，这是“六方会谈”能够开得起来，并逐步以向前推进的根本原因。随着谈判进程深入，各方的目的和利益所在也都日趋明显地呈现在世人面前。

尽管美国在第四轮“六方会谈”得到它所想要的东西，即朝鲜许诺放弃核武器发展计划，但这只是一纸文书，要真正落实到实处还有很长的路要走。对于美国现政府来说，在朝鲜半岛核问题上重新回到1994年克林顿执政时期所努力达到的位置，布什是无法向国内交待

① 《第四轮六方会谈共同声明》，中华人民共和国外交部网站，2005年9月19日。<http://www.fmprc.gov.cn/chn/ziliao/wzzt/cxbdhwt/t212681.htm>

的。2005年下半年以来，美国国内对布什上任以来的军控、裁军和防扩散政策给予批评，认为单边主义盛行，使像《不扩散核武器条约》这样的国际行为准则都面临着崩溃的危险，其后果不堪设想。因此，尽管美国对朝鲜政策只是其东北亚政策以及全球调整步骤的一部分，但至少在短期内，布什政府会重新审视这一政策，保证其在解决朝鲜问题、进而控制东北亚的过程中处于有利地位。

四、中国在国际军备控制与裁军领域发挥积极影响

一年来，中国积极地参与解决地区性核问题的进程，为朝鲜半岛核问题和伊朗核问题的和平解决做出积极贡献。在防扩散方面，除积极参与国际防扩散进程外，还在国内出口管制的机制建设、立法和执法以及宣传教育等方面做出不懈努力，促进我国与其他国家关系的发展。在日内瓦裁军谈判会议、联大一委等多边军控机构发挥积极独特的作用。同时，切实履行了《禁止化学武器公约》、《禁止生物武器公约》、《特定常规武器公约》等国际义务，稳步开展《全面禁止核试验条约》的各项履约筹备工作。

9月1日，中国国务院新闻办公室发表《中国的军控、裁军与防扩散努力》白皮书，[①] 强调为应付新挑战，国际社会必须巩固和不断加强现有的国际军控、裁军与防扩散体系，加强国际合作，推进国际军控与裁军进程，这是维护国际和平、安全与稳定的必然要求。

白皮书对中国在国际军备控制与裁军领域所做出的努力作了较为全面的阐述：第一，中国最近几年积极参与国际军控、裁军与防扩散的进程，先后加入“核供应国集团”等防扩散组织。第二，提出了利于推动这一进程的主张，在解决朝鲜半岛核问题上发挥了不可或缺的重要作用。第三，在国内不断地完善法律法规和出口管制规则，并且严格执行防扩散出口管制法规。2002年底以来，中国政府就查处了违法出口敏感物项和技术的各类案件数十起。

今后，中国仍会以负责任大国的角色展现在国际军控、裁军与防

① 《中国的军控、裁军与防扩散努力》，中国新闻网，2005年9月1日。<http://www.news.sina.com.cn/c/2005-09-01/11036836302s.shtml>

扩散舞台上，并继续不懈地努力。国际军控、裁军与防扩散进程仍将沿着现有的方向发展。第一，面对新安全形势，国际社会将继续应付诸如大规模杀伤性武器及其运载工具的扩散。在大国之间，防扩散可以成为合作的重要方面。第二，发展中国家将坚持反对单边主义和维护多边主义，但在重大的条约和机制建设方面难有突破性进展。第三，非政府组织为推动军控、裁军与防扩散的进展可以发挥积极作用。近年来，在非政府组织的推动下，国际社会在诸如禁止或限制地雷的使用等方面取得卓有成效的成果。

2005年国际社会的军控与裁军努力

孔　军

内容提要： 本文简要回顾了2005年国际社会在军控与裁军以及防扩散领域所做出的努力。在第60届联大第一工作委员会议上，防扩散还是裁军的矛盾依然尖锐，但有关国家还是提出并通过了相关的决议。日内瓦裁军谈判会议艰难地进行，尽管并没有取得重大成果，但是在敦促各国履行《条约》义务等方面发挥了重要的作用。小武器和特定常规武器问题的谈判继续得以举行，对打击非法武器交易等方面做出了安排。

主 题 词： 国际社会　军备控制　裁军　会议　《条约》　安排

作者单位： 北京　中国军控与裁军协会

2005年，国际军备控制与裁军的活动基本上延续了上一年的轨迹，无论是联合国有关委员会，还是日内瓦裁军谈判会议，都在为推进国际军备控制与裁军做出不懈的努力，主要活动及进展情况如下：

一、第60届联大第一委员会情况

2005年10月3日至11月1日，第60届联大第一委员会会议（裁军和国际安全委员会）在纽约举行。韩国常驻联合国大使担任主席。会议共通过了54项决议和6项决定。

（一）会议主要特点

1. 围绕“防扩散”与“核裁军”之间关系问题的矛盾依然尖锐。美国等西方国家继续大力推进其防扩散主张，强调遵守军控和防扩散条约的重要性。美国指责朝鲜和伊朗违反防扩散义务。欧盟对美国予以呼应，并重点要求伊朗停止铀浓缩相关活动。不结盟坚持处理防扩散问题必须遵循多边主义原则。不结盟国家、“新议程联盟”国家继续强调和平利用核能的权利。

不结盟国家和“新议程联盟”国家等继续强调核裁军的重要性，要求核武器国家切实履行核裁军义务。美、俄宣传其核裁军成果。各方普遍呼吁《全面禁核试条约》早日生效，美则独家反对。大多数国家支持尽早启动《禁产条约》谈判。美继续反对《禁产条约》附带核查条款，要求所有核武器国家暂停生产核武器用裂变材料。欧盟对《禁产条约》的核查问题避而不谈。加拿大2005年未提出《禁产条约》决议案。

2. 多边军控机制的前途和走向仍不确定。墨西哥、瑞典等国家对多边军控机制无所作为表示强烈不满，主张另起炉灶，以联大决议表决的方式启动有关重大军控问题的实质性工作，以打破目前的僵局。多数国家则强调，现有多边军控机制作为集体安全机制的重要组成部分，对维护国际和平与安全至关重要，应继续维护和加强；主张多边军控工作应继续坚持“协商一致”的原则，对绕开日内瓦裁军谈判会议另起炉灶持谨慎或保留态度。

3. 小武器成为热点问题。欧盟和一些拉美国家着眼于2006年小武器《行动纲领》审议大会，在本届联大第一委员会上加大了推介其关于小武器转让控制等主张的力度，希望2006年的审议大会在此方面有所建树。埃及、伊朗、印度、巴基斯坦等主要发展中国家对此表示关切。美国、日本等也主张第一委员会不应预断审议大会工作。

4. 防止外空军备竞赛问题备受关注。中国、俄罗斯、加拿大、巴基斯坦等不少国家及欧盟均强调防止外空武器化的重要性。欧盟首次表态支持防止外空军备竞赛。美国对“防止外空军备竞赛”决议案由过去的“弃权”改为“反对”，引人注目。美国称，外空军备竞赛的危险并不存在，美将继续致力于和平利用外空，但这不应影响各国出于自卫目的在外空采取军事措施。

（二）重要提案的审议和通过情况

1. 伊朗2005年提出“《不扩散核武器条约》1995年和2000年审议大会达成的核裁军义务的后续行动”新决议草案，要求联大于2006年成立特委会，审议核武器国家履行核裁军义务的情况。欧盟指责伊朗此举意在转移国际社会对伊核问题的注意力。美、俄亦反对伊提案。不结盟国家对伊提案未形成共同立场。伊后来删除了决议草案中关于联大成立特委会的内容，该案最终获得通过，但美、俄、欧盟等许多国家投了反对票。

2. 加拿大、墨西哥、巴西、新西兰、瑞典、肯尼亚等6国酝酿在本届委员会提出“就裁军与不扩散优先事项开展工作”决议草案，要求联大于2006年设立特委会，分别就“对无核武器国家安全保证”、“核裁军”、《禁止生产用于核武器或其他核爆炸装置裂变材料条约》（下称《禁产条约》），及“防止外空军备竞赛”问题开展工作。美国、俄罗斯、英国、法国、印度、巴基斯坦、以色列等反应消极。鉴于上述情况，6国最终未能提出该决议，但同时声称，如2006年裁谈会仍不能开展实质性工作，将重提此案。

3. 美国再次提出“遵守不扩散、军备限制和裁军协定”决议草案，对其传统内容进行了大幅调整，突出了有关防扩散的内容。一些不结盟国家对美草案提出修改意见。俄及伊朗、古巴、印尼等不结盟国家最终对该案投了弃权票。

4. 常规军控有关决议。荷兰首次提出“处理小武器非法制造、转让、流通及其过度积累对人道主义和发展的消极影响”决议草案，将人道主义、人权、社会经济发展、良政等因素引入小武器领域。该案引起了激烈辩论。埃及、伊朗、古巴等提出了大量修改意见，荷兰数易其稿。该案在委员会通过时，美国独家反对。

瑞士提出“识别和追查非法小武器国际文书”决定草案，请联大审核并认可2005年6月达成的《识别和追查非法小武器国际文书》。墨西哥等25个拉美国家对文书不具法律约束力及未涵盖弹药表示不满，联合对决定草案投弃权票。

传统的“小武器非法贸易各方面问题”决议草案引起较多争议。欧盟及墨西哥等拉美国家主张2006年小武器《行动纲领》审议大会应讨论小武器“转让控制”、弹药等问题的内容，日本等主提国对此坚决抵制。该案几经周折，最后以协商一致方式获得通过。

法国、德国提出“过剩常规弹药库存积累引发的问题”新决议草案，就处理过剩弹药提出了一系列具体主张。该案争议性不大，得以顺利通过。

地雷问题继续受到各方重视。委员会讨论地雷问题相关的提案时，未参加《渥太华禁雷公约》的国家在强调出于国防需要尚无法全面禁雷的同时，表示认同该《公约》的人道主义宗旨。

此外，法国“防止放射性恐怖主义的危险”新决议案获全票通过。俄罗斯“促进外空透明和建立信任的措施”新决议案以高票获得通过，美国独家反对。

二、日内瓦裁军谈判会议情况

2005年，日内瓦裁军谈判会议（下称“裁谈会”）按惯例举行了三期会议。一年来，经过多轮讨论与磋商，裁谈会僵局依旧。绝大多数国家继续支持在“五国大使方案”基础上达成工作计划。美国要求裁谈会仅谈判《禁产条约》和“禁止转让长效地雷”问题。法国继续推动裁谈会处理“关键基础设施保护”、“核燃料循环技术”和“防扩散”等新议题。

第一期会于1月24日至3月31日举行。荷兰、新西兰、尼日利亚轮任主席。荷兰裁军大使在“五国大使方案”基础上提出关于工作计划设想的“非文件”，建议将《禁产条约》的范围与核查问题留待谈判中解决；将无核武器国家安全保障（下称“无核安保”）问题的授权从“谈判”降为“就裁谈会如何有效处理无核安保问题提出建议”；核裁军和外空议题职权不变。

3月21日至22日，中国与俄罗斯、联合国裁军研究所和加拿大西蒙斯基金会联合举办了“确保外空安全：防止外空军备竞赛”国际研讨会。联合国驻日内瓦办事处主任奥尔忠尼启则、裁谈会成员国和观察员代表，以及美、俄、英、法、加（拿大）等国的专家100余人与会。会议深入讨论了“新空间时代：武器发展及对空间安全的挑战”、“防止外空军备竞赛的相关性和紧迫性”、“控制外空武器的政治、法律文书的要素”、“推动防止外空军备竞赛问题的实质性步骤”等议题。

6月9日，中国和俄罗斯代表团在裁谈会全会上联名散发了题为“防止外空武器化法律文书的定义问题”的专题文件。

二期会于5月30日至7月15日举行。尼日利亚、挪威、巴基斯坦轮任主席。挪威主席倡议举行了四次正式全会，分别讨论核裁军、《禁产条约》、防止外空军备竞赛和“无核安保”四个议题。但各方分歧依旧。7月14日，中国散发了关于“确保外空安全：防止外空军备竞赛”国际研讨会的总结报告。

三期会于8月8日至9月23日举行。巴基斯坦、秘鲁轮任主席。

会议通过了向第60届联大提交的年度工作报告。轮值主席、秘鲁大使提出关于工作计划的案文建议，形式上照搬“五国大使方案”，核裁军职权删除“处理核裁军”的措辞；《禁产条约》职权删除“可有效核查”的措辞，仅要求谈判一项“不具歧视性、多边的”《禁产条约》；外空职权删除“包括谈判相关国际法律文书”的措辞；“无核安保”职权由谈判降为“就如何谈判提出建议”。

三、生物和化学武器部分

（一）国际生物和化学武器裁军整体形势

2005年《禁止化学武器公约》履约工作稳步深入推进，禁止化学武器组织总体运转正常。近年来，多边军控和裁军一直处于僵局，少有进展，但《禁止化学武器公约》继续得到广泛政治支持。一年来，《公约》普遍性进一步加强；在履约行动计划的推动下，缔约国更加重视制定国家履约措施，加快设立国家履约机构及制定履约立法的进程。

这一年的国际生物军控形势仍显低迷。在加强《禁止生物武器公约》有效性的实质性谈判无法启动的情况下，生物军控多边进程主要集中于缔约国专家组会和年会进程。2005年会议的议题是“科学家行为准则”，各方积极参与讨论，达成一定共识。此外，《禁止生物武器公约》第六次审议会议将于2006年举行，各方陆续提出有关建议和主张。

（二）《禁止化学武器公约》履约工作

1. *重要会议和主要活动*。2005年，禁止化学武器组织召开了第40次至43次执理会和第十届缔约国大会。第40次执理会通过了利比亚和阿尔巴尼亚一类化学武器销毁具体日期，审议了《公约》第七条履约行动计划、普遍性行动计划执行情况以及禁止化学武器组织与东道国总部协定等问题；第41次执理会重点讨论了落实国家履约措施行动计划、特定有机化学品设施视察选择方法、附表2设施协议以及下任总干事选举等问题；第42和43次执理会通过了总干事连任决定、2006年年度预算等决议；第十届缔约国大会讨论并审议了国家履约措施和《公约》普遍性行动计划的执行报告、《公约》第十一条国际合作的全面履行等问题，并通过了设立禁止化学武器组织非洲办公室以及利比亚化学武器销毁延期等决定。《公约》普遍性和履约措施行动计划仍是禁止化学武器组织年内工作的重中之重。

4月，禁止化学武器组织在哥伦比亚举行第六届南美及加勒比地区国家履约机构会议；6月，在塞浦路斯、哈萨克斯坦分别举办了中东地区普遍性问题研讨会和第四届东欧地区国家履约机构会议；8月在塔吉克斯坦召开了第三届中亚地区国家履约机构会议；9月在伊朗举行了第三届亚洲国家履约机构会议；10月在尼日利亚举行了第三届非洲地区国家履约机构会议；同月，禁止化学武器组织与乌克兰政府联合举办了第二届防化援助演习。

根据《禁止化学武器公约》规定和有关协议，禁止化学武器组织技术秘书处总干事菲尔特向联大和联大第一委员会分别做了工作报告。该组织还与欧盟、非盟等地区组织进行了有效合作，欧盟正计划与技秘处合作推出第二期禁止化学武器组织扶持行动方案；第十届缔约国大会通过决议，将建立禁止化学武器组织非洲办公室并为此设立开放性工作小组。

2.《禁止化学武器公约》普遍性不断提高。《公约》普遍性是在全球范围内永久禁止化学武器的首要前提。普遍性行动计划执行两年以来，缔约国数量不断增加。2005年，又有8个国家（地区）加入禁止化学武器组织，分别是安提瓜和巴布达、不丹、柬埔寨、格林纳达、洪都拉斯、纽埃岛、瓦努阿图和刚果民主共和国，缔约国总数达到175个。

普遍性是《公约》的生命力所在，也是实现《公约》宗旨和目标的重要保证。禁止化学武器组织及各缔约国有必要视情采取相应措施，积极帮助非缔约国尽早加入《禁止化学武器公约》。

3. 化学武器销毁进程平稳而缓慢。截至2005年11月，化学武器拥有国共销毁大约12332公吨化学战剂，约占宣布化学武器总量的17%。美国2005年启用两个新的销毁设施，现已销毁化学武器约占其宣布化学武器的34%。俄罗斯拟于2006年上半年建成第二座销毁设施，现已销毁约3%的化学武器。印度进展顺利。阿尔巴尼亚、利比亚制定了销毁计划，即将启动实际销毁进程。

目前，除印度外，其他国家均存在着不同程度的化学武器销毁滞后问题。化学武器销毁是《公约》宗旨与目标的核心内容，化学武器拥有国应加快销毁进程，确保在《公约》规定时限内销毁全部化学武器。

截至2005年11月，全球64个化学武器生产设施中，37个经核查已完成销毁，5个准备按计划销毁；14个经核查已转为民用，8个正在转用过程中。禁止化学武器组织有信心在《禁止化学武器公约》规定期限内（即2007年4月前）完成剩余化学武器生产设施的销毁或转用工作。

4. 核查工作进展顺利。从《公约》生效至2005年11月，禁止化学武器组织共进行了2272次视察，其中化学武器相关视察1340次，包括349次化学武器生产设施视察，295次化学武器储存设施视察，605次化学武器销毁设施视察，63次老化学武器视察及28次遗弃化学武器视察；对防护和民用设施的视察达932次。

四、加强《禁止生物武器公约》有效性的多边进程

（一）《禁止生物武器公约》专家组会和年会

《禁止生物武器公约》2005年专家组会和年会分别于6月和12月在日内瓦举行。英国裁军大使弗里曼担任会议主席，约90多个国家、禁止化学武器组织和国际红十字会等国际组织及相关非政府组织与会。缔约国就“科学家行为准则”这一议题进行了广泛讨论，并就2006年即将召开的《禁止生物武器公约》第六次审议会议提出建议和主张。2005年年会最后报告包括了各方在准则内容、制定、宣传和实施等方面达成的共识。

各方普遍认为，科学家行为准则是对《禁止生物武器公约》宗旨和目标的有力支持，可有效应对当前及今后生物恐怖和生武威胁，能够提高遵约意识，有利于在科学界建立负责任的氛围，协助科学家和其他有关人员履行其法律、道德和职业义务。准则不应妨碍科学家的发明创造以及在科技领域开展的和平目的的国际合作、交流。各方普遍支持由各国自行制定、实施科学家行为准则。

关于准则的内容。经过专家组会充分讨论，各方在年会上就准则的内容达成一定共识。准则应与国家立法和相关法规一致，有助于国家履约措施；内容全面，语言简单、明了、易懂，适于科学界和其他相关人员；利于指导相关人员确保其开展的科研等活动与《公约》宗

旨和目标相一致；定期审议准则，并对有关内容及时更新。

关于准则的制定。与会缔约国同意通过说明和展示准则的作用和益处，进而鼓励不同领域自行制定行为准则；在制定过程中尽可能利用已有的准则、机制和框架；根据不同行业和部门的不同需要，适当调整相应的准则制定方式。

关于准则的宣传和实施。缔约国普遍认为，准则的宣传和实施可由各国自行决定，没有必要出现在会议最后报告中。各方同意，通过适当的方式努力推动准则的实施。

（二）《禁止生物武器公约》第六次审议会议

2005年缔约国年会决定，《禁止生物武器公约》第六次审议会议筹备会将于2006年4月26日至28日在日内瓦举行，初步确定第六次审议会议于11月20日至12月8日期间举行。巴基斯坦驻日内瓦大使穆萨德·汗将代表不结盟及其他国家集团，担任第六次审议会议筹备会候任主席。

随着第六次审议会议的日益临近，各方陆续提出建议和主张。美国反对第六次审议会议授权谈判任何法律文书，建议就建立信任措施、国家履约援助问题开展后续行动。欧盟主张审议专家组会和年会讨论的5项议题并就下步行动做出决定。加拿大提出各国应利用第六次审议会议制定促进《禁止生物武器公约》普遍性和国家履约立法的行动计划、提高和改进现有建立信任措施、进一步注意并支持联合国秘书长调查机制、建立缔约国年会机制、科学家咨询机构和小型《禁止生物武器公约》机构等建议。古巴、伊朗等不结盟国家强调应全面审议、平衡处理《禁止生物武器公约》所有相关问题，不应局限于三年来讨论的5项议题。阿尔及利亚、巴基斯坦、印度、伊朗主张应重启议定书谈判。

五、轻武器和小武器问题

（一）“识别和追查非法轻、小武器”国际文书谈判

根据第58届联大有关决议，联合国于2004年成立了“识别和追查非法轻、小武器”国际文书（下称“文书”）谈判工作组，谈判有关识别和追查非法轻、小武器问题的国际文书。瑞士驻加拿大大使塔尔

曼担任工作组主席。工作组于2004年6月、2005年1月、6月举行了三次会议。在第三期会上，各方经过长时间谈判，最终就文书内容达成一致，并以协商一致方式决定文书性质为政治文书。

1. 文书主要内容。文书旨在促进各国及时、可靠地识别和追查非法轻、小武器，以有效打击轻、小武器非法贸易。文书对“轻、小武器”和“非法轻、小武器”做出了定义；在“枪书”有关规定基础上，就轻、小武器标识和记录保存措施提出了明确要求；对如何开展追查非法轻、小武器国际合作做出了具体规定。文书还包括国际援助、联合国和国际刑警组织的作用、文书执行后续工作等内容。文书不具追溯力，不影响各国出于自卫需要获取、生产、转让和保留轻、小武器的正当权利。

2. 谈判过程中的主要争议问题是：(1) 文书性质。文书性质问题困扰工作组会议始终。大多数非洲、拉美国家和欧盟强烈要求文书具有法律约束力。美国只同意制定政治文书。各方最终一致同意，文书对各国仅具有政治约束力。(2) 文书适用范围。文书是否涵盖弹药，是各方争论的又一焦点。工作组最后决定，文书不涉及弹药问题的条款，仅在程序性报告中提及，工作组未就其职权是否包括弹药问题达成一致，建议在联合国框架内另辟单独进程，以全面处理轻、小武器弹药问题。(3) 定义。关于“轻、小武器”定义。经反复磋商，各方同意以“枪书”中的“枪支”定义为基础，对“轻、小武器”做出正式定义，同时根据2003年专家组报告内容列举具体的武器类型。(4) 进口标识。多数国家主张沿用“枪书”关于打印进口标识的规定。在打印责任问题上，一些国家主张由生产国或出口国承担打印责任，也有国家持相反主张。各方最后同意，基本沿用“枪书”关于打印进口标识的规定，不明确打印责任。(5) 国际追查合作的主体。谈判中存在两种意见。一些国家认为只有主权国家方可提出追查要求，而也有国家主张，经安理会授权的联合国维和部队、制裁委员会及地区组织也可提出追查要求。最后各方达成妥协，同意不在文书中涉及此问题，仅由主席在其程序性报告中提及，工作组建议在联合国框架内进一步考虑在联合国维和行动范畴内适用该文书规定的可行性。(6) 记录保存时间。多数国家同意尽可能永久保存记录，但不应少于“轻、小武器最后一次出现在国家记录中之后30年”。少数国家主张沿用“枪书”规定，将记录保存时间规定为“最少10年”。各方最后同意，应确保轻、小武器生产记录至少保存30年，进出口等其他记录至少保存20年。

（二）联合国轻、小武器双年度会议情况

7月11日至15日，联合国落实《打击轻、小武器非法贸易行动纲领》第二届双年度会议在纽约举行。140国代表与会，100余个国际、地区组织及非政府组织派代表参加会议。芬兰驻加拿大大使帕特卡里欧担任会议主席，联合国副秘书长阿部信泰出席会议并代表安南秘书长在开幕式上致辞。

会议期间，近百个国家以及联合国裁军部、红十字国际委员会、欧安组织、“国际小武器行动网络”等国际、地区及非政府组织在一般性辩论中发言。会议还就非法轻、小武器收缴和销毁、库存管理、能力和机制建设、非法中介活动、进出口控制、标识和追查、国际援助等问题进行了专题讨论。与会的国际、地区和非政府组织在会间举行了一系列宣传活动。会议最后协商一致通过了程序性报告。会议基本情况如下：

1. 打击轻、小武器非法贸易仍任重而道远。各方对将于2006年召开的《行动纲领》首次审议大会期望较高，力图使其成为轻、小武器进程的新起点。一些国家希通过制定《行动纲领》“附件”或“工作计划”等形式，拓展有关进程。欧盟及非洲、拉美国家对“识别和追查非法轻、小武器”国际文书未涉及弹药且不具法律约束力表示失望，期待通过《行动纲领》审议进程进一步加强该文书。此外，打击非法中介、加强转让控制、加强库存管理与销毁、受害者援助等问题也已被提上日程。

2. 轻、小武器非法贸易问题仍是国际社会关注热点。《行动纲领》、“识别和追查非法轻、小武器”国际文书达成及《枪支议定书》生效后，轻、小武器问题热度不减，打击轻、小武器非法贸易进程的广度和深度仍不断拓展，其与人道主义、发展、人权、跨国犯罪、恐怖主义等问题密切联系，日益受到各方重视。许多国家，特别是一些饱受战乱、跨国犯罪之苦的非洲、拉美地区国家，将解决轻、小武器非法贸易问题作为其内政和外交的优先事项。打击轻、小武器非法贸易的区域和次区域努力方兴未艾，欧洲、中非、拉美、东南亚等各区域和次区域就打击轻、小武器非法贸易问题做出一系列法律或政治性安排。

3. 轻、小武器转让控制问题趋热。各方普遍认识到加强转让控制对于打击轻、小武器非法贸易的重要性。欧盟、非洲、拉美国家及一些非政府组织大力推动制定“轻、小武器转让控制最低标准或原则”及“国际武器贸易条约”。“轻、小武器转让控制最低标准或原则”倡议得到大多数国家呼应和支持，形成一定势头。美国、俄罗斯、印度、巴基斯坦等国态度谨慎。

六、《特定常规武器公约》进程依然保持活力

2005年，《特定常规武器公约》（下称《公约》）进程依然保持活力。在《公约》框架内，各国履行经修订的《地雷议定书》工作稳步开展，《战争遗留爆炸物议定书》批约国继续增加，《公约》政府专家组关于反车辆地雷问题的讨论逐步深入。

《公约》政府专家组分别于2005年3月7日至11日、8月2日至12日和11月14日至22日在日内瓦举行了三期会议（第十期至第十二期），克罗地亚驻日内瓦代表团代表马科蒂奇继续担任会议主席，芬兰裁军大使瑞玛和印度裁军大使布拉萨德分别担任反车辆地雷和战争遗留爆炸物问题协调员。专家组继续就反车辆地雷、战争遗留爆炸物和遵约等问题进行讨论，但在一些关键问题上各方分歧犹存，相关工作未取得突破性进展。

《公约》及经修订的《地雷议定书》缔约国年会于2005年11月举行。会议审议了《公约》及相关议定书执行情况，决定政府专家组在2006年继续工作，讨论反车辆地雷问题和战争遗留爆炸物等问题，并就将于2006年11月7日至17日在日内瓦举行的《公约》第三届审议大会开展筹备工作。

（一）反车辆地雷问题

反车辆地雷问题仍是专家组工作重点。美国、法国、德国、澳大利亚等国继续积极推动在《公约》第三届审议大会前谈判达成反车辆地雷议定书。专家组第十一期会期间，中国代表团以工作文件的形式正式提交了关于反车辆地雷问题的一揽子建议，阐述了中方关于反车辆地雷问题的原则立场并提出建设性解决方案。目前，各方争论焦点集中在反车辆地雷的可探测性和自毁、自失效、自失能等涉及地雷技

术改造的问题上。

会议期间，各方还就标界区雷场例外、敏感引信、宽限期等问题进行了深入讨论。经过激烈讨论，《公约》缔约国会议最终决定专家组2006年在反车辆地雷问题上基本沿用2005年工作授权，“继续讨论”有关问题，并向《公约》第三届审议大会提出适当建议。

（二）战争遗留爆炸物问题

《战争遗留爆炸物议定书》于2003年底谈判达成。2005年，克罗地亚、德国、立陶宛、塞拉利昂、芬兰、印度、乌克兰、卢森堡、荷兰、丹麦、保加利亚、挪威、尼加拉瓜、利比里亚等国先后批约，批约国总数达到15个。

由于《战争遗留爆炸物议定书》未包含子弹药，特别是集束炸弹等特定类型武器弹药的技术改进问题，欧盟、瑞士、加拿大等国及“集束炸弹联盟”、国际红十字会、“人权观察”等非政府组织主张谈判一项新的法律文书，通过为子弹药加装自毁、自失能装置等预防性措施，解决子弹药引发的人道主义关切。但一些军事大国态度消极，谈判限制集束炸弹使用的议定书的建议尚难形成势头。《公约》缔约国会议决定，2006年专家组继续讨论战争遗留爆炸物。

（三）遵约问题

各方均原则同意加强《公约》的遵约机制。南非曾建议将经修订的《地雷议定书》有关规定，即通过合作、磋商、澄清途径鼓励遵约，扩展到整个《公约》。欧盟主张设立遵约委员会，为遵约有困难的国家提供帮助，审查并协助解决违约问题。经讨论，会议主席提出以南非建议为基础，将经修订的《地雷议定书》的“磋商、澄清与合作机制”推广到整个《公约》的方案。同时，该方案也保留了欧盟建议的部分内容，包括设立一个“特设专家委员会”，就遵约问题向缔约国提出建议，并向缔约国会议提出相关报告。但多数国家仍倾向于南非建议。

【国际组织与会议】

裁军谈判会议的现状及前景

☞余小玲

2005年《不扩散核武器条约》审议大会评析

☞田景梅　胡思得

《全面禁止核试验条约》生效前景和未来发展

☞张玉龙

裁军谈判会议的现状及前景

余小玲

内容提要： 裁军谈判会议是当前国际社会惟一的多边裁军谈判机构。多年来，由于各方在四大核心议题上立场分歧，一直未能就工作计划达成一致，目前，裁谈会已陷入僵局。本文介绍了裁谈会当前的现状和各方的立场分歧，分析了裁谈会陷入困境的原因及可能的前景。

主 题 词： 裁军谈判会议 现状 前景 分析

作者单位： 北京 中国国防科技信息中心

日内瓦裁军谈判会议是当前国际社会惟一的多边裁军谈判机构。其宗旨是“促进实现在有效国际监督下全面彻底裁军”。现有 65 个正式成员国，包含世界上所有军事上重要的国家，其中形成了三个地区性政治集团——西方集团、东欧集团和“21 国集团”（不结盟国家），这些集团内部的成员为维护它们的利益而维系着某种程度的团结，经常协调统一立场。但随着国际形势的变化发展，各国更加关注自身的利益，在不同的议题上集团内成员也可以有不同的立场。中国作为独立的一方参加裁谈会。

一、无法就工作计划达成一致，裁谈会陷入困境

自 1997 年以来，由于裁谈会各方在“禁止武器用裂变材料的生产”、“核裁军”、“防止外空军备竞赛”、“无核武器国家安全保证”四大核心议题的优先权及其特委会职权上存在严重分歧，无法就工作计划达成一致，从而导致这个全球惟一的多边裁军谈判机构连续 9 年未能开展任何实质性工作。

为使裁谈会摆脱困境，多年来，一些成员国的大使就裁谈会工作计划提出了许多方案，目前得到较多认同的是“五国大使方案”和“荷兰非文件”。2003 年 1 月 23 日，比利时裁军大使以阿尔及利亚、智

利、哥伦比亚、瑞典大使的名义，向裁谈会全体会议提出“五国大使工作计划建议”（CD/1693），其主要内容是：(1）无核安保，在题为“保证不对无核武器国家使用或威胁使用核武器的有效国际安排”的议程项目4下设立一个特委会来进行谈判，以期达成一项核武器国家保证不对无核武器国家使用或威胁使用核武器的有效国际安排的协议。这些安排可采取具有国际法律约束力的文书形式。(2）核裁军，在题为“停止核军备竞赛与核裁军”的议程项目1下设立一个特委会来处理核裁军问题。该特委会应就如何采取实际步骤、有系统地努力争取实现这一目标交换信息和意见。(3）《禁产条约》，在题为“停止核军备竞赛与核裁军”的议程项目1下设立一个特委会，在特别协调员的报告(CD/1299)[①]所载职权范围基础上，谈判一项非歧视性的、多边的和国际的及可有效核查的《禁产条约》。(4）防止外空军备竞赛，在题为“防止外空军备竞赛”的议程项目3下设立一个特委会来处理防止外空军备竞赛问题。该特委会将不设限制地确定和审查任何专题或建议，包括建立信任措施和透明措施、基本原则、《条约》义务以及防止外空军备竞赛机制的详细内容，包括谈判一项相关国际法律文书。特委会将适当考虑为和平利用外空和防止外空军备竞赛做出积极贡献的需要，同时促进国际稳定并遵守各国安全不受减损的原则。2005年裁谈会第一期会议2月24日全会上，荷兰大使桑德斯在“五国大使方案”的基础上提出的工作计划的具体设想，简称“荷兰非文件”，其内容是：分别设立四个特委会，其中（1）外空、核裁军特委会职权同“五国大使方案”；(2）无核安保特委会职权修改为：在题为“保证不对无核武器国家使用或威胁使用核武器的有效国际安排”的议程项目4下设立一个特委会，就如何更有效地处理无核安保问题提出建议。(3)《禁产条约》特委会职权修改为：在题为“停止核军备竞赛与核裁军”的议程项目1下设立一个特委会，在特别协调员的报告（CD/1299）及其所载职权范围基础上谈判一项非歧视性的、多边的《禁产条约》。《禁产条约》的范围和核查问题将与其他待决问题一道在谈判中处理。“荷兰非文件”实际上是五国大使方案的修正，但它弱化了“五国大使方案”关于“无核安保”和《禁产条约》议题上的职权。即将“无核安保”

① 1995年3月24日，被裁谈会指派为特别协调员的加拿大大使杰拉尔德·香农向裁谈会提交的一份关于“谈判禁产条约最合适的安排”的协调结果报告。

特委会的职权从“谈判”一项无核安保协议弱化成“处理”此问题；而《禁产条约》的核查问题放在谈判中处理。

目前，中国和“21国集团”同意“五国大使方案”。“21国集团”的总体立场是愿在“五国大使方案”基础上达成协商一致，也有国家认为“荷兰非文件”是“五国大使方案”的发展与延续,也能接受，如秘鲁明确表示可以接受“荷兰非文件”。东欧国家对“五国大使方案”或“荷兰非文件”均能接受；西方绝大多数国家赞同在“荷兰非文件”所载授权的基础上开展工作；美国一家压根不提“五国大使方案”和“荷兰非文件”，批评裁谈会现行议程是冷战的产物，要求裁谈会按美国提出的议题即“禁止长效地雷的转让”和“无核查”的《禁产条约》开展工作。

由此可见，目前裁谈会成员国绝大多数大体上都能接受“五国大使方案”或“荷兰非文件”，只有美国一家独阻，要求裁谈会按它的工作计划开展工作。

二、各方在四大核心议题上立场分歧严重①

目前，各成员国或国家集团在裁谈会四大核心议题——“核裁军”、“禁止用于核武器裂变材料的生产”、“防止外空军备竞赛”和“无核武器安全保证”上立场分歧严重。

（一）关于核裁军

1. 核裁军的总体形势。无核武器国家，尤其是许多发展中国家普遍对多边核裁军进程停滞不前表示不满，认为这是核武器国家缺乏政治意愿的体现，强调在新形势下核裁军应该是裁谈会的优先任务。要求核武器国家履行其全面销毁核武器的承诺，并履行《不扩散核武器条约》2000年审议大会通过的最后文件中的“核裁军13条措施”。并对有关核武器国家发展新型核武器和采取先发制人的核打击政策等深表关切。

俄、英、法宣传各自核裁军成绩。俄称，俄迄已削减了1740枚核

① 参见有关国家在裁谈会2005年第二期会上的立场发言。网址：<http://www.reachingcriticalwill.org/political/cd/speeches05/index.html.>

弹头和357个运载系统，以及75%的非战略核武器。与1991年相比，俄已削减了80%以上的核武器。英称，英实行最低限度核威慑战略，目前仅拥有不足于200枚实战部署的核弹头，是惟一仅依赖单一核武器系统（“三叉戟”）的核武器国家；英于1995年宣布停止生产核武器用裂变材料，是第一个宣布裂变材料库存量的核武器国家。① 法称，法是五个核武器国家中惟一已关闭、拆除其所有核裂变材料生产设施的国家。美称采取了多项“核裁军措施”，并将根据国际安全形势和本国利益决定核裁军的进度。美强调已降低核武器在其威慑战略中的作用，并未研发新型核武器。

印度、巴基斯坦均自称为核武器国家。印表示，了解其作为核武器国家对核裁军负有特殊责任。印奉行不首先使用核武器、不对无核武器国家使用核武器并主张就此达成国际法律文书的政策。② 巴称，巴奉行最低限度的核威慑政策，应在法律上承认巴事实上的核武器国家地位。③

2. 关于核裁军特委会。多数国家要求裁谈会在“五国大使方案”或“荷兰非文件”的基础上尽快达成一项工作计划，以便建立核裁军特委会。加拿大表示，未来核裁军特委会可讨论以下内容：核战略和政策、核裁军执行情况、执行不可逆、透明和可核查原则的情况、核裁军的遵约情况、建立信任措施、战术核武器等。

（二）关于《禁止生产核武器用裂变材料的条约》（FMCT）

1.《条约》的禁止范围。俄罗斯和德国都对《条约》应该禁止的范围提出了具体的建议：禁止武器级铀和用于核武器目的的钚的未来生产；禁止将民用裂变材料转用于核武器目的。但为民用目的的生产，

---

① Statement by Ms Fiona Paterson UK Deputy Permanent Representative to the Conference on Disarmament 23 June 2005. <http://www.reachingcriticalwill.org/political/cd/speeches05/June23UnitedKingdom.pdf.>

② Statement by H.E. Mr. Jayant Prasad Amabassador & Permanent Representative of India to the Conference on Disarmament Geneva 23 June 2005. <http://www.reachingcriticalwill.org/political/cd/speeches05/June23India.pdf.>

③ Statement by H.E. Mr. Masood Khan Amabassador and Permanent Representative of the Islamic Republic of Pakistan at the Conference on Disarmament on “Nuclear Disarmament” 23 June 2005. <http://www.reachingcriticalwill.org/political/cd/speeches05/June23Pkistan.pdf.>

包括用于舰艇堆的核燃料不在禁止之列。俄罗斯提出的《条约》禁止范围除了与德国的相同外，还包括禁止帮助或鼓励其他国家生产这些裂变材料。《条约》应无限期有效。应要求所有核武器国家、拥有生产核爆炸装置工业能力的国家，以及拥有铀浓缩和乏燃料后处理设施的国家均参加《条约》。①

德国、瑞典、韩国、巴基斯坦、南非、埃及和马来西亚均表示《条约》的范围应包括现有库存和未来生产的裂变材料。瑞典认为还应考虑包括某些低浓度武器级材料。俄罗斯强调《条约》禁止范围不应包括裂变材料的现有库存，印度坚决反对包括现有库存，认为裁谈会只应处理未来的裂变材料生产问题。

2. 核查问题的处理。除美国明确表示不要核查，巴基斯坦和埃及明确表示可靠的核查机制是确保成功履约的必要条件外，大多数国家——法国、英国、德国、加拿大、瑞典、荷兰、日本、韩国、意大利以及南非、秘鲁均表示应不预设前提，尽早启动谈判，在谈判中处理包括核查在内的相关问题。加拿大建议在谈判正式开始前成立关于禁止用于核武器用裂变材料的生产专家组，讨论相关的技术问题，如《条约》的范围与核查。加还提出，如果裁谈会不能开展工作，应考虑在其他的多边场合来谈判《条约》。瑞典强调核查在技术上是可行的，在政治上是适宜的。应由国际原子能机构负责禁止用于核武器用裂变材料生产的核查工作。德国强调缔约国应承诺实现最大程度的透明，首先应宣布现有民用及军用库存核材料数量，并表示未来愿意进一步削减军用库存材料。

3. 暂停裂变材料的生产问题。德国、韩国、意大利提出希望有关国家在谈判达成一项《禁产条约》之前暂停生产核武器用裂变材料。巴基斯坦明确表示，由于现实的客观条件不能接受在《条约》达成前暂时停止生产裂变材料。

（三）关于防止外空军备竞赛

1. 俄罗斯的立场。中国和俄罗斯都是防止外空军备竞赛和外空武

① Statement by H.E. Amabassador Volker Heinsbery Permanent Representative of Germany to the Conference on Disarmament on Disarmament on FMCT Geneva, 28 June 2005. <http://www.reachingcriticalwill.org/political/cd/speeches05/June28Germany.pdf.>

器化的积极倡导者和推动者。俄强调防止外空军备竞赛问题是俄在裁谈会的优先任务。俄坚定地支持裁谈会早日达成工作计划，建立外空问题特委会，并就制定旨在防止外空武器化的文书开展实质性工作。俄认为，外空武器化的威胁现实而紧迫，危害极大。现有外空法律机制不足以防止外空武器化，达成一个防止在外空部署任何武器、禁止对外空物体使用或威胁使用武力的新的法律文书将符合各国的利益。俄认为，防止外空武器化不仅是必要的，技术上也是可行的。在外空领域制定透明措施或建立信任有助于促进外空安全，但建立信任措施不能代替防止外空武器化国际法律文书。俄警告如果某国开始在外空部署武器，俄将不得不做出相应反应。但发展外空武器不是俄的选择，俄现在及未来都无意在外空发展和部署任何空间武器系统。2004年，俄已宣布将不首先在外空部署任何武器。①

2. 西方国家的立场。西方国家除美国外均对谈判防止外空军备竞赛的国际法律文书持积极态度，但关注的重点有所不同。英国主张维护各国和平开发利用外空的权利，建议各国制定“空间行路规则”，以减少空间碎片、确保卫星安全通道等。法在外空问题上坚持以下三原则：确保各国拥有和平利用外空的权利；保证卫星安全；同时考虑各国正当的防御需要。加拿大主张立即谈判一项法律文书以全面禁止一切天基武器。建议在裁谈会不能就此开展工作的情况下寻求其他途径来实现此目标。德国、瑞典、新西兰、意大利、爱尔兰、韩国等国家支持谈判“外空”法律文书，同意成立“外空”特委会。

3. 发展中国家的立场。埃塞俄比亚代表“21国集团”、巴基斯坦、南非、墨西哥、巴西、斯里兰卡、叙利亚等发展中国家发言。他们认为，外空是人类的共同财产，应确保外空的和平利用。对发展、部署反弹道导弹系统和发展可在空间部署的先进军事技术表示关切，认为现有外空国际法律机制不足以防止外空武器化和外空军备竞赛，要求裁谈会尽早在“五国大使方案”基础上达成工作计划，以便就外空议题开展实质性工作。

---

① Statement by Amabassador Leonid Skotnikov Permanent Representative of the Russian Federation at the Plenary Meeting of the Conference on Disarmament Geneva, 30 June 2005. <http://www.reachingcriticalwill.org/political/cd/speeches05/June30Russia.pdf.>

（四）关于无核武器国家安全保证问题

1. 无核安保问题的重要性。南非[①]、马来西亚、叙利亚、阿尔及利亚、伊朗等“21国集团”成员强调无核武器国家自愿放弃发展和获取核武器，因此，有权获得核武器国家提供的安全保证。这将减少其寻求核武器的动因，从而促进核不扩散和核裁军，增进国际和平与安全。无核武器国家指出目前核武器国家提供的无核安保承诺大多是有限制条件和不公平的。同时由于在核裁军领域没有进展；使用核武器的地理范围被扩大；“北大西洋公约组织”的有关规定与其核武器国家成员做出的无核安保承诺存在潜在的冲突；个别核武器国家还发展新型核武器，并考虑“先发制人”地使用战术核武器。这进一步突显了加强无核安保的必要性。

2. 如何处理无核安保问题。伊朗、阿尔及利亚、马来西亚、巴基斯坦等要求谈判一项核武器国家向无核武器国家提供普遍、无条件和具有法律约束力的安全保证国际文书。新西兰、韩国等认为无核安保应该是有条件的，只有遵守《不扩散核武器条约》核不扩散和保障监督义务的无核武器国家才能获得核武器国家提供的安全保证。核武器国家表示，将继续遵守其在联合国安理会相关决议中做出的向无核武器国家提供安全保证的承诺，以及在相关无核武器区条约议定书下承担的义务。俄赞成在考虑俄军事战略和国家安全政策的前提下，制订一项全球性无核安保协议。法认为建立无核武器区这种“地区性”的方式，是解决无核安保问题最现实可行的办法。

3. 处理无核安保的机制问题。俄罗斯、巴基斯坦、墨西哥、伊朗等认为裁谈会是处理无核安保问题最适当的场所，支持在“五国大使方案”基础上达成工作计划，并就无核安保开展实质性工作。新西兰、意大利、韩国、法国等表示，同意荷兰裁军大使“非文件”中关于无核安保的职权建议。

南非认为应在《不扩散核武器条约》框架下和“加强的审议进程”中谈判无核安保国际法律文书，该文书既可是在《不扩散核武器条约》

---

① Statement by the Republic of South Africa on Effective International Arrangements to Assure Non-Nuclear-Weapon State Against the Use or Threat of Use of Nuclear Weapons during the Plenary Meeting of the Conference on Disarmament on 7 July 2005. <http://www.reachingcriticalwill.org/political/cd/speeches05/July7SouthAfrica.pdf.>

框架下达成的一项单独协议，也可作为《不扩散核武器条约》的议定书。加拿大也倾向于在《不扩散核武器条约》下讨论无核安保问题，但考虑到无核安保多年来一直是裁谈会的议题，同意裁谈会在此问题上发挥一定作用。

三、裁谈会是否继续存在下去成为日益广泛的话题

由于裁谈会长年不能开展实质性谈判工作，南非、墨西哥等国一些无核武器国家深为不满，近年来不断声称应让裁谈会“休眠”。值得注意的是，美国近来也有所附和，声称裁谈会现行的议题是冷战的“遗产”，已经“过时”，应予以摒弃。同时，在纽约联合国总部方面，类似的看法也在上升，尤其是传说美国可能有意使裁谈会走向消亡。一旦美单方面退会，实际上就等于中止裁谈会的工作，与2005年美独家退出《禁止生物武器公约》议定书谈判导致谈判中止的情况类似。美退出裁谈会，其他国家再谈判《禁产条约》、防止外空军备竞赛、核裁军及无核安保，则无实质意义。因此，美国政策对裁谈会的走向影响重大。

1. 美国对裁谈会的态度日趋消极。美国对裁谈会的消极态度主要表现在以下三个方面：一是在工作计划上毫不松动，美表示现阶段不能加入关于“五国大使方案”或“荷兰非文件”的协商一致。二是只同意裁谈会就美提出的两项议题（即禁止长效地雷的转让和无核查的《禁产条约》）开始工作。三是批评裁谈会现行议程是冷战产物，过时了，裁谈会目前的议题不是应对共同威胁的办法。美国认为，恐怖主义和大规模杀伤性武器的扩散、包括恐怖分子获取大规模杀伤性武器的风险，是21世纪面临的最大安全挑战。国际社会为应对大规模杀伤性武器的扩散付出了许多努力，展开了一系列的合作和行动，但裁谈会没有在这方面做出努力。美强调，裁谈会要想恢复以往的有效性，结束僵局，就必须超越冷战时期的议题，放弃“一切照旧”的工作态度。应就能够结束裁谈会僵局的议题开展工作，如“禁止转让所有长效地雷”、“禁止生产用于核武器和其他核爆炸装置的裂变材料”。①

① U.S. Statement to the Conference on Disarmament June 28, 2005. <http://www.reachingcriticalwill.org/political/cd/speeches05/June28UnitedStates.pdf.>

美国关于裁谈会现行议程是冷战产物的论调遭到了古巴、伊朗、阿尔及利亚和巴西的强烈反驳，并称核武器的威胁是现实威胁，核武器和使用核武器的战略才是冷战产物。然而，值得注意的是美国的立场也有追随者。[①]

2. 加拿大、南非等国家提出在裁谈会以外的场合谈判外空及无核安保问题。加拿大建议以“渥太华《禁止地雷公约》”的方式处理外空问题，在裁谈会外推进外空进程。加建议，考虑建立联合国外空问题专家组，先由非政府组织谈判达成条约，而后再邀请或敦促各国政府加入。亦可考虑在裁谈会之外谈判禁止外空武器化法律文书或探讨在外空领域建立信任措施、行为准则等。

南非建议推动在《不扩散核武器条约》框架下解决无核武器国家安全保证。加拿大也倾向于在《不扩散核武器条约》下讨论无核安保问题。

四、前景展望

裁谈会长期的僵局引发了越来越多关于对其前途的担忧。裁军谈判会议是一个多边谈判机构，因此，从根本上来看，它是各国协调国家安全利益的重要场所，同时，也是大国实现政治意图的一个潜在工具。军控与裁军的进展根本上是由大国主导，因而裁谈会的未来发展和生死存亡也将主要取决于大国的政治意愿。

当前，美国的军控政策重点在防扩散，无意谈判，更无意谈裁军。同时，采取极端的实用主义，将反恐和反扩散捆绑在一起，利用反恐和反扩散打击异己，企图以反扩散统领和压倒一切军控事务；其他西方国家对美上述做法虽有所不满，但由于顾忌与美国的关系，总体上与美保持一致，尽力照顾美国的立场，并在反扩散等问题上配合美国的行动；俄罗斯欲借俄美双边军控进展改善和发展俄美关系的战略企

---

① 如澳大利亚在2005年7月7日裁谈会全会的发言中强调防扩散的多边努力，如“防扩散安全倡议”、“澳大利亚集团”的作用其腔调与美国如出一辙。参见Statement by Mr. Craig Maclachlan Deputy Permanent Representative of Australia to the Conference on Disarmament, Geneva 7 July 2005.<http://www.reachingcriticalwill.org/political/cd/speeches05/July7Australia.pdf.>

图并未达到预期效果，其战略空间继续遭美挤压，俄对美重单边、轻多边的做法提高了警惕并加大了抵制力度，对美大力发展外空武器的动向发出“如有必要，必将回应”的警告；广大发展中国家在军控领域虽多方推动，但由于对军控领域相关问题的关切程度不一，内部出现明显分歧，难以形成有效合力。此外，在2005年5月份结束的《不扩散核武器条约》第七次审议会上，发展中国家与美国等西方国家在核裁军、防扩散及和平利用核能等问题上尖锐对立，致使会议无果而终，深刻反映出以美为首的西方国家与广大无核武器国家在多边军控议程上的严重分歧及不可调和的矛盾。这一结果对国际多边军控机制已造成了明显的消极影响，在这种国际形势下裁谈会陷入困境是必然的。因此，尽管许多国家提出了延长主席任期，改变工作程序和议事机制等办法试图打破僵局，但都无济于事。

然而，要终止裁谈会的工作也并不是一件容易的事。首先，通过“裁谈会做决定”的方式将难以实现，因为裁谈会不可能就此达成一致；如通过联大达成相应决议，虽不需协商一致，但在191个国家的范围内做此事也不容易。再就是大批有分量的国家集体退出裁谈会，这似乎也不现实。而美国目前似乎也无意退出裁谈会，因为：其一，美近年来单边行动过多，如现在退会，必将招致国际社会新的反对浪潮；其二，裁谈会的存在及其谈判议题并不能妨碍美军备发展，因为对美国来说，裁谈会只是成了越来越不好用的工具，还谈不上对美有什么限制。其三，美国还是希望按照它的要求在裁谈会谈判《禁产条约》。而美为解决其安全关切，可以借助于国际原子能机构、核供应国集团、防扩散安全倡议等更具强制执行力、更易操控的较小范围的多边机制。其四，对于其他国家，尤其是发展中国家和小国来说，裁谈会是其表明立场和安全关切，维护其国家安全利益的重要场所，如取消裁谈会受影响最大的是中小国家和发展中国家。因此，在从近期来看，裁谈会终止的可能性不大，但也无法就工作计划达成一致启动具有战略意义的军控谈判，只能是继续维持“僵局”，沦为一般的交换意见和讨论问题的场所。从长远来看，取决于国际安全格局的发展变化和大国战略的变化，其未来走向有待于进一步观察。

2005年《不扩散核武器条约》审议大会评析

田景梅　胡思得

内容提要： 2005年的第七次《不扩散核武器条约》审议大会无果而终，原因是与会国家和国家集团在许多问题上都存在严重的意见分歧。如果这些分歧持续下去不能得以解决，它们势必会损害《不扩散核武器条约》和国际核不扩散机制。因此，我们有必要探寻弥合这些分歧的方法。

主 题 词：《不扩散核武器条约》 审议大会 核不扩散 核裁军

作者单位： 北京　应用物理与计算数学研究所

2005年5月2日至27日，第7次《不扩散核武器条约》审议大会在联合国总部纽约举行。150多个条约缔约国参加了此次会议。与会国家及国家集团由于各自的利益和关切不同，几乎在所有问题上都存在严重的分歧。审议大会议程本应在先前召开的筹备会议上确定，但在筹备会议上由于各方争论激烈，未能达成一致，而留给此次审议大会解决。同样，在审议大会上，与会各方在大会议程的设定上依然争论不休，直到5月19日大会四分之三会期后才勉强通过大会议程。三个主要委员会及其附属机构由于在一些重大问题上的分歧难以弥合未能就各自的报告内容达成一致意见。因此，审议大会自然也就不可能达成共同的最后文件。过去对审议大会起到某种导向作用的五个核大国共同声明在这次审议大会上由于它们在一些问题上的观点不同也迟迟未能出笼。审议大会最后在一片争吵声中结束，没有取得任何实质性成果。

在核裁军陷入僵局和核不扩散受到挑战的时候，审议大会的无果而终显然不利于进一步推进核裁军和加强核不扩散，也有损《不扩散核武器条约》和以它为基石的国际核不扩散机制。这引起了国际社会的高度关注和广泛担忧。本文首先将对这次审议大会上出现的一些主要分歧进行梳理和分析，进而探寻弥合这些分歧和修补《不扩散核武器条约》的途径。

自1975年第一次审议大会召开以来，与会国家在核不扩散、核裁军和和平利用核能等问题上就一直存在分歧，只是程度有所不同而已。2005年的审议大会也不例外，甚至在一些问题上争吵更为激烈。除了核裁军、核不扩散和无核国家安全保证等传统问题的分歧以外，这次审议大会在一些新的问题上，例如退出《不扩散核武器条约》和限制核燃料循环技术转让等，也纷争不休，相互指责和批评之声不绝于耳。

一、审议大会的分歧

（一）关于审议大会优先议题的分歧

核不扩散、核裁军与和平利用核能是《不扩散核武器条约》相互联系和相互作用的三大目标。它们都应成为审议大会讨论的主题，不应非此即彼和有所偏颇。然而，由于与会国家或国家集团各自的利益需要不同，它们对上述三大目标关切的侧重点也不一样。美国、英国和法国等国认为，目前大规模杀伤性武器扩散已对国际安全构成严重威胁，而且现有的国际核不扩散机制存在漏洞，不能应对新的核扩散威胁。因此，审议大会的优先目标应该是讨论采取有效措施防止大规模杀伤性武器落入“流氓国家”和恐怖分子手中。它们强调，审议大会应该采取新的核不扩散措施处理不遵守条约不扩散义务的国家，使国际原子能机构的《附加议定书》成为保障监督和核供应的新标准，限制铀浓缩和钚后处理技术的出口。美国负责核不扩散的总统特别代表杰姬·桑德斯大使在审议大会上明确指出，“所有缔约国赞同对抗扩散威胁的强有力国际措施必须是2005年审议大会的主要目标。”[①]

与此形成鲜明对比，无核武器国家特别是不结盟国家和新议程联盟国家却坚持认为，核武器国家现有的核武库仍然十分庞大，仍足以摧毁地球。核武器对人类和文明的生存构成了最大的威胁。因而，审议大会的优先议题应该是讨论核武器国家进一步削减其核武库，履行

① Ambassador Jackie W. Sanders, special representative of the President for the nonproliferation of nuclear weapons, U.S. Implementation of Article VI and the Future of Nuclear Disarmament, May 20, 2005, <http://www.state.gov/t/np/rls/rm/46603.htm.>

其在1995年和2000年审议大会上所接受的核裁军措施。它们强调，只有核武器国家在核裁军方面取得真正和重大的进展，核武器扩散才能得以制止。

针对无核武器国家的上述指责，美国反驳道，它已经完全履行了《不扩散核武器条约》第六条核裁军义务，根本不存在核裁军问题。核武器扩散到“流氓国家”和恐怖分子手中对国际安全构成的威胁远远大于核武器国家的核武库对国际安全构成的威胁。目前国际安全的最大威胁不是来自核武器国家的核武库而是源于“流氓国家”和恐怖分子获取核武器。

由此可见，美国试图将这次审议大会的主要目标引向核不扩散，而主要的无核武器国家却力图将审议大会拉向核裁军。双方在此问题上互不相让和妥协，基本上注定了审议大会的命运——无果而终。

（二）关于核裁军的分歧

从第一次审议大会以来，无核武器缔约国与核武器缔约国在核裁军问题上就一直存在分歧。无核武器国家总是批评核武器国家在核裁军方面的进展缓慢，距离实现彻底消除核武器和无核武器世界的目标相去甚远，而美国却认为，它已经削减大量的核武器，核裁军要逐步地进行。在这次审议大会上，无核武器国家与核武器国家在核裁军这个传统问题上又展开了激烈的交锋。

无核武器国家抱怨，在过去5年里，核武器国家缺少核裁军行动，没有全面履行它们在2000年审议大会上做出的彻底消除核武器以便最终实现条约第六条所规定的核裁军目标的明确承诺。因此，核武器国家必须完全遵守《不扩散核武器条约》第六条规定的所有核裁军义务和它们所作的所有核裁军承诺，包括它们在2000年审议大会上同意采取的核裁军“13个步骤”，以便实现全面消除核武器的目标。

它们要求核武器国家进一步削减其战略和非战略核武器，停止发展新型核武器，降低核武器在其国家安全政策中的作用，继续维持暂停核试验并促使《全面禁止核试验条约》早日生效，恢复禁止生产核武器用裂变材料条约的谈判并维持暂停核武器用裂变材料的生产，建立处理核裁军问题的附属机构，在核裁军中遵守不可逆和透明原则，降低核武器警戒水平，在彻底消除核武器之前将核弹头从发射系统上拆卸下来并使核力量解除实战部署状态，增加其核武库的透明度，履行其有关安全保证的现有承诺。[1] 除此之外，不结盟国家仍坚持其过去一贯的立场，要求订立一个在固定时间框架内分阶段全面消除核武器的方案。[2]

美国在其盟国英国和法国的支持下阻止任何直接提及在以前审议大会上所做出的核裁军承诺。早在2002年的第一次筹备会议上，美国就声称它不再支持核裁军“13个步骤”中的一些步骤，并得到英国和法国的赞同。它认为，核裁军“13个步骤”仅仅是政治承诺，现在已经过时。审议大会不是修约大会，任何声明或决定都不能代替、重新解释和增加缔约国承担的条约法律义务。[3]

针对无核武器国家的批评和要求，美国进行了辩解。美国代表说，美国承诺履行《不扩散核武器条约》第六条核裁军义务，过去20年的行为已经证明它完全遵守了第六条核裁军条款。美国没有任何进行核试验的计划，不再将核武器瞄准任何国家，通过建立新三位一体战略能力减少了美国在其国家安全战略中对核武器的依赖。美国大使杰姬·桑德斯在第一主要委员会会议上说，《不扩散核武器条约》没有禁止核武器国家对其核力量进行现代化。美国否认低当量核武器将会降低核门槛。坚实型核钻地弹的研究只是为了探寻使用现有核弹头提高威慑的一种可能方法。[4] 在实现第六条核裁军目标的过程中，不能人为地设定任何时间表。核裁军的细节和日期不可能，也不应该进行预测和预先确定。这样做的结果不会推动，也许会损害预期的核裁军进程。[5]

① Recommendations submitted by New Zealand on behalf of the New Agenda Coalition, NPT/CONF.2005/WP.27, <http://daccessdds.un.org/doc/UNDOC/GEN/N05/333/11/PDF/N0533311.pdf?OpenElement.>

② Working paper presented by the member of the Group of Non-Aligned Movement, NPT/CONF.2005/WP.8, <http://daccessdds.un.org/doc/UNDOC/GEN/N05/323/10/PDF/N0532310.pdf?OpenElement.>

③ Ambassador Jackie W. Sanders, special representative of the President for the nonproliferation of nuclear weapons, U.S. Implementation of Article VI and the Future of Nuclear Disarmament, May 20, 2005,<http://www.state.gov/t/np/rls/rm/46603.htm.>

④ Ambassador Jackie W. Sanders, special representative of the President for the nonproliferation of nuclear weapons, U.S. Implementation of Article VI and the Future of Nuclear Disarmament, May 20, 2005, <http://www.state.gov/t/np/rls/rm/46603.htm.>

⑤ Hon. Douglas Roche, Deadly Deadlock, June 2005, p. 21, <http://www.middlepowers.org/2005NPTpoliticalanalysis.pdf.>

核裁军进展的速度和性质取决于国际安全环境的状况。[①]

（三）关于无核国家安全保证的分歧

关于无核国家安全保证的分歧主要在于核武器国家向无核武器国家提供的安全保证是否是无条件的和具有法律约束力的。核武器国家曾以联合国安理会决议和国家声明的方式向无核武器国家提供了积极安全保证（当无核武器国家遭到核侵略或侵略威胁时，核武器国家向其提供援助）和消极安全保证（核武器国家承诺不对无核武器国家使用或威胁使用核武器）。但是，这些保证不是通过具有法律约束力的条约提供的，而且核武器国家（除中国外）提供的消极安全保证是有条件的。[②] 因此，在每一次审议大会上无核武器国家都要求核武器国家向其提供无条件的和具有法律约束力的安全保证。

在2005年的审议大会上，无核武器国家主要是不结盟国家强调，彻底消除核武器是不对无核武器国家使用或威胁使用核武器的惟一绝对保证。无核武器国家应该得到核武器国家不对其使用或威胁使用核武器的有效保证。在彻底消除核武器之前，核武器国家应就安全保证缔结一项普遍的、无条件的和具有法律约束力的国际法律文书。这个问题应该成为审议大会的一个优先议题。

美英等核武器国家支持在无核武器区框架内向无核武器国家提供安全保证，并且认为它们通过国家声明提供的安全保证是足够的，反对就此问题缔结一项具有法律约束力的国际法律文书。它们仍然坚持过去的立场，不使用或不威胁使用核武器的保证是有条件的，不适用于违反《不扩散核武器条约》不扩散义务的国家。

（四）关于国际原子能机构保障监督的分歧

在这次审议大会上，现有的国际原子能机构的全面保障协定是否足以确保受保障监督的核材料、核设施和核活动不被转用于发展核武

① Ambassador Jackie W. Sanders, special representative of the President for the nonproliferation of nuclear weapons, U.S. Implementation of Article VI and the Future of Nuclear Disarmament, May 20, 2005, <http://www.state.gov/t/np/rls/rm/46603.htm.>

② 美国、俄罗斯、英国和法国声明不对《不扩散核武器条约》无核武器缔约国使用核武器，除非该无核武器国家协同或联合某个核武器国家对其领土、武装力量或其他部队、其盟国或对之做出了安全保证的国家进行侵略或任何其它攻击。

器成为与会国家争论的又一个焦点。

美国等西方国家认为，过去的历史已经证明国际原子能机构的《全面保障协定》存在固有的局限性。《全面保障协定》只能核查那些已申报的核材料和核设施是否被转用于军事目的，而对那些未申报的核材料和核设施却无能为力。《附加议定书》则可以核实是否存在未申报的核材料和核设施。因此，国际原子能机构的《全面保障协定》加上《附加议定书》共同成为国际原子能机构保障监督体系和核供应的一个新标准。它们呼吁尚未加入《全面保障协定》和《附加议定书》的所有《不扩散核武器条约》缔约国早日签署和批准它们。①

与此形成鲜明对比，不结盟国家主要是伊朗、埃及、巴西、阿根廷和古巴则认为，《全面保障协定》已被条约缔约国认为是国际原子能机构保障监督的主要法律基础。它在确保已申报的核材料不被转用于军事目的方面一直是成功的，而且对未申报的核材料和核活动也提供了一些保障。这种保障协定仍是国际原子能机构所有保障监督活动的基础，需要推进和推广。《附加议定书》只是信任措施，如将其视为《不扩散核武器条约》的义务，可能涉及修改条约问题。它们强调，《全面保障协定》必须在世界范围内执行，要求核武器国家将更多的和平核活动置于国际原子能机构的保障监督之下，以防将核能从和平用途转用于军事目的。

（五）关于限制核燃料循环技术转让的分歧

对核燃料循环技术的转让是否应该进行限制是2005年审议大会的一个新的核心问题。这个问题引起与会国家的激烈争论。

美国等国认为，浓缩和后处理技术的扩散已经构成危险，因为某些国家例如伊朗正在利用条约给予的为和平目的获取核技术和核燃料的好处，浓缩核武器用的铀。所以，对浓缩和后处理技术的转让进行

---

① See, Strengthening Implementation of Article III of the Treaty on the Non-Proliferation of Nuclear Weapons: Working Paper Submitted by the United States of America, 24 May 2005, NPT/CONF.2005/WP.58, <http://daccessdds.un.org/doc/UNDOC/GEN/N05/357/70/PDF/N0535770.pdf?OpenElement>, and Working Paper Based on the European Union Statement for Main Committee II Submitted by Luxembourg on Behalf of the European Union, 18 May 2005, NPT/CONF.2005/WP.44, <http://daccessdds.un.org/doc/UNDOC/GEN/N05/349/52/PDF/N0534952.pdf?OpenElement.>

限制是必要的。美国主张，尚不具备浓缩和后处理技术的国家不应发展这种技术。放弃发展上述技术的条约缔约国将会得到补偿，保证它们能够以合理的价格获得核燃料。它强调，需要采取紧急措施阻止浓缩和后处理设备和技术的扩散。在适当的措施未出台前，核供应国不要将这些设备和技术转让给另外的国家。[①] 一些国家，包括欧盟和十国集团，支持在有关的国际论坛上就限制核燃料循环技术扩散所应采取的措施问题进行广泛对话，并支持就国际原子能机构专家组提交的“核燃料循环多边管理办法”早日开始讨论。

一些发展中国家特别是埃及、伊朗、巴西和阿根廷等国坚决反对对核燃料循环技术的转让进行限制。它们认为，为和平目的发展、研究、生产和使用核能是条约缔约国不可剥夺的权利。在国际原子能机构的保障监督下，条约缔约国为和平目的发展浓缩和后处理的权利不应受到限制，而应得到尊重。允许一些国家却不允许另外一些国家拥有浓缩和后处理技术是不合理和歧视性的。

（六）关于处理《不扩散核武器条约》退约国的分歧

2003年1月，朝鲜退出《不扩散核武器条约》。这引起一些国家对退约问题的关注。一些国家纷纷向这次审议大会提交了关于退出《不扩散核武器条约》的工作文件。如何对待退约问题成为审议大会的一个新内容。

美国、欧盟、澳大利亚和新西兰等国认为，退约对国际和平与安全构成了潜在威胁，应该对退约设立严格的条件。退约国仍要承担退约前的违约责任。所有用于和平目的的核材料、核设备、核技术和核设施仍然限于和平利用，并仍接受国际原子能机构的保障监督。退约国不应再使用退约前从第三国获得的核材料、核设施和核技术。它们须在国际原子能机构的监控下被冻结，被拆除或被退还给供应国。这些国家强调，接到退约通知后，应立即对该退约国遵守条约情况进行核查，如果必要，由联合国安理会授权。安理会应该保证立即和自动

① See, Strengthening Implementation of Article III of the Treaty on the Non-Proliferation of Nuclear Weapons: Working Paper Submitted by the United States of America, 24 May 2005, NPT/CONF.2005/WP.58, <http://daccessdds.un.org/doc/UNDOC/GEN/N05/357/70/PDF/N0535770.pdf?OpenElement.>

介入，并采取适当行动。

一些不结盟国家反对上述看法。它们认为，退约不会必然对国际和平与安全构成威胁，而那些已经发展核武器却未加入《不扩散核武器条约》的国家才是国际和地区和平与安全的威胁。因此，所有缔约国应该迫使它们签署和批准《不扩散核武器条约》，以加强《不扩散核武器条约》的普遍性。它们强调，退约是《不扩散核武器条约》第十条和《维也纳条约法公约》赋予条约缔约国的合法权利。退约是否对国际安全构成威胁应由安理会根据《联合国宪章》来确定。

在这些争吵和批评之声以外，审议大会还能听到一些和谐声音。其中最重要的是，几乎所有与会国家仍然承认《不扩散核武器条约》是国际核不扩散机制的基石，在防止核扩散、促进核裁军和维护国际安全与稳定方面一直发挥着重要的作用。它们表示应继续维护《不扩散核武器条约》的权威性，并进一步加强《不扩散核武器条约》的有效性。与会各国对国际原子能机构在保障监督和核能合作方面所发挥的作用给予了肯定，并呼吁进一步加强机构在核安全、核保安、放射性物质运输和核材料实物保护方面的工作。此外，五个核大国一致承诺继续维持暂停核试验。这次审议大会虽然没有达成最后文件，但却讨论了所有有关核不扩散、核裁军和和平利用核能方面的问题，并提出许多有关加强《不扩散核武器条约》的有益建议。这些共识会为今后缝合分歧，修补《不扩散核武器条约》奠定基础。

二、对审议大会的评述

上述分歧，如果持续下去不能得以解决，势必会损害《不扩散核武器条约》及其机制。所以，探讨和寻求解决这些分歧的良药成为当务之急。一些国家、机构和专家纷纷提出弥合分歧和重振《不扩散核武器条约》的建议。卡耐基国际和平基金会在审议大会召开之前就发表了《普遍遵守：核安全战略》。[①] 联合国秘书长科菲·安南在2005年5月30日的《国际先驱论坛报》上发表了题为“打破核僵局”的文

① George Perkovich, Jessica Tuchman, Joseph Cirincione, Rose Gottemoeller, and Jon Wolfsthal, *Universal Compliance: A Strategy for Nuclear Security*, <http://www.carnegieendowment.org/files/UC2.FINAL3.pdf.>

章。[①] 2005年7月26日，澳大利亚、智利、印度尼西亚、挪威、罗马尼亚、南非和英国7国外长发表了有关在防止核扩散和推进核裁军方面加强国际合作的联合声明。[②] 笔者以为，弥合这些裂痕的最好方法不仅要对症下药还要消除分歧的根源。

（一）建立和平与稳定的国际和地区安全环境以消除核扩散的诱因

核武器发展的历史表明，不稳定和不安全的国际和地区环境是某些国家谋求或扩大核武器诸多因素之一。所以，和平与稳定的国际和地区安全环境有助于防止核扩散和推进核裁军。如何建立这样的安全环境？我们应该采取以下步骤：

1. 树立互信、互利、平等、合作的新安全观，谋求国际关系的普遍改善，实现各国的普遍安全。

2. 加强多边合作，这是维护和促进国际和地区和平与稳定的正确途径。

3. 不要随意夸大威胁，不要到处树立假想敌，不要动辄以武力特别是用核武器威胁别国。

4. 放弃破坏国际安全秩序和诱发核扩散的先发制人打击，寻求政治和外交途径解决大规模杀伤性武器扩散问题。

5. 公正和合理地解决地区紧张局势和冲突，特别是中东地区，东北亚东区和南亚地区。

（二）确保新的核不扩散措施的合法性以获得广泛的支持和实施

由于新的核扩散威胁的出现，传统的国际核不扩散机制不能有效地应付这些新威胁。因此，采取新的防止核扩散措施是必要的。但是，新的核不扩散措施不应以个别国家的意愿为标准，不应损害任何主权国家的合法权益，不应具有歧视性和双重标准，而应建立在国际法基

---

① Kofi A. Annan, *Break the Nuclear Deadlock*, *The International Herald Tribune*, May 30, 2005, <http://www.iht.com/bin/print_ipub.php?file=/articles/2005/05/29/news/edannan.php.>

② Norwegian Ministry of Foreign Affairs, *Foreign Minister Jan Petersen's Initiative to Strengthen International Cooperation on Nuclear Disarmament and Non-proliferation*, <http://odin.dep.no/ud/english/topics/security/032171-990237/dok-bu.html.> and Mark Turner, *Countries Push for Stronger Nuclear Non-proliferation Regime*, July 27, 2005, <http://financialtimes.printthis.clickability.com/pt/cpt?action=cpt&title=FT.com+%2F+Ho.>

础之上或得到联合国安理会的认可。这样的措施才能得到国际社会的普遍接受，才能对核扩散行为产生压力和威慑，才能有效地防止核扩散。要保证新的核不扩散措施具有合法性需要遵守以下原则：

1. 新的核不扩散措施应该符合国际法。一般来说，基于现有国际法基础之上的措施才具有合法性。这样的措施才能较易得到广泛的支持，增强对核扩散的威慑。

2. 出现有国际法范围的新的核不扩散措施应该得到联合国安理会的批准。安理会被公认是有权命令执法的主要国际机构。所以，由安理会通过的新措施具有合法性。这样的措施才能对核扩散者产生巨大的压力和威慑力。安理会应该在防止核武器扩散方面发挥重要的作用。

（三）平行地推进核不扩散和核裁军以减少有核国与无核国的相互不满

防止核扩散、推动核裁军和促进和平利用核能是《不扩散核武器条约》的三大目标。这是无核武器国家与核武器国家在谈判《不扩散核武器条约》时双方共同确认的。无核武器国家放弃发展核武器的权利，但同时核武器国家承诺最终消除其核武库，并向无核武器国家提供核能援助。三大目标体现了条约缔约国所享有的权利和义务的相对平衡。核不扩散、核裁军和和平利用核能是相辅相承，缺一不可的。因此，片面强调任何一个目标都有失《不扩散核武器条约》的平衡性，不会得到所有缔约国的赞同。

应当承认，目前大规模杀伤性武器的扩散对国际安全构成了严重威胁。但与此同时也需承认，现有的庞大核武库同样对国际安全形成了巨大威胁。因此，国际社会既要重视核不扩散问题也要重视核裁军问题，既要加强核不扩散也要推动核裁军。

从2000年的审议大会以后，世界出现了新的核扩散威胁。恐怖分子公开叫嚷要获取包括核武器在内的大规模杀伤性武器。全球核走私网络出售核技术和核材料。某些国家以和平核计划为借口秘密发展核武器。这些事件暴露了国际核不扩散机制存在漏洞。国际社会应该采取新的核不扩散措施来弥补这些漏洞以加强核不扩散机制的有效性。

在过去5年里，核裁军没有取得多大进展。尽管美俄两国签署了《削减进攻性战略武器条约》，但是条约规定只削减实战部署的核武器，而且削减不是不可逆、透明和可核查的。这距无核武器国家所要求的核裁军措施相去甚远。2000年审议大会通过的核裁军“13个步骤”没有得到全部执行。《全面禁止核试验条约》仍未生效。禁止生产核武器用裂变材料条约的谈判迟迟未能启动。核裁军附属机构没能成立。核武器在核大国安全政策中的地位没有实质性的下降。冷战已经结束十多年，但是美俄两国仍然保持数千枚核弹头处于一触即发状态。这大大增加了核武器未经授权发射的可能性。由此可见，核武器国家应该采取措施进一步推进核裁军。

（四）促使核大国进一步核裁军以增加对防止核扩散的支持

核不扩散和核裁军相互联系和相互促进。核裁军方面的进展有助于推动核不扩散，反之则亦然。核武器国家特别是美国应该认真执行在1995年和2000年审议大会上所同意的核裁军措施，不应弃之不理。它们应该在核裁军方面采取以下措施：

1. 核武器国家应该继续履行在以前审议大会上所作的核裁军承诺。

2. 拥有最大核武库的国家应率先大幅度、不可逆和可核查地削减核武器。

3. 降低核武器在国家安全政策中的地位，不将核武器瞄准任何国家和不将任何国家列入核打击目标。

4. 停止发展破坏全球战略平衡与稳定的导弹防御系统和外空武器系统。

5. 应支持《全面禁止核试验条约》，并使它早日生效；在条约生效前继续维持暂停核试验。

6. 就禁止生产核武器用裂变材料条约进行谈判。

7. 应向无核武器国家提供无条件的消极安全保证，并尽早就保证不向无核武器国家使用或威胁使用核武器缔结一项的国际法律文书。

（五）公正合理地制定新的核不扩散措施以应付国际核不扩散机制所面临的新挑战

如上所述，传统的国际核不扩散机制不能有效地应对新的挑战，所以采取新的措施加强国际核不扩散机制是必要的。但是，新的核不扩散措施不应以损害和平发展核能的权利为代价。

限制核燃料循环技术的扩散核燃料循环技术（主要是浓缩和后处理技术）具有两重性，既可以被用来发展民用核能也可以被用来发展核武器。所以说，核燃料循环技术存在核扩散的危险。我们有必要对这种敏感技术进行限制。但是，对这种技术进行限制必然损害尚不具备这种技术的国家和平利用核能的权利。这已引起它们的不满和担忧。为此，在对核燃料循环技术进行限制时须考虑以下几个因素：

1. 限制核燃料循环技术的转让，但不能影响有关国家发展和平核能的利益。

2. 不应强制而应鼓励自愿放弃发展浓缩和后处理技术的权利。

3. 由可信赖的国际机构或多边组织保证以合理价格提供核燃料，以消除某些国家对核燃料掌控在别国手中的担忧。

4. 尽快对国际原子能机构专家组提交的有关核燃料循环多边管理方法的报告进行讨论和磋商，以探寻能被各方普遍接受的方法。

加强国际原子能机构的保障监督制度国际原子能机构的保障监督制度，作为核查是否遵守不扩散或和平利用核能承诺的机制，在防止核武器扩散方面一直发挥着重要作用。但是，保障监督制度在及时探知核材料、核设施和核活动由和平目的转用于发展核武器方面存在缺陷。国际原子能机构的全面保障协定只能核查已申报的却不能核查未申报的核材料、核设施和核活动，而其《附加议定书》则弥补了这方面的不足。它加强了国际原子能机构探查未申报和可疑的核设施、核材料和核活动的能力。应采取以下措施加强国际原子能机构的保障监督制度：

1. 鼓励更多的国家加入国际原子能机构的全面保障协定及其附加议定书。

2. 扩大核能的国际合作以保持国际原子能机构核查核活动与促进和平核合作之间的平衡。

3. 呼吁三个尚未加入《不扩散核武器条约》的印度、巴基斯坦和以色列将其核材料、核设施和核活动置于国际原子能机构保障监督之下。

对退出《不扩散核武器条约》加以约束《不扩散核武器条约》第十条赋予了缔约国退出条约的合法权利。但是，它也为那些通过退约来逃避原子能机构对其可疑的核活动进行严格核查以便继续从事核武器计划的国家提供了余地。因此对退出条约进行限制是必要的。关键的问题是对退约国在退约前是否违反其承担的核不扩散义务的认定。这项工作应由国际原子能机构或联合国安理会不应由个别国家或国家集团来完全以确保核实的可信性和可靠性。如果该退约国被确定在退约前利用和平发展核能为掩护秘密从事核武器计划，那么该国应该承担退约前其违约的责任。具体承担什么责任应由所有缔约国不应由个别国家提出。从维护国际和地区安全与稳定的角度考虑，国际社会不应只对退出《不扩散核武器条约》进行限制，还应对退出其它军控条约也进行约束。

《全面禁止核试验条约》生效前景和未来发展

张玉龙

内容提要：本文从《全面禁止核试验条约》发展现状出发，结合当前形势，对《条约》生效前景和未来发展过程中可能出现的《条约》事实生效、筹备委员会职能调整和数据产品分发利用等问题进行了探讨。

主 题 词：《全面禁止核试验条约》 生效 前景 趋势

作者单位：北京 中国国防科技信息中心

《全面禁止核试验条约》(以下简称《条约》)是在冷战结束后大国关系缓和、世界各国强烈要求和平与裁军的愿望推动下达成的。《条约》达成以后，在一段时间内积极推动了军控与裁军进程，在其影响下，核裁军呈现出良好发展势头。然而近年来，某些大国的政策发生了变化，受其影响，传统军控与裁军的地位有所降低，军控与裁军形势呈现低迷状态。在《条约》生效问题上，美国现政府多次申明要做好恢复核试验的准备，缩短试验准备周期，明确表明任期内不考虑批约问题，加之印度、巴基斯坦和朝鲜等国至今未签署《条约》，使《条约》生效前景黯淡，但是出于种种原因，所有国家都宣布支持暂停核试验，《条约》还存在生效的可能。本文从《条约》发展现状出发，对生效前景和未来发展的若干问题提出建议和看法。

一、《全面禁止核试验条约》简况①

《全面禁止核试验条约》于1996年9月10日由联合国大会（第50/245号决议）通过并于1996年9月24日向所有会员国开放供签署。

① 关于建立全面禁止核试验条约组织筹备委员会的决议（CTBT/MSS/RES/1)。

《条约》要求：(1) 每一缔约国承诺不进行任何核武器试验爆炸或任何其他爆炸，并承诺在其管辖或控制下的任何地方禁止和防止任何此种核爆炸；(2) 每一缔约国还承诺不导致、不鼓励或以任何方式参与进行任何核武器试验爆炸或任何其他核爆炸。

为核查《条约》的遵守情况，《条约》要求建立一个由下列部分组成的核查体系：(1) 国际监测系统；(2) 磋商和澄清；(3) 现场视察；(4) 建立信任措施。其中国际监测系统由地震、水声、次声和放射性核素四种监测技术手段的相关台站和放射性核素实验室，以及通信手段组成，具体包括全球分布的50个基本地震台站、120个辅助地震台站、11个水声台站、60个次声台站、80个放射性核素台站和16个放射性核素实验室，共计337个台站设施，其产生的监测数据经全球通讯基础设施传送到国际数据中心进行处理，国际数据中心还负责向国家数据中心提供原始数据和事件公报等产品。中国承担2个基本地震台站、4个辅助地震台站、2个次声台站、3个放射性核素台站和1个放射性核素实验室，共计11个台站设施的建设和管理任务。

根据1996年11月19日在联合国总部召开的签约国会议通过的决议（CTBT/MSS/RES/1），在《条约》生效前设立筹备委员会（简称筹委会），主要任务为：(1) 完成《条约》生效必要的准备工作，包括建设全球核查体系和促进《条约》签批约进程；(2) 筹备《条约》生效后召开的第一届缔约国大会。决议规定筹委会作为国际组织而存在，由缔约国会议和临时技术秘书处(PTS) 组成。缔约国会议包括缔约国全会、A工作组会议（预算和管理问题）、B工作组会议（核查问题）和咨询组会议（经济和相关的管理问题）。临时技术秘书处是筹委会的职能机构，负责具体的筹备工作，目前由国际监测系统司、国际数据中心司、现场视察司、法律和外联司、评估处、执秘办公室等部门组成①。

二、《条约》生效前景和未来发展若干问题

（一）《条约》签批约现状和生效前景分析

《条约》从开放签署至今已近10年时间，仍未生效。根据《条约》

① <http://www.ctbto.org/prepcom/organigramme/>

规定，如果开放签署满三年仍未生效，在过半数已交存批准书的国家提出要求的情况下，应召开促进《条约》生效大会，此后每两年召开一次，直至《条约》生效为止。①

按上述规定，1999年10月6—8日、2001年9月25—27日、2003年9月3—5日、2005年9月21—23日分别召开四届促进《条约》生效大会。第四届大会通过的最后《宣言》呼吁各国把签批约问题置于最高政治地位，采取任何符合国际法的措施，加速批约进程。各国在《条约》生效之前，应继续保持暂停所有核武器爆炸试验和任何其他核爆炸、限制发展核武器和改进核武器质量、停止发展先进的新型核武器，继续高效建设核查体制。大会表达了对《条约》生效将增强国际和平与安全的坚强信念。②

截至2005年12月31日，共有176个国家签署了《条约》，126个国家批准《条约》，《条约》生效必须批约的44个国家中，41个国家签约（印度、巴基斯坦、朝鲜没有签约），33个国家批约（没有批约的国家有哥伦比亚、埃及、印度尼西亚、伊朗、以色列、越南、朝鲜、印度、巴基斯坦、美国和中国）。③

历年签批约国家总数统计见表1，签批约国家总数随年代的变化见图1，44个有核能力的国家历年签批约总数统计见表2，签批约数随年代的变化见图2。

表1：历年签批约国家总数统计

	1996	1997	1998	1999	2000	2001	2002	2003	2004	2005	总计
签约	138	11	2	4	5	5	1	4	4	2	176
批约	1	7	18	25	18	20	8	11	12	6	126

表2：44个有核能力的国家历年签批约总数统计

	1996	1997	1998	1999	2000	2001	2002	2003	2004	2005	总计
签约	41	0	0	0	0	0	0	0	0	0	41
批约	0	2	11	13	4	1	0	1	1	0	33

① 《全面禁止核试验条约》第XIV条

② <http://www.ctbto.org/reference/article_xiv/2005/2005FinalDeclaration.pdf>

③ <http://www.ctbto.org/signing&ratifying status>

图1 历年签批约国家总数随时间的变化

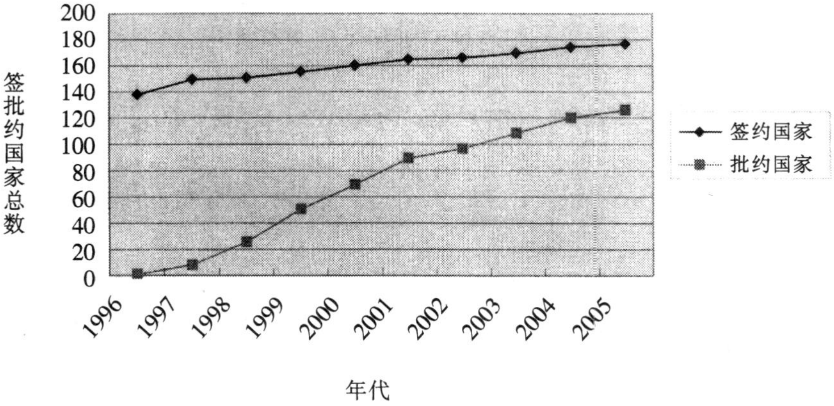

图2 44个有核能力的国家批约数随年代变化

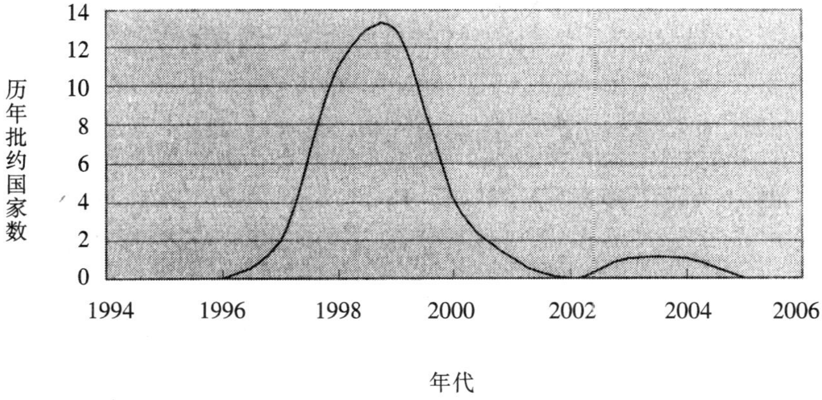

从图1分析，签批约国家总数随年代不断增加，签约国总数的变化趋势近似为一条直线（可用方程：y=4.2x−8245.2拟合，其中y表示签约国总数，x表示年代），呈现出平稳发展的规律性，尤其不随国际军控与裁军形势的消长大起大落，表明世界各国强烈要求《条约》生效的愿望是存在而且稳定的，大国主导整个世界的能力有限。按照表现出的规律性推测全部194个国家签约的时间在2009年左右。

批约国总数随时间呈S形曲线变化，同样呈上升趋势，但与签约不同，批约受国际形势影响较为明显。近年来军控与裁军形势总体低迷，批约进程也明显减慢，表明批约与国际政治环境的变化密不可分。

从44个有核能力国家的签批约情况来看，除印度、巴基斯坦和朝鲜以外，其他41个国家全部在1996年签署了《条约》，其批约进程随时间呈现出两个峰点，一个大约在1999年左右，另一个在2003年左右，两个峰点及1996年之间的时间间隔大约是3—4年。这一规律与美国政府更替周期相吻合。1999年正值克林顿政府任期即将届满，在克林顿政府两任任期积极支持传统军控与裁军政策的影响下，出现了第一次批约高潮。2003年布什政府第一届任期即将结束，不同国家对于美国下一届政府采取的军控与裁军政策做出不同的判断，部分国家认为新一届政府可能会回到2000年以前的政策，如果及时批约会使本国在政治上处于更为主动的地位，因此出现第二次批约高峰。值得注意的是第二次批约并未出现高潮，表明大多数未批约的国家仍然持观望态度。按照上述规律推断，下一次批约高峰将出现在2007年左右，正值布什政府即将届满。随着布什政府两届任期的结束，民主党政府很可能成为白宫的主人，到2011年不排除美国政府执行新的军控裁军政策，推动签批约进程。

从目前尚未批约的国家分析，《条约》生效的限制因素主要集中在三大地区矛盾上，即南亚次大陆、东北亚和中东，突出表现在印度、巴基斯坦、越南、印度尼西亚、伊朗、以色列、埃及、朝鲜等国的批约问题上。在南亚次大陆，印度长期追求地区优势，积极发展核武器技术，引进先进军事装备，加剧对巴基斯坦和其他国家的军备发展不平衡性，加重上述地区紧张局势。印巴之间围绕克什米尔问题的冲突不断，使两国之间缺乏理解和信任，任何一方都难以先迈出批约的步伐。在东北亚，围绕朝鲜核问题的争议目前还没有妥善的解决办法，尽管第四轮“六方会谈”达成的共同声明为解决争端奠定了良好基础，但随着美国对朝鲜实行经济制裁，使朝核问题陷入新的僵局。在中东，伊朗等国家多次指出以色列在秘密发展核武，要求以色列公开并彻底销毁已有的核武器储备和设施，阿以之间的矛盾和不信任使双方都不会先行批约。因此未来《条约》生效必然建立在上述地区矛盾解决或缓解的基础上，《条约》生效任重道远。

（二）在《条约》长期不生效、不解体的状态下，随着台站设施建设任务的完成，国际监测系统从技术上具备了核查违约行为的能力，《条约》存在事实生效的可能，但《条约》事实生效将面对一系列法律问题。

表3：截至2005年12月1日，国际监测系统设施建设进度如下①：

		基本地震台站	辅助地震台站	水声台站	次声台站	放射性核素台站	放射性核素实验室	甚小孔径地面终端（VSAT）
《条约》规定的设施总数		50	120	11	60	80	16	248
已完成建设	已完成核证	31	46	7	31	36	6	198
	正在核证	6	48	2	4	5	7	
正在建设		11	17	2	7	28	3	
尚未启动		2	9	0	18	11	0	
已完成建设的设施占台站总数的比例		74%	78.3%	81.8%	58.3%	51.2%	81.2%	79.8%

按照筹委会工作计划，到2007年底将完成全部台站设施建设任务。根据当前工作进度和经验，可以预期如果国际形势不出现重大突变和转折，该工作计划将如期完成，至少是完成绝大多数台站设施建设任务。

随着台站设施建设任务的完成，国际监测系统将具备《条约》规定的监测能力，在这种情况下，任何地区发生违反禁止核试验《条约》的行为都会受到有效的监控，从技术上来说，《条约》具备事实生效的可能。但是条约事实生效将面对一系列法律问题。首先筹委会的地位问题。条约事实生效将要求建立一个承担条约生效后执行理事会职

① Preparatory Commission of the CTBTO, Florence Rivière, IDC Coordinator, Preparatory Commission for CTBTO

能的组织，而筹委会不是这样的组织，因为根据建立筹委会决议，[1] 筹委会的任务是建设国际监测系统，为《条约》生效做准备，筹委会不具有核查核试验的职能。其次国际监测系统的职能问题。根据筹委会已达成的有关决议，[2]《条约》生效前国际监测系统产生的数据只能用于试验和评估监测系统的性能，不能用于监测核试验。第三，《条约》生效前，任何未批约的国家或按照法律程序退约的国家进行核试验都难以被视为违约行为，只能从道义上和国际行为规范上受到谴责和制裁。第四，《条约》事实生效将要求国际监测系统全时实时运行，从而产生高昂的运行、管理、维护和技术更新费用，给缔约国带来新的财政负担，这与目前大多数国家坚持的年度预算实际"零增长"原则不符。第五，《条约》事实生效还需放弃筹委会已达成的临时试运行原则，因为按照该原则，国际监测系统运行的目的是试验和评估监测系统性能，而不是监测核试验。

（三）国际监测系统建成后，筹委会的建设任务已经结束，原有职能将不适应形势的要求，需要用新职能代替，但职能更替需要在合理合法的原则下进行。

随着国际监测系统设施建设工作不断完成，已核证后的部分台站设施进入临时试运行状态，开始向国际数据中心提供数据。对于台站设施运行的管理维护和数据的接收处理，筹委会临时技术秘书处、内部国际监测系统司和国际数据中心司任务出现交叉，影响了工作效率，为解决这一问题，根据A、B工作组的建议，2004年6月第22次筹委会授权成立外部评估组对临时技术秘书处组织结构进行审议。外部评估组于2005年4月25日提交了最终审议报告，[3] 报告中提出提高临时技术秘书处工作效率的19条建议，其核心内容为将内部国际监测系统司和国际数据中心司两司重组为两个全新的司，一个负责临时运行、试验与评估，另一个负责维护、技术开发及后勤支持。

在2005年9月召开的A、B工作组联合会议期间，各国对外部评

---

① 关于建立全面禁止核试验条约组织筹备委员会的决议（CTBT/MSS/RES/1）

②《B工作组向CTBTO筹委会第19次会议提交的报告》，CTBT/WGB-19/1

③ Final Report on the Review of the Organizational Structure of the Provisional Technical Secretariat of the CTBTO Preparatory Commission，CTBT/PC-24/INF.9

估组报告提出了反馈意见和建议，[①] 认为所提19条建议中除涉及国际监测系统司和国际数据中心司重组的建议外，其他建议均可由执秘自行决定落实。对于两司重组问题，各国存在分歧，一种观点认为，两司重组有助于提高工作效率，另一种观点认为两司改组使临时技术秘书处的基本任务从建设转变为运行，违反了建立筹委会决议和经筹委会通过的临时试运行原则，而且改组后有可能在工作中产生新的交叉，出现新的矛盾，使临时技术秘书处工作效率更低，因此建议对改组方案进行深入研究，对改组持慎重态度。

会议期间临时技术秘书处采纳了对改组方案"持慎重态度"的建议，认为目前的确不适于立即实施改组，因此提出"分两个阶段实施"的设想。[②] 第一阶段是从现在起到2006年底，着眼临时试运行和国际监测系统司的维护工作，在国际监测系统司和国际数据中心司内部作适当调整，进一步加强跨司的协调机制，并为今后的跨司调整做准备；在第一阶段结束时，对调整后的工作效率进行评估，并提交筹委会审议，在筹委会同意后，实施第二阶段改组方案，即从2006年底到2007年底，按照报告所建议的组织结构，把国际监测系统司和国际数据中心司的职能部门重新组合划分，成立新的运行司和后勤保障司。在2005年11月举行的第25次筹委会上，进一步批准了临时技术秘书处的上述实施方案。[③]

临时技术秘书处结构改组是筹委会职能转换的具体表现形式，从工作需要来说，这一转换是必要的。但值得注意的是，根据建立筹委会的决议，筹委会的根本任务是为《条约》生效做准备，因此临时技术秘书处的职能不同于《条约》生效后技术秘书处（TS）的职能。为此需认真研究确定临时技术秘书处新职能的细节，使临时技术秘书处职能转换真正能提高工作效率，同时与建立筹委会决议中规定的职能相一致。

---

① Chairpersons' Summary of Proceedings of the Joint Meeting of Working Groups A and B on the Review of the Organizational Structure of the PTS, CTBT/WGB-25, WGA-28/INF.2.

② Restructuring of the International Monitoring System and International Data Centre Divisions, CTBT/PTS/INF.777.

③ Report of Part III of the Twenty-fifth Session of the Preparatory Commission for the Comprehensive Nuclear-Test-Ban Treaty Organization, CTBT/PC-25/3.

（四）国际监测系统数据和产品用于科学研究和民用领域目前受到广泛关注，各方在支持的同时，应认真研究随之产生的一系列问题

随着台站不断建成，国际数据中心接收的数据量日益增加。据临时技术秘书处提供的信息，2005年9月国际数据中心每天从台站接收的连续传输的数据已达到7.7G（国际监测系统建成后，数据流量大约为11G/天）。[①] 在《条约》未生效，这些数据不能用于核试验核查的情况下，如何发挥这些数据的最大价值，成为目前讨论的热点问题。有观点认为这些数据对于科学和民用具有重要作用，应向有关组织开放分发数据和产品。另一些观点认为向有关组织开放分发数据和产品，并用于与核试验核查目的不同的场合，违反《条约》中关于保密的有关条款，即“每一缔约国应将其以机密方式从本组织收到的与执行本《条约》有关的资料和数据作为机密特别处理。它应只在本《条约》规定的权利和义务的范围内处理这些资料和数据。”而且这样的分发会增加《条约》组织的工作量和财政负担，甚至改变《条约》组织的根本任务和宗旨。

2004年12月印度洋发生的海啸给周边国家造成重大伤亡。这一事件的发生，很大程度上改变了人们对国际监测系统数据科学和民用问题的看法。科学研究表明，一定阈值以上的地震数据和水声数据对于海啸预警具有重要作用。国际数据中心有来自全球各地的地震和水声数据，在海啸预警方面可能发挥积极作用。2005年2月召开的第24次B组会讨论了这一问题，经过辩论最终达成一致，由联合国教科文组织认可的国际海啸预警中心和国家权威机构与临时技术秘书处联合开展国际监测系统数据用于海啸预警的有效性试验。目前数据试验仍在进行中，其结果将在2006年2月召开的第26次B组会上继续讨论。

从长远来看，在《条约》不生效也不解体的情况下，把国际监测系统产生的大量监测数据和产品用于科学和民用领域会得到普遍支持，因为大量数据资源如果只用于评估监测系统性能，将只利用了数据资源的部分价值，许多国家会提出在向筹委会提供了大量经费的情况下，应有更多产出和回报。另一方面从减灾救灾的人道主义出发，各方也会支持数据的科学和民用。但是国际监测系统数据的科学和民用可能

① Preparatory Commission of the CTBTO, Florence Rivière, IDC Coordinator, Preparatory Commission for CTBTO

带来诸如改变《条约》核查核试验的基本宗旨和严肃性、数据被滥用等问题，需认真加以研究。较为合理的原则是在按照《条约》规定的程序审议批准后，由国际数据中心，经国家数据中心或国家权威机构（根据《条约》第4条第18款，各国有权获取国际监测系统数据，但应通过国家权威机构来进行。《条约》未对国家权威机构做出明确定义），向经筹委会批准的国际组织或研究机构分发国际监测系统数据和产品。分发的数据和产品应满足针对性和必要性要求。接收数据的机构有义务遵守《条约》规定的保密原则，并定期向筹委会报告数据使用情况。筹委会在适当时候应评估并确认数据是否适合继续分发。

三、结　论

世界各国强烈要求《条约》生效的愿望是存在而且稳定的，大国主导整个世界的能力有限。《条约》在短期内难以生效，但推动生效的愿望不会消失。未来，《条约》生效必然建立在地区矛盾解决或缓解的基础上。

在《条约》长期不生效、不解体的状态下，随着台站设施建设任务的完成，国际监测系统从技术上具备了核查违约行为的能力，《条约》存在事实生效的可能，但《条约》事实生效将面对一系列法律问题。

监测系统建成后，需要对筹委会职能进行适当调整，但应在合理合法的原则下进行。在向科学研究和民用领域分发监测数据和产品时，为维护《条约》基本宗旨和严肃性，防止数据被滥用，应坚持《条约》规定的保密原则，有限度、有目标、有依据地分发数据和产品。

【核武器】

2005年：朝鲜半岛核谈跌宕起伏

☞沈丁立　李治军　吴莼思

2005年：朝鲜半岛核谈跌宕起伏

沈丁立　李治军　吴莼思

内容提要： 朝鲜半岛的核问题及其和平解决在2005年又有新的发展。从朝鲜宣布拥有核武器，到“六方会谈”取得《共同声明》，再到美国对朝实行金融制裁，朝鲜再次拒绝会谈，2005年年内朝核问题跌宕起伏。本文回顾去年关于朝核问题的发展，分析谈判面临的困难以及取得的突破，并展望未来前景。

主 题 词： 朝鲜半岛 核问题 谈判 回顾 展望 分析

作者单位： 上海　复旦大学国际问题研究院

与伊朗问题一起，朝鲜半岛核问题（朝核问题）在2005年继续受到国际社会的持续关注。这一年，朝核问题从年初朝鲜声称拥核，到年中“六方会谈”复谈并发表《联合声明》，再到年末朝鲜表示因美对其进行金融制裁而使朝方无法参加第五轮会谈的第二阶段会议，全年进程跌宕，危机四伏。

一、朝鲜宣布拥有核武器

出于观望美国总统大选结果等原因，原定于2004年9月份举行朝核问题第四轮六方会谈的计划被一再推迟。2004年11月3日，美国总统大选尘埃落定，布什连任成功，朝鲜方面未作反应。一般认为，朝方是在等待美国行政当局新一届班子的组成及其对朝政策的宣示。

2005年1月上旬，由六名议员组成的两批美国众议院代表团先后访问朝鲜，引起国际社会注目。在访朝期间，美国议员与朝鲜的第二号人物金永南、朝鲜外务相以及其他高级官员进行了会谈。美方每每表示了“不敌视朝鲜、无意侵犯朝鲜、不计划颠覆朝鲜”的立场。

美方第二个代表团的团长、共和党人威尔顿议员表示他的访问“非常成功”，并认为，“我们一个诚实的印象，是朝鲜民主主义人民共和国准备加入‘六方会谈’的议程”，但朝鲜对返回“六方会谈”依无明确表态。朝方仅表示：如果新一届布什政府对朝政策正如美国会议员代表团所言，那朝鲜一定会努力解决包括朝核问题和“六方会谈”在内的一切悬而未决的问题。正如访朝的另一位美国资深议员兰托斯所称：“虽然朝鲜依然对“六方会谈”表现出关心，但它是否重返会谈，则要等到布什新政府确定外交安保班子之后才能做出决定。”[①]

2005年2月初，布什政府的新一届内阁最终组成，其中由前总统国家安全顾问赖斯接替相对温和的鲍威尔出任国务卿要职。2月2日，布什发表其第二任期的首份国情咨文，但其内容并未显示美国政府的朝核政策在原则上出现调整。

经过数月观望，平壤终于耗尽耐心。2005年2月10日，朝鲜宣布它已拥有核武器。不仅如此，朝鲜外务省还在当日声明中宣布它将无限期中止参加朝核问题“六方会谈”。朝鲜外务省的声明称，美国总统布什连任后所作的就职演说和国情咨文以及赖斯国务卿于1月中旬在国会听证会上，都把朝鲜等列作“暴政据点”，表明美国政府将采取不与朝鲜“共存”的政策。在布什过去执政的四年中，朝鲜已经表现出最大限度的容忍和耐心，朝鲜不会也不需要再这样忍受四年。朝鲜政府认为：美国旨在颠覆朝鲜政治制度的企图，迫使朝鲜决心“采取措施加强核武器库”，以“保卫朝鲜人民自己选择的意识形态、制度、自由和民主”。而且，朝鲜“已经制造了用于自卫的核武器”，以应对美国的敌对政策。

这一声明是朝核问题继续恶化的标志，其重要性相当于2002年10月美国助理国务卿凯利访朝时，美方认为朝鲜向美国承认了正在发展核武器。朝鲜一旦突破承认拥核的界线，朝核态势及其和平逆转，势必变得更为艰难复杂。

美国新行政当局和国际社会对此反应比较克制。白宫不仅未对朝鲜的声明激烈反弹，反而刻意淡化。2月14日，美韩两国外长就朝鲜发表拥核声明在华盛顿举行会谈，美国国务院发言人鲍彻在会谈后说，美韩一致强调了继续在“六方会谈”框架内解决朝核问题的重要性，双方将继续劝说朝鲜恢复参加会谈，以最终实现朝鲜半岛无核化。韩国统一部长官郑东泳也就朝鲜拥有核武器发表声明表示，“韩国政府的

① 新华网，2005年2月13日。

基本立场很明确，就是要通过对话及协商解决朝鲜核问题，政府也将通过对话和协商解决朝鲜核问题”。韩方还认为，“这只是朝鲜声称拥有核武，而非其成为核武国家的官方声明。”① 美国及其盟国这一次的低调，反映出它们的政治水平和外交协调能力终于有了明显的提高。

3月21日，美韩举行了年度“阿尔索伊—秃鹫”的联合军事演习，朝鲜对此反应强烈。平壤发表了措辞强硬的声明，宣称“我们已经采取了切实措施，朝鲜已经扩大了自己的核武器储备，面对（美国）日益嚣张的战争挑衅……（朝鲜）将继续采取包括增加核武器储备在内的所有必要措施”，来阻止美国的“入侵”。②

一时，朝核问题再次陷入严重僵局。

二、外交重启“六方会谈”

朝鲜无限期中止参加“六方会谈”的声明，使本已长期中断的“六方会谈”更难预期。然而，各方事实上也都知道，鉴于国际形势和力量对比，“六方会谈”是目前和平解决朝鲜核问题的惟一可行的途径。

朝鲜的貌似强硬也同样是看准了这一点。在宣布拥有核武器并无限期中止复会的同时，朝鲜不忘添上注解：“朝鲜政府在朝核问题上的原则立场仍然是通过对话和谈判解决争端，（我们）实现朝鲜半岛无核化的最终目标也从未改变。”③ 朝鲜驻联合国副代表韩成烈大使2月17日在接受韩国《中央日报》采访时坦率表示，“声明结尾部分的‘通过对话解决’、‘朝鲜半岛无核化’原则仍然不变。但是，（我们）也需要有一个重返“六方会谈”的理由。”他还表示，“我们重返‘六方会谈’的前提有两个：美国承诺实现共存、不干涉内政；可以期待在会谈中，得到关于朝鲜半岛无核化及美国收回敌对政策等问题上的实质性结果。”此后朝方在不同场合重复强调这一立场，并未完全关闭谈判大门。

为使会谈能够尽快重启，各方纷纷发力展开外交攻势，以期“六方会谈”早日继续。

---

① 新华网，2005年2月14日。

② 新华网，2005年3月22日。

③ “朝鲜正式宣布拥有核武器，恢复六方和谈前景黯淡”，《北京青年报》，2005年2月10日。

美日韩三方协调 2月14日，韩美两国外长在美国国务院举行会谈，就朝鲜宣布拥有核武器并无限期中止参加“六方会谈”进行讨论。2月19日，美国国务卿赖斯、国防部长拉姆斯菲尔德与到访的日本外相町村信孝、防卫厅长官大野功统举行美日安全咨商委员会会议（即“2+2”会晤）。会晤结束后，赖斯声称，美日两国对于朝鲜核问题深为关注。她强调，朝鲜回归“六方会谈”是终止其核计划的最佳途径，也是朝鲜改善对外关系的唯一方式。美日还就朝核问题发表联合声明，呼吁朝鲜无条件早日回归“六方会谈”，要求朝鲜承诺在国际监督下销毁包括铀浓缩在内的一切核计划。此声明还重申：美日两国将继续通过“六方会谈”等和平方式解决朝核问题。①

与此同时，朝鲜半岛能源开发组织（KEDO）事务次长金永穆2月27日在接受采访时表示，如果朝鲜重返“六方会谈”，同时就发展高浓缩铀问题做出解释，并将已经启动的核反应堆再次置于国际原子能机构的监视之下，朝鲜半岛能源开发组织将考虑重新向朝鲜提供重油。

5月26日，美国政府进一步释放“善意”，向媒体表示美方正在考虑在“六方会谈”在北京重开之前的一两天，愿与朝鲜举行长时间的双边会谈，并表示如果与朝鲜直接接触，将不再停留在以往那样互致寒暄的程度，而是就朝鲜弃核后可能得到的补偿和其它问题进行具体磋商。这是布什政府首次表示愿与朝鲜双边会谈。5月13日，美朝官员在纽约举行工作会谈；6月6日，当美朝官员在纽约再次会晤时，双方商讨了恢复关于朝核“六方会谈”的问题。

7月12日上午，韩国总统卢武铉在主持国家安全保障会议时，公开了韩方的“重大提案”：作为朝鲜在下一轮六国协商中同意放弃核开发的回报，韩国方面将从2008年以后，每年直接向朝鲜提供2千兆瓦的电力，而且还将用韩国方面的资金建设输电线。

中国迅速、有力斡旋与前几次会谈面临困难时一样，中国在谈判处于困难时刻的外交斡旋，仍然是推动“六方会谈”得以继续进行的十分重要的因素。在朝鲜宣布拥核之后的第9天，中国就迅速采取外交措施，控制局势的恶化。

2月19日，中共中央对外联络部部长王家瑞赴朝访问。在访问朝鲜期间，他先后与朝鲜最高人民会议常任委员会委员长金永南和朝鲜

---

① 新华网，2005年2月19日。

劳动党总书记、国防委员会委员长金正日进行了会谈。王家瑞转达了中共中央总书记、中国国家主席胡锦涛致金正日总书记的口信。胡锦涛在口信中表明了原则立场："中朝双方都坚持实现半岛无核化、维护半岛和平稳定的立场，认为通过'六方会谈'解决核问题及朝方的合理关切符合中朝双方的根本利益。我们希望避免局势进一步复杂化并早日重开'六方会谈'。"

面对中国最高领导人的有力信息，金正日表示感谢并答复："朝方坚持朝鲜半岛无核化、坚持通过对话和平解决问题的立场没有改变。朝方从来没有反对"六方会谈"，更不是要退出"六方会谈"。今后一段，如果经过各方的共同努力，第四轮"六方会谈"具备了条件，朝方愿意随时回到谈判桌前。希望各方拿出足够的诚意和行动。"① 到这个时候，朝方对其立场的解释出现了明显的和缓。

在朝鲜宣布拥核约一个半月后，中国就将朝鲜领导人请到北京会谈。3月23日，朝鲜总理朴凤柱抵京，先后与中国国家主席胡锦涛和国务院总理温家宝举行会谈。朴凤柱总理表示，"朝方实现半岛无核化、通过对话和平解决核问题的立场没有变化，将继续为这一目标而努力。朝方不反对'六方会谈'，也没有放弃'六方会谈'，如果会谈条件成熟了，朝方在任何时候都可以参加'六方会谈'。"可以看出，朝鲜在继续坚持固有立场的同时，也为调整策略寻找合理性与机会。

7月12日，胡锦涛主席的特别代表、国务委员唐家璇访朝，与朝鲜内阁总理朴凤柱举行会谈，中朝双方为'六方会谈'复会做最后的准备。

这样，在中国等的积极斡旋和努力下，中断了一年多的朝核问题'六方会谈'终于在2005年7月26日在北京重新启动。

三、第四轮会谈博弈

2005年7月26日，第四轮"六方会谈"在北京钓鱼台国宾馆举行。与前三次不同的是，第四轮"六方会谈"分两个阶段进行，期间有个休会。

第一阶段，从7月26日到8月7日，历时13天。在这一阶段，

① 《人民日报》，平壤，2005年2月21日消息。

朝美双方的核心争议是朝鲜弃核的定义范围，即朝鲜放弃核武器，是否也须放弃所有的民用核计划。具体对立，则体现在对朝援建轻水反应堆问题上，双方僵持不下。朝鲜要求有关国家援助它建设轻水反应堆，作为对朝鲜“弃核”的补偿。朝方代表团发言人玄鹤峰说，朝鲜要求和平利用核能的权利不是空洞的，而是具体的。“以何种方式提供轻水反应堆是六方必须讨论的问题。”在朝方看来，提供轻水反应堆是建立互信的原则性问题。玄鹤峰说：“这个问题的实质，体现了美国是否具有解除对朝敌视政策、与朝鲜共同走向和平的政治意志。”

美国在此问题上的立场也非常坚定，那就是明确反对朝鲜的要求。美国代表团团长、助理国务卿希尔在7月15日表示，“朝鲜要求建轻水反应堆，这是根本不可能实现的。”希尔认为，美方提出的援助方案涵盖了朝鲜在能源、电力、经济、安全等方面的关切，内容“全面而慷慨”。“朝鲜现在关心的不是经济或能源问题，而是政治问题。美国想知道朝鲜是否想通过外交途径解决问题。”他还说，目前没有任何一方同意为朝鲜建设轻水反应堆，因为朝鲜目前还没有加入《不扩散核武器条约》。“即使加入了，朝鲜还要首先弃核，接受核查等等。”

美朝双方在这一问题上的强硬分歧，使得第四轮“六方会谈”第一阶段在未取得实质性进展的情况下，进入休会。

第二阶段，从9月13日到19日。会谈伊始美朝双方仍互不让步，会谈再次陷入僵局。经过艰苦磋商，在中国的竭力斡旋下，在这一阶段的会谈结束之际，六方终于在表面上达成了一致，发表了四轮会谈谈判两年多来的第一个六方《共同声明》。

四、解读《共同声明》

这一声明是六方四轮谈判的结晶，凝聚着各方尤其是东道主中国外交的重大智慧。事实上，美朝根本对立的立场均未转变，即使《共同声明》仍然隐含着它们的全部分歧。但《共同声明》的高明之处，在于它在实质上包容根本分歧的同时，对未来提出符合各方共同利益的合作努力方向。在文字的技术操作上，《共同声明》以不甚精确的表述，既使各方的立场均被隐讳地表达，又使“共同”立场仍局限于各方能够容忍的限度。因此，达成这样一份文件的难度极大。《共同声明》堪称新中国外交在极其困难的谈判条件下，在我们的国力仍然有限的情况下，以对我有利的方式取得与我直接有关的协议共识的三大里程碑之一。①

《共同声明》最关键的内容，是“六方一致重申，以和平方式可核查地实现朝鲜半岛无核化是‘六方会谈’的目标。朝方承诺，放弃一切核武器及现有核计划，早日重返《不扩散核武器条约》，并回到国际原子能机构保障监督。美方确认，美国在朝鲜半岛没有核武器，无意以核武器或常规武器攻击或入侵朝鲜。1992年《朝鲜半岛无核化共同宣言》应予遵守和落实。朝方声明拥有和平利用核能的权利。其他各方对此表示尊重，并同意在适当时候讨论向朝提供轻水堆问题。”

《共同声明》的突破，还在于它所涵盖的范围已经超出朝鲜半岛和核问题的范畴，而将议题扩大到整个东北亚地区的安全合作与经贸发展。《共同声明》的第三和第四条就明确指出：“六方承诺，通过双边和多边方式促进能源、贸易及投资领域的经济合作”(《共同声明》第三条)；并“共同致力于东北亚地区持久和平与稳定。”“六方同意探讨加强东北亚安全合作的途径。”（《共同声明》第四条）② 与此同时，只要仔细研析《共同声明》，也可发现玄机密布。

美国的谈判立场，是朝鲜弃核包括不拥有任何形式的核计划和核活动。朝鲜不仅不被允许发展军事核计划，也不得发展民用核能计划。对于这个问题，即弃核的定义和范围，应该是“六方会谈”一开始就澄清的，但这恰恰是朝核问题“六方会谈”的核心之一。由于在此问题上朝美立场根本分歧，“六方会谈”此前一直回避正面交锋这一问题，以避免会谈完全破裂。但在经过两年多的周旋后，这个最基本的问题，即“什么是弃核”的问题，终于浮上前台，再也不可能被回避。

将核能用于和平目的，是世界上所有国家的权利，而不论一个国家是否发展核武器。但美国不准朝鲜发展民用核能，是担心朝鲜以民用为借口，发展军用计划的能力，以在需要的时候转化为军用。即使朝鲜不做出转化的决定，朝鲜具有随时转化的政治动机和技术可能，将严重制约美国对朝政策的自由，这是美国绝对不能接受的。美国不

---

① 另两个里程碑是中美建交谈判与建交公报，以及中美在双方战机在南中国海相撞后进行的谈判与两国发表的相关声明。但这两项事件仅涉及双边交往，六方会谈则是多边外交，《第四轮六方会谈共同声明》又是中国主导的产物，因此《共同声明》标志着中国主导多边外交进程并成功凝聚共识的空前成就。

②《第四轮六方会谈共同声明》，北京，2005年9月19日。

能将它和盟国安全的基础，建筑在如此薄弱的基础之上。

为了从根本上恢复信心，美国就要釜底抽薪，不允许朝鲜保留任何核能活动，这也为未来核查带来极大方便，即只要朝鲜被发现有任何核能活动，都一律构成违约，而国际社会不必再去区别是正当的民用核活动，还是非法的军事核活动。在美国看来，朝鲜在1985年加入了《不扩散核武器条约》后秘密发展军用钚计划，以及在1994年达成了《核框架协议》后秘密发展铀计划甚至迄今仍在“抵赖”，都使得美国不能再相信这个国家，美国不能承受在未来被朝鲜再次“欺骗”的风险和安全后果。

对于朝鲜，它可能并不一定会像美国所担心的那样，将保留的民用核项目真正转用于军事目的，但只要有这个技术手段的存在，它会发现这是牵制美国的政治工具，没有必要放弃。有了这一工具，将减少在未来六方达成协议后美国可能率先不履约的可能，并且在一旦出现美国不履约情况之时，朝鲜在事实上已经为核能民转军做了能力储备。因此，在朝鲜对美国根本不信任的情况下，朝鲜不会放弃发展民用核能的合法权利。根据第四轮会谈的情况透露，朝方代表在会谈坦率表示，坚持发展民用核能的权利，就是为了威慑美国，而正是出于这个担心，美国才不能接受。

在《共同声明》中，朝鲜表示将“放弃一切核武器及现有核计划”。这里仍有定义含糊的问题，即“放弃一切核武器及现有（与核武器有关的）核计划”，还是“放弃一切核武器及现有（一切）核计划”。即使以对朝鲜最不利的解释，即朝鲜“放弃一切核武器及包括民用项目在内的现有一切核计划”，朝鲜还是给自己留下了后路，即朝鲜在未来仍可拥有民用计划，只要它不是“现有”的就可以。朝鲜要求先向它提供轻水反应堆，然后才重返《不扩散核武器条约》，甚至为先发展“未来的”民用核能计划再放弃“现有的”民用核能计划，在法律上埋下了伏笔。

上述这样一种美朝完全互不信任、互相要求又彼此拒绝的关系，成功地体现在《共同声明》的第一条。该条表示，“朝方声明拥有和平利用核能的权利。其他各方对此表示尊重，并同意在适当时候讨论向朝提供轻水堆问题。”朝鲜可以对这一表述的前一句感到满意，但美国同样也可以认为它的立场并不同后一句冲突，因为讨论向朝鲜提供轻水反应堆的“适当时间”，可能永远不会到来，即使是进行讨论，也未必能保证能产生朝鲜希望的结果。

由于《共同声明》的核心条款有如此宽广的解释空间，第四轮“六方会谈”刚一结束，朝美双方立即就如何解释展开了新的争斗。在《共同声明》发表次日，朝鲜外务省发言人就发表声明强调：美国提供轻水反应堆是解决朝核问题的关键，朝鲜只能在美国提供轻水反应堆之后，才重返《不扩散核武器条约》并接受国际原子能机构的安全保障监督。美国对此迅速反应，在朝鲜发表声明的当天，美国国务院发言人鲍彻表示：朝鲜这一看法与《共同声明》不尽一致。美国国务院在其官方网站上还发表了美方参加第四轮“六方会谈”的代表团团长希尔在会议上的解释性发言，表明美国一贯的态度就是朝鲜放弃全部核计划。

这份《共同声明》是各方斗争和妥协的产物，在《共同声明》的起草过程中，美朝双方互不让步，《共同声明》五易其稿，在会谈的最后一刻才达成妥协。因而，其局限性是显而易见的。为了达成一致，文件在弃核定义和执行顺序等核心问题上刻意含糊，以使美朝的相背立场能“和平共处”。这是出于达成协议的政治需要，是谈判的阶段性成果，但只是推迟了矛盾的解决。

《共同声明》以书面形式确立了“承诺对承诺，行动对行动”的原则，并承诺采取协调一致步骤，分阶段落实上述共识。至于究竟由谁先迈出第一步，是朝鲜先弃核还是美国先援朝，就留待于后续会谈再去解决。

总的来说，第四轮“六方会谈”所取得的成果是难能可贵的。《共同声明》是“六方会谈”开谈以来的里程碑事件，也是中国外交的重大成就。但由于这个文件尚无法解决美朝的根本分歧，它只是在朝鲜弃核长路上的一个重要标记。

五、第五轮“六方会谈”

第四轮会议结束后，美朝就开始了新一轮互相指责，摩擦不断。美方指责朝鲜存在人权、走私毒品和伪币等问题，美国总统在访问巴西时称金正日为“暴君”。但经多方努力，第五轮“六方会谈”仍如期于11月9日在北京举行，这也是“六方会谈”机制启动以来首次按约定的时间如期举行会谈。

第五轮会谈的中心任务，是按照“承诺对承诺、行动对行动”的原则，制订落实《共同声明》的细则、方法和步骤。把原则性的承诺付诸实施，本身就是一个复杂的过程，这也注定了第五轮会谈的难度。由于各方的分歧依然很大，特别是美朝双方围绕轻水反应堆问题僵持不下，这次会谈依旧无法取得实质性进展，又由于各国另有其他重要外交活动，因此第五轮会谈只能以发表《主席声明》的方式进入休会。

这次会谈未能为第二阶段的复谈确定具体的时间。但在会谈结束以后，美朝摩擦加剧。美国谈判团团长希尔11月19日在韩国釜山参加亚太经合组织会议期间，公开指责朝鲜“只是为了维持政权”，并对朝鲜“存在的理由”表示怀疑。朝鲜对此反应强烈，称希尔的言论是极为严重的“挑衅”。临近年底，美国以朝鲜涉足洗钱和造假美元为由对朝实行金融制裁，并擅自降低对为此访美的朝鲜官员的接待层级，引起朝鲜极大不满。

朝鲜认为，“美国对朝经济制裁是‘六方会谈’进程中的阻碍，美方应当表现出诚意解决此事。我们的立场是不能在受到美方制裁的情况下与其进行核谈判。”[①] 朝鲜外务省发言人12月19日发表讲话，谴责美国政府以人权问题为名颠覆朝鲜政权的图谋，强调朝鲜将进一步加强核遏制力等自卫力量，以应对美国的敌视政策。[②]

显然，朝美双方依然没有放弃相互敌视的态度。近期美国政府继续在金融制裁朝鲜的问题上态度强硬。可以预见，朝鲜半岛核问题在短期内难有可能取得进一步进展。随着时间的流逝，朝鲜掌握核武器将越来越有可能成为既成事实。朝美摆脱因金融制裁产生的纠葛而重返“六方会谈”应该是可能的，但是通过谈判放弃核武器则越来越难有可能，如果还不是彻底不可能的话。

---

① 人民网引用朝鲜政府机关报《民主朝鲜》评论员文章，2005年12月13日。

② 新华社，平壤2005年12月19日电。

参考文献一：《第四轮六方会谈共同声明》

2005年9月19日 北京

2005年7月26日至8月7日和9月13日至19日，中华人民共和国、朝鲜民主主义人民共和国、日本国、大韩民国、俄罗斯联邦、美利坚合众国在中国北京举行了第四轮六方会谈。

中国外交部副部长武大伟、朝鲜外务省副相金桂冠、日本外务省亚洲大洋洲局局长佐佐江贤一郎、韩国外交通商部次官补宋旻淳、俄罗斯外交部副部长阿列克谢耶夫、美国负责东亚和太平洋事务助理国务卿克里斯托弗·希尔分别率团与会。

中国外交部副部长武大伟主持会谈。

六方从朝鲜半岛和东北亚地区和平与稳定出发，本着相互尊重、平等协商的精神，在前三轮六方会谈共识基础上，围绕实现朝鲜半岛无核化目标，进行了认真、务实的会谈，达成如下共识：

一、六方一致重申，以和平方式可核查地实现朝鲜半岛无核化是六方会谈的目标。

朝方承诺，放弃一切核武器及现有核计划，早日重返《不扩散核武器条约》，并回到国际原子能机构保障监督。

美方确认，美国在朝鲜半岛没有核武器，无意以核武器或常规武器攻击或入侵朝鲜。

韩方重申其依据1992年《朝鲜半岛无核化共同宣言》不运入、不部署核武器的承诺，并确认在韩国领土上没有核武器。

1992年《朝鲜半岛无核化共同宣言》应予遵守和落实。

朝方声明拥有和平利用核能的权利。其他各方对此表示尊重，并同意在适当时候讨论向朝提供轻水堆问题。

二、六方承诺，根据《联合国宪章》宗旨和原则以及公认的国际关系准则处理相互关系。

朝方和美方承诺，相互尊重主权，和平共存，根据各自双边政策，采取步骤实现关系正常化。

朝方和日方承诺，根据《日朝平壤宣言》，在清算不幸历史和妥善处理有关悬案基础上，采取步骤实现关系正常化。

三、六方承诺，通过双边和多边方式促进能源、贸易及投资领域的经济合作。

中、日、韩、俄、美表示，愿向朝提供能源援助。

韩方重申其2005年7月12日提出的有关向朝提供200万千瓦电力援助的方案。

四、六方承诺，共同致力于东北亚地区持久和平与稳定。

直接有关方将另行谈判建立朝鲜半岛永久和平机制。

六方同意探讨加强东北亚安全合作的途径。

五、六方同意，根据“承诺对承诺、行动对行动”原则，采取协调一致步骤，分阶段落实上述共识。

六、六方同意于2005年11月上旬在北京举行第五轮六方会谈，具体时间另行商定。

参考文献二：第五轮六方会谈第一阶段会议《主席声明》

主席声明

2005年11月11日

第五轮六方会谈第一阶段会议于11月9日至11日在北京举行。各方就如何落实第四轮会谈共同声明进行了认真、务实、建设性的讨论，并就此提出有关方案。

各方重申，将根据“承诺对承诺、行动对行动”原则全面履行共同声明，早日可核查地实现朝鲜半岛无核化目标，维护朝鲜半岛及东北亚地区的持久和平与稳定。

各方强调，愿在增信释疑的基础上，整体落实共同声明，分类实施各项承诺，自始至终及时行动、协调一致，实现利益均衡，达到合作共赢。

各方同意，本着上述精神制订落实共同声明的具体方案、措施与步骤。

各方商定尽快举行第五轮会谈第二阶段会议。

日本的钚问题及其国际关切

孙向丽　伍　钧　胡思得

内容提要： 随着日本分离的钚材料的大量累积，以及位于青森县六所村的大型后处理厂的建设，围绕着日本钚累积和核燃料循环政策的国际关切日益增加。日本向国际原子能机构承诺的“无过剩钚”的原则在今后十几年中难以实现。日本的核能政策以及钚累计问题对目前核不扩散机制和地区安全都有相当的负面影响。作者认为，日本政府重新考虑、调整其核燃料循环政策，呼吁国际社会在核不扩散机制方面对所有无核武器国家采取统一标准和平衡的政策。

主 题 词： 日本 钚 核扩散 核武器

作者单位： 北京 应用物理与计算数学所

一、引　言

日本是世界上惟一遭受过核武器打击的国家，其国内公众拥有较强的反核情绪。1967 年，日本首相佐藤荣作提出“无核三原则”——即承诺日本不制造、不拥有、不引进核武器。1971 年“无核三原则”在日国会决议中通过，成为正式国策。日本还于 1970 年签署了《不扩散核武器条约》。可以说，几十年来日本官方一直持有反对核扩散的立场，并声称是这方面的行为良好者，是其他无核武器国家的榜样。然而，随着日本核能工业中分离的钚材料的大量累积，以及位于青森县六所村的大型后处理厂的建设，围绕着日本钚累积问题以及核燃料循环政策的国际关切越来越多。本文试就日本钚累积等问题进行考察，并分析其对当今全球核不扩散机制和地区安全的影响。

二、日本的核燃料循环政策以及钚累积

在核能领域，日本自 20 世纪 50、60 年代起，就追求并执行着一

个以钚后处理为基础的闭循环的核燃料政策。即核燃料在核电站中的反应堆使用过后，其乏燃料不直接处理掉或储存，而是经过后处理厂将其中的铀、钚与放射性废物进行化学分离，并将铀、钚分别回收，然后再制成燃料元件，重新在反应堆中循环使用。

日本原子能委员会分别于2003年和2005年颁布了《核能源白皮书2003》和《核能政策框架》。这些文件再次明确了日本致力于闭循环的核燃料政策，并清楚地指出了其三大发展阶段：第一阶段，大力发展商业化轻水堆核电站，目前这个目标基本实现，日本现有50余座轻水反应堆在运行，核能发电占全国电能供应的35%左右，计划到2010年将占到40%。第二阶段，建立轻水堆燃料循环，即将轻水堆乏燃料进行后处理，将回收的钚材料制成混合氧化物形式的燃料（简称MOX燃料）重新用于轻水堆；[①]目前日本正处于该阶段的发展过程。第三阶段，建立快增殖堆燃料循环，即逐步发展先进的快增殖堆用于发电，并将快堆产生的钚制成MOX燃料用于反应堆，最终实现快堆燃料的循环使用。[②]

可以看出，日本庞大的核能长期发展计划中，核电站部分分两步走：首先发展轻水堆，然后在这个基础上再发展快堆；后处理方面也分两个部分：先利用国外后处理公司（主要是英法两国的后处理公司）对乏燃料进行后处理，然后发展国产后处理厂。目前已经完成建设的六所后处理厂就是这方面的努力之一，该厂目前正在进行调试阶段，预计2007年正式运行，最终可以具备每年处理800吨乏燃料并分离出8吨钚材料的能力。这是目前无核武器国家中唯一具备工业规模的大型后处理厂。

日本政府一直极力推进既定的核能政策，东京对此的解释是主要为了确保日本长期的能源安全，确保整个核能技术、设备与燃料稳定供应的高度自主性。但是，从经济角度看，以钚后处理为基础的闭循环核燃料政策很不划算；从核扩散角度看，一个无核武器国家拥有大

① 一般的轻水堆要进行一些改造才能改烧MOX燃料元件。

② Atomic Energy Commission of Japan, *White Paper on Nuclear Energy 2003*, *Framework for Nuclear Energy Policy*; Shinichi Ogawa and Michael Schiffer, *Japan's Plutonium Reprocessing Dilemma*, *Arms Control Today*, October 2005; Jinzaburo Takagi, *Reprocessing in Japan*, *Energy and Security*, Issue No. 2, 1997, Institute for Energy and Environmental Research.

规模的核燃料制造技术面临国际上越来越大的质疑。

在核扩散领域中，钚是一种十分敏感的材料。如果钚存在于乏燃料中不被分离出来，这样的材料不能用于制造核武器。但是，一旦经过后处理厂将钚从乏燃料中分离出来，则成为核扩散风险很大的物质。从乏燃料中分离出的钚虽然只是堆级钚，[①]但是也可以用于制造核武器。[②]即使分离的钚以硝酸盐、氧化物或MOX燃料形态存在，其核扩散风险也很大。因为将钚再从这类化合物中分离出来是一个相对简易的操作。[③]因此任何无核武器国家通过后处理设施分离钚的计划都会受到关注。为此，日本政府在1997年向国际原子能机构做出书面承诺，承诺遵守"无过剩钚"的原则，即回收分离出的钚都用于反应堆，保证没有过量的分离钚累积。[④]然而事实上，截止到2004年底，日本已经拥有分离钚达43吨（其中37.4吨暂时还滞留在欧洲，国内有5.6吨），如果用于核武器，可制造5000多枚核弹头。[⑤]

目前，由于一系列的技术事故、人为事件和地方公众反对等因素，日本的钚消耗计划受到阻碍，不得不大大延迟(至今还没有一座发电反应堆开始使用MOX燃料来消耗钚)，[⑥]而钚的供应却仍源源不断地在增加。即使所有钚使用计划如期进行，在今后十几年中，计划的钚供应量也远远超过需求。按照美国科学与国家安全研究所专家大卫·阿尔布莱特的估计，如果六所后处理厂开始运行，预计到2010年日本分离

---

① 钚材料按照其中含同位素Pu-239的量的多少可以划分成不同类型：含Pu-239达93%以上的为武器级钚（其中97%以上的为超级钚），93%至80%之间的为燃料级钚，80%以下的为堆级钚。参见连培生，《原子能工业》，原子能出版社，2002年，第75页。

② Selig S. Harrison, *Japan' s nuclear Future: the Plutonium Debate and East Asian Security*, A Carnegie Endowment Book, 1996, p.18；连培生，《原子能工业》，第75页。

③ Committee on International Security and Arms Control, National Academy of Sciences, *Monitoring Nuclear Weapons and Nuclear-Explosive. Materials: an Assessment of Methods and Capabilities*, The National Academies Press, Washington D.C.,2005,pp.111-114.

④ IAEA Information Circular, INFCIRC/549/Add.1, 31 March 1998.

⑤ IAEA, Communication Received from Japan Concerning Its Policies Regarding the Management of Plutonium, INFCIRC/549/ADD.1/7,4 Nov., 2005; *Japanese Plutonium Program Threatens Nonproliferation Regime, Warn Nobel Laureates and other Experts*, Press Release, May 5, 2005, see <http://www.ucsusa.org.>

⑥ Green Action, *Petition urging IAEA Action: Ensure Japan Upholds its International Commitment to Not Produce Surplus Plutonium*, 参见<http://www.grennaction-japan.org/modules/wordpress0/index.php?p=27.>

钚的存量可达60吨。①这样一来，日本向国际原子能机构承诺的“无过剩钚”的原则在今后十几年中都难以实现。

三、对日本钚问题的国际关切

自从上个世纪90年代，日本国内外围绕着钚问题出现了很多争论，国际上对日本钚累积相关问题的关注也日益明显。其中最主要的关切表现在以下三个方面：

（一）越来越多的人开始对日本追求独立的核燃料循环政策的真正目的产生质疑。上个世纪90年代有关媒体透露，日本政府在60年代曾经做过一些秘密研究，讨论日本是否应该发展自己独立的核力量，其研究结论是：从政治、经济、军事等角度看，当时日本不宜拥有一个核武器计划，而应“维持不拥有核武器的政策。但是，不管是否加入《不扩散核武器条约》，我们（日本）将保留生产核武器所需的经济与技术潜力。”②事实证明，日本确实一直在不惜花费高昂费用建设一个相对完整的核燃料生产体系。目前，它是无核武器国家中唯一拥有包括浓缩铀和后处理钚在内的几乎完整的大规模核燃料生产能力和设施的国家。而且，日本也积极开发使用固体推进剂火箭的空间发射计划，这可以为其远程导弹计划奠定基础。1989年开始研制、1995年进行首次发射试验的M-5固体火箭就比较适合改装为洲际弹道导弹。③面对这些事实，就不难理解为什么英国牛津研究小组的专家们认为日本的钚累积 “不是偶然的、是有意设计的”的说法。④

由于二战期间，日本曾经拥有一个秘密的核武器研制计划，在加上近几年日本政府内外不断出现的发展独立核力量的声音，因此，国

---

① Masako Sawai, *Rokkasho: A Troubled Nuclear Fuel Cycle Complex*; David Albright and Kimberly Kramer, *Global Stocks of Nuclear Explosive Materials*, Chapter IV, *Separated Civil Plutonium Inventories: Current Status and Future Directions*, July 8,2005.Available at <http://www.isis-online.org/global_stocks/end2003/civil_pu.pdf.>

② Selig S. Harrison, *Japan' s nuclear Future: the Plutonium Debate and East Asian Security*, A Carnegie Endowment Book, 1996, pp.3-13.

③ 参考<http://fas.org/nuke/guide/japan/missile.>

④ Frank Barnaby and Shaun Burnie, *Thinking the Unthinkable: Japanese Nuclear Power and Proliferation in East Asia*, Oxford Research Group and Citizens´ Nuclear Information Center, 2005.

际上对日本的核潜力以及未来走向都相当关注。1994年1月30日英国《周日时报》披露说英国国防部在不久前给政府的秘密报告中称日本拥有核武器所需的所有实用构件，包括复杂的电子点火机制。而美国参议员山姆·纳恩在电视采访中也宣称，日本目前“拥有必要的可能性、技术和钚。他们可以很快制造出核武器。”[①]分析日本现状，专家门普遍相信，对日本而言，拥有核武器只是一个政治决定的问题，不存在技术障碍和材料问题。

（二）核专家对日本六所后处理厂的安全保障监督能力表示担忧。由于日本是《不扩散核武器条约》成员国，因此所有的核设施接受国际原子能机构的安全保障系统监督，它必须对核设施的进出物料数量进行衡算统计。2003年日本小型的实验性东海后处理厂在材料衡算方面出现问题。按照统计，自70年代运行以来，该厂应该总共分离出6890千克钚材料，而实际测量发现有206千克的库存差额，也就是说衡算误差约有3%。[②]一般而言，1%左右的误差属于正常误差范围，而3%的水平是太高了，专家认为难以解释。尽管国际原子能机构最终裁决认为没有发现日方有非法转移钚材料行为，但人们还是对日本这方面的监控能力表示了担心。特别是考虑到日本即将上马的六所后处理厂，人们更是疑虑重重。六所厂每年可以分离出8吨钚，按照上述监控能力计算，每年的衡算误差可达200多千克钚，在这么大的误差范围内每年转移几千克的钚将不是一件困难的事。要知道，其他无核武器国家偷偷分离几十克、几千克钚都会是十分敏感的事。因此，如何针对六所厂这样的大型后处理设施进行及时可靠的安全保障监督将是国际原子能机构和国际社会面临的一个重大技术挑战。

（三）日本的快堆燃料循环以及超级钚问题。目前快增殖堆还是一种技术复杂、成本昂贵的实验性堆型。日本的原子能委员会宣称为了追求更大的燃料利用效率，除了保持和发展轻水堆以外，将在今后的几十年里大力推进快堆的开发与建设，并最终实现快堆燃料循环系统。

① Vasiliy Golovin, *Nuclear Armored Train for Japan: Possibility of Japan's Developing Nuclear Weapons Weighted*, <http://fas.org/nuke/guide/japan/nuke/JPRS-TND-94-005-L.htm.>

② Kenji Hall, *Missing Plutonium Probe Latest Flap For Japan's Beleaguered Nuclear Power Industry*, Associated Press, Tokyo, Jan. 28,2003. Available at <http://www.wise-paris.org/english/othersnews/year_2003/othersnews030128b.html.>

快堆有一个特点，在运行过程中，其核燃料的再生区会产生一种比一般武器级钚纯度还高的材料——超级钚。与堆级钚相比较而言，武器级钚和超级钚更适合做小型化的先进核弹头。将超级钚分离的技术是一种特殊的技术，与一般的商业后处理技术不同。

根据有关专家估计，日本实验性快堆——常阳堆在 1994 年转换堆型结构前，可能已经累积了 40 千克的超级钚；另一座示范性快堆——文殊堆在发生泄露事故前可能已经累积了 10 千克的超级钚，如果重新恢复运行，每年可再生产 70 千克超级钚。① 1994 年绿色和平组织发表了一份报告，指责美国核武器实验室违反核供应国集团和《不扩散核武器条约》的准则，向日本转让了敏感的快堆后处理技术。美方为此进行了辩解，但最终美日这方面的合作还是完成了。②由于快堆后处理技术以及超级钚的敏感性，关于这方面的公开资料比较少。目前，关于日本快堆后处理设施建设进展、超级钚的累积、超级钚的分离等诸多方面的情况都还不太清楚。日本在这方面的发展将是人们的一个重要关切。

四、日本钚问题对国际核不扩散机制和地区安全的负面影响

目前，如何对待无核武器国家的核燃料制造活动是一个有争议的问题。对目前的世界而言，核武器的基本设计原理已经不是什么秘密了，特别是原子弹。如果对爆炸当量、安全可靠系数要求不是太高的话，制造一个粗糙的原子弹也可以不必进行核试验。③因此，如果一个国家想发展核武器，获取核材料是最主要目标。而制造可用于核武器的核材料的技术、设备与一般民用核能工业的核燃料的制造技术、

① Selig S. Harrison, *Japan's nuclear Future: the Plutonium Debate and East Asian Security*, pp.19-20.

② Shaun Burnie and Aileen Mioko Smith, *Japan's nuclear twilight zone*, *the Bulletin of Atomic Scientists*, May/June 2001; *Greenpeace Comments on Japan's Paper*, Greenpeace Briefing, <http://www.greenpeace.or.jp/campaign/nuclear/documents/doc050517.pdf.>

③ Rodney W. Jones, Mark G. McDonough, *Tracking Nuclear Proliferation: A Guide in Maps and Charts, 1998*. Carnegie Endowment For International Peace, A Carnegie Endowment Book, Washington D.C. 1998, pp.321-322.

设备几乎相同。如果掌握了核燃料制造中的主要技术，比如铀浓缩或分离钚的后处理技术，那么就可以说基本掌握了核武器材料制造的关键技术。

因此，当前国际核不扩散机制的努力方向正在转向，过去的重点放在控制与核武器直接相关的材料、技术的扩散，以及监督民用核能活动、材料不用于武器目的。而现在的重点除了加强上述控制外，还要对一切可能的军民两用技术、设备进行控制，并开始设法限制无核武器国家进行的铀浓缩或后处理活动。2004年2月11日，美国总统布什在国防大学就防止大规模杀生性武器扩散问题发表演讲时，建议无核武器国家放弃浓缩铀和后处理项目，从国际市场上直接购买核燃料。2005年2月国际原子能机构总干事巴拉迪就“抑制核威胁”问题发表讲话时也提出5年内暂停建造新的铀浓缩和钚分离设施的建议。原子能机构设立的特别专家组也提交了一份关于多边核燃料循环方案的报告，提议将来由多个核供应国组成多边的核燃料供应“银行”或“中心”为各国提供核燃料。

目前，有关这些建议的争论很多，大部分无核武器国家持反对立场。他们大都不愿意在核燃料方面受到供应国方面的政治与贸易控制。他们担心，一旦与西方国家关系恶劣，西方国家主导的核燃料供应“中心”可以随时卡断核燃料供应，以此来破坏他们的能源安全。况且，这些建议主要是针对无核武器国家中的非西方盟国，而对已经拥有浓缩铀和后处理项目的日本等国却放任不管，因此，大部分无核武器国家认为这样做是在现有国际核不扩散机制中建立新的歧视机制。

在国际社会针对核燃料循环问题进行着争论的大背景下，如何处置日本的钚累积和后处理项目等问题就变得特别重要。目前无论美国还是国际原子能机构都未对日本施加压力。如果任凭发展，任凭六所后处理厂运行，无疑将在这方面树立一个负面典型。有些日本人辩解说，日本在遵守国际原子能机构安全保障方面有良好的行为记录，有权拥有核燃料制造技术。[①]这样看来，目前的核不扩散机制要增加一个新的划分“好”与“坏”无核武器国家的标准，似乎是只要是西方盟国，就容易得到信任，即使“偶尔”出现一些未申报的核活动也没关系。谈到信任问题，其实不少国家会认为日本是令人担忧的，应该对

① Shinichi Ogawa and Michael Schiffer, *Japan's Plutonium Reprocessing Dilemma*.

日本施加更多限制，特别是考虑到日本二战时曾有的核武器研制计划，以及近几年复活的军国主义倾向。对日本而言，一旦决定发展核武器，它可以在短时间内成为拥有数千枚核武器的国家。所以，不少非政府组织也开始关注日本问题了。比如，美国的“忧思科学家联盟”在2005年核《不扩散核武器条约》审议大会上就散发了一份包括诺贝尔奖获得者在内的27名知名人士的联名信，呼吁日本无限期推迟六所后处理厂的启动。[①]日本反核组织“国民原子力情报资料室”与“绿色行动”于2006年1月5日发表请愿书，敦促国际原子能机构理事会紧急讨论日本的钚问题并采取合适的行动。[②]显然，如果国际核不扩散机制不对日本的钚累积和后处理项目等问题进行管理和限制的话，很难有合理的理由劝说伊朗等其他无核国家放弃浓缩铀和后处理项目。

允许日本拥有大规模核燃料生产设施对东亚地区国家安全也有影响。目前关于解决朝鲜核问题的“六方会谈”机制已经建立，美国极力劝说朝鲜放弃所有的核项目，包括民用核能部分。如果对日本的钚累积和后处理项目等问题处理不好的话，朝鲜可能就会更有理由保留某些核设施。允许日本拥有大规模核燃料制造项目，却要朝鲜半岛无核化，也不允许韩国拥有铀浓缩和钚分离项目，这样下去，韩国也难心理平衡，[③]朝鲜半岛无核化的目标可能更难实现。

作者认为，对于日本钚问题的国际关切主要体现在防止核扩散方面。因为若是对日本核问题处置不好的话，将直接影响当今国际社会加强核不扩散机制的有效努力，特别是给伊朗、朝鲜核问题的处理带来负面影响；在现有国际核不扩散机制内就核燃料生产技术方面建立新的双重标准将对核不扩散机制带来重大冲击。当然，日本钚问题对地区安全方面的影响也是不容忽视的。如果日本一旦决定制造核武器，它可以在短时间内成为核武器国家，届时，日本就有条件摆脱日美军

① *Japanese Plutonium Program Threatens Nonproliferation Regime, Warn Nobel Laureates and other Experts*, Press Release, Union of Concerned Scientists, May 5, 2005, see http://www.ucsusa.org.

② Green Action, *Petition urging IAEA Action: Ensure Japan Upholds its International Commitment to Not Produce Surplus Plutonium*, 参考<http://www.grennaction-japan.org/modules/wordpress0/index.php?p=27.>

③ Jungmin Kang, Peter hayes, Li Bin, Tatsujiro Suzuki and Richard Tanter, *South Korea's nuclear Surprise*, *the Bulletin of Atomic Scientists*, Jan/Feb. 2005.

事同盟的“约束”，这将给地区与国际安全带来巨大的不确定性，有可能根本改变东亚甚至全球的战略格局。

五、结论与建议

日本的钚累积和后处理项目等问题已经引起相当的国际关切，由于这个问题将可能对国际社会加强核不扩散机制的努力和地区安全构成冲击，所以应该引起更广泛的注意。作者在与日本学者的学术交流中发现，日方学者也意识到了此问题的性质和影响，有日方学者坦率承认，如果日本政府确实在意核不扩散方面的影响的话，是可以做出一些政策调整的。

为了更好地处理有关日本的钚累积等问题，作者在此提出几项建议：

（一）日本政府应无限期推迟六所后处理厂的运行，并重新考虑调整核燃料循环政策。建议在暂停钚的分离活动同时，暂时不要运回滞留在海外的钚，先将国内分离钚尽快消耗掉。[①]

（二）国际核不扩散机制在控制无核武器国家核燃料制造项目方面应该采取统一平衡的政策，避免执行双重标准。

（三）鼓励所有无核武器国家尽快与国际原子能机构签署附加议定书，以强化民用核能方面的安全保障监督，同时加强有关安全保障技术的研究，尽快提高安全保障技术监督能力。

---

① 有日本学者认为，六所厂最终的产品形式将来可以是MOX燃料而不是纯钚材料，这样应该算是解决了核扩散方面的担心。但事实上，MOX制成前的中间过程是先分离出钚；另外，即使制成了MOX燃料，如果需要，从MOX燃料中再分离出钚也是比较容易的一个步骤。因此，六所厂以MOX燃料作为最终产品形式的方式来降低扩散风险的意义不大。

美国强力钻地型核弹的发展

王连成

内容提要：2005年10月，美国《2006财年能源与水利拨款法案》否决2006财年对强力钻地型核弹的拨款，这已是国会连续两年不对这项研究提供拨款。尽管强力钻地型核弹计划遭到了国会的阻碍和预算限制，而且也有报道称美国能源部国家核安全管理局决定停止该计划，但是可以看出，研究能摧毁加固和深埋目标的新型核钻地弹是布什政府军事战略的一部分，有较强的军事和战略需求，而且国防部、能源部、国会以及国内的鹰派势力一直支持和推动这项计划，不会轻易放弃。因此，围绕强力钻地型核弹计划的斗争仍会继续下去。

主 题 词：美国　核武器　[钻地弹]　研究　发展

作者单位：北京　中国国防科技信息中心

一、美国研究强力钻地型核弹的需求背景

冷战结束以后，美国面临的安全隐患重点发生转移，美国与所谓的“无赖”国家的矛盾日益上升，而这些国家手中的大规模杀伤性武器成为美国防范的目标。海湾战争之后，美国国防部开始研究如何对付“无赖”国家加固和深埋的目标（Hard and Deeply Buried Targets），包括地下指挥控制中心、地下大规模杀伤性武器生产地、储存地、导弹作战坑道或掩体等。在这种需求下，美国国防部、能源部和情报部门开始了有计划的研究工作。1994年美国战略司令部和空军作战司令部联合颁布“任务需求声明”，责成对此类目标进行研究，1995年成立了相关研究小组。小组研究结论认为，利用目前已有或计划的常规武器不能摧毁所有坚固的深埋地下的目标。为此，1997年美国防部开始一项名为“沙丘”的秘密计划，专门研究通过核武器完成摧毁坚固地下目标的可行性。

2000年10月美国总统克林顿签署了《2001财年国防授权法案》，其中正式授权国防部长和能源部长于2001年7月1日前共同完成一项“有关深埋的加固目标”的研究，要求核武器实验室对此问题进行“有限的研究和发展”①。藉此，核武器实验室顺利地进入摧毁加固和深埋目标的新型核武器研究铺平了道路。

核钻地弹是一种能够钻入地下后爆炸的核武器，主要用来攻击加固和深埋地下的目标。早在1997年美国空军就已装备了具有钻地能力B61-11核航弹，它从4万英尺的高空投射能够穿透6米深的土层。2002年布什政府提出了“强力钻地型核弹”及“先进概念倡议”研究的计划，要求新的钻地弹能穿透十几米甚至几十米的土层、冻土、坚硬的岩石甚至混凝土而弹体结构不被损坏，并且能够成功进行核爆炸，以摧毁敌人的战略指挥中心以及大规模杀伤性武器库。这是冷战结束后美国第一次提出新的核武器研究项目，有其深刻的战略和技术需求背景。

（一）布什政府提出的全频谱的威慑战略要求美国具备应对各种威胁的能力，其中包括打击加固和深埋目标的能力

1. 安全环境及威胁重点的变化使美国越来越重视“无赖国家”和恐怖集团的威胁。冷战结束以后，尤其是进入新世纪后，美国认为其面临的安全环境发生了较大变化，同时其面临的威胁重点也在发生变化。美国安全环境和威胁的变化主要表现在：（1）美国的主要对手苏联分崩离析，其继承者俄罗斯逐渐融入西方社会，与美国建立了新的关系并朝着积极的方向发展，美国判定俄罗斯在相当长的一段时期内很难在经济上迅速崛起并与美国相抗衡，俄罗斯与美国爆发大规模冲突的可能性也大大降低。（2）与此同时，美国认为其面临的安全形势却比冷战时期更加复杂，出现了一些“不遵守国际规则、同美国作对、严重危害美国利益”的“无赖国家”。美国总统布什在2002年1月的国情咨文中将伊朗、伊拉克和朝鲜三国称为“邪恶轴心”的“无赖国家”，认为其寻求大规模毁伤性武器，对美国安全构成严重威胁。（3）另外，恐怖主义和激进组织对美国的威胁也越来越大，2001年9

① National Defense Authorization Act for Fiscal Year 2001 (106 the Congress session) H.R. 4205 an ACT. <http://www.fas.org/man/congress/2000/hr4205.htm>

月11日，基地组织发动了恐怖袭击事件，震惊了全世界。之后各种激进组织和恐怖主义集团在世界范围内针对美国发动袭击。过去美国主要担心与苏联的冲突，现在除了继续对俄罗斯核力量保持警惕之外，美国与所谓的“无赖”国家的矛盾以及恐怖主义集团对美国的威胁日益上升，美国越来越关注如何对付“无赖”国家以及恐怖主义集团的大规模杀伤性武器的威胁。其中发展能够打击它们的武器是布什政府采取的主要措施。

2. 深埋地下的重要战略目标和大规模杀伤性武器库成为美国战略应对的重点。美国非常重视敌对国家的加固和深埋的目标，这些地下加固和深埋目标大多是战略指挥控制中心、领导机构的藏身之地，导弹等重要战略武器也大都经过加固和深埋。一些追求大规模杀伤性武器的“无赖国家”甚至把许多大规模杀伤性武器生产设施、储存设施也都设在深层地下掩体中。据军事家们分析，地下目标按其结构可分为三种类型：第一类是建造在浅地下，用钢筋水泥墙加固，厚度小于5米。这类结构占当前世界上加固和深埋目标的大多数。建造采用“挖掘和覆盖法”，即先挖出土石，在开敞的洞中建造地堡，然后再用岩石或泥土覆盖。用这种方法建造的地堡面积可达数百平方米，深度从几米到30米。第二类是在不太深的岩石或土层中建造，典型的例子是利比亚的塔胡纳化学生产设施，据称是设置在地下18米的深处。这一类与上一类的区别不在于坚固性，而在于它是地下开掘而不是露天开掘，因而不易被发现。当然也可以利用天然的洞穴，如阿富汗的基地组织大都利用天然的洞穴。第三类是在深层岩石中挖掘，它与第二类的区别在于其深度大，浅则20米，深则超过1000米，钻地弹的破坏效应不可能达到这一深度。与第二类一样也可利用天然的洞穴。据2001年《核态势审议报告》称，“目前有70多个国家将地下设施用于军事目的。全世界共有10000多个地下设施，其中将近1400个被确认或怀疑为战略目标（大规模毁伤性武器、弹道导弹基地、领导或高层指挥控制中心）所在地。”美国北美防空司令部夏延山地下指挥中心离山顶距离最薄处为360米，美国韦瑟山国家预备军事指挥中心在防护层厚度为75~90米的坚硬岩石之下，美国不会允许其他国家的同类目标逃离它的攻击范围。

3. 美国现有的钻地武器不能对加固和深埋地下军事目标构成有效的威胁。尽管美国在武器装备方面处于绝对领先，但美国现有钻地武器对深埋地下加固目标尚无把握摧毁。美国现有几种常规钻地武器，尽管精度非常高可以实现精确打击，但是由于钻地深度有限，有效装药量较低（约占整弹重的5%~15%，随着侵彻深度的增加，有效装药量还要降低），对一般地下军事目标尚可奏效，但对于埋藏更深的高级别目标，难以摧毁或造成功能破坏，这在阿富汗战争中已经得到验证。

而美国现有的具有钻地能力的核武器B61-11，也难以有效摧毁加固和深埋的目标。2001年《核态势审议》报告称："美国现在仅有的钻地核武器B61-11重力航弹的穿地能力非常有限。这种非精确制导武器本身在穿越加固的地下设施的各类岩层时难以保持不被破坏。"

同时利用大当量核武器空爆和地爆也能对地下深埋目标进行打击，但是效率很低，并且带来的负面效应巨大。核武器地面发生爆炸时，大部分冲击波直接或经反射在空气中传播，只有极小部分冲击波能透射入地下，对目标形成打击。这种方式不仅对地下目标的直接毁伤较小，而且会带来巨大的放射性沾染，造成巨大的附带损伤。

4. 研究强力钻地型核弹是摧毁加固和深埋地下军事目标的有效手段。用常规武器摧毁这些目标的能力不够，而目前的核钻地弹B61-11，穿透能力有限，且威力单一，无精确制导。因此，近几年来，改进和研发核钻地武器成为美国核武器研究所和国防部极力追求的目标。他们试图通过改进现有的核武器，提高其钻地性能，使其成为对付"无赖"国家深埋地下坚固目标最好的武器。核钻地弹也被认为是摧毁深埋在地下生化战剂的最有效的武器，核爆炸产生的高温、高压、强辐射的综合作用能比较彻底地摧毁生化战剂，又能有效防止或减少泄漏弥散。

（二）探索新形势下核武器的作用和用途的需要

冷战结束后，美国的主要敌人苏联的消失使其围绕威慑和遏制苏联建立起来的庞大的战略核武库的作用逐渐降低，因而围绕新形势下未来核武器的作用和用途，美国政府内部及非政府机构进行了探讨和分析。2000年洛斯·阿拉莫斯国家实验室负责核武器的副所长史蒂芬·杨格发表了《21世纪的核武器》一文，提出了以下主要观点：（1）在可预见的将来，核武器对美国的战略非常重要，核武器不会消失，核武器的威慑作用将继续存在；（2）核武器的主要作用仍将是威慑，但威慑的对象要从主要威慑俄罗斯扩大到对所有拥有大规模杀伤性武器的国家；（3）由于军事技术尤其是精确制导技术的发展，使得现在需由大当量核武器完成的任务可由经过改造后的低当量核武器完成；（4）未来核武器还要针对特定目标如移动目标、硬目标、深埋的超硬目标等构成威慑力。

文章指出，“核武器作为在战斗中最终制止侵略和最终的一种摧毁力量，在今后几十年仍会保留。”“但是冷战时期保留下来的威力巨大、精度较低的核武器已经不能适应未来战略的要求。为适应形势和军事需求的变化，必须要对核武库的组成进行重大的改组。选择精制导的核武器可以减少其对高威力的需求”。并且提出“发展新的低威力核武器，例如低威力钻地弹头，来响应生、化学武器等大规模杀伤性武器的攻击，摧毁敌方地下生、化学武器器库和指挥所。”①

文章还指出，“核武器除了具有心理威慑价值外，还将是对一些特殊目标构成威慑力。像精制导的低威力核武器，可以打击一些特殊目标：移动目标，如公路和铁路机动导弹；固定的适当硬度目标，如导弹井；分散目标，如飞机场或海军基地；硬目标，如深埋的指挥所；超硬目标，如设置于山下的设施等。这些目标中有些非常坚固，以致常规武器无法摧毁它。某些过于分散的目标就可用多弹头低威力武器来对付。”

2002年初出台的《核态势审议报告》强调，美国的核力量需要有“更大的灵活性”，“具有在危机时打击范围广泛、样式各异的目标的能力。”具体说，保留大规模的战略核武器以对付俄罗斯，防止俄罗斯东山再起；建设导弹防御系统，对付少核武器国家对手；研发低威力核武器（当前主要是强力钻地型核弹），对付“无赖”国家的大规模杀伤性武器的威胁。为此，美国计划对其核力量结构进行调整：削减现役的“实战部署”的战略核武器，而增加现役的“响应”部分以及非现役的战略核武器，核武器的总数基本不变；除了对现有核武器进行升级和延寿之外，还要发展适合新的安全需求的先进概念武器；新的核武器要具备的能力包括：精度高、有钻地能力、能摧毁生化战剂、附带损伤较小、能发现和攻击机动目标，等等。①

---

① Stephen M.Younger, *Nuclear Weapons in the Twenty-First Century*, LAUR-00-2850 June 27,2000. <http://www.fas.org/nuke/guide/usa/doctrine/doe/younger.htm>

（三）维持核武器设计部门利益及核武器设计队伍的需要

美国从20世纪80年代就基本停止了新型核武器的研究，1990年老布什政府正式宣布停止核武器研究，1993年美国国会又通过了“斯普赖特-弗斯”法案，禁止核武器研究所进行低当量核武器的研究。之后十几年，美国核武器研究所核武器设计任务几乎消失，其主要工作放在维持在不进行核试验的情况下保持美国核武器的安全性和可靠性，即“科学的库存管理计划”（SSP）。而且1996年签署《全面禁止核试验条约》之后，核武器实验室的人物和经费需求大大减少。核武器研究所感到了在维持技术队伍方面的困难①。正如利弗莫尔研究所一位资深核武器设计人员所抱怨：“没有人想在这里工作。（因为）没有什么任务可言。”近些年，一些国防部官员和共和党议员也表示了类似的担忧，认为核武器研究所的年轻科学家需要从事实际的核装置（设计）工作来赢得重要经验，而不仅仅做一些维护库存核武器的安全性可靠性一类的工作。因而开发核钻地弹能够为核武器研究所提供了的核武器设计任务。正如美国政府官员的解释：研究新型核钻地弹、重振核武器研究，不仅可以培训下一代核武器科研工程人员，还可以恢复核武器综合体的活力，可以探讨全方位的技术选择。

二、美国国内在强力钻地型核弹问题上的争论

强力钻地型核弹的研发正是在这种大背景下应运而生。2002年布什政府在《2003财年国防预算》申请中要求国会在三年内拨款4550万美元进行强力钻地型核弹的可行性研究。研究的内容主要是对现有的核航弹B61-11和B83进行改造，探索它们能否穿透更深的坚实的岩石和混凝结构后仍能成功地进行核爆炸，并要提高其打击精度和减少附带损伤，如果改造现有武器的方案不理想，则寻求进行新的设计。

但是强力钻地型核弹的研究一经提出就备受争议，既有强烈支持者，也有坚决反对者。支持研究的一方主要是能源部、国家和安全管理局、国防部以及国会内的鹰派人物，他们认为这种强力钻地型核弹能够对敌人加固和深埋的目标构成威胁，能够用来打击敌人的大规模毁伤性武器库和生产设施，同时能够减少放射性附带损伤，符合美国

① U.S. Department of Defense, *Nuclear Posture Review,2001*

的战略目标和军事要求，还能够吓阻那些试图发展大规模杀伤性武器的国家获取危险的武器。反对研究强力钻地型核弹的方面主要是非政府组织、武器设计人员、国会内的民主派等，他们则认为钻地武器的钻地极限深度是有限的，对于浅层的地下目标，常规钻地弹就可以完成摧毁任务，而对于较深层和强加固的目标必须使用大当量的核钻地弹，必然造成巨大的附带损伤，可能会造成几百万无辜的平民丧生；另外美国研究这种更加实战的核武器可能会更易在战场上使用，不仅降低了使用核武器的门槛，还会破坏国际防扩散机制，刺激其他国家发展大规模杀伤性武器。

美国国内在强力钻地型核弹研究问题上的争论一直持续不断，总结起来，有以下特点：

（一）争论的焦点主要集中在四个方面

1. 强力钻地型核弹能否增强美国的威慑能力。支持发展强力钻地型核弹的人士认为，自从“9.11”事件以来，美国开始面临新的威胁，包括那些致力于寻求大规模杀伤性武器的流氓国家所带来的威胁，为震慑那些流氓国家，美国必须具备能够摧毁对那些国家领导人十分重要的目标的能力。而在某些情况下，强力钻地型核弹可能是唯一有效的手段。国家核安全管理局主管防御计划的副局长埃弗里特·贝克纳在报告中说：“如果我们在这个世界上有各种各样的敌人，我希望我们的军事实力能够尽可能地对他们产生震慑作用……我希望他们能够害怕我们。”类似的，众议院政策委员会认为：“可靠的威慑要求总统拥有能够确保摧毁那些意图攻击美国的敌人最重要目标的能力。而那些深埋地下的设施，包括坚固的掩体和建筑在硬岩中的坑道，都能够有效地防御攻击……。应当向总统提供多种选择手段——常规武器、常规精确打击武器、核武器，并能确保摧毁所有目标。”

批评者质疑采用冷战的模式威慑那些流氓国家是否有效，那些国家的领导人可能并不十分在意美国对其境内有限目标的核打击和由此造成的伤亡。他们甚至可能还希望从国际社会对美国发动核攻击的一片谴责声中获益。另外，一些批评者认为，使用任何核武器都会带来大量的附带损害和伤亡，并且还不一定能增加威慑效果，所以其威慑

① U.S. Department of Defense, *Nuclear Posture Review,2001*

作用也并不完全可信。

2. *强力钻地型核弹是否更有军事价值*。支持者声称，由国防部领导的、国防部和能源部联合组建的跨部门机构核武器委员会的主要职能是协调两部之间的核武器活动，核武器委员会赞成进行强力钻地型核弹的研究工作，并且国防部已为此拟制了一份强力钻地型核弹应达到指标和性能的“任务需求书”（Operational Requirements Document）。他们认为，由于B61-11钻地弹的性能有限，因此研究强力钻地型核弹并不是多余的。

批评者则认为不需要研发核钻地弹。众议员斯凯尔顿说，“摧毁深埋地下的坚固目标的关键在于打击精度和钻地能力，而非武器的爆炸能力”。许多常规手段都可以摧毁这些目标。美军在阿富汗证明了使用地面部队攻击复合坑道的能力，在伊拉克证明了常规精确打击武器摧毁地下掩体的能力。由此看来，将资金用在提高常规手段摧毁这类目标的能力上显然要比用在核武器上好得多。

反对发展强力钻地型核弹的人认为强力钻地型核弹无法使用：对非作战人员所造成的巨大附带损害将可能限制这种报复性武器的部署，如果在局部战争中使用这样的武器将可能导致全面冲突，并将其他拥有深埋的坚固地下设施且有能力威胁到美国生存的核武器国家——如中国、俄罗斯等卷入进来……这样的武器不论从战略上、法律上、或是道义上都是不应优先考虑的。美国众议院议员弗兰克也声称：“……正如我们所说的，我们在阿富汗和伊拉克的行动致力于把人民从压迫他们的政府中解放出来。但如果这一切是伴随着核武器的打击而来，我们能期待那里的人们怎样欢迎我们呢？我们是不是要告诉阿富汗人，别担心，我们会用核武器把你们从塔利班手里解救出来……我认为你们正在从根本上损害‘美国是来解放强权政府下的受压迫人民’这一观念。”

3. *放射性沉降造成的附带损伤是否会阻碍美国使用强力钻地型核弹*。支持者认为核钻地弹至少应有的一个好处，即低当量核钻地弹可以有效地降低附带损害（强力钻地型核弹能比更大当量核武器更有效地做到这点）。但批评者严厉批评了这种方法。他们认为，没有一种核钻地弹能钻入到完全封闭放射性泄漏的深度，因此，“制造完全干净的核钻地弹在物理上是不可能实现的”。尼尔森曾做过一个计算，如果在一个典型的第三世界国家的城市中心使用一个一千吨当量的“迷你型”核钻地弹，将会在数平方千米的范围产生致命剂量的放射性沉降，并造成数以万计平民的伤亡。

但支持强力钻地型核弹研究的人却认为强力钻地型核弹产生的放射性沉降程度如何只是一个次要的问题，他们认为重要的是目标所处环境需要使用这种武器。他们称尽管自1945年以来，美国从没有选择使用核武器，但在某些关键时刻，核武器仍然是达到重要军事目的的唯一手段。在这种情况下，核钻地弹是一个更好的选择，因为它们能够在比地面核武器使用更小当量和产生更少沉降的条件下达到所希望的目标。

4. 强力钻地型核弹是否会对核不扩散产生负面影响。批评者认为强力钻地型核弹加剧了核扩散的危险。他们质疑美国如何能在自己部署新型核武器的同时劝说那些流氓国家停止他们的核计划。他们把强力钻地型核弹看作是专门用于对付流氓国家的武器，并担心这将暗示着美国有为此目的使用这种武器的意愿。他们预言，使用这种武器将造成严重的后果。正如众议员马基所说，“即便是只使用一枚核武器，也将损害我们在防止大规模杀伤性武器扩散、特别是核武器扩散方面道义上和政治上的信誉”。从这点上说，美国因为伊拉克发展大规模杀伤性武器而发动伊拉克战争并推翻萨达姆政权，然而自己却在发展大规模杀伤性武器，这本身就是十分矛盾的。批评者认为，即便是强力钻地型核弹研究本身，也暗示着美国将考虑使用这种武器，而这将会刺激无核武器国家加速获取核武器并以之慑止美国打击，或刺激他们去建造更深的地下设施。

但是支持发展强力钻地型核弹的人则认为，美国放弃强力钻地型核弹的研究并不会导致其他国家放弃大规模杀伤性武器计划。众议员索马贝里称：“有些人认为问题出在美国自身，认为如果我们做出好的表率，萨达姆和金正日，甚至是普京就会随之踏上正轨，这种观点就好像我们把双手缚在背后，世界就会更安全一样，这是十分天真的……问题是美国还不够强大……（只有）当美国足够强大并且有足够多的选择能力时，和平才会到来。”同时，他们也对研究、发展和部署强力钻地型核弹会刺激其他国家发展大规模杀伤性武器的说法表示怀疑。他们认为，B61–11核钻地弹的部署并没有导致这样的结果，因此他们也不相信将要进行的核钻地弹研发会导致这样的结果。

（二）强力钻地型核弹的研究面临的阻碍和压力逐年增大

从最近几年美国国内舆论的导向、公众的关切、国会的授权和拨款情况来看，强力钻地型核弹研究在美国国内面临的压力和阻碍越来越大。

2002年，布什政府在2003财年国防预算申请中要求国会拨款1500万美元支持强力钻地型核弹研究时，反对的声音主要来自军控、国际安全等领域的非政府组织以及许多科学家，而且也并没有引起舆论的强烈关注，在国会内部强力钻地型核弹的研究也没有遇到太大的阻力，《2003财年国防授权法案》批准了政府申请的1500万美元。但是要求这笔经费需要国防部和能源部先就强力钻地型核弹预期的使用政策、军事要求、可能打击的目标以及常规武器摧毁加固和深埋地下目标的能力提交报告（2003年3月19日提交）30天后拨付，此外国会还责成美国国家科学院研究评估强力钻地型核弹的使用对居民的短期和长期的效应，并探究用这种核钻地弹打击地下生化学武器库时是否会发生生化物质泄漏。

到2003年，研究强力钻地型核弹的问题引起了美国国内和国际舆论的强烈关注。布什政府在2004财年国防与申请中要求国会拨款1500万美元用于强力钻地型核弹的研究，并另加600万美元用于“先进概念倡议”的探索，此外政府还请求国会废止1993年通过“斯普赖特-弗斯”法案中禁止研究与发展当量小于5000吨的低当量核武器的禁令，在美国国内引起了巨大的争议。支持强力钻地型核弹发展的核武器设计部门及共和党鹰派与反对此项研究的人士及组织之间的斗争也日趋激烈，媒体也不惜连篇累牍的报道，尤其是国会内部的斗争更加激烈。2003年4月8日美国国家和安全管理局代理局长布鲁克斯和主管防御计划的副局长埃弗里特·贝克纳同时在参议院武装部队委员会听证会上为强力钻地型核弹作辩护，鼓吹国会议员支持此项研究。2003年5月5日国务卿科林·鲍威尔也致信参议院武装部队委员会主席要求其拨款支持强力钻地型核弹的研究。但是，最终国会内部反对此项研究的势力增强了，虽然在《2004财年国防授权法案》中同意授权1500万美元支持强力钻地型核弹的研究，授权600万美元支持“先进概念倡议”的研究，但在11月通过的2004财年《能源与水利拨款法案》只为强力钻地型核弹拨款750万美元，“先进概念倡议”研究也只能动用200万美元。强力钻地型核弹的研究受到的国会的阻碍。

在 2004 年的一年中，布什政府更是加大了强力钻地型核弹的攻势和宣传。在 2005 财年国防预算案中，布什政府申请了 2700 万美元用于研究强力钻地型核弹，并提出耗资 4.847 亿美元到 2009 年完成弹头设计和开始生产工程的 5 年预算方案。国防部长拉姆斯费尔德及其他高级官员、能源部官员、核安全管理局局长布鲁克斯及其他主要官员以及许多国会议员都亲自为强力钻地型核弹摇旗呐喊，多次在国会听证会上鼓动议员们支持强力钻地型核弹的研究。但是 2004 年反对此项研究的队伍也大大扩大，非政府组织、前国防部官员、武器专家以及温和的共和党议员都已参加到反对强力钻地型核弹运动中来，国会内部反对发展这种武器的深度和广度也进一步扩大。因此在《2005 财年国防授权法案》中，参众两院协调一致否决了政府申请用于强力钻地型核弹的 2700 万美元，并否决其制定的 5 年预算方案。

2005 年，政府内推动强力钻地型核弹的鹰派势力并未罢休，在他们的鼓动下，2005 年 2 月布什政府在 2006 财年国防预算中又为该项目申请了 850 万美元，其中 400 万美元由能源部用于强力钻地型核弹加固外壳研究，450 万美元由国防部空军用于钻地弹与 B-2 轰炸机的一体化研究。另一方面，反对强力钻地型核弹研究的力量也加强了，并且提出了许多有说服力的反对证据。忧思科学家联盟、关心社会责任医生联合会等组织也发表了一些有说服力的报告，美国国家科学院应国会的要求研究评估这种钻地弹的使用对居民的短期和长期的效应以及打击地下生化学武器库时是否会发生生化物质泄漏，也于 2005 年 4 月 27 日发布了一份权威性的研究报告，总结了以下几点：

1. 根据目前的经验和基于实践的预测，核钻地弹不可能钻到要求不泄露核爆炸放射性物质的深度。目前钻地弹可能的最大钻地深度为 10 米，在此深度 10 万吨当量的核钻地弹爆炸会向大气层释放上亿立方英尺的放射性物质。

2. 如果摧毁深埋 200 米的加固目标，需要使用 30 万吨当量的核钻地弹钻地 3 米；而摧毁深埋 300 米的加固目标，则需要使用 100 万吨当量的核钻地弹（目前研究中的强力钻地型核弹拟使用 B-83 的核装置，当量为 120 万吨）。

3. 一枚核钻地弹在几米深处爆炸，在相同的气候条件下，实际造成的伤亡人数相当于同一当量核武器的地面爆炸。

4. 在人口稠密地区或其附近使用核钻地弹打击深埋的加固目标（美

国防部估计，潜在对手领土上的地下加固战略目标约有50%位于市区或靠近市区），造成的伤亡人数从数千到百万以上，视武器当量而定。

5. 利用美国防部的软件模拟强力钻地型核弹攻打伊朗的埃思发汗核设施，结果表明其辐射在两星期内将造成300万人死亡，而且阿富汗、巴基斯坦和印度将有3500万人受到致癌的辐射。

6. 除非核钻地弹在生化学武器地下贮存库中爆炸，否则就不可能摧毁生化学武器。特别是由于美国很难准确知道地下贮存库的位置、大小和形状，因而用核钻地弹打击生化学武器地下贮存库，反而会使这些战剂散布在大气中，造成更大的伤亡。

7. 发展强力钻地型核弹将破坏现行的国际防扩散机制，它给全世界发出一个信号，即低当量的核武器是可以使用的，从而有可能促使一些常规武器力量弱的国家发展战术核武器，引发新的核军备竞赛，不利于美国的安全。

8. 可用精确制导的常规武器来替代核钻地弹，用它切断敌方生化学武器地下贮存库的通信、电力和通风，使其无法使用。而且目前马丁公司正在研发一种新型的常规钻地弹，钻地深度将大于核钻地弹，在不同介质中达8米至60米，装有6000磅高能炸药，可在一定程度上代替强力钻地型核弹。

在社会舆论的推动下，国会不少议员认识到，试图发展可实用的核武器会带来扩散的代价，而只能获得虚幻的利益。维持和扩大美国核武器的作用不仅与普遍接受的国际不扩散行为规范相冲突，而且将引发其他国家采取对抗行动。使用或威胁使用这种新式核武器并不比使用现有核武器更有理。因此，2005年10月25日参众两院权衡了利弊，协调了立场，终于否决了能源部为强力钻地型核弹申请的400万美元。而将其转拨给国防部的常规钻地弹研究。

三、强力钻地型核弹的计划及发展情况

尽管从2002年布什政府就向国会提出进行强力钻地型核弹的研究，但是该项研究是从2003年5月正式开始的。美国《2003财年国防授权法案》批准了政府申请的1500万美元用于强力钻地型核弹的可行性研究，但是要求这笔经费需要国防部和能源部先在2003年3月19

日就强力钻地型核弹预期的使用政策、军事要求、可能打击的目标以及常规武器摧毁加固和深埋地下目标的能力提交报告30天后拨付。此项研究主要是对现有的B-83核航弹进行改造，加固其外壳增强其钻地能力并确保核装置在穿透各种地质后能可靠地爆炸，也考虑对B61-11核钻地弹进行改造。此项研究由空军领导，国家核安全管理局负责核弹头部分——主要是负责研究对具体弹头的改造。

（一）研究强力钻地型核弹的计划规划

1. 强力钻地型核弹研究的发展阶段。美国国防部和能源部早在几年前就制定了关于武器发展的一整套阶段性研究计划，这一阶段性研究计划所包含的内容，涵盖了新型或改进型核武器从概念研究、方案设计、工程研发、生产、部署直到最终退役的各个阶段。在能源部制定的5年发展规划中，涉及强力钻地型核弹的几个重要的发展阶段是：（1）6.2研究阶段：进行可行性研究和选择方案研究；（2）6.2A研究阶段：进行设计定义和成本研究；（3）6.3研究阶段：开发工程，并在核武器实验室设计生产出一个完整的弹头；（4）6.4研究阶段：生产工程，即把设计应用于生产，并建造一个制造武器的系统。①

2. 政府对强力钻地型核弹研究的5年计划和预算。2004年2月，布什政府在提交2005财年国防预算申请时，不仅要求国会拨款2750万美元用于强力钻地型核弹的研究，与此同时能源部还制定了2005—2009财年强力钻地型核弹5年发展规划。

与此同时，国家核安全管理局还公布了2005—2009财年强力钻地型核弹发展的各个阶段目标：（1）2005财年：完成56%的6.2/6.2A阶段的活动。下一步，2005财年还要完成提出的分系统试验和设计方案的全系统试验工作。（2）2006财年：完成全部6.2/6.2A阶段的活动。（3）2007财年：向核武器管理委员会（国防部与能源部的一个联合部门，主要负责协调核武器需求、生产计划等工作）汇报6.2/6.2A阶段的完成情况。如果可行，将获得实施6.3阶段的授权。完成6.3初始阶段25%的活动（如果获得授权）。（4）2008财年：完成6.3阶段65%的活动（如果获得授权）。（5）2009财年：完成6.3阶

---

① Jonathan Medalia, *Robust Nuclear Earth Penetrator Budget Request and Plan, FY 2005-FY2009*, CRS Report for Congress, March 24, 2004

段的全部活动（如果获得授权）。在充分授权的情况下完成计划中的6.4阶段15%的活动。

在2005财年预算中，国家核安全管理局还根据当时的情况，提出了2005—2009财年开发坚实钻地弹的详细经费计划：2005财年为2760万美元，2006财年9500万美元，2007财年上升到1.454亿美元，2008财年为1.284亿美元，2009财年8840万美元，5年经费总计为4.847亿美元。①

2005年，国家核安全管理局又指出，计划在6.2/6.2A研究阶段进行一类不同于计算机模拟的物理试验：在圣地亚国家实验室进行一系列“飞行轨迹试验”。这些试验包括部分全系统试验，在试验前核钻地弹的各种部件将装配成一个钻地弹，这个钻地弹将没有制导系统，也不包含裂变材料，这个钻地弹将以非常高的速度投射出去并撞入一大块混凝土中，这种全系统试验是为了测试钻地弹的各个部件能否经受住核钻地武器所必须承受的巨大的反向加速度。而且强力钻地型核弹的研究要进入6.3阶段还必须进行验证试验以成功证明这种武器的可行性。在全系统试验的准备过程中，还需要进行许多子系统飞行试验。而且将在6.3研究阶段进行更多的先进试验，其中包括“Vibration Flyaround试验”，在试验中一个武器模型将被安装到投掷这种武器的飞机上并进行飞行以验证武器不会被飞机在飞行中的震颤所损毁，同时验证武器的空气动力学稳定性。在这种试验中，钻地弹将不被投掷出去。另一类试验将在开发出制导系统之后进行，试验包括从飞机上投掷一个武器模型。在这两类试验中都将使用替代材料（一种重金属）而不使用裂变材料。而且还可能进行其他类型的试验。

（二）强力钻地型核弹实际的拨款情况

坚实钻地弹的可行性研究最初计划于2003—2005财年间完成，每年投资1500万美元，三年总计4500万美元，但是由于各方面原因，每年资金的到位情况不能按照预期，因此研究工作也相应的推迟。《2003财年国防授权法案》虽然批准了政府申请的1500万美元，但是要求国防部和能源部2003年3月19日前就强力钻地型核弹预期的使

① Jonathan Medalia, *Robust Nuclear Earth Penetrator Budget Request and Plan, FY 2005-FY2009*, CRS Report for Congress, March 24, 2004.

用政策、军事要求、可能打击的目标以及常规武器摧毁加固和深埋地下目标的能力向国会提交报告30天后才会拨付这笔资金，因而拖延了国家核安全管理局在2003财年进行强力钻地型核弹的研究。2003年5月可行性研究才正式开始，到2003财年结束时，国会的1500万美元拨款只用了610万美元。而2003年10月，国会《2004财年能源与水利拨款法案》又将政府申请2004财年用于强力钻地型核弹的1500万美元经费砍掉一半，只拨给750万美元，这对强力钻地型核弹的研究造成了困难。为了应对这些困难，2004年6月美国能源部将原计划2005年完成的可行性研究改为到2006财年底完成可行性和费用研究，并将总的资金需求从4500万美元调整为7100万美元。但是，2004年国会否决了能源部的计划以及2005财年用于强力钻地型核弹的研究资金，致使强力钻地型核弹的研究无法继续。尽管2005年能源不仅提出了400万美元用于2006财年强力钻地型核弹的可行性研究，但是仍未获得国会支持。①

四、强力钻地型核弹的技术发展及面临的主要问题

美国从上世纪60年代就开始了钻地武器的研究，经过几十年的发展取得了较大成果，研制并且装备了多种钻地武器，其中包括B61-11型核钻地弹，美国在钻地弹技术研究方面是比较成熟、全面的。但是美国政府要成功研制和装备能摧毁地下更深目标强且放射性泄漏更小的“强力钻地型核弹”，却还要面临许多技术上的障碍。这些技术问题包括：侵彻（钻地）技术、壳体技术、装药技术以及放射性沾染问题。目前美国已经在其中的一些技术上取得进展，但是还面临大量的问题需要解决。

1. 通过研究侵彻技术可以提高核钻地弹的钻地深度。钻地弹的钻地深度取决于弹体的结构、弹体密度、打击介质的抗压强度、钻地角度和着地速度等因素，而对于特定的打击介质，着地速度和弹体面质量是影响钻地深度的主要因素。

试验结果分析表明，在较高的速度范围内，提高着速，侵深明显

① Jonathan Medalia, *Bunker Busters: Robust Nuclear Earth Penetrator Issues, FY2005 and FY2006*, CRS Report for Congress, August 2, 2005.

提高。但是，钻地弹的着速还要受到壳体材料的限制，超过速度极限，钻地弹的结构强度不能保证。试验和计算表明，以目前的材料水平，弹体结构经过合理设计，可以承受约1300米/秒速度撞击混凝土的冲击，速度超过1300米/秒后，速度的少量提高，都会导致撞击压力的大幅度提高，因此，通过提高着速的途径来增加侵彻深度难度很大，即使壳体的结构强度能承受更高的速度撞击，但因为过高的撞击速度要产生流体动力学过程，弹头将发生熔化、汽化，所以速度再增加，钻地深度增加不明显。依据目前的技术，可以通过B2轰炸机高空投放并经高能火箭增速和使用导弹作为钻地弹载体的方式，使着地速度达到1300米/秒。

另一种提高钻地深度方法是提高核钻地弹面密度。1995年美国空军赖特实验室曾进行过类似研究，如将钨合金杆嵌入钢壳体壁，提高钻地弹面质量。经过试验，通过填加重金属可以提高核钻地弹钻地深度。由于核钻地弹本身具备核辐射，可以考虑用贫铀（DU）材料作为重金属填加材料。贫铀的强度和韧性都高于钨合金，密度相当,且贫铀在穿甲过程中具有自锐性能，因此，贫铀更适合作为核钻地弹填充材料。美国在B61-11空投试验中已经用了贫铀材料。

*2. 目前的壳体材料难以满足更高速撞击的需求。*核钻地弹钻地过程中要承受极强的冲击波和极大的惯性过载，而且，撞击速度越高，冲击波和过载越大，因此核钻地弹壳体必须有足够的强度，避免在强大的过载下发生变形，使引信、核装置和其他附件失效。因此这就对核钻地弹壳体材料提出了很高的要求。美国的许多研究机构先后对多种不同的材料进行了研究，根据目前材料的水平，可以满足钻地弹以1300米/秒的速度撞击混凝土的要求。但是，如果希望通过提高材料的力学性能来满足钻地弹更高着速要求的办法比较困难，在较高的材料强度和撞击速度下，速度的微小提高都要求材料强度大幅提高。

*3. 在满足装药的有效生存能力方面还有许多技术问题需要解决。*由于钻地弹在钻地过程中要承受强冲击波及上万个重力加速度的惯性过载，因此满足核钻地弹装药的有效性是一个很大的技术难题。解决这个问题可从两方面入手：研究惰性炸药和优化核装药结构，提高装药系统的抗冲击性能；采取多种缓冲措施提高装药系统的减震性能，降低相同撞击速度下侵彻过载。核钻地弹核装置抗高过载技术研究具有相当的难度，是核钻地弹技术可行性的瓶颈。在优化核装药设计时，

要系统研究各种措施提高核装置抗冲击性能以及有效降低传到核装药上的载荷。通过提高系统的减震性能，降低侵彻过载，提高装药的钝感程度及抗冲击性能等方法，还是有可能保证核钻地弹装药在高速侵彻过程中的有效生存的。不过，这方面确有很多技术难题需要解决。

4. 强力钻地型核弹不能做到封闭爆炸，而可能产生大量的附带损伤。美国宣称研究钻地能力更强的强力钻地型核弹的一个重要指标就是使核爆炸产生的放射性沾染减到最小。但是在实战中，只有当核弹头钻到地下足够深，可以形成封闭式爆炸时，才能够使方式性沾染减到最小。按照通常的计算，一枚当量为0.1千吨的核弹头需要钻到69米深的地下才能形成封闭爆炸，5000吨当量的核弹头需要钻深195米，而10万吨当量的核弹头需要钻到地下约500米的地方才能形成封闭爆炸。而以目前美国的钻地技术，几乎所有的专家都认为，核钻地但穿透混凝土的深度不会超过20—30米量级。①因此，强力钻地型核弹不能够封闭爆炸，在实战中使用可能会产生大量的附带损伤。

5. 美国多年积累的试验技术能够推进强力钻地型核弹的研究。试验技术是钻地弹发展的关键，试验技术的每一次突破，都可能将钻地弹研究推进一步，试验技术中最难的是加速技术，即将大质量钻地弹加速到较高速度撞靶是比较困难的，在这方面，美国远远走在其他国家前面。美国在上世纪七十年代就研制成功“戴维斯”火炮，专用于钻地弹试验研究，其可将200千克的弹体增速到800m/s，美国轨道火箭撬增速技术也非常先进，可以将大质量弹体增速到2—3马赫。同时，测试技术也是成熟的，例如：弹载瞬态信号测试记录系统、侵彻轨迹雷达实时识别记录系统等都比较成熟。当然，可将几百千克的弹加速到1300米/秒甚至更高的缓加速火箭撬，目前美国还不具备，但该系统的建造在不长的时间内是可以实现的。所有这些钻地弹试验技术和设备，只要移植到美国内华达核试验场区，加上核禁试后美国一直保留的核试验技术和队伍，因此美国多年积累的试验技术能够推进强力钻地型核弹的研究。

五、强力钻地型核弹的发展前景

2005年10月国会否决强力钻地型核弹申请的经费后，许多新闻媒

① R. W. Nelson, *Low-Yeild Earth-Penetruting Weapons*, <Http://www.fas.org>

体报道称强力钻地型核弹研究已被取消。但实际上，强力钻地型核弹的研究不会被全部停止，美国国内围绕强力钻地型核弹等新型核武器的争论也远没有结束。

（一）核钻地弹的需求并没有消失，而且依然强劲

虽然国家核安全管理局只是在大局基本已定的情况下主动要求放弃这方面的经费，但这只是说明，他们同意目前将重点转向研究常规钻地弹，而不是放弃核钻地弹。而且布什政府的核战略要求以“基于能力”的模式规划美国的核力量结构，军事分析家认为，在未来的作战形势下，尤其在高技术条件下的信息化战争中，钻地技术与地下防御技术将会成为越来越重要的攻防对抗策略，因此“基于能力”的模式不会放弃发展核钻地弹来对付地下加固设施的手段。这既是美国当前的作战需要，也是其长远的战略需要。国防部长拉姆斯菲尔德就在公开场合表示，他打算2007财年再次将强力钻地型核弹列入预算。

（二）技术上面临的问题不会构成强力钻地型核弹发展的障碍

发展强力钻地型核弹是美国核战略调整的需要，是美国核力量结构调整的组成部分，也是其维持核武器设计队伍的技术需要。政府在要求研究这种武器的过程中，并没有设定技术指标，因此技术上面临的问题不会构成阻碍强力钻地型核弹发展的障碍。

（三）只要能满足军事需求，适当的放射性泄漏是可以接受的

当前核钻地弹遭到否决的一个重要理由是因为它不可能钻到不泄露核爆炸放射性物质的深度，但是正如《核态势审议报告》中所说只要求“产生的放射性沉降仅为当量大得多的核武器在地面爆炸时所产生的沉降的十分之一至二十分之一”即可。可见，只要今后钻地深度取得进展，美国会接受一定程度的放射性物质泄露。

（四）强力钻地型核弹的研究可能会继续进行

目前强力钻地型核弹研究的主要阻力在国会不为该项目拨款，但是由于坚实型核钻地但依然存在较大需求，因此该项研究有可能通过其他方式秘密进行。

1. 强力钻地型核弹研究有可能在新的名义下继续进行。专家们根据政府和国会近几个月发表的报告和言论指出，钻地弹计划有可能从能源部转交国防部掌管，并重新命名，重点是研究常规钻地武器，但会继续核钻地弹研究。

2005年10月份美国国家核安全管理局在提交给国会某议员的一封信中说，该局希望像计划的那样在新墨西哥州的圣地亚国家研究所完成这项研究工作，包括进行一项“撞击试验”，即用一个假弹头以高速撞击钻入一个巨大的水泥块中，但要求国防部提供经费并给该计划重新命名。信中还提出，“政府仍然认为进行撞击试验是完成这项工作的关键”，为了进行这项工作，国防部在圣地亚研究所“每年花费超过2亿美元”，“它将提供有关钻地弹（不管携带什么弹药）能否实现摧毁加固和深埋目标的可行的和经济上可承受的手段的重要信息。”“由于进行这项研究获得的信息对发展常规钻地弹也是有用的，能源部支持对该计划重新命名。”

专家们认为，如果2006年进行上述撞击试验计划，试验的结果有可能使政府决定是全面发展常规钻地武器还是核钻地武器。这种试验是否会导致发展核钻地弹取决于钻地弹弹壳内是按计划那样装假的核弹头还是装假的常规弹头。“如果他们试验一种弹头（核装置）如何能够承受住这种撞击，那么他们就会在别的名义下继续研究强力钻地型核弹。”

2. 强力钻地型核弹有可能隐含在“可靠的替代弹头”计划中进行。另一个值得注意的动向是，美国国家核安全局为维持现有的核武库而提出的“可靠的替代弹头”计划已赢得国会的初步支持，据说，该计划将利用一个较小的核武器基础设施，在原有的经过试验验证而且比较保守的设计的基础上生产新核弹头。该计划能降低费用且不要求进行新的核试验。国家核安全局局长林顿·布鲁克斯在国会上说，这项工作的目标是在2012—2015年前发展和生产“小批量”的新弹头。专家担心，如果在制造更皮实的核武器方面向武器科学家开了绿灯并且给予这种计划全部授权，那么这些武器研究所在发展“可靠的替代弹头”的同时也有可能继续有争议的强力钻地型核弹的研究工作。

美05版《联合核作战条令》解读

李文盛 戴艳丽 董露

内容提要： 2005年9月11日，美国《华盛顿邮报》率先报道，美国国防部已经起草并提交了05版《联合核作战条令》草案，该草案在核武器使用原则和程序方面与以前的版本有所不同。它允许战场指挥官在获得总统授权的情况下，对使用大规模杀伤性武器的国家或恐怖主义分子集团进行“先发制人”的核打击，同时还允许使用核武器“先发制人”地摧毁敌人的核生化学武器库。该消息一经报道，立即引起强烈反响，世界各大报纸纷纷发表评论，探讨美国的核政策。美国一些战略学家和军控问题专家也从核武器使用、发展以及防扩散的角度发表评论，分析该文件带来的影响。

主 题 词： 美国 军队 联合作战 核武器

作者单位： 北京 中国军控与裁军协会

2005年公布的《联合核作战条令》修订稿，对美军在新环境下核作战的一些基本问题重新做出了原则性的规范，是美国近期核战略调整在核作战指导上的具体化体现，与前一版《联合核作战条令》有较大差别，因此,它将对美国核力量建设和使用产生较大影响。

一、美《联合核作战条令》及修订概况

《联合核作战条令》是规范美军核作战行动的重要文件，其在美军联合条令系统中占有重要地位。

（一）《联合核作战条令》在美军中的地位

为规范美军联合力量建设和作战行动，美军参谋长联席会议制订了一系列联合条令，分别以“联合出版物X–X”（JP）编号。其中人

员方面编号JP1-0，情报方面编号JP2-0，作战方面编号JP3-0，后勤方面编号JP4-0，计划方面编号JP5-0，通信系统方面编号JP6-0。《联合核作战条令》属于作战方面，根据其具体序号排列为JP3-12。参联会在制订该条令的同时，一般同时制订编号为JP3-12-1的《联合战区核作战条令》。美"联合出版物"一般属于公开文件，这两份文件也未有保密限制。①

冷战后，美国分别制定批准了1993年版和1995年版的《联合核作战条令》，并公布了相应的《联合战区核作战条令》，但是此次修订的2005年版《联合核作战条令》将战区核作战作为其一个章节进行了论述，因此不会再出版相应的《联合战区核作战条令》。②③

《联合核作战条令》是美国核部队制定联合核计划、遂行核作战以及训练等方面的规范性文件。其对美军核作战中部队使用、指挥与控制关系及核武器运用提供了原则性指导。

（二）05版《联合核作战条令》修订过程

此次《联合核作战条令》的修订源于2001年3月，当时参联会指令要求将联合出版物JP3-12和联合出版物JP3-12-1（战区）合并为指导战略和非战略（战区）核力量联合核作战的一个文件。2003年9月参联会推出《联合核作战条令》第一修订版供各军种司令部讨论，④并在2005年3月确定了第二版，也就是此次见到的第二次最终协调稿，并计划在2005年8月15日公布。但是直到2005年9月才在国防部网站上予以公布。此前，包括俄罗斯《独立军事评论》在内的世界多家媒体都对该文件内容进行了推测。⑤

该文件由美参联会主席迈尔斯主持起草，内容目前尚未通过最终

---

① *Doctrine for Joint Nuclear Operations, [Final Coordination (2)]*, March 15, 2005, the Joint Chiefs of Staff (USA)

② *Doctrine for Joint Theater Nuclear Operations*, February 9, 1996, the Joint Chiefs of Staff (USA)

③ *Doctrine for Joint Nuclear Operations, December 15*, 1995, the Joint Chiefs of Staff (USA)

④ *Doctrine for Joint Nuclear Operations, [Final Coordination]*, September 3, 2003, the Joint Chiefs of Staff (USA)

⑤ "美国修改军事战略，允许对伊朗朝鲜实施核打击"，《中国国防报》，2005年7月21日。

审订，可能还要进行修订，但是在最后阶段应该只是文字修饰，因为按照程序，经过两次草稿审定后即可批准。目前，这一草案正在各军种、战区司令部、国防部司法当局和国防部长办公室进行最后协调，并在数周内由国防部长拉姆斯菲尔德最后批准。可以看出，此次修订历时较长，这一方面反映出此次修改幅度较大，另一方面也说明美对此次修订较为谨慎。

二、美《联合核作战条令》修订的主要特点

从美此次公布的《联合核作战条令》修订稿可以看出，修订贯彻了美近年军事战略调整的主要思想，因此在战略层次新意不多，但在核作战行动方面与1995年版相比有较大突破。

（一）核打击指导发生变化，着重体现了“先发制人”思想

1995年版条令是克林顿政府时期制定的，并没有提及“先发制人”使用核武，也没有具体提出大规模杀伤性武器的威胁。而05版条令反映了“9.11”事件对该文件制订的影响，贯彻了2001年《核态势审议报告》和2002年《应对大规模杀伤性武器国家战略》的主要思想。

由于冷战时期核战争理论认为核战争是常规战争的升级和延续，因此核武器的使用无疑都是限制在军事作战领域内的。1995年版本条令延续了这一思想，而此次修订版“修改了在整个军事作战领域的核武使用”，并指出对敌采取“先发制人”核武打击的情况包括敌正在使用或者企图使用大规模杀伤性武器对美国或盟国的军事力量或平民人口发动袭击、敌即将使用生物武器等。也就是说，美国与敌对方未进入交战状态，即在尚未进入军事作战领域时，只是在敌准备而并未实际发动攻击时，也可以对美军认为的敌人采取核打击。这无疑将战略层次的“先发制人”思想变成了指导美军核行动的作战条令。

（二）文件内容明显增加，融入了战区核打击内容

05版条令的行文格式与1995年版相比有较大变化，由于增加了战区核作战章节，并讨论了常规和防御力量的作用，因此在篇幅上增加了22页。将战区核作战直接纳入《联合核作战条令》反映出美军在核作战中更加重视战区行动，也说明冷战后美国核计划制定者希望预先

找到威慑装备核、化和生物武器的地区性挑战者（例如无赖国家）的途径。

这与1995年版条令明显不同，1995年版本重点强调对付的是像俄罗斯这样的核对手，而随着2002年5月《莫斯科条约》的签署，俄罗斯的威胁大不如前，冷战后涌现出的新兴和潜在核武器国家的威胁日益增大，特别是美国反恐战争中遭遇的地区性挑战使其强烈地感受到战区核威慑和作战的重要性。为适应这一变化，此次修订将原来的两份文件合并为一份，并在战区核作战中赋予了地区性指挥官更大的权力。

（三）增加核打击目标和时机，扩大了核作战范围

与1995年版条令相比，05版条令在威胁判断中考虑了所有大规模杀伤性武器的威胁，而不管其是源于国家还是非政府者，按其解释是将核打击对手扩大到了除国家以外的恐怖分子，这使05版条令的制定基础与以往有很大不同。

05版条令确定的核“先发制人”中，目的不再是通过威胁报复实施威慑，而是在预计威慑可能失败的情况下通过首先使用核武器对目标进行战场摧毁。这实际提前了核打击时机，而且05版条令将“战争”更换为“冲突”，因此可能引发在比冷战中预想的更低对抗强度水平下使用核武器的情况。可见，从目标确定和打击时机上，05版条令都实际扩大了美军核作战的范围。

（四）下放了核武器使用的申请权，简化了核打击程序

为了扩大地区核打击计划的作用，提高“先发制人”的时效性，05版条令下放了核武器使用的申请权限。05版条令在修订中确定按地理划分的作战司令，而非战区司令官可以向总统要求批准首先使用核武器。也就是说无需组成战区联合指挥机构，并产生联合作战司令官，而只是按照平时管理状态的地区区划产生的地区作战司令即可向最高统帅申请核武器使用，这无疑减少了核武器使用的指挥环节，简化了核打击程序，但这也同时降低了整个政府部门对核武器的控制与指挥能力。

（五）回避新型核武器问题，但提出低当量核武器的需求

05版条令与1993年和1995年的前两个版本不同，没有提及低当量核武器，先前版本中的相关段落也被删除，但是在讨论减少核附带损伤的段落中作为实质上的潜在能力提到了低当量武器："减小核附带损害的特定技术可能包括低能量武器、提高精度、使用多个小型武器、调节爆炸高度、及偏移预期爆心投影点"。在对目标的考虑因素中也提及了地下目标问题。可见，05版条令为减少不必要的麻烦有意回避了新型核武器的问题，但是在作战方面实际提出了对新型核武器的需求。

（六）含糊了军事和民用目标的区别，增大了核作战的虚伪性

值得注意的是，以往美军核作战中一般都将打击财富目标（近似于民用目标）作为一种选择，目的是"旨在破坏或削弱敌方军事和与军事相关的活动能力，诸如对作战发挥作用的工业、资源和公共机构的能力"。但是由于战略司令部认为这违反国际法，而剔除了这一提法，但是其提出的"反财富关键基础设施目标"的提法也被其他司令部所拒绝。与2003年第一修订稿相比，新修订稿两次提到"打击军事目标"，而第一稿提到十余次；而对"打击财富目标"一词，第一稿提到6次，新修订稿中再未出现这一词，甚至连"基础设施"一词也很少出现。可见新修订稿倾向于不再讨论军用和民用目标的区别。无论名称如何改变，关键基础设施目标都是美军核威慑和新全球打击战争规划的核心并将继续使用。这一变化无疑增强了美核作战的虚伪性，减少了核打击计划制订者和作战人员的心理负担，也使该草案更容易为人们接受和通过。

（七）首次在条令中讨论了核作战与常规及导弹防御作战的协调

此次修订稿与1995年版相比的另一个重大改变是在作战目的、计划和核部队的运用上将常规武器和防御力量的作用一并讨论。这反映出了2001年核态势审议报告的思想，该报告指出建立新"三位一体"。新"三位一体"将核武器只是（与先进常规武器一起）作为其中的一个支柱，核态势审议报告称，第二个支柱是导弹防御，这两个支柱（常规武器和导弹防御）将通过向总统提供核报复以外的其他反应选择降低核武器的作用。

此次修订稿首次在条令层次较全面地讨论了核部队与常规力量、核打击与导弹防御之间的整合与协调问题，这在新"三位一体"概念提出前的1995年版本中是没有的，这反映出布什政府在2001年《核态势审议报告》中所提出的通过先进常规力量的发展降低对核武器的

依赖的思想。但此次修订条令赋予核作战的使命反而表现出美军对核武器依赖有所增加的趋势。

三、美《联合核作战条令》修订的主要原因

此次美军《联合核作战条令》的修订虽然是多年前就已确定的例行工作程序，但是由于其时间跨度较长，涉及单位众多，出台谨慎，因此反映出修订内容的确定有着更深层次的原因。

（一）贯彻"先发制人"的军事战略

2002年1月9日，美国公布了2001年版的《核态势审议报告》，这使过去偏重核武威慑的思路逐步改变，军事战略的取向为核武器与常规武器并进，模糊核门槛，从而增加战略回应的灵活性及备选方案。在此基础上，美国制订了"先发制人"的军事战略。随后在同年出台的《国家安全战略》中明确提出，为了保护美国免遭恐怖分子有预谋的袭击，必要时美国将实施"先发制人"的攻击，"在威胁到达美国国界之前识别并摧毁它"。2002年12月11日，布什政府又发表了《应对大规模杀伤性武器的国家战略》报告，报告指出，敌对的国家和恐怖分子所拥有的大规模杀伤性武器是摆在美国面前的最大的安全挑战之一，美国将"以具有压倒性优势的力量进行反击"。美国这时的核战略已经开始了由威慑到实战的变化过程，但是这些文件的思想一直处于战略层次，具体到作战指导、细化到作战条令中并不多见，此次修订是首次以此公开的规范核作战行动，因此此次修订实际是美国"先发制人"军事战略调整的具体化、法规化的体现。

（二）协调军种间的核力量使用权力斗争

美军关于战区核武器的使用问题一直存在争议。特别是地区作战指挥官和美国战略司令部（STRATCOM）关于谁"有权"制订地区核打击计划争论有10年之久。这也是2001年提出将《联合核作战条令》与《联合战区核作战条令》合二为一的重要原因。[①]从此次修订稿可以

① Hans M. Kristensen, *The Role of U.S. Nuclear Weapons: New Doctrine Falls Short of Bush Pledge*, *Arms Control Today*, September, 2005.

看出参联会在该问题上做出了协调，文件反映出战略司令部在核计划制订上有更大权力，负责了一半以上的战区计划保障程序，但是地区性指挥官在核武器申请使用上的权力有所扩大。

（三）对“现实威胁”进行威慑

参联会在草案中解释说，尽管冷战已结束，但大规模杀伤性武器的扩散“产生了核武使用的新威胁”，大约有30个国家拥有大规模杀伤性武器项目，一些独自或者得到敌国资助的恐怖分子也拥有大规模杀伤性武器。为了应对这一新形势，草案称：“尽管今天看来这一威胁还很小，但负责任的安全规划要求为这种可能的威胁做好准备”。而为了遏制敌人对美国使用大规模杀伤性武器，美国必须做好使用核武的准备并表现出使用核武的决心以“防止或者对大规模杀伤性武器袭击进行报复”。可见，对诸多新兴威胁的威慑是美军修改该条令的根本原因。

此次条令的修订时间正值伊朗核问题和朝鲜核问题困扰美国期间，特别是早在2005年3月就已经出台的第二修订稿一直处于保密状态，但直到朝鲜问题6方会谈再次陷入僵局的9月美国却自己公布了出来。而与此同时，美国国会和海军透露，到2005年年底，4艘“俄亥俄”级潜艇将从大西洋沿岸的军港调到太平洋沿岸的班戈海军基地。另外，美国军方还将在班戈基地再部署一艘“俄亥俄”级潜艇。如果这一重新部署计划全部实施，届时将有创记录的9艘“俄亥俄”级潜艇驻扎太平洋。[①]此外，美国媒体还透露，早在2005年4月，拉姆斯菲尔德就指示美国军事指挥官为可能爆发的美朝冲突重新拟订一份代号为“8022-02”的作战计划。计划中美军首次提出为确保行动达到预期效果，将使用包括核武器在内的一切作战手段。[②]可见，无论此次条令的修订还是公布都具有很强的现实意义。

（四）为新型核武器发展提供需求牵引

此次，美军条令修改中将其对新型核武器的需求变得更加隐蔽，更多地从作战需求方面提出这一问题，这不但避免了该条令引发更大

① 美军在亚太部署核潜艇，日本共同社，2005年9月5日。

② *U.S. nuclear forces, 2005*, *Bulletin of the Atomic Scientists*, January/February, 2005.

的争议，而且对新型核武器发展更有说服力。值得注意的是2005年7月初，美国参议院以53票对43票同意拨款400万美元，用以研究摧毁地下目标的核弹头，并将于9月以后同众议院召开会议协商该问题，此前该计划曾遭众议院反对而未获通过。[①]虽然,2005年内美国国会最终未通过发展新型核武器的拨款,但是还是通过了钻地武器概念研究拨款,而国防部仍坚持发展新型核武器的计划,并可能利用2004年通过的"可靠性替代计划"经费开展相关项目的研究。05版条令无疑将使新型核武器发展变得更有理由，为其提供需求牵引。

（五）用新军事理论指导核作战行动

近年来，美军通过战争实践发展了"战略瘫痪"、"新战略打击"、"导弹防御"、新"三位一体"等多种新军事理论和思想。这在1995年版条令制订时均未出现。为了将新的作战理论和思想变成具体核作战行动指导，美军在修订中较为突出地讨论了核力量与诸多常规力量的整合，核作战与导弹防御作战行动的协调问题，这使核作战不再像1995年版条令定义的那样孤立、遥不可及，而变得更加现实和灵活。

此次修订突出战区核作战的地位和作用，从另一方面也反映出目前美军对核武器依赖的摆脱并不像布什政府刚上台承诺的那样乐观。布什政府在2001—2002年所承诺的大幅度降低核武器作用并没有从该05版条令中体现出来，这主要是因为常规能力发展比原先预想的要慢得多。因此核武器仍是除常规作战和导弹防御作战外的一种重要选择。

四、美《联合核作战条令》修订的主要影响

许多专家表示，美国的05版《联合核作战条令》反应了核武器在布什政府作战规划中的作用在继续增加，把"先发制人"使用核武器写入核作战条令，不仅降低了使用核武器的门槛，还可能促使美国进一步加强研发打击深埋和加固目标的"强力钻地型核弹"、新型小当量核武器及除剂核武器的努力，同时布什政府公开公布这种"先发制人"核打击的政策有可能造成其他国家的不安全感从而加剧核扩散。

① 伊朗总统：保证不制造核武器 绝不放弃核计划，新华网，2005年2月10日，<http://news.xinhuanet.com/world/2005-02/10/content_2567010.htm>

1.“先发制人”使用核武器，不仅降低了核门槛，还可能带来严重后果。05版《联合核作战条令》草案将为指挥官请求总统授权使用核武提供权威性指示，而且它试图紧扣布什政府的“先发制人”战略。草案中明确阐述，为了遏制潜在的敌人使用大规模杀伤性武器，美国必须让敌人“相信美国有能力和意愿利用可靠和有效的手段进行“先发制人”的打击或迅速地进行报复”，并且列举了可以要求总统授权使用核武器进行“先发制人”打击的四种情况。05版《联合核作战条令》草案把战略层次的“先发制人”思想落实为指导美军核行动的作战原则，扩展了美军使用核武器的范围和时机。虽然布什政府上台后在许多战略和政策文件中都曾体现出使用核武器报复大规模毁伤性武器使用的思想，但是此次05版《联合核作战条令》草案更进一步要求某些情况下实施“先发制人”的核打击，而且利用核作战条令将其具体化，成为成文的规范。这无疑加大了美国核武器使用的范围，增强了使用核武器的可操作性，降低了核武器使用的门槛，使核战争的危险更大。

另外，使用核武器“先发制人”可能会因情报失误或核武器毁伤效应而造成严重的后果。2004年12月联合国改革问题高级名人小组报告中指出，“先发制人”打击应当具备两个最基本的条件：一是威胁迫在眉睫；二是用其他手段无法消除这种威胁。这其中最重要的一个问题就是情报的准确性，必须有充分的情报显示威胁已迫在眉睫且无法以其他手段解决。马里兰大学国际与安全研究中心研究员杰弗里·刘易斯表示，美国目前的情报能力“难以确定一个国家是否已经或正在发展大规模杀伤性武器，这种能力位于何处以及这个国家是否真正打算使用它，我们还不具有发动‘先发制人’打击的情报能力”。他以伊拉克战争为例，美国以伊拉克拥有大规模杀伤性武器为由“先发制人”地发动了伊拉克战争，最终却不得不承认伊拉克并没有大规模杀伤性武器。如果当时美国使用核武器对伊拉克其进行“先发制人”，后果不堪设想。因此，刘易斯认为，建议使用美国的核武器打击可疑敌人的大规模杀伤性武器库是一种轻率的做法。再者，由于核武器巨大的毁伤破坏效应，使用核武器即便是摧毁大规模杀伤性武器库，也可能带来严重的生态灾难和巨大的人员伤亡。

2.可能会进一步促使美国研发新型低当量核武器。05版《联合核作战条令》草案提出要利用核武器的毁伤效应来清除和摧毁生化学武器，以及使用核武器来打击敌人放置生化学武器的深埋和加固的地下堡垒，或者摧毁敌人大规模杀伤性攻击的指挥控制基础设施。这种需求进一步迎合了美国国防部近几年来一直在强调的研发强力钻地型核弹、新型低当量核武器以及能够摧毁生化学武器器库的除剂武器的需求。布什政府上台后，一直寻求国会拨款发展深钻地下、小当量及其他类型的新型核武器。从2003年开始，发展小当量等新型核武器问题一直是美国政府和国会内部争论的焦点。2005年布什政府继续提出新计划，要求在今后2个财年拨款2250万美元发展“强力钻地型核弹”，并在今后5年拨款9700万美元研究低当量核武器和“新概念倡议”。而此次05版《联合核作战条令》草案中明确强调了作战要求。一旦该文件获得通过，将为美国国防部发展这类武器提供明确的借口，可能会进一步促使美国研发新型低当量核武器。

3. 可能会加剧全球核扩散态势。布什政府把使用核武器对拥有、甚至企图使用大规模杀伤性武器的国家或恐怖分子集团进行“先发制人”的核打击写入《联合核作战条令》中，其目的是企图利用这种高压态势来遏制敌人获取或使用大规模杀伤性武器，但是布什的这种政策可能会适得其反。批评人士称，使用核武器进行“先发制人”的这种威慑政策，会造成其他国家的不安全感，甚至会鼓动被美国视为“敌手”的无核武器国家寻求核武器而加剧全球的核扩散态势。

克林顿政府时期担任负责国际安全政策的助理国防部长、现任马里兰大学公共政策学院院长斯蒂夫·费特认为，该文件最大的麻烦就在于公众对它的看法。他说，以前尽管美国在SIOP中一直拥有发动第一次核打击的计划，但是从未在公开文件中谈论“先发制人”核打击，在公开文件中讨论这些“将会削弱我们的官方外交立场以及我们按照《不扩散核武器条约》不对无核武器缔约国威胁进行核打击的政策”。马里兰大学国际与安全研究中心研究员杰弗里·刘易斯也认为，这份文件草案建议美国首先使用核武器，但是从诸如伊朗这些国家的角度来说，这是一个要求获取核武器的很好的理由。

9月13日，俄罗斯国防部长伊万诺夫也针对美国修订《联合核作战条令》一事指出，任何允许“先发制人”核打击行动的战略将会诱发世界其他国家追逐核武器。伊万诺夫说：“降低使用核武器的门槛本身就很危险……这种计划不是限制，实际上是在鼓励其他国家发

① 俄警告美称美允许先发制人核打击战略非常危险，中国新闻网，2005年9月14日。

展核武器”。[①]

4. 使美当前面临的威胁更加复杂。从此次修订的内容和公布时机上看，该条令修订和公布本身即具有核威慑含义。一方面，修订条令在谈及战区作战时，比较突兀地提到了高空电磁核爆，而在连续几年的《中国军力报告》中也多次提及这一话题，[①]这一是表明美军较为担心这一问题，二也难以排除其有将我作为核作战潜在对手的意图；另一方面，条令中大谈核扩散问题和大规模杀伤性武器问题，这与近期美对朝、伊的核恫吓相呼应，明显有对其核威慑的含义。从理论上讲，公布核武器使用政策本身就是核威慑行动的重要过程之一，但目前情况来看，美这一举动显然无助于朝、伊核问题的解决，只能使美国当前面临的威胁更加复杂。

5. 引发全球新的核军备竞赛。从修订条令可以看出，美国旨在通过核威慑来遏制大规模杀伤性核武器的扩散，但其并未认识到，当前核扩散的根本原因正是由于美国这种威慑造成一些国家在国际政治中的不安全感。从以上分析可以看出，此次条令修订无疑将加剧这种不安全感，从而加强他们获取核武器以及为谋求某种集体安全而扩散核武器的动机。为此，俄罗斯国防部长伊万诺夫 9 月 13 日就美国修订《联合核作战条令》一事指出，此举将会诱发世界其他国家追逐核武，“这不是限制，实际上是在鼓励其他国家发展核武”。[①]可见，该条令的修订将使其他国家更加感到不安全，从而成为全球核军备竞赛新的诱因。

6. 加快了美军核作战理论的发展。该文件经过各军种的审查，基本代表了各方意见，因此其是近年来少见的美军核作战理论研究的公开性依据文件。该文件不分战略还是非战略核武器，首次较为全面地讨论了核作战中核力量与常规力量的整合、核作战与导弹防御作战的协调问题，这在以前条令中很少谈及。可以预见，该文件将成为美军作战计划制定和军事理论研究的依据，特别是将规范新战争环境下的核作战行动，成为美军探讨新“三位一体”战略力量结构下核作战理论的基础。

---

① 荷兰常驻联合国大使克里斯·桑德斯在联合国安理会第一委员会第 59 次会议上代表欧盟发表的声明，欧盟主席声明：其他类型的大规模杀伤性武器，2004 年 10 月 19 日。
<Http://europa-eu-un.org/articles/en/article_3929_en.htm>

两大核威慑战略理论的对比分析

孙向丽

内容提要： 核威慑理论是核战略的基础。本文通过分析核威慑理论在美国的发展、特别是两大学派在有关问题上的争论，探讨了核威慑机理中的一些基本问题，对比分析了两种主要核战略思路的实质区别。文章认为，由于核武器与常规武器有质的不同，因此，核威慑与一般的常规威慑在威慑机理、范围和要求方面有着本质的区别。纯威慑派核战略的实质是，通过具备第二次打击能力即核报复能力，赢得战略稳定性，防止核战争；而战场决胜派核战略实质是以赢得核战争为目标，是一种既浪费巨大资源又对战略稳定性有破坏作用的战略。

主题词： 核武器 核威慑 核战略

作者单位： 北京 应用物理与计算数学研究所

一、引　言

核武器以其巨大的杀伤力和难以防御的特性，成为安全领域特殊的威慑性工具。核威慑理论是核战略的基础。充分理解核威慑原理，将有助于我们理解两大核战略思路的实质区别。美国国内核威慑理论的发展集中反映了冷战时期美苏核对峙产生的相关问题和逻辑，因此，剖析美国核威慑理论及其争论是了解核威慑原理的一个范本。尽管冷战时期美苏的核对峙关系与后冷战时期各国的核关系有很大的不同，但涉及到的核威慑原理的一些基本逻辑却仍然存在。目前国内学术界在有关美国核战略核政策方面已经有了不少的研究，但在涉及核威慑特殊运作机理方面的研究还有待深入。本文通过分析冷战时期核威慑理论在美国的发展、特别是两大学派在有关问题上的争论，阐述核威慑机理中的一些基本问题，借此了解两大核战略背后的思想渊源，并为理解核时代的国际关系问题提供参考。

二、核威慑理论的核心问题与两大学派

一般而言，所谓的威慑，就是令对手惧怕后果而不敢采取行动，即让敌人相信，他进行侵略行为的潜在代价超过其预期收益。[①]1960年亨利·基辛格曾对威慑的三个构成要素进行了精辟的总结："威慑需要结合以下的因素：力量，使用力量的决心，潜在的侵略者对前两点的估计判断。而且，威慑是这些因素的乘积，而不是它们之和。如果其中一项是零，威慑就会失败。"[②] 这一概述对常规威慑与核威慑都是有效的，但它没有给出常规威慑与核威慑之间的区别。通过下面的分析可以看出，由于核武器与常规武器有质的不同，因此，核威慑与常规威慑在威慑范围、威慑机理和要求方面有着本质的区别。

早在上个世纪40年代核武器问世早期，核武器威慑作用的基本特点就为少数战略学家所预见，但对大多数人来说，在核武器对国家安全作用的大小、模式与范围等问题上，却经过了一个长期的认识过程，在这个过程中，美国政界、军界、学术界展开了一系列的争论，就在这长期的反复辩论和政策演变中，核威慑理论得以发展和丰富。

有关核威慑理论的争论归纳起来可归结为三个方面的问题，这就是苦恼了一届又一届美国政府、一切威慑理论都必须回答的三个著名的问题：[③]

（1） 什么构成威慑？ (What deters?)

（2） 多少才是足够？ (How much is enough?)

（3） 威慑失败了怎么办？ (What if deterrence fails?)

第一个问题要求回答构成有效核威慑的主要因素是什么，这是一个涉及核威慑运作机理以及威慑作用覆盖范围的问题，也是核威慑理论的核心问题。如何解决这一问题，直接决定了后两个问题的答案。

---

① Alexander L. George and Richard Smoke, *Deterrence in American Foreign Policy: Theory and Practice*, New York: Columbia University Press, 1974, pp.11–12.

② Henry A. Kissinger, *The Necessity for Choice: Prospects of American Foreign Policy*, New York: Harper & Row, 1961, p. 12.

③ Kerry Kartchner, *The Objectives of Arms Control*, in Peter L. Hays, Brenda J. Vallance, Alan R. Van Tassel, eds., *American Defense Policy*, 7th edition, Baltimore: The Johns Hopkins University Press, 1997, p.425.

另外，从威慑所覆盖范围的角度来看，美苏之间威慑的范围按与国家利益相关程度大小主要分为三种层次：（1）基本威慑（也称中心威慑）：慑止敌方对自己本土的大规模进攻，即慑止危及本土生存的直接侵犯；（2）延伸威慑：慑止敌方对盟国等关键利益（vital interests）的进攻；[①]（3）边缘威慑：慑止在边缘地区、利益不太重要问题上的冲突。这样，上述三个难题实际上也就是在问：在这几个层次上，美国的核武器能否慑止住苏联的进犯？

核威慑理论的不同派别在上述问题上争论不休，主要形成了两大学派：[②]纯威慑派（Deterrence Only，也称确保摧毁派：Assured Destruction）和战场决胜派[③]（War Fighting，也称灵活反应派：Flexible Response）。两大学派的争论主要发生在上个世纪70—80年代，但这两种不同的威慑思路从40年代后期就已萌发，他们之间的分歧与争论贯穿整个冷战史，先后出现四次争论高峰。[④]显然，核威慑很难威慑住边缘地区低烈度冲突，在这一点上两派观点分歧不大，但在中心区和延伸区威慑是否有效的问题上，特别是在“什么构成威慑”这一核心问题上，两派的看法却是泾渭分明。

纯威慑派认为，核武器的特性使它的威慑作用并不主要地决定于己方的决心和对方的主观判断，只要保证有确保摧毁敌人的第二次打击能力（即在经受敌国第一次打击后，能给予敌国的社会财富、价值

① 延伸威慑还有一种含义，指用核武器报复大规模常规进攻；除特别说明，在本文一般指对盟国的承诺，即核保护伞。

② Robert Jervis, *Why Nuclear Superiority Doesn't Matter*, *Political Science Quarterly*, Vol. 94 No.4, Winter 1979-1980, p. 617; Colin S. Gray, *Nuclear Strategy: The Case for a Theory of Victory*. *International Security*, Vol. 4 No.1, 1979, pp.55-57; Brent D. Brandon, *Deterrence in the Nuclear Age*, in Schuyler Foerster and Edward N. Wright, eds., *American Defense Policy*, 6th edition, Baltimore: the Johns Hopkins University Press, 1990, pp.63-72; Robert Green, *The Naked Nuclear Emperor: Debunking Nuclear Deterrence*, Garamond: The Raven Press, 2000, p.15；姚云竹，《战后美国威慑理论与政策》，北京：国防大学出版社，1998，第19-25页。

③ 在核战略领域，一般对war-fighting一词通行的理解是特指通过核优势、打击军事目标、控制升级等赢得核战争的能力。有的中国学者使用“实战”一词来描述war-fighting，这样做会产生误解，因为在中文环境里，“实战”能力还包括基本的武器能力。纯威慑战略不要求war-fighting能力，但要求有报复性打击的基本武器能力，所以使用“实战”一词描述war-fighting，不能明显区别纯威慑战略与war-fighting战略的内涵，建议将war-fighting翻译成“战场对抗”、“战场决胜”或其他更合适的词。

④ Brent D. Brandon, *Deterrence in the Nuclear Age*, p. 63.

中心以不可承受之报复性、惩罚性打击的能力），[①]就可以威慑住敌人对本土和盟国等关键利益的攻击。美苏在相互确保摧毁状态下可以形成一种战略稳定性。发展超过确保摧毁所需要的核力量不但浪费资源，而且对战略稳定性有破坏作用。

战场决胜派认为，核威慑的有效性关键在于实施报复的可信性，如果苏联采取逐步进攻或者有限度进攻的方式，美国对此进行核报复势必引起苏联进一步的核打击，结果将是同归于尽。因此美国实施核报复的决心是大可质疑的，所以美方以确保摧毁的核报复相威胁的可信性很低，基于此的核威慑就缺乏有效性。战场决胜派还认为，苏联是一个以世界革命威胁现状并信奉战场决胜能力的国家，它缺乏理智，它不相信相互确保摧毁态势，它对西方的进攻是多种形式的，对付像苏联这样富有侵略性的国家，单靠报复性打击相威胁的纯威慑战略缺乏有效性，它无法解决威慑失败后怎么办的问题。为了提高威慑的有效性，需要全面加强核力量，保持核优势，发展有限打击手段并实施防御措施，使美国具有一种在任何冲突水平都可以打败苏联的战场决胜能力，确保美国在威慑失败后能有一个可以保证胜利的战略。[②]

---

① 一方不经警告对另一方发起全面核袭击以期摧毁对方报复能力的打击称为第一次打击或先发制人式打击（first strike, preemptive strike）。要维持核威慑作用必须保证在经受第一次打击以后仍能有一定量核武器生存下来，借此可以在实施报复性回击中给予对方不可承受之打击，这就是第二次打击或报复性打击（second strike, retaliatory strike），这也称为确保摧毁能力（assured destruction）。在西方，人们比较认同麦克纳马拉给出的一个标准：只要毁灭敌国（苏联）人口的20–25%，及其工业能力的50–75%就被认为是不可承受的打击，为此大概需要400颗100万吨当量的核弹头。参考 Jeffrey M. Elliot and Robert Reginald, *The Arms Control, Disarmament, and Military Security Dictionary*, Santa Barbara: ABC–CLIO, Inc., 1989,pp.185–186，231, 239.

② Paul H. Nitze, *Assuring Strategic Stability in an Era of Détente*, *Foreign Affairs*, Vol.54, No.2, Jan.1976, pp.207–232; *Deterring Our Deterrent*, *Foreign Affairs*, Vol.25, Winter 1976–1977, pp.195–210; Albert Wohlstetter, *Bishops, Statesmen, and Other Strategists On the Bombing of Innocents*, Commentary, Vol. 75 (6) , June 1983,pp.15–35; Albert Wohlstetter, *Between an Unfree World and None*, *Foreign Affaires*, 63, Summer 1985,pp.962–994; Colin S. Gray and Keith Payne *Victory is Possible*, *Foreign Policy*,Vol.39,1980,pp.14–27; Colin S. Gray, *Nuclear Strategy: The Case for a Theory of Victory*, *International Secarity*,Vol.4 No.1,1979, pp.54–87.

三、两大学派的对比分析

（一）战场决胜派的战略

从战场决胜派的主要观点可以看出，他们认为威慑三要素中后两个要素即诉诸武力的决心和对手的判断结论是非常重要的，它们互相关联，共同形成可信性，成为决定核威慑的关键因素。一般而言，实施核报复的决心取决于冲突所涉及的利益的大小以及报复的代价轻重，利益越大、报复的代价越小，则报复决心越大。因此，他们认为，由于确保摧毁这种单一形式的核报复代价太大，因此实施核报复的决心不太容易下，报复的一方在这方面过于犹豫，就可能被进攻者利用。为了使核报复的威胁更可信，被攻击者往往要表示出极大的报复决心，而敢于冒险的进攻者也可表现出并不惧怕或不相信报复，从而迫使报复者退缩，这一点类似于博弈论中经常引用的“比胆大”对局里的“意志的较量”。①在战场决胜派看来，报复的可信度不仅取决于报复一方的决心，还取决于进攻者对这种决心的判断。一个侵略者可以不相信报复一方的决心，或者利用对方的犹豫迫使他处于“要么投降要么自杀”的困境。因此，威慑的有效性就与进攻者的行为特点和判断密切相关。对很多人来说，核威慑是“一种心理现象，取决于被威慑者的信念”，可信性是一种“难以捉摸”的概念，“因为它归根到底存在于对方的头脑中。”②这种对核报复威胁可信性的怀疑在美国上下十分普遍，正是基于这种普遍的怀疑，战场决胜派指出了几种纯威慑派所沿用的“确保摧毁战略”难以奏效的情景，分三个方面对确保摧毁战略进行了批评：

---

① 博弈论中的“比胆大”对局是这样的：两个年轻人为比试强悍勇敢而驾车高速迎面行驶。在碰撞之前谁先扭转方向盘而退闪离去，谁将被视为胆小鬼。这个比赛有四种可能的结果：一是双方都躲闪而退，双方的名誉均有损失，但无所谓胜负；第二、三种可能是其中一方退缩离去并因此而蒙羞，而另一方获胜；最后一种结局是两人互不退让，两车相撞，惨剧发生。显然，双方都不愿意发生相撞的结果。一般而言一方获胜的可能性取决于自信心和对对手自信心的判断上，谁能在意志力和策略上更胜一筹，谁就能让对手先做让步。

② Richard K. Betts, *Nuclear Blackmail and Nuclear Balance*, Washington, D.C.: The Brookings Institution, 1987, p.133; ［英］劳伦斯·弗里德曼著，黄钟青译：《核战略的演变》，北京：中国社科出版社，1990年版，第368页。

（1）按照确保摧毁的理论，在均势情况下，军事胜利在核战争中是不可能的，那么核武器就没有什么用处；既然第二次打击能力能威慑住任何一方首先使用核武器，因此在战略层次上就有极大的稳定性，而这种战略稳定自然产生一个效果，即双方在低烈度冲突水平上将会有一种相对的安全感，每一方都能相对自由地进行挑衅性军事行动。因此，在常规的低烈度冲突水平上就会有一种不稳定状态，这便是格林·施奈德所说的“稳定—不稳定”矛盾。将这种矛盾原理应用到欧洲的情况即：苏联发动对西欧、波斯湾的袭击，而美国由于害怕苏联的核报复而不敢动用战略核武器，因此苏联就可利用这一点，以有限武力的使用扩大其在世界的影响。战场决胜派认为苏联完全可以这样做，因为苏联一直信奉战争是政治的继续，为了达到其政治目标，他们一直在追求优势和战场决胜能力，并且从未中断大搞民防设施，通过这种进攻和防御力量的结合，苏联可以用有限武力威胁西方。因此，在延伸威慑区域，美国的核威慑严重缺乏有效性。①

（2）苏联可能用核武器对美战略核力量进行首先攻击，使双方的战略核力量对比发生倾斜。由于苏方一直大搞民防建设，届时，苏联在美核报复下的人员伤亡率可望控制在较小的可承受范围内。这样一来，在苏联发动首攻后，美国总统将面临困难的选择：如果用剩余的核力量攻击对方的城市，只能造成有限损害，而这又必然导致对方对美国城市的报复，对美而言这是自己送死；如果将生存下来的核力量攻击对方的战略核力量，由于自己所剩核武器处于弱势，也无法获胜，因而只能面对投降。因此，在这种情景下，苏联就能威慑住美国的核威慑。②所以，美国仅仅依靠确保摧毁战略无法对付这种情景下的困难。

（3）确保摧毁战略将威慑建立于摧毁对方城市的能力之上，这是“一种野蛮的选择”，是非常不道德的战略，美国应该设法发展一种新战略以避免这种以相互摧毁为威胁的办法。③尼克松总统在任时曾对相

---

① Robert Jervis, *The Meaning of the Nuclear Revolution: Statecraft and The Prospect of Armageddon*, Ithaca : Cornell University Press, 1989, pp.20, 76–78.

② Paul H. Nitze, *Deterring Our Deterrent*, pp.195–210.

③ Albert Wohlstetter, *Between an Unfree World and None*. p. 991.

④ Wolfgang K.H. Panofsky, *The Mutual–Hostage Relationship Between America and Russia*, Foreign Affairs, October 1973,p.115.

互确保摧毁态势下的选择发出责难："如果美国遭到核袭击，难道让总统只有一种选择，即下令大规模灭绝敌国的平民，而明明知道这将导致美国人民遭受敌人的大规模屠杀？"[④]后来担任美国军备控制署署长的弗雷德·查尔斯·伊克尔曾于1973年发表了一篇颇有影响的文章，谈及了确保摧毁战略的非道义性："美国战略分析所用的术语起到了麻醉剂的作用。它使我们麻木不仁，对于美苏两家核武库高度戒备、精益求精、致力于进行大规模的种族灭绝从而形成灾难性对抗的现状不再感到义愤。它使人们现在普遍认为相互威慑既可靠又稳定，因而安然自得。它使我们无视这样的事实：我们防止核战争的方法竟然是依靠自欧洲黑暗的中世纪以来一直受到举世谴责的一种战争形式——大规模屠杀人民。"[①]

总之，战场决胜派认为：纯威慑派的确保摧毁战略不讲导弹防御，只求报复打击，而且只追求能毁灭对方城市而不是军事目标的进攻能力，这样的战略以共同自杀相威胁，因此它没有可信性，而且缺乏道义。建立在相互确保摧毁之上的战略将使美国面临两种不可接受的选择：要么屠杀千百万平民，要么绥靖，在他们看来，确保摧毁是一种"仅靠威慑"的战略，是"威慑失败即意味着投降"的战略。[②]苏联挑起战争的形式是多种多样的，而且"战争是有胜负的"，威慑失败后怎么办的问题不能回避，在核战争开始时，美国总统需要一种可以战胜苏联的战略。"如果美国的核武器是服务于对外政策目标的话，那么必须拥有能进行理智核战争的能力"，"相互确保摧毁是战略的对立物"，应该加以抛弃，美国必须发展一种新的"胜利的理论"。[③]

为此，战场决胜派设计了与确保摧毁战略不同的理论，战场决胜派所提倡的战略主要有两个方面：（1）具备打有限核战争的能力，即针对苏联在欧洲的常规进攻，具备使用常规武器、战术核武器、战略核武器等各种层次的灵活反击能力；针对苏联对美战略力量发起的攻击，具备使用战略核武器进行以打击军事目标为特征的反击的能力。而且，在每一种形式的反击中，具备控制升级的能力，即通过军事优

① Fred Charles Ikle, *Can Nuclear Deterrence Last Out the Century? Foreign Affairs*, Vol.51. No.2, 1973, p.281.

② Albert Wohlstetter, *Between an Unfree World and None*, p. 964.

③ Colin S. Gray, *Nuclear Strategy: The Case for a Theory of Victory*, pp.106, 113, 114, 116; Colin S. Gray and Keith Payne, *Victory is Possible*, pp.14–15.

势赢得每一冲突水平上的主动权，挫败对方的攻击。（2）实施主动和被动防御计划，其目的是，在各个层次的威慑失败后，减少己方损失。总之，通过提高核武器战场可用的战场决胜能力和防御能力，加强核威慑的有效性，提供“威慑失败后怎么办”的解决方法。

上个世纪70年代到80年代初，战场决胜派提倡的战略是重点打击军事目标的有限选择战略，防御手段仅作补充。1983年，里根总统发起了“战略防御倡议”，即所谓的星球大战计划，目的是建立多层次弹道导弹拦截网，使苏联的进攻性核武器“无用和过时”。这样，就把主动防御提高到战略的高度，成为相对独立的一项计划，显示出一种通过主动防御技术消除苏联核威慑的努力。

（二）纯威慑派的战略

纯威慑派对战场决胜派的反驳往往从核武器的特性入手，他们认为，任何旨在使用或有控制地使用核武器来从事战争的策略都是不符合实际的。核威慑原理扎根于核武器的特性，核武器特有的杀伤效应使得在战场上大量使用战术核武器和使用战略核武器在本质上没有什么区别。在有限使用战略武器方面，依靠打击军事力量的目标打击原则，其结果对环境、社会的毁伤效应，实际上与打击社会财富的目标打击原则难以截然区分开，而且打击军事力量的过程中始终存在升级的压力，由于双方对伤害程度的判断标准不同，在信息沟通方面难以顺利实现，要想将核冲突限制在一定范围很困难，总是存在一些不为人主观意志左右的不确定因素，使有限核冲突升级为全面核大战。另外，实施全面的防御计划在技术上也是不现实的，里根政府在倡议发展导弹防御计划后两年就基本上放弃了该计划，原因就在于它不仅耗资巨大，技术上难以奏效，而且对战略稳定关系有破坏作用。总之，提高打有限核战争的战场决胜能力和发展全面防御计划的努力，在战略上不仅改变不了双方互为人质的关系，而且会加剧军备竞赛，带来经济上无谓的浪费，况且还会激发双方紧张关系，容易造成不稳定状态。特别是，由于核武器数量上升，势必增加核武器各种事故发生次数。简言之，战场决胜派的战略努力是有害无益之举。

在谈及确保摧毁战略的道德性问题时，美国核武器项目的主要参与者之一，著名物理学家和军控专家，沃夫冈·潘诺夫斯基作了很中肯的论述：尽管“相互确保摧毁”一词听上去令人不舒服，但美苏之间相互确保摧毁这种互为人质的关系是现实世界的一种客观事实，不是一个可以选择的战略方案，它不能依靠其他战略或武器技术来逃避，对此我们没有更好的选择。战场决胜型的战略不仅于事无补，而且有不稳定作用，这种战略没有认识到核冲突中的物理事实及不确定因素，核冲突中史无前例的巨大风险不受采用何种战略所影响。尽管美苏宣布的核战略多年来一直在变，但相互确保摧毁却仍是两大阵营战略关系中不变的事实，在核时代，互为人质的关系是难以逃避的。相互确保摧毁是核武器巨大力量带来的一种注定的结果，在可预见的未来，无法通过技术上的进展来改变这一点。我们能做的不是去发展"使用核武器"的新战略来加大危险，而应充分意识到相互确保摧毁的现实性，并尽可能地使之更稳定。①

在支持确保摧毁战略的学者中，对相互确保摧毁状况下核威慑逻辑阐述得最为细致的是罗伯特·杰维斯。杰维斯认为：诚然，一般来说，成功的威慑需要能力与可信性结合，二者不能分开，以低代价阻止敌人则可信度比较高，由于核报复的代价太大，所以可信度的确令人怀疑，但是应该看到，为了使核威慑非常有效不一定需要非常高的可信度，只要存在一点报复的可能性，即一个挑衅行动可能会导致核战争的可能性，就足以威慑住最有野心的对手。如果失去欧洲和波斯湾对美国来说确实是涉及核心利益的话，那么在这些地区的延伸威慑就不成问题。美国长期驻军欧洲就是造成欧洲战事一起，美国肯定卷入的事实，充分显示了美国保卫欧洲的承诺。另外，确保摧毁战略并非像别人批评的那样机械，并非说在报复中一定只打城市不打军事目标，也不意味着刚刚遭受打击就必须立即反应，也不是说一旦打起来就必定升级为全面核大战，必定是全面毁灭，如果那么理解则是对相互确保摧毁战略的误解。在冲突中控制升级并非肯定做不到，但问题是任何冲突不管有意无意，总存在升级为全面大战的可能性。相互确保摧毁态势下的核威慑逻辑的核心是它强调了这样一个道理：两超之间任何冲突无不笼罩上相互毁灭的阴影，这个阴影将强烈地影响战前和战时领导人的决策。真正威慑住苏联进攻的不是美国是否拥有实际

① Wolfgang K.H. Panofsky, *The Mutual-Hostage Relationship Between America and Russia*, pp.109-118; Spurgeon M. Keeny, Jr. and Wolfgang K. H. Panofsky, *Can Doctrine or Weaponry Remedy the Mutual Hostage Relationship of the Super powers? Foreign Affairs*, Vol. 60, No.2, 1981-1982, pp.2-19.

可用的有限手段，而是对核战争的恐惧。在这一点上，托马斯·谢林也有类似观点：进行报复行动的决心并不全部由他自己控制，最后的决定留给了“偶然因素”，各种可能的偶发性的、事故性的、受第三者影响的或决策程序的机制不够完善等一系列不确定因素，都有可能导致报复的结果。左右敌人行为的并不是要对他采取什么行动的很明确具体的威胁，而是如果他走错一步就可能引起风云突变，恐怖的事情就可能降临到他的头上。起到威慑作用的是对核战争本身的恐惧，而不是哪种具体的核报复威胁。①

在可信性与威慑有效性的关系问题上，肯尼斯·沃尔兹以清晰的语言作了观点鲜明的论述，在他看来，几十年的战略争论大多数时候并未抓住核武器的战略内涵，核威慑逻辑与常规威慑逻辑既相通又有区别，人们之所以普遍怀疑核威慑的可信性，问题就在于没有把握住核现实的实质，即核威慑与常规威慑有质的不同。

沃尔兹认为，常规威慑依靠许多相对因素：武器的强弱、部队质量的优劣、战略的好坏、领导人素质高低等等，这其间许多因素难以测度，受主观认识、意志决定的影响很大，不确定性使人冒险，只要入侵者认为成功是可能的他就会侵略。在核时代不确定性有相反的作用，只要他认为对方可能报复他就会被威慑住。在常规情景下，入侵的风险判断是胜利或者失败，而在核时代，却是生存与死亡，因为核战争的后果太恐怖太确定太绝对，在核冲突面前任何人都会谨慎。核后果太容易想象，不需要太多的理智，只要一点常识就足够了。问“威慑失败了怎么办”是提错了问题，它是基于侵略者认为对方可能不报复的假设上。报复者实施报复的可能性不是100%，有不确定性，但不确定性的压力是双方共有的。真正的问题应该是“潜在的入侵者肯定自己不会遭到核报复吗？”在核时代，“我们应少看报复者可以想见的犹豫，而应多看挑衅者显然的危险。”倘若真出现那种最不可能的现象，某国领导人及其领导班子集体发昏，敢于对核武器国家重要利益进行侵犯，比如苏联发动对欧洲的进攻，美国只需投放一两颗核

① Robert Jervis, *The Meaning of the Nuclear Revolution: Statecraft and The Prospect of Armageddon*, pp.38, 74–106; Robert Jervis, *The Illogic of American Nuclear Strategy*, Ithaca: Cornell University Press, 1984, pp.44–46; 劳伦斯·弗里德曼：《核战略的演变》，第263页；Thomas C. Schelling, *The Strategy of Conflict*, 5th printing, Cambridge: Harvard University Press, 1976，pp.188–189.

弹以示警告就行了，这种“提醒”足以让任何领导班子清醒过来，因为谁也不会以继续进攻导致国家集体自杀。当然，在这种极端情况下，核武器的使用仅用于提醒，而不是用于进行战场较量的工具。总之，威慑不是取决于要毁灭对方的城市、人口等社会财富，也不取决于被侵犯的核武器国家要做什么、决心做什么，而在于它能做什么。只要具备了可靠的二次打击能力，只要涉及的对象是关键利益上的大规模侵犯，核威慑就会十分有效。①

（三）两大学派的战略实质

从上述分析看，两派都自称是核威慑战略，但两派对核威慑运作机理有不同的理解，因此实现威慑的途径就表现出巨大的差别。

威慑派承认冲突双方之间有决心意志之间的较量，有可信性问题，但最终决定威慑有效性的是不确定性而不是可信性，不确定性是核威慑逻辑中的精髓。因此，形成有效威慑的核心因素是具备第二次打击能力。事实上，纯威慑派的战略是通过采取对敌人的社会财富进行不可承受的惩罚性打击行动威胁敌人，迫使敌人打消侵犯意图，所以这也被称为惩罚型威慑（deterrence by punishment）。②

战场决胜派认为仅仅具备确保摧毁能力还不够，除了惩罚性打击，还必须有打击军事目标的战场决胜能力以及防御能力。它重视的是威慑失败了怎么办，以及怎么在核战争中生存下来并取得胜利；它强调威慑中不可信问题，对手之间意志较量问题，因此，发展核优势、发展打击军事力量的能力和防御能力成为必要，实质上就是通过核实力较量的优势获取威慑中意志较量的优势，通过核战场决胜优势赢得核战争的胜利。由此看出，战场决胜派主要是借助于发展核武器在战场上的作战较量和对抗能力来加强核威慑。这种战场上能够击败对手进攻的军事能力是常规武器通常必须具备的“挫败”（denial）能力，显然，这样的战略是通过采取挫败敌人进攻的能力威胁敌方以阻止其侵略意图，所以这一派的威慑战略也被称为挫败型威慑。

---

① Kenneth N. Waltz, *Nuclear Myths and Political Realities*, American Political Science Review, Vol.84, No.3, Sep.1990, pp.731–745; Scott D. Sagan, Kenneth N. Waltz, *The Spread of Nuclear Weapons: A Debate*, New York : W. W. Notron & Company, 1995, pp.1–46, 93–114.

② Glenn H. Snyder, *Deterrence and Defense*, in Robert J. Art and Kenneth N. Waltz, ed., *The Use of Force: Military Power and International Politics*, 3rd Edition, New York: University Press of America, 1988.

总之，纯威慑派核战略的实质是，通过具备第二次打击能力即核报复能力，慑止对手的大规模常规侵略和核攻击，赢得战略稳定性。这也可以说，通过相互确保摧毁能力，防止核战争。由于第二次打击能力并不要求太多的核武器数量和种类，因此可以不必要与对手进行核军备竞赛。与此相对，战场决胜派核战略的实质是：依靠赢得核战争的能力来威慑对手。由于它是以赢得核战争为目标，因此需要远远超过第二次打击能力的其他能力：第一次打击能力、打有限核战争能力、控制升级能力等，这必然要求发展起庞大的核武库，核军备竞赛难以避免。如果持这种战略的人自以为能够赢得核战争，那么他就容易走向核战争。因此，战场决胜型核战略是一种既浪费巨大资源又对战略稳定性有破坏作用的战略。

显然，战场决胜派对核威慑的理解仍带有常规威慑的逻辑色彩，它将核武器常规化、战场使用化并积极发展导弹防御，这样的做法实质上是一种逃避、摆脱"相互确保摧毁"约束的企图。正如汉斯·摩根索所评论的那样：在核时代之前，美国假如"非常渴望获得某种结果，而又不能以和平手段去获取这一结果，那它就很可能诉诸暴力（和战争）——只要对风险和利益的盘算得出诉诸暴力有利的结论的话"。然而，相互确保摧毁的现实彻底地改变了过去这种以武力手段实现政治目标的"自由"，这对许多美国人来说是难以忍受的，想尽办法从中脱身。①战场决胜派的思路实际就是这样一种企图：摆脱"相互确保摧毁"对自由行动的约束。

四、实践与结论

从实践上看，两派的观点在美国政策制定和军事计划安排上都有所反映，美国的核战略实际上是两种思想的混合体。总的来说，威慑派的确保摧毁理论在科学界、开明的战略学界和60年代中后期美国公开宣扬的战略中占主导地位，战场决胜派则在军方、在七八十年代美国制定的实际政策和长期军事计划中更有影响力。②美国之所以与苏联

① [美] 汉斯·摩根索著，徐昕等译：《国家间政治——寻求权利与和平的斗争》，北京：中国人民公安大学出版社，1990年版，519-521页。

② 姚云竹：《战后美国威慑理论与政策》，第63-131页。

进行长期激烈的核军备竞赛，主要原因是战场决胜派的思想特别地被鹰派政治家和军方所接受，另外，在政治上不想示弱，以及军工企业等利益集团的促进作用也是很重要的原因。

通过长期的理论争论和实践认识，越来越多的人意识到了核武器与核战争的特殊性。美国在与苏联进行了几十年疯狂的核军备竞赛后，在拥有了数万枚各种高质量的核武器之后，却发现仍然无法拥有完全有效的第一次打击能力，无论如何无法消除苏联的核报复打击能力。到80年代中后期，以赢得核战争为特征的战场决胜派的影响力明显衰减。1987年，美苏签署《中导条约》，宣布双方彻底销毁陆基中短程核导弹，显示了战术核武器作用的下降和核武器战场决胜性的减弱。1985年里根总统与苏联戈尔巴乔夫总书记在联合声明中明确宣布："核战争是打不赢的。"冷战以后，北约宣布已有效地放弃了灵活反应战略，代之为"最后手段"战略，即只在最危急关头诉诸核武器，这实质上已经接近确保摧毁战略。①尽管冷战后美国官方宣称的核战略政策显示了向纯威慑战略靠拢，但从美国实际的核力量规模和运用政策上看，美国核战争计划制定者——战略司令部（STRATCOM）却是长期以来都未根本放弃以赢得核战争为目的的战场决胜型指导原则。美国2001年出台的《核态势审议》报告将导弹防御计划再次纳入美国核战略构成中，再一次显示美国军方想逃避核大国之间相互确保摧毁态势或核武器国家之间相互核威慑态势的企图。

冷战时期美苏之间的关系像以往历史上大国间关系一样，充满摩擦、危机和对抗。在一般性的危机冲突的处理中，尽管也出现过核讹诈现象，但实践证明，在这些边缘利益的较量中，起重要作用的往往是非核因素：灵活的外交手段、意志的较量、常规武器的抗衡等。②但当危机可能涉及重大利益时，对方的核威慑则成为一个必须考虑的因素，彼此的行动开始变得谨慎。纵观美苏40余年里发生的危机可以看出，双方的行为都相当克制。在重大问题上，两超总是互相避免刺激对方。事实上，由于彼此谨慎，美苏一直没有发生过实质性的正面冲突，两大阵营保持了40余年的"冷和平"。在这一点上，很难否定相

① Robert Green, *The Naked Nuclear Emperor: Debunking Nuclear Deterrence*, p.16.

② Jeffrey M. Elliot, Robert Reginald, *The Arms Control, Disarmament, and Military Security Dictionary*, p.202; Richard K. Betts, *Nuclear Blackmail and Nuclear Balance*, Washington, D.C.: The Brookings Institution, 1987.

互核威慑的作用。

从核威慑的理论发展、美国核政策的演变以及美苏冷战时期核对峙实践，我们能得出这样的结论：核武器在美苏之间是无法发挥常规进攻性武器的作用，它不是一种可以在战场上随意使用的武器。核威慑与常规威慑在运作机理方面有着本质的区别，常规威慑依靠实力强弱、战略优劣等相对因素，而核威慑主要取决于己方的核报复打击能力或第二次打击能力。只要具备第二次打击能力，核武器在威慑敌国侵略、保护国家关键利益方面就具有强大的作用。核武器不能避免核武器国家之间的边缘、低规模冲突，但却有助于维持核武器国家间的稳定，使国家行为变得谨慎。核优势在冷战时期的某些危机事件中也许有过影响，但主要是政治心理上的，在军事上没有什么实质性的作用。追求核优势，不仅浪费资源，而且容易刺激军备竞赛，对战略稳定性具有破坏作用。

【生物武器】

国际生物军控与防扩散形势和特点

☞郭安凤

国际生物军控与防扩散形势和特点

郭安凤

内容提要： 2005年，随着高致病性禽流感疫情在全球的蔓延，人们对生物威胁的担忧进一步增强。但另一方面，国际生物军控形势仍未呈现令人鼓舞的迹象，以“科学家行为守则”为核心议题的国际多边会议没有达成任何具有法律或政治约束力的实质性协议。尽管2006年《禁止生物武器公约》第六次审议会已然临近，但国际社会加强公约有效性的进一步行动方向仍不明朗。当前生物军控的活动舞台呈多元化趋势，防扩散和反生物恐怖成为生物军控工作的重点，生物军控与生物防御的结合更趋紧密。

主 题 词： 军备控制　生物武器　生物恐怖　形势特点

作者单位： 北京　中国军控与裁军协会

对于生物军控及防扩散领域来说，2005年是具有特殊意义的一年。这一年不仅仅是禁止使用化生武器的《日内瓦议定书》生效80周年，而且还是禁止发展、生产、储存及销毁生物武器的《禁止生物武器公约》生效30周年，也是2002年《禁止生物武器公约》五审会复会所制订的“三年工作计划”的最后一年。

在2001年的炭疽恐怖事件和2003年的“非典”（SARS）疫情之后，随着2005年高致病性禽流感疫情在全球范围的蔓延，世界各国的卫生防疫体系又一次面临严峻的考验。人们对传染病和新发传染病、对生物武器和生物恐怖威胁的担忧也日益增强。但另一方面，国际生物军控形势仍未呈现令人鼓舞的迹象，“三年工作计划”下的国际多边会议没有达成任何有法律或政治约束力的实质性协议，生物军控的多边进程仍在十字路口上徘徊。

为纪念1925年《禁止使用窒息性、毒性或气体及细菌作战方法的日内瓦议定书》通过80周年，红十字国际委员会于2005年6月召开了“生化学武器器威胁国际研讨会”，会上红十字会副主席雅克·福斯特先生发表了题为“禁止使用生化学武器器：80年的不懈努力”的讲话。其中提到：“《禁止生物武器公约》缔约国正努力确定一系列防止和制裁违反该公约规定的措施，但令人遗憾的是，国际社会关于通过一个监督《禁止生物武器公约》遵约情况的议定书的努力未取得成功，而这一点继续影响着国际社会在制定急需采取的具体行动方面达成协议。”①

一、2005年国际生物军控和防扩散形势

（一）《禁止生物武器公约》专家会议和缔约国年会

2005年《禁止生物武器公约》专家会议和缔约国年会分别于2005年6月13日至24日及12月5日至9日在日内瓦举行。共有八十多个缔约国参加了会议，此外，参加会议的还有联合国裁军事务部、国际遗传工程和生物技术中心、红十字国际委员会、禁止化学武器组织、联合国教科文组织、世界卫生组织等十余个联合国机构和组织，十几个非政府组织和研究所、二十多个科学、专业、学术和实业团体作为嘉宾也参加了专家会议的非正式讨论。②

根据2002年公约第五次审议会议复会的三年工作计划，2005年缔约国专家会议和缔约国年会的主要议题是：科学家行为守则的制订、颁布和执行。会议就制订和推行科学家行为守则的目的和意义，科学家行为守则的范围、形式、核心内容，现有法律和标准的引用，以及行为守则的颁布、执行与交流等问题进行了广泛的探讨并达成了许多共识。

与会国普遍认为，科学家行为守则可以与其他措施一道，对抗击生物武器和生物恐怖目前和未来的威胁做出重要的实质性贡献；通过科学家行为守则的制订、颁布和执行，可以提高对相关国际公约的认识和对科学活动蕴含的潜在风险的认识，帮助科学家和其他人履行其法律、管理、专业和道德义务。与会者认识到行为守则应避免阻碍科

① Jacques Forster, *Preventing the use of biological and chemical weapons: 80 years on*, the International Seminar on the Biological and Chemical Weapons Threat, on the Occasion of the 80th Anniversary of the 1925 Geneva Protocol Prohibiting Asphyxiating, Poisonous or Other Gases and Bacteriological Methods of Warfare, June 2005.

② BWC/MSP/2005/MX/3 Final Report: 2005 Meeting of Experts, August 2005.

学发现或过分限制研究活动，应与国内立法和规章保持一致，并纳入现有的工作惯例、供资和审批程序、教育和培训体系中。①

（二）“澳大利亚集团”更新其生物监控清单

2005年是“澳大利亚集团”成立20周年。由于乌克兰的加入，“澳大利亚集团”的成员已增至40位（39个成员国和欧盟）。

2005年4月18日至21日，“澳大利亚集团”在悉尼召开了成员国年会。为加强防止生物武器扩散及反生物恐怖的力度，2005年“澳大利亚集团”又一次更新了其生物出口管制清单，即在其生物两用设备出口管制清单中增加了“气溶胶散布设备”。同时增加了关于“遗传修饰生物体”的技术说明，以加强执法和帮助出口商正确理解该出口控制项目。“澳大利亚集团”还宣布将进一步研究是否将另外25种生物剂列入控制剂清单。②

为提高成员国之间信息共享的实效性，澳大利亚集团内部已建立了电子信息系统。成员国也同意进一步扩充集团网站内容，如增加出口控制执行经验方面的信息和将网站信息翻译成其他联合国官方语言。

（三）其他方面的活动或进展

国际红十字委员会于2005年9月20日至21日在马来西亚首都吉隆坡举办了“防止生命科学的敌对应用” 亚太地区圆桌会议。2002年9月，红十字国际委员会发起了一项题为《生物技术、武器与人类》的公开倡议，号召各国政府、科学界、医学界、工业界等共同采取措施，确保具有潜在危险的生物科学知识和生物剂的使用能够得到有效控制。此次亚太地区圆桌会议是红十字国际委员会发表该倡议后采取的系列活动之一。③

---

① BWC/MSP/2005/L.1 *Synthesis of Considerations, Lessons, Perspectives, Recommendations, Conclusions and Proposals Drawn from the Presentations*, Statements, Working Papers and Interventions on the Topic Under Discussion at the Meeting of Experts: Prepared by the Chairman, December 2005.

② Media Release: 2005 Australia Group Plenary, June 2005, <http://www.australiagroup.net/en/releases/press_2005.htm>

③ Asia-Pacific Roundtable in Malaysia: Preventing Hostile Use of the Life Sciences, ICRC Press Release No 05/50,September 2005, <http://www.icrc.org/Web/eng/siteeng0.nsf/html/6G9H9E!OpenDocument>

参加此次会议的包括亚太地区生命科学领域的专家、工业界、学术界人士以及政府代表，分别来自澳大利亚、中国、印度等14个国家，共45人。中国军控与裁军协会等单位派出三名专家应邀参加了会议。会议的核心议题是：如何在生命科学迅速进步并造福人类的同时，将其用于敌对目的可能性降至最低。与会代表一致认为，生命科学和生物技术的进步为人类展示了美好的前景。但同时，这些先进技术就像2005年的核技术一样，具有两面性，可能被用于制造更有效、低价、更难于发现的武器，因此，各国政府、所有科学家、医务工作者和雇佣他们的机构，都有义务遵守国际法则并采取有力措施以防止生命科学用于敌对目的。会议还提出了包括科学家行为守则等一系列防止生命科学滥用的建议和对策，以及今后需进一步研究和讨论的议题。

为应对传染病和新发传染病疫情的跨国传播以及日益增加的生物武器、生物恐怖的威胁，世界卫生组织继2004年修改出版了《化生武器的公共卫生应对措施：WHO指南》（1970年《化生武器的公共卫生问题》的修订版）之后，2005年又修订通过了新的《国际卫生条例》。①新的《国际卫生条例》一方面要求各成员国尽快提高本国的传染病疫情监测、通报、反应和控制能力，另一方面对可能造成跨国传播的重大传染病疫情的监测和预警、疫情调查、疫情通报、后果处理等提出了一系列具体要求和行动指南。新的《国际卫生条例》部分解决了原来"《禁止生物武器公约》议定书"谈判中争论激烈的疫情监测、通报及疫情调查与应急援助等问题。当然，由于《国际卫生条例》的出发点和根本目的在于疫情控制，因此与公约议定书草案中涉及违约与否的"指称使用和异常突发疫情调查"有很大的不同。

二、2005年中国在生物军控和防扩散方面的努力

在过去的一年中，中国政府仍致力于推动全球控制和防止生物武器扩散的工作，积极支持并参加国际生物多边谈判进程，严格履行国际条约规定的各项内容，在国内进一步强化出口管制机制。

---

① WHA58.3 Resolution Containing the Revised International Health Regulations, World Health Assembly, May 2005.

（一）积极参加和支持国际生物多边进程

中国在历史上曾深受外国生化学武器器的伤害，中国一贯支持并以实际行动推进国际社会全面禁止生物武器的努力。

2005年中国一如既往地按时向联合国提交了《禁止生物武器公约》建立信任措施宣布资料，积极参加了《禁止生物武器公约》缔约国年会和专家组会议。在会议上，中国代表团通过大会发言、工作文件等方式，从政府层、科技界和教育界等几个方面，向与会国代表介绍了中国在科学家行为守则方面的做法和经验，阐述了中国支持全面加强公约的立场以及在制订、颁布科学家行为守则方面的观点和建议。①中国认为在当前生物恐怖威胁和生物安全问题日趋突出的背景下，在《禁止生物武器公约》框架内继续探讨和制定加强公约有效性的措施具有重要现实意义。

（二）防止生物武器扩散和出口控制

继2004年3月第一次磋商之后，2005年3月，中国与“澳大利亚集团”举行第二轮磋商，就生物和化学领域防扩散形势、《禁止化学武器公约》和《禁止生物武器公约》履约情况、“澳大利亚集团”运作情况、中国防扩散政策和出口管制措施等问题交换了看法。为了适应国际形势的变化和防扩散任务的需求，使中国的生物出口控制机制与相关国际机制接轨，从2005年第二季度开始，中国国家商务部组织出口控制工作相关部门和领域的官员、专家，对更新《生物两用品及相关设备和技术出口管制清单》的必要性、更新方案进行了深入、细致的研究。新的《生物出口控制管制清单》的审查、报批已开始启动。

（三）其他方面的活动

为全面阐述中国政府在军控、裁军与防扩散领域的政策与主张，系统介绍中国参与国际军控、裁军与防扩散事务的情况，中国于2005年9月发表了《中国的军控、裁军与防扩散努力》白皮书。其中关于生物军控问题，白皮书中提出：

① BWC/MSP/2005/MX/WP.20 China's Views and Practices in Adopting and Implementing Code of Conduct of Scientists, August 2005.

中国主张，国际社会在以下方面采取行动：鼓励更多国家加入《禁止生物武器公约》，敦促所有缔约国全面、切实履行公约义务。保持并推进旨在加强《禁止生物武器公约》有效性的多边进程，通过充分协商，研讨、制定相关具体措施。鼓励更多国家向联合国提交《禁止生物武器公约》建立信任措施宣布资料。

此外，在2005年6月的《中国关于联合国改革问题的立场》文件中，中国再一次阐明了关于现阶段生物军控问题的立场：中国支持并积极参与旨在加强《禁止生物武器公约》有效性的多边努力，对就《公约》核查议定书立即恢复谈判持积极态度。中国支持公约缔约国谈判制定一项新的生物安全议定书，对危险生物制剂分类，并为此类制剂出口订立有约束力的国际标准。《禁止生物武器公约》的协商、合作与调查机制是处理指称使用生物武器的主要手段，缔约国应予遵行。秘书长机制有其特定的历史背景和适用范围。如多数国家同意，可通过多边谈判全面重新审议。

三、当前生物军控及防扩散形势的主要特点

（一）国际生物军控前景仍不明朗

随着2006年《禁止生物武器公约》第六次审议会议的临近，缔约国各方已开始着手为第六次审议会做准备，国际生物军控界的一些研究机构和专家学者们也纷纷发表文章向第六次审议会出谋划策。从目前的形势来看，重开核查议定书谈判几无可能；欧盟曾提出第六次审议会应全面审议第五次审议会确定的五项议题的讨论结果，并就加强公约有效性的进一步行动做出决定；不结盟及发展中国家仍坚持加强公约必须全面、均衡地考虑公约下的所有相关问题；还有国家提出应认真研究建立信任措施的执行情况，通过第六次审议会进一步加强建立信任措施机制，改善资料交换的内容和要求。一些专家学者提出可将加强公约涉及的相关问题化整为零，或模块化逐一解决。[①]如可先针对生物安全和生物安保问题，展开《生物安全议定书》的谈判。目前，尽管大多数公约缔约国都认识到生物武器、生物恐怖及重大传染病疫

① Graham S. Pearson & Nicholas A. Sims, *The BTWC Sixth Review Conference in 2006*, November 2005, <http://www.brad.ac.uk/acad/sbtwc/briefing/RCP_15.pdf>.

情等已成为威胁国际和平和国家安全的重要隐患，普遍表示支持加强《禁止生物武器公约》的多边进程，但在如何加强公约有效性、第六次审议会的主要议题、下一步的具体行动或措施等方面仍存在分歧，尚未形成具有广泛基础的倾向性建议，国际生物军控的多边前景尚不明朗。

（二）生物军控及防扩散的主要目标和对象似发生变化

“全面禁止、彻底销毁”所有大规模杀伤性武器一直是国际军控及防扩散领域的宗旨和目标。1975年生效的《禁止生物武器公约》是第一个全面禁止、彻底销毁一整类大规模杀伤性武器的国际条约，它在国际军控史上具有重要的历史地位和意义。目前，一些国家片面强调“防扩散及反恐”的目标，在生物军控领域，工作重点从全面加强国际条约的有效性（包括制订履约核查监督措施）转向推动国家执行措施和防扩散机制的建立或加强，生物军控工作的主要对象似乎也从“拥有和企图拥有生物武器的国家”转为恐怖组织等“非国家行为体”。然而，正像红十字国际委员会副主席雅克·福斯特在《1925年日内瓦议定书》通过80周年的纪念大会上所讲的：“我们在努力防止生物武器的扩散和打击恐怖主义的同时，不能忘记或忽视国家级或亚国家级生物武器计划的威胁，”《禁止生物武器公约》的最高宗旨和最终目标是“全面禁止、彻底销毁”生物武器。

（三）生物军控的活动舞台呈多元化趋势

自从1972年《禁止生物武器公约》通过之后，与公约相关的国际会议和磋商等即成为国际生物军控界的主要活动舞台。然而，在2001年11月公约第五次审议会上，美国声明拒绝旨在加强公约的议定书草案，使得继续核查议定书谈判的希望彻底破灭，五审会被迫体会。尽管2002年的五审会复会确定了第六次审议会之前的三年工作计划和五项讨论议题，但日内瓦会议的三年讨论未能就任何实质性问题达成协议。与日内瓦《公约》相关会议的低迷景象不同，近两三年来，国际生物军控其他领域的活动日趋活跃。如从2004年开始，某些国家提出在联大一委重新启用、更新或审议1987年关于指称使用化生武器调查的“联合国秘书长机制”；其他联合国组织如红十字国际委员会、世界卫生组织、国际刑警组织等，近几年也相继采取行动抗击生物威胁；

更有一些国家提出，应充分利用现有的多边机制，如世界卫生组织、国际兽医局、世界粮农组织、联合国监核会等，适当解决生物军控领域目前急需应对的某些问题。[①]此外，一些非政府组织、学术团体、专业研究机构等也相当活跃。在当前整个国际军控局势处于低谷的情形下，上述活动为营造禁止生物武器的良好国际环境起到了积极的作用；但另一方面，由于不同领域、不同专业的人在认识和关注点上难免不同，从长远利益来看，核心舞台的缺失可能会对生物军控问题的全面、均衡解决产生不利影响。

（四）生物军控与生物防御的结合更趋紧密

以往国际生物军控工作的重点是促进国际条约（包括1925年《日内瓦议定书》和1972年《禁止生物武器公约》）的普遍性、促进履约及加强公约的有效执行等。由于生物恐怖威胁的增加，以及传染病、新发传染病对全球安全的威胁，生物军控的防范对象从国家扩展到非国家行为体。因此，生物军控工作的另一重点——促进国际社会生物防御能力的提高与协调——也日显突出，生物军控与生物防御工作从没有像今天这样结合紧密。如2002年公约五审会复会确定的五项议题中，除"国家执行措施"和"科学家行为守则"以外，还包括"疾病监测、生物安全、疫情调查"等明显带有生物防御工作性质的几项议题。[②]当前，生物军控和生物防御相互支持、相互辅助，已成为维护国家生物安全以及国际社会预防、应对生物威胁的综合体系中两个不可或缺的重要组成部分。

---

① BWC/MSP/2004/L.1 Synthesis of Considerations, Lessons, Perspectives, Recommendations, Conclusions and Proposals Drawn from the Presentations, Statements, Working Papers and Interventions Made by Delegations on the Topics under Discussion at the Meeting of Experts – Chairman's Paper: Prepared by the Chairman, December 2004.

② BWC/CONF.V/17， Final Document of Fifth Review Conference, November 2002.

【导弹】

2005年主要国家反弹道导弹研发进展

☞翟玉成

2005年主要国家反弹道导弹研发进展

翟玉成

内容提要： 美国退出《反弹道导弹条约》后，军控界关于反弹道导弹问题的争论暂趋平息，但美国反弹道导弹系统的研发仍在进行，世界主要国家也在加紧反弹道导弹系统的研发。本文简要地介绍了2005年，各国反弹道导弹研发的进展情况。

主 题 词： 主要国家 反弹道导弹系统 研究与发展 进展

作者单位： 北京 中国国防科技信息中心

2005财年美国国会批准国防预算4450亿美元。其中导弹防御获得100亿美元的拨款。地基中段获得34亿美元，海基中段获得11亿美元，高空区域反弹道导弹系统8.33亿美元，高轨天基红外卫星系统5.99亿美元。2006财年布什政府为导弹防御项目申请88亿美元拨款，批准99亿美元。美国与其盟国在反弹道导弹领域的合作在加强，计划用3到4年的时间，部署能够覆盖大约70%的地球表面的海上导弹拦截器，在全球范围内防御大部分远程弹道导弹的攻击。

一、各系统研发动态

（一） 助推段

1. 机载激光。机载激光是助推段防御的主要系统。机载激光器的载机是波音747-400型机，该型机携载4种独立的激光，能够在弹道导弹的早期助推飞行阶段对导弹进行定位、识别、跟踪、并摧毁弹道导弹。2001年10月，美国导弹防御局（MDA）从空军手中接管了该项目的管理工作。2002年7月18日进行第一次飞行试验，原定于2005年具备初始应急能力，在10年内具备全面作战能力。不过，该项目在经费上超支，在进度上滞后，计划还要推迟。

2005年，机载激光完成了一系列测试试验。据美国导弹防御局

2005年8月1日报道，美空军宣布，YAL-1A型机载激光器（ABL）飞机7月26日完成了飞行测试项目的关键阶段，成功验证了ABL的战场管理和波束控制/火控系统。无源低功耗系统集成（LPSI-P）测试阶段成功完成。这是ABL飞机开发项目的一项里程碑，此后波音公司将对ABL飞机进行最后的改造，安装先进高功耗碘氧化学激光器。ABL飞机将是第一个将能量设备作为武器使用的作战飞机，用于拦截助推段弹道导弹。ABL飞机将被作为分层导弹防御系统的一部分。

2. 动能拦截器。动能拦截器由一枚三级火箭及一个可分离的杀伤飞行器组成，速度可达6千米/秒，拟在来袭导弹的助推段通过杀伤飞行器与该导弹的物理碰撞实现杀伤。五角大楼在发展陆基机动的动能拦截器，并有可能发展其天基型号。目前的计划是在2006—2008年间做出原型，并在2008年作飞行试验。2012年部署陆基机动型拦截器。

（二）陆基中段

1. 试验情况。陆基中段以阿拉斯加和加利福尼亚的导弹拦截系统为核心，其关键部件是助推火箭和大气层外杀伤飞行器，被认为是导弹防御系统中比较成熟的部分。不过最近的试验连续遭遇挫折。2004年12月份，一个软件故障致使地基拦截弹未能成功发射，导致美地基导弹防御系统的首次全系统试验失败。2005年2月14日，拦截导弹未能正常从太平洋的夸贾林基地发射升空，导弹防御系统全系统试验再次失败。 分析人士称，飞行试验连续失败反映出这一高度复杂的系统中存在着一些工程失误，但不是说导弹防御技术本身有问题。陆基中段是美国导弹防御系统最为成熟的部分。目前已经部署9枚拦截弹，其中阿拉斯加格里利堡部署了7枚，加利福尼亚法登堡空军基地部署了2枚。

2. 雷达。在雷达方面，目前依靠的是升级位于阿拉斯加德丹麦眼镜蛇雷达和位于英国和丹麦格陵兰的雷达。原定建造陆基X波段雷达改为建造海基雷达。该雷达系统位于阿拉斯加州阿留申群岛的艾德克岛。海基X波段雷达正由导弹防御局研发，作为弹道导弹防御系统的主要雷达。美导弹防御局局长奥伯林9月14日宣布，海基X波段（SBX）雷达于2005年9月11日成功发出首道波束。大功率X波段雷达将提供弹道导弹弹头的跟踪，并对攻击美国的敌方弹道导弹有可能携带的诱饵弹进行预先识别。预计2006年形成导弹防御能力。

（三）海基中段

海基中段的主体系宙斯盾舰载反弹道导弹系统，由AN/SPY-1D (V) 雷达和Mk- 41垂直发射系统、一系列导弹及其指挥控制系统无缝集成在一起，能同时应付空中、海面、水下和弹道导弹等多种威胁。布什总统2002年曾宣布在2004—2005年间部署20枚拦截弹，另有15艘军舰作雷达升级以提供支持。洛克希德·马丁公司2005年9月12日报道，它所研制的第七代“宙斯盾”武器系统经批准，将在美海军军舰上部署。第七代“宙斯盾”武器系统包括新的AN/SPY-1D (V) 雷达。

美国军方11月17日宣布，从“宙斯盾” 导弹巡洋舰“伊利湖”号发射的导弹当天在太平洋成功拦截了中程导弹模拟弹头。这是美军战舰首次击落多级火箭导弹。美军称这次拦截试验的成功意义重大,标志着弹道导弹防御系统在海上部署是可行的。来袭导弹于格林威治时间18时12分从夏威夷考爱岛发射。4分钟后“伊利湖”号发射“标准”拦截导弹，经过6分钟飞行,拦截导弹直接命中位于太平洋上空160千米处的模拟弹头。自2002年海基导弹防御系统开始测试以来，美军共进行了7次拦截导弹试验，其中6次获得成功，美国导弹防御局还计划2006年再进行3次海基导弹拦截试验。

（四）末段

1. 战区高空区域导弹防御系统。“标准”导弹系统和“爱国者”导弹系统构成导弹防御的末端系统。战区高空区域导弹防御系统仍处在试验测试阶段，按照原定计划，将于2006—2008年间部署。2005年2月，第一枚战区高空区域导弹防御拦截弹“探路者”的组装工作开始。美国计划首先生产30枚战区高空区域导弹防御拦截弹。战区高空区域导弹防御系统将在2008年开始装备美陆军。该系统设计用于拦截和摧毁近程和中程弹道导弹，拦截高度刚好在低于地球大气层的高度或刚好高于地球大气层的高度。

2. “爱国者”PAC-3导弹系统。“爱国者”PAC-3导弹系统是美导弹防御系统陆基末段的主力系统。经过22次试验，15次成功，于2004年7月交付陆军。美国雷声公司2005年2月在白沙导弹靶场进行了低成本“爱国者”GEM-T导弹试验，摧毁了两架靶机。按照陆军授予的合同，雷声公司现在正在把376枚“爱国者”导弹改进成GEM-T

型。到目前为止，雷声公司已经交付了所改进的230枚GEM-T型导弹。GEM-T型导弹是一种经济的、效费比高的、改进的“爱国者”PAC-2型导弹，具有对抗各种空中威胁的重要能力，包括具有对抗飞机、战术弹道导弹和巡航导弹的重要能力。

3. 海基末段。美国导弹防御局官员于2005年8月16日说，导弹防御局正在寻求发展一种海基系统，用于拦截在飞行末段的短程弹道导弹。据称，这种海基系统的潜在候选对象包括美陆军的“爱国者”PAC-3拦截弹的改进型和海军的“标准”-6拦截弹。

（五）天基支撑系统

1. 低轨天基红外卫星。天基跟踪与监视系统（STSS，即原来的低轨天基红外卫星-SBIRS-low）最初由2颗卫星组成，可扩展至30颗。预计最初2颗将于2007财年发射入轨。天基跟踪与监视系统可以为导弹防御系统提供全飞行过程跟踪数据。新一代STSS卫星将于2011年发射入轨。

2. 高轨天基红外卫星。高轨天基红外卫星（SBIRS-high）系统由4颗大椭圆轨道的地球同步卫星组成，提供弹道导弹发射的预警信息。美国空军原定2003年发射该系统的部件，由于经费问题和进度迟延，计划被修改，估计发射将推至2007年。

二、美国与其盟国的反弹道导弹合作

（一）与英国和丹麦的合作

2003年，英国同意美国升级位于费林戴尔斯的雷达。2004年8月，丹麦同意美国升级位于格陵兰的预警雷达。这两个原为对付苏联的防空雷达必须经过升级，才能具备预警导弹来袭的能力，并称为美国导弹防御系统的一部分。据俄塔斯社2005年8月5日报道，美国防部目前正对部署在英国的导弹防御系统雷达站进行现代化改进，并与可能部署美国拦截导弹的国家进行谈判以便对付所谓“来自中东和中国以及美国海岸附近地区的导弹袭击”。

（二）与加拿大和澳大利亚的合作

2004年8月，加拿大同意美—加北美防空司令部支援美国的导弹防御作战。不过，加拿大对导弹防御的支持将严格限定在一定的范围之内，即不参加天基反弹道导弹和不能导致外空武器化。

澳大利亚在2004年7月与美国签订为期25年的导弹防御研究框架协定，表明澳大利亚已正式加入美国的导弹防御体系。近期项目的重点探讨探测导弹发射的先进雷达技术和改进澳大利亚军舰防御导弹攻击的能力。

（四）意大利和德国

2005年4月20日，德国政府同意参加“扩展的中程防空系统”的设计与研制工作后，北约“扩展的中程防空系统”管理局5月31日即与“扩展的中程防空系统”国际（MI）公司签署“扩展的中程防空系统”的设计与研制合同，总金额为“20亿美元+14亿欧元”。该合同的签订，为“扩展的中程防空系统”为期110个月的设计与研制工作提供了经费保证。

扩展的中程防空系统是美、意、德联合研制的一种先进的防空和导弹防御系统，主要由轻型发射车、“爱国者”PAC-3导弹及弹箱、多功能火控与监视雷达（MFCR）以及战斗管理、指挥、控制、通信、计算机与情报（BMC4I）系统组成，预计将于2014年服役。该系统由MI公司负责研制，它是美国洛克希德·马丁公司、意大利MBDA公司和德国EADS/LFK公司的合资公司。

（六）波兰

据2004年7月英国《卫报》披露，美国正在与波兰、匈牙利和捷克秘密谈判，讨论在上述国家建立导弹防御基地。据波兰高级官员透露，美国与波兰已经进行了8个多月的谈判，一些美国外交人员和军事专家已进入波兰境内对地形进行了勘察，选择导弹防御系统装备的部署地点。波兰提出，可以在波领土上建立与在英国建立的雷达站规模相似的雷达站，以此加入美国的战略导弹防御系统。美国认为，正在阿拉斯加和加利福尼亚建造的两个本土导弹防御基地不能有效地保护美国东海岸地区免受来自中东的远程弹道导弹攻击，因此在中东欧地区部署导弹防御系统正式提上议事日程。另据2005年11月18日华盛顿邮报透露，如果一切顺利拦截基地可能在2010年投入使用。

（七）日本

2004年12月17日，日美签署导弹防御系统合作备忘录，日本正式决定从2007年开始构筑由4艘“宙斯盾”驱逐舰和4支导弹部队组成的弹道导弹防御系统，2011年之前完成全部部署。

日美导弹防御合作近年来明显加强。日本防卫厅2006财年用于导弹防御系统的经费约数千万美元。合作集中在导弹防御系统4个主要组成部分，即整流罩、红外传感器、火箭发动机和弹头。日本和美国已合作完成了技术研究阶段的工作，并将开始进入研制阶段。生产阶段将从2011年开始。

另据美国《防务新闻》2005年8月3日报道，日本政府将努力促使弹道导弹防御系统提前1年开始部署。日本内阁2日通过了针对朝鲜和中国袭击威胁的《防卫白皮书》。日本防卫厅一位高级官员证实，双层导弹防御系统正在加紧部署。按照计划，首批3套“爱国者”PAC-3导弹系统原本将于2007年3月部署，“标准”-3系统将在2006年开始在日本的4艘“宙斯盾”导弹驱逐舰上进行安装。该双层防御系统计划于2011年3月完成。该系统将使日本能够使用“标准”-3在攻击日本的导弹穿越大气层时将其摧毁。如果首次拦截失败，也能在“弹道末段”使用陆基“爱国者”PAC-3将其拦截。

另外，美将向日本出售9枚或更多海基导弹及相关设备，总价值约3.87亿美元，以加强日本的导弹防御系统。日本现在拥有4艘“宙斯盾”驱逐舰，装有老式的“标准”-2导弹。第5和第6艘“宙斯盾”驱逐舰正在建造中。“爱国者”PAC-3导弹、升级的“宙斯盾”驱逐舰及“标准”导弹构成日本导弹防御系统的基石。

日本防卫厅12月6日宣布，美军和日本自卫队正在日本东北部地区为两国联合研发的导弹防御系统寻找合适的早期预警雷达驻地。日防卫厅称，日美双方已经初步商定，将未来导弹防御系统所需的X波段雷达部署在东京东北360英里（约合576千米）处青森县航空自卫队一个基地内。此举意味着日本已经成为美国导弹防御的前哨。

三、其他国家导弹防御系统的发展

（一）俄罗斯

俄罗斯高度重视导弹防御系统的发展，强调要建立具有防空、反弹道导弹和太空防御三位一体能力的强大的战略性全国空天防御系统。在努力恢复预警能力的同时，俄罗斯目前重点发展的两类反弹道导弹武器为C-400和“安泰”-2500。C-400导弹是俄罗斯研制的一种先进的机动式多通道防空导弹，可用来摧毁战术弹道导弹及其他空中目标，其机动性、快速反应和反弹道导弹能力均优于同类武器系统。

俄罗斯还积极开展导弹防御国际合作。目前，俄罗斯和美国正在合作进行导弹监视卫星系统的研制计划——“美俄监视卫星计划”，该计划具有导弹防御和环境监测的双重功能。俄还与美国的战区导弹防御系统举行联合模拟演习。自1996年以来俄美之间已经进行了四次战区导弹防御首长司令部联合军事演习，并有可能常态化。同时，俄还宣布与白俄罗斯共同组建导弹防御系统。俄还与北约及其主要成员国在建立欧洲导弹防御领域开展多边和双边合作。俄罗斯国防部长伊万诺夫2005年4月12日说，俄将同北约在建立欧洲导弹防御领域开展有效合作，俄与北约在战区导弹防御领域的合作是双方合作的优先方面之一。

（二）印度

2002年5月，美国表示支持以色列与印度在导弹防御方面开展合作，企图把印度拉入其导弹防御计划。2003年8月，美印国防政策小组会晤时重申了导弹防御合作加强集体安全和稳定的共识。据《印度政治家》网站2005年2月11日报道，大约在两年前，印度便启动发展导弹防御系统的计划，所要建立的能够保护200平方千米区域的防御系统，可以在今后5年或6年准备就绪，用于保护大城市和战略设施，如核反应堆和航天发射场，免遭导弹攻击。

印度将要建立的导弹防御系统将由三部分组成：第一部分是远程跟踪雷达，能够探测600千米之外、以超高声速飞行的来袭导弹；第二部分是指挥、控制、通信和情报（C3I）系统，允许储存信息和进行决策；第三部分是地空导弹，可以利用两种地空导弹实施分层防御——第一种地空导弹可能期望在80—85千米的距离拦截来袭的导弹；如果拦截失败，用第二种地空导弹在大约20千米之外的距离拦截漏防的导弹。印度国防研究发展局正在研制的“蓝天”（Akash）地空导弹可能是一种被选的拦截导弹。此外，引导拦截弹拦截来袭导弹的雷达也是必不可少的。

另据巴基斯坦《巴基斯坦时报》2005年2月14日报道，一家以色列新闻机构引用《印度斯坦时报》的报道称，印度正在“大地”导弹和“绿松”（Greenpine）陆基预警雷达的基础上研究、发展更有效的弹道导弹防御系统，印度国防研究与发展局计划在5—7年内完成该系统的整合。

印度已经从以色列购买了“绿松”陆基预警雷达，“大地”短程导弹的射程经过改进扩大到350千米。

（三）北约

美国《空军内情》2005年7月8日报道，北约的主动多层战区导弹防御系统将于2010年具备初始作战能力，保护北约部队（无论部署在何地）免受近程和中程弹道导弹的袭击。该系统将由各成员国的多种导弹防御系统组成，能拦截处于飞行助推段、中段或末段的弹道导弹。除战区导弹防御之外，北约还有两个导弹防御项目。一是保护北约各国领土和民众免受导弹威胁的战略导弹防御系统。二是探索如何将北约和俄罗斯的战区导弹防御系统联接在一起。根据北约—俄罗斯委员会的权限，一个工作组正定期进行演习，目的是消除北约和俄罗斯共同实施导弹防御时在指挥控制以及信息交换方面存在的障碍。

四、结　语

2005年，美国导弹防御系统的开发和部署有进展也有挫折。总的看，其研发、试验、部署工作正在加紧进行，特别是地基中段导弹防御系统正在一步步接近实战能力，其他海基和天基系统部件的开发也在取得进展，特别是天基系统的开发成为美国实施控制空间战略具体步骤。随着国际社会对美国导弹防御关注度的降低，原先持谨慎态度的盟国也竞相参与，美国与其盟国之间的合作更加顺畅了，美国导弹防御系统正在快速扩展，而美日之间的合作更具实质性和进攻意味。在这种气氛下，一些国家也明显增加了对建立本国导弹防御系统的兴趣，在导弹防御领域的军事竞争正在酝酿。

美国对南亚导弹扩散的安全评估与政策选择

李小军

内容摘要：本文从南亚地区是否存在导弹竞赛，导弹扩散是否会打破南亚地区的战略平衡，南亚地区是否已开发出具有一定威慑力的导弹库，美国遏制南亚导弹扩散的战略考虑等方面入手，阐述美国对南亚地区导弹扩散的基本评估，在此基础上分析美国遏制南亚地区导弹扩散的政策措施。美国认为，通过建立导弹控制机制和依赖印巴之间的威慑，可有效遏制南亚的导弹扩散。作者认为，如果与导弹扩散相关的一些安全问题没有取得突破的话，南亚地区遏制导弹扩散的前景仍然不容乐观。

主 题 词：美国 南亚 导弹 扩散 评估 政策

作者单位：上海 复旦大学国际关系与公共事务学院

长期以来，美国一直关注南亚地区的导弹扩散问题，主要原因在于：第一，南亚是影响美国外交与国防政策的四大地区之一，也是美国实施地区安全战略的重点地区。[①]第二，弹道导弹是核武器的主要运载工具，印度和巴基斯坦是事实上的核武器国家，开发先进的导弹运载工具是提高核打击能力的必然选择。第三，印巴双方长期敌对，偶发的冲突或恐怖事件有将运载核弹头的导弹转化为实战的危险性。据此，美国在南亚地区的安全利益集中在武器扩散、减缓紧张压力、反恐和地区稳定四个方面。因而南亚地区的导弹扩散被视为是对美国地区安全战略和外交政策目标的一个重要威胁，也是考量地区稳定的一

① 四大地区指的是欧洲、南亚、中东和朝鲜半岛。参阅：Michael Kraig and James Henderson, ed., *US Strategies for Regional Security: South Asia*, Report of the 42nd Strategy for Peace Conference, Convened at Airlie Conference Center, Warrenton, Virginia October 25-27, 2001, p.1.

个核心因素。

克林顿政府时期，美国对南亚导弹问题的重点是“防扩散”，主要依靠国际机制对南亚的导弹扩散进行“规制”；小布什政府上台后，特别是“9.11”事件后，美国南亚不扩散政策从阻止印巴的核武化转变为鼓励印巴成为“负责任的核武器国家”，相应地，导弹不扩散政策的重点也趋向“反扩散”与自我克制相结合，[①]从而使防止导弹扩散成为美国南亚安全战略关注的重中之重。

美国对印巴大力发展导弹和涉嫌扩散导弹技术的行为都保持高度警惕，并于1998年核试验后对双方实行了严格制裁，使印巴对此甚为不满，美国的南亚导弹不扩散政策步履维艰。“9.11”事件后，美国逐渐取消对印巴两国的经济制裁，这迅即改善了同两国的关系，打破了美国不能同时与印巴保持友好关系的历史宿命。美国向巴基斯坦提供经济援助，调低对巴基斯坦涉嫌扩散导弹技术的批评调子，使巴基斯坦再次成为“前线盟国”；印度也对美国的反恐迅速提供了全力支持，美国也通过军售等方式给予了回报。

一、美国对南亚导弹扩散的基本评估

印度和巴基斯坦没有加入《不扩散核武器条约》，也没有签署《全面禁止核试验条约》，因此，克林顿南亚不扩散政策关注的重点是寻求将印巴对不扩散机制的损害减少到最小，阻止日益上升的核导弹竞赛。1998年5月，在联合国通过谴责印巴核试验的1172号决议后，克林顿政府以此为据，提出了南亚不扩散政策的五点“基准”(benchmarks)：签署和批准《全面禁止核试验条约》；放缓所有裂变材料的进一步生产，并参与《禁产公约》的谈判；限制发展和部署大规模杀伤性武器的运载工具；对大规模杀伤性武器的材料和技术执行严格的出口管制；在新德里和伊斯兰堡之间建立双边对话。[②]但收效甚微。小布什上台后，奉行单边主义战略，抛弃克林顿的“基准”框架，积极寻求反扩散措施。特别是“9.11”后，美国对恐怖分子获取导弹

① 参阅布什总统2002年《国家安全战略》报告中 U.S. Interests Require a Strong Relationship with India 部分，<http://www.state.gov/r/pa/ei/wh/c7889.htm>

② Ejaz Haider, *Nonproliferation, Iran and Pakistan, Friday Times*，(September 19, 2003)．

等大规模杀伤性武器及其运载工具的担忧加剧，加快了对南亚导弹不扩散政策的改造步伐。布什政府采取比前任更“注重实效的方法”让印巴对导弹扩散实行“自我克制”。①可以这样说，美国担心印度的主要导弹的纵向扩散，而担心巴基斯坦的主要是导弹的横向扩散。②美国怀疑巴基斯坦曾在20世纪90年代将浓缩铀技术扩散给朝鲜，认为伊朗的核导弹计划也得到巴基斯坦的帮助。最让美国放心不下的是巴基斯坦核物质和导弹技术的安全问题，特别关注巴基斯坦科学家与伊斯兰好战分子之间的联系。③因此，美国政府和国会都一直主张要对南亚的导弹扩散现状做出恰当评估，以采取正确的南亚安全战略。美国对南亚导弹扩散的基本评估，主要从以下四个方面展开：

1. *南亚地区是否存在“低烈度”导弹竞赛*。印度和巴基斯坦的官员在公开场合都表示要避免一场代价高昂和有潜在危险的军备竞赛，声称在南亚并不存在军备竞赛。④但美国认定，南亚不但存在导弹军备竞赛，而且有愈演愈烈之势。2001年，美国国防部在扩散威胁的评估报告中认为，印度和巴基斯坦正处在“加速发展核武器和导弹”的时期，是一种“低烈度”的军备竞赛。⑤美国情报官员也认为,印度和巴基斯坦正在发展有核武能力的远程弹道导弹，并计划装备有陆地发射能力的巡航导弹。⑥美国认为，由于印巴长期处于不信任状态，双方的导弹竞赛已陷入一种“行为—反应”式的困境状态。1999年4月和2003年3月，印巴进行了两次针锋相对的弹道导弹试验，就是这种反应模式的典型表现。⑦在缺乏信任措施和严格管制体系的情况下，这种

① Transcript: Hearing of the Subcommittee on Asia and the Pacific of the House International Relations Committee, Federal News Service, (March 20, 2003).

② 纵向扩散指的是国家之内大规模杀伤性武器的发展与进步；横向扩散指的是大规模杀伤性武器或其技术在国家间的扩散。由于导弹是核武器最佳的运载工具，印巴要取得压倒对方的核优势，就必须首先取得在射程和性能方面优于对方的导弹发展优势。本文就是从核与导弹的结合中来探讨南亚的导弹扩散问题。

③ Sharon Squassoni, *Weapons of Mass Destruction: Trade Between North Korea and Pakistan*, CRS Report RL31900, <http://www.fas.org/spp/starwars/crs/RL31900.pdf.>

④ *Musharraf Says No Arms Race On Subcontinent*, Associated Press Newswire, (September 4, 2003); *India Not In Arms Race: PM, Hindustan Times*, (October 13,2003).

⑤ U.S. Department of Defense, *Proliferation: Threat and Response*, 2001.

⑥ Statement of George Tenet Before the Senate Select Committee on Intelligence, *Worldwide Threats to National Security*, (February 6, 2002).

⑦ Edward Luce, *India and Pakistan Launch Test Missiles, Financial Times*, (March 27, 2003).

安全困境会使双方的冲突升级，甚至难以控制。①

美国认为南亚产生导弹竞赛的根源有三：一是中国因素。印度之所以不遗余力地发展中程弹道导弹，是希望获得与中国平起平坐的战略力量，以赢得国际社会的重视。②美国担心印度的这种意图会导致其建立起庞大的核武库和远程弹道导弹。例如在中程导弹方面，印度的“阿格尼”（Agni）导弹已能打击到中国东部沿海经济发达地区，这将迫使中国把更多的导弹对准印度南部。二是印巴导弹力量严重失衡，会引起导弹竞赛和地区局势动荡。尽管巴基斯坦的导弹发展已取得了很大发展，但与印度相比，仍存在一定差距。为赢得可靠的安全保障，巴基斯坦会竭尽全力改进和发展导弹，因而与印度的导弹竞赛不可避免。三是导弹防御体系。美国相信自己在亚洲地区部署和出售“战区导弹防御系统”，会引起印巴双方争购的强烈欲望。例如，印度打算购买美国和以色列共同研制的“箭”式导弹防御体系的行为，就引起了巴基斯坦的强烈不满和关注，从而进一步刺激了南亚地区的导弹竞赛和扩散。③

2. 印度和巴基斯坦的导弹竞赛是提升还是降低了地区稳定。关于这个问题，美国政府内部存有争论，主要有“乐观派”和“悲观派”两种观点。④“乐观派”认为威慑的逻辑仍然会在南亚发生作用，当两个敌对的国家都拥有致对方于死地的导弹时，双方都确信发展更先进导弹的成本远远超出所得的收益，彼此就会取得威慑力。这种“乐观派”的观点似乎传递了一种有悖常理的信息：导弹竞赛有利于保持南亚地区的稳定。“悲观派”则认为不稳定性和危险性是导弹扩散的固有属性，特别在印巴均掌握核武器的情况下，输入导弹或提高导弹能力的做法都将提高双方使用导弹的危险性。作者认为，导弹扩散肯定会打破南亚地区的战略平衡和降低地区稳定。因为导弹竞赛与威慑之间并不存在必然联系。特别是在印巴掌握核武器的情况下，任何偶发

---

① Neil Joeck, *Maintaining Nuclear Stability in South Asia*, (New York: Oxford University Press, 1997) .

② U.S. Department of Defense, *Proliferation: Threat and Response*, 1997.

③ Michael Krepon and Chris Gagne, eds., *Missile Defense and the Asian Cascade*, The *Impact of US Ballistic Missile Defenses on Southern Asia*, (Washington, D.C.: Henry L.Stimson Center Report No. 46, July 2002) .

④ 关于两派的争论，参阅：Scott Sagan and Kenneth Waltz, *The Spread of Nuclear Weapons: A Debate* (New York: WW Norton & Co, 1995) .

的或不可预测因素都有导致核战的可能。一方导弹能力的增强，就意味着核打击能力的增强，会加强其使用核武器的意志。相反，处于劣势的一方在极度恐惧的情况下，也会提高其实施先发制人的打击的可能。如果这种局面出现，不但美国在南亚的安全利益会受损，而且会使美国主导的全球不扩散机制面临严重冲击，这是美国最不愿意看到的。

从目前美国政府政策的层面看，布什政府尚未对这个问题做过明确表态，但对南亚导弹扩散批评的调子却明显放缓，这一方面是美国政府出于反恐的战略需要，另一方面也不排除“乐观派”观点在美国政府决策中占据上风的可能。

3. 印度和巴基斯坦的导弹能力究竟如何。在对南亚导弹扩散的评估中，摸清印巴双方导弹扩散的“家底”，是美国政府十分关注的问题。美国认为，印巴已开发出了具有一定威慑力的导弹库。

有美国学者认为，印度积极发展导弹的原因是为了应对巴基斯坦和中国的导弹威胁，获取政治威望和技术大国地位。① 1983年7月，以英迪拉·甘地为总理的印度政府制订了庞大的导弹综合发展计划，斥资18亿美元，被认为是发展中国家最为野心勃勃的导弹发展计划，发展导弹的能力可与五个核武器国家相媲美。据估计，印度目前有60多枚核弹头，为使潜在的核能力转化成为可靠的核打击能力，印度已建成或即将建成各种类型的导弹体系。（附表1）

表1：印度的弹道导弹

导弹	射程	有效载荷	误差	估计数量
普里特维 I	40—150千米	800千克	50米	130
普里特维 II	40—150 千米	500—750 千克	75 米	70
普里特维 III	40—350 千米	500—750 千克	未知	未知
特里舒尔	40—250 千米	500—750 千克	75 米	70
阿格尼 I	2500 千米	1000 千克	100 米	5—9

① 15 Ben Shepard, *India and Pakistan : A Tale of Two Processes, Jane's Ballistic Missile Proliferation*, (March 2000) , p. 11.

阿格尼 II	3000—3500千米	1000 千克	100 米	1—2
阿格尼 III	5000 千米	未知	未知	2

资料来源：Jane's Strategic Weapons Systems, Issue 37, July 2002, pp.80-84; Federation of American Scientists, *Agni – India Missile Special Weapons Delivery Systems*, June 19, 2003, <http://www.fas.org/nuke/guide/india/missile/agni.htm.>

在印度的导弹库中，美国最为关注的是“阿格尼”导弹。因为印度对该导弹极为重视，斥资1.5亿美元进行研制。在美国的压力下，印度于1994年将该型导弹发展计划调整为技术演示计划，1996年12月5日，印度国防部宣布“阿格尼”导弹的技术演示计划已结束。1998年5月，据报道印度计划恢复这种导弹的试验。1989年，印度试射成功射程为2500千米的“阿格尼”Ⅰ中程弹道导弹。到2001年年底印度已拥有近20枚“阿格尼”导弹。预计到21世纪初印度将可能拥有可携带核弹头的烈火导弹。[①]美国的情报显示,印度已为“阿格尼”Ⅰ开发了45KT和200KT的核弹头。从1994年到2002年，该导弹已进行了三次飞行试验。[②]“阿格尼”Ⅱ于1999年4月进行了第一次飞行试验。这类导弹能打击巴基斯坦全境，[③]而“阿格尼”Ⅲ射程为5000千米以上。[④]美国认为，该导弹射程远，能快速地将大规模杀伤性武器运载到攻击目标，因而是最具威胁和破坏性的导弹。

印度拥有的另一种地对地导弹是“普里特维”（Prithvi）导弹，共有“大地”Ⅰ、“大地”Ⅱ和“大地”Ⅲ三种类型。“普里特维”Ⅰ是一种以液体为推进剂的短程弹道导弹，具有高爆炸渗透能力，可以

① 理查德·费希尔：“核觉醒号令”，载《华盛顿时报》1998年5月29日。转引自：夏立平：“亚太地区弹道导弹及其技术的扩散和控制”，载《国际观察》2001年第1期，第16页。

② *Missile Proliferation and the Strategic Balance in South Asia*, CRS Report for Congress, (October 17, 2003) ,<http://www.fas.org/spp/starwars/crs/RL32115.pdf>.

③ Federation of American Scientists, *Agni :India Missile Special Weapons Delivery Systems*, <http://www.fas.org/nuke/guide/india/missile/agni.htm>.

④ *India :Agni III Reportedly Developed to Counter China*, *Periscope Daily Defense News*, (January 21, 2003) .

打击包括伊斯兰堡在内的巴基斯坦1/4的地区。[①]美国情报显示印度为该类导弹设计了爆炸当量为1、5、12或20KT，重量大约是250千克的核弹头。[②]这类导弹1994年主要投入陆军服役。“普里特维”Ⅱ主要被空军用作攻击敌人飞机场和支持军队作战。1996年1月，“普里特维”Ⅲ进行了第一次点火试验。“普里特维”Ⅲ目前尚处于研究发展期，没有投入使用。该导弹将拥有新的液体或固体推进剂。美国担心印度可能给导弹装备了全球定位系统（GPS），将极大打破南亚的战略平衡。

印度另一项更为野心勃勃的导弹发展计划尚未浮出水面，这就是美国最为担心的“海洋”洲际弹道导弹。据报道，印度曾投入5000万美元，使该型导弹在2001年中达到试射阶段。美国忧虑的是，“海洋”导弹的射程将超过1万千米，一旦印度研制成功该型导弹，加之印度本身所具有的核能力，印度将能攻击包括美国本土在内的全球主要目标。[③]

美国政府认为，与印度相比，巴基斯坦发展导弹的意图要单纯的多，只是对印度的弹道导弹、先进的空中防御体系、庞大而装备精良的武装力量做出直接反应。美国认为巴基斯坦导弹发展迅速的原因在于，国内建立了两个分别用液体和固体燃料制造导弹的竞争性研究机构，使巴基斯坦的导弹发展速度加快；而在国外，巴基斯坦的导弹发展则得到了朝鲜等外部力量的援助。

美国政府估计，1988年4月，巴基斯坦的导弹库主要由射程分别为80千米和280千米的“哈塔夫”Ⅰ和“哈塔夫”Ⅱ导弹组成，其射程和装载量分别相当于“蛙”7（Frog 7）和“飞毛腿”B (Scud B)型导弹。1998年4月6日，巴基斯坦成功试验了射程为1500千米的“高里”Ⅱ型导弹，该型导弹最大载荷为700千克，可携带核弹头。据报道，巴基斯坦还在研制射程超过2000千米的“加兹纳维”导弹。2000年2月7日，巴基斯坦政府宣布当天成功试射“高里”Ⅰ型弹道导弹。该型导弹可以携带各种弹头击中100千米以外的目标。1992年，美国认为巴基斯坦由于得到了外部援助，又发展出了“沙欣”

① Federation of American Scientists, *Prithvi – India Missile Special Weapons Delivery Systems*, (June 19, 2003) ,<http://www.fas.org/nuke/guideindia/missile/prithvi.htm>.

② Zahid Hussain, *Missile Tests Raise Indo-Pakistan Fears*, *Times Online*, (March 27, 2003) , <http://www.timesonline.co.uk/printFriendly/0,,1-3-624736,00.htm>.

③ 邹强：“走向军事大国之路：印度导弹指向谁”，<http://www.people.com.cn/GB/channel2/18/20000922/245431.html>.

(Shaheen) 系列弹道导弹。(附表2) 其实，由于巴基斯坦的导弹从射程、负载量、威力等方面，均不如印度，更不可能对美国本土造成威胁，因此，美国对巴基斯坦导弹的纵向扩散不十分关注，而更担心的是巴基斯坦导弹的横向扩散。

表2：巴基斯坦的弹道导弹

导弹	射程	有效载荷	误差	估计数量
哈塔夫 I	60 — 100 千米	100 — 500 千克	未知	80
哈塔夫 II	280 — 450 千米	300 — 500 千克	200 米	未知
M-11	300 千米	500 千克	600 米	30 — 84
沙欣 I	600 千米	750 千克	200 米	5 — 10
沙欣 II	2500 千米	750 千克	350 米	5 — 10
高里 I	1500 千米	760 千克	2500 米	5 — 10
高里 II	1800—2300 千米	760 千克	未知	未知

资料来源: Missile Proliferation and the Strategic Balance in South Asia, <http://www.fas.org/spp/starwars/crs/RL32115.pdf.>

4. 美国遏制南亚导弹扩散的战略考虑。美国对南亚导弹扩散的关注，绝非权宜之计，而是有深刻的战略考虑。首先，遏制南亚导弹扩散是美国21世纪全球防扩散战略的重要组成部分。美国和欧洲盟国领导人一道，提出了建立控制大规模杀伤性武器扩散的“21世纪联盟”的倡议，给全球防扩散努力注入了新的活力。[①]南亚、中东和东北亚是备受美国关注的世界三大导弹扩散区，美国认为要控制大

① 参阅：Madeleine K. Albright& Robin Cook, *A Nuclear Nonproliferation Strategy for the 21st Century*, <http://www.americanprogress.org/atf/cf/% 7BE9245FE4 -9A2B -43C7 -A521 -5D6FF2E06E03%7D/NUCLEAR_NP_STRAT.PDF>.

规模杀伤性武器及其运载工具的扩散，就必须得到这些地区国家的通力合作。通过使用“奖励遵守者，惩罚违规者”的激励措施，促使拥有核导弹的国家承担全球防扩散义务，从而建立起一个保障核导弹安全的全球网络。处在美国扩散关注“风暴眼”中的南亚，无疑是这种全球防扩散安全网络的一个重要“网结”。

其次，导弹扩散将削弱美国在亚太和全球的力量投射能力。美国目前的许多海外设施、海外驻军和盟国已处于一些国家导弹射程的威胁之下。早在1986年，利比亚领导人卡扎菲就曾命令向意大利半岛的蓝佩杜萨岛和克里特岛两个美国军事基地发射飞毛腿导弹，但因射程有限，没有到达攻击目标。①此举引起美国极大关注。美国担心在意大利、西班牙、希腊和土耳其的军事基地都将受到一些国家开发出的远程弹道导弹的威胁。在南亚，印度的“阿格尼”导弹和巴基斯坦的“沙欣”导弹，已能威胁美国在亚洲盟国和驻军的安全。印度的“海洋”洲际弹道导弹一旦研制成功，甚至美国本土也能进入印度导弹的攻击范围。美国认为印度不加遏制的导弹发展，会成为刺激周边国家开发导弹的强大动力，这不仅严重削弱美国在亚太地区的军事优势和主导地位，而且将限制和削弱美国军事力量在亚太的机动能力。美国也担心该地区把导弹技术扩散给恐怖分子后，恐怖分子会在美国港口或停泊在美国海岸的船上向美国机动发射短程弹道导弹或巡航导弹，而美国目前还缺乏有效防御这种导弹攻击的方法。

美国更为担心的是大规模杀伤性武器与导弹结合给美国全球投射力量的影响。2000年12月，美国国家情报委员会的报告指出：“用装载有大规模杀伤性武器的导弹攻击美国力量和利益的可能性今天比冷战任何时候都更高了。”②据预测，从2000年到2015年，使用大规模杀伤性武器攻击美国本土、海外设施和利益的可能性还会继续上升。③尽管巴基斯坦和印度都宣布遵守《禁止生物武器公约》和《禁

① US DoD, op. cit. in note 63, pp. 45–49;Carnegie Endowment, op. cit. in note 61, pp. 305–312.

② Robert Walpole, *National Intelligence Officer for Strategic and Nuclear Programs*, Testimony before the Senate Governmental Affairs Committee, Subcommittee on International Security, Proliferation, and Federal Services, (September 21, 2000).

① U.S. National Intelligence Council, *Global Trends 2015: A Dialogue about the Future with Nongovernment Experts* NIC 2000–2002, (December 2000), pp. 38–39.

止化学武器公约》，但考虑到许多国家签署或批准公约后仍然违反公约的事实，美国担心两国会把生化技术扩散给恐怖分子，造成生化学武器与导弹运载工具的结合。美国《洛杉矶时报》披露了印度的NEC工程私有公司曾先后向伊拉克出售了10批武器原料的事实，[①]使美国的疑心进一步加重。克林顿在给国会的报告中说："大规模杀伤性武器给全球稳定和安全造成了最大的潜在威胁。先进武器和技术的扩散给无赖国家、恐怖分子和国际犯罪组织，提供了攻击美国、盟国、海外民众和军队的手段。"[②]由此可见，美国对导弹与大规模杀伤性武器结合的后果已有非常清醒的认识。

第三，南亚是目前世界上最易爆发核战争的地区，而导弹的扩散则会加剧这种危险性，从而打乱美国的全球战略部署。一般而言，当更多的国家获得核武器或拓展自己的核武库时，其使用核武器的可能性就会上升。就南亚而言，巴基斯坦和印度都是事实上的核武器国家，但双方没有完善的指挥和控制体系，缺乏明确的核战略，没有建立起信息沟通和信任措施，无法获得了解对方能力和意图的准确情报，又没有必要的导弹防御能力。在对对方意图发生误判和偶然事故的情况下，会发生先发制人的核攻击。印巴双方都发展了较为完善的导弹运载系统，可以在几分钟内将核弹头投送到对方的攻击目标。目前，印度和巴基斯坦都把核武器看作是重要的威慑力量，对这种威慑力量的依赖都很大。

美国是世界上首次对别国进行核打击的国家，但现在又是最担心发生核战争的国家。美国是《不扩散核武器条约》的倡导者和维护者，又是承诺向无核武器国家提供核安全保障政治义务的最重要国家。[③]诸如阿根廷、巴西和南非等国家之所以放弃发展核武器，就是相信美国的这一承诺。一旦南亚爆发核战争，很快就会殃及无辜，美国苦心经营的防扩散体制就会崩溃。这是美国所要极力避免的。

---

① "印度公司曾非法售伊大规模杀伤性武器原料"，<http://news.shangdu.com/17/2003-01-21/20030121-160792-17.shtml>。

② White House Press Secretary, *A National Security Strategy for A New Century*, (January 5, 2000), p. 6.

③《不扩散核武器条约》包含了核武器国家和非核武器国家之间的一种契约：核武器国家同意最终消除核武器；不对无核武器国家使用核武器。无核武器国家则不发展核武器，不与有核武器国家结盟。

二、美国对南亚导弹扩散的主要关切

在对导弹扩散的基本评估中，美国也十分关注与南亚导弹扩散相关的一些安全问题。能否处理好同这些问题之间的关系，将直接关系到南亚导弹不扩散政策的成败。

首先，印巴能否加入《导弹及其技术控制制度》问题。《制度》成立于1987年，其宗旨是限制能携带大规模杀伤性武器的弹道导弹、巡航导弹和无人驾驶飞行器（UAVs）及其相关技术的扩散。《导弹及其技术控制制度》不是一个具有法律约束力的正式条约，其实施的共同出口管制标准都出于自愿。印巴不是该条约的成员国，不受其条款的束缚。美国担心两国可能会将导弹及其相关技术扩散给其他国家，这不但会提高核导弹国家的数量，而且也会给美国及其盟国的安全带来严重威胁。

按照《导弹及其技术控制制度》规定，加入国必须具备两个条件：一是得到所有成员国的同意，二是符合严格的出口管制条件。如果让印巴加入该条约，就能用“自愿实施出口管制”这根绳索“缚”住印巴的手脚，为美国提出地区导弹防扩散倡议奠定基础。美国的这种盘算，印巴早已心知肚明，一直抵制加入该机制。理由是《导弹及其技术控制制度》仅是一些工业发达国家出于控制技术转移而建立的一种国际卡特尔,是捍卫发达国家利益的一种制度安排。[①]尽管如此，美国的目标仍然是努力让印巴加入该条约。

其次，对印巴进行导弹技术援助问题。美国政府内部有人提出了一种看似令人惊讶的观点，认为美国通过有计划地向印巴提供一些导弹技术，不但有助于每个国家的导弹在遭受袭击时提高反击能力，而且还可保持双方导弹力量的平衡与稳定，在一定程度上削减南亚导弹竞赛的程度。反对该计划的人则认为，在向一方提供技术援助时，必然会引起另一方的怀疑和反对。何况巴基斯坦的导弹力量比印度更弱，必然要求美国给其提供比印度更多的技术援助，但这同样会引起印度的极大反对。作者认为，在南亚导弹扩散日益严重的情况下，美国政

① The Permanent Representative of Pakistan to the U.N., *Missile Technology Control Regime: Its Destabilizing Impact on South Asia*, (July 23, 1997) .

府绝不愿意做这种“引火烧身”的导弹技术援助。美国担心的主要是其他国家对南亚进行的导弹技术援助。美国就认定朝鲜和俄罗斯给南亚进行过许多导弹开发的援助。今后，美国肯定会加强对这种援助的监督和反对的力度。

第三，印巴与“防扩散安全倡议”的关系。2003年5月，布什总统访问波兰时首次提出了“防扩散安全倡议”，旨在禁止大规模杀伤性武器及其运载工具的扩散。美国与其他10个盟国一致同意采取共同措施，在空中、陆地和海洋对违禁物品在全球的流动进行拦截。布什政府认为“倡议”的原则一定要与国家法律和相关国际法框架保持一致。2003年9月，由美国领衔发起了一系列名为“太平洋保护者”的海上拦截演习。10月，“倡议”国家在巴黎开会，接受美国政府提出的原则，并制定了详细的清单说明。[①]美国认为“倡议”不针对特定国家，但从其导弹防扩散的重点来看，显然主要是针对朝鲜的导弹出口和其他对外进行导弹技术援助的国家。

理论上讲，“倡议”对印巴的大规模杀伤性武器和导弹也要进行拦截。但美国清楚，印巴毕竟不同于朝鲜，应慎重处理“倡议”与两国间的关系。美国需在两个问题上取得谨慎平衡：一是禁止违禁物被运进印巴还是禁止印巴将违禁物运出？二是对印巴的违禁物是执行全部禁止、小额禁止，还是不禁止？影响“倡议”对印巴关系选择的因素有：“倡议”对国际不扩散机制的影响、“倡议”的合法性问题，以及美国在全球反恐中对印巴的倚重等。目前，最令美国头疼的是“倡议”的合法性问题。[②]因为按照国际法，即使在特殊环境下，国家拦截轮船和飞行器的权力仍然有限。但美国认为在公海上出现携有大规模杀伤性武器和导弹的“可疑”货船时，国家有权进行拦截。印巴是主权国家，又是美国的反恐盟国，美国与两国在这个问题上的博弈将是复杂的。

第四，地区导弹防御与南亚的导弹扩散关系。印度获取导弹防御的立场坚定，行动果敢。途径主要有两种：本国自主开发和从别国购买。有报道说印度的国防研究和发展组织（DRDO）已参与一项名为

① *The Proliferation Security Initiative: Naval Interception Bush-Style*,（August 25, 2003）, <http://www.cdi.org/program>.

② JenniferK. Elsea , *Weapons of Mass Destruction Counter-proliferation : Legal Issues for Ships and Aircraft* , CRS Report RL32097, <http://www.fas.org/spp/starwars/crs/RL32097.pdf>.

"蓝天"（Akash）的导弹防御计划，旨在把中低射程的地对空导弹改造成拦截弹道导弹的防御武器，[①]但印度官方一直未予证实。受资金和技术限制，印度将重点转向了国外采购。自1995年以来，印度一直与俄罗斯进行旨在获取C-300PMU-1或C-300V反战术弹道导弹的谈判。[②]现在，印度又将目标锁定在美、以共同研发的"箭"式导弹防御体系。该导弹性能优良，不但能对中、短程弹道导弹进行终端拦截，而且还能同时侦察和跟踪14颗飞行距离为500千米的返航导弹。印度打算在克什米尔控制线和印巴边界部署"箭"式导弹体系，保护这里的人口和军事中心。[③]另有报道说，印度还同美国谈判购买先进的"爱国者"导弹防御体系。[④]

巴基斯坦认为其导弹对印度具有可靠的核威慑，但印度建立的导弹防御体系将侵蚀这种信心。印度媒体报道说巴基斯坦已和美国展开了购买弹道导弹防御体系的谈判，目的是获得"爱国者"体系、"霍克"、"大力神"系统中的任何一种。

第五，南亚地区的导弹防御问题。五角大楼与国务院在这个问题上立场相左。五角大楼认为导弹防御有利于遏制导弹扩散，避免导弹袭击的最佳办法就是在印巴共同感兴趣的领域与它们开展合作。[⑤]这是威慑观点的一种翻版。国务院则认为印度一旦获"箭"式弹道导弹，巴基斯坦的安全感就会下降，也会竭力获取这种导弹防御体系，从而加剧双方的紧张关系。参议院担心："箭"式导弹虽是一种防御体系，但可以改造成进攻性武器；出售该种武器会引发地区性军备竞赛,也违反美国作为《导弹及其技术控制制度》成员所承担的义务,对美国的爱国导弹体系形成竞争。[⑥]此外，印度建立导弹防御，还会打破印巴双方

---

① Shirley A. Kan , *China and Proliferation of Weapons of Mass Destruction and Missiles: Policy Issues* CRS Report RL31555 , <http://fpc.state.gov/documents/organization/17339.pdf>.

② Gregory Koblentz, *Viewpoint: Theater Missile Defense and South Asia: A Volatile Mix, The Nonproliferation Review* (Spring-Summer 1997) , p. 55.

③ Ramatanu Maitra, *An Arrow to Washington' s Heart, Asia Times Online*, (August 20, 2002) , <http://www.atimes.com/atimes/South_Asia/DH20Df08.html>.

④ Shishir Gupta, *India Hopes for Patriot Nod, Indian Express*, (May 23, 2003) .

⑤ David Ruppe, India: *Washington Considers Allowing Transfer of the Arrow Interceptor, Global Security Newswire*, (July 30, 2003) .

⑥ John Donnelly, *Congress Warns Bush, Israel on Arrow Exports, Defense Week*, (Volume 24, Number 22, June 2, 2003) , p. 1.

长期以来形成的“非武装化威慑”（non-weaponized deterrence）[①]，迫使巴基斯坦部署更多核弹头，增大在突破印度导弹防御的战争中首先使用核武器的危险性。

第六，“布拉莫斯”巡航导弹问题。“布拉莫斯”巡航导弹是由印度和俄罗斯联合研制的超音速巡航导弹，有几种飞行弹道，采用“发射后不用管”的形式，同时它还具有低雷达信号特征和易于操作的特点。该导弹射程290千米，速度2.8马赫，在负载300千克时可以在10米至14千米的任何高度飞行。[②]美国认为该导弹有能力对其导弹防御进行攻击。如果它掌握在敌对国家或非国家行为体手中，不但破坏南亚地区的稳定，而且对美国及其盟国的安全产生严重影响。美国决定要重点加大对印度的压力，迫使其放缓或禁止该类导弹的大规模生产和部署。

第七，南亚导弹及其技术向恐怖分子扩散问题。“9.11”事件后，美国在南亚邻国阿富汗发动了清剿恐怖分子的战争，从而大大提高了恐怖分子利用核、生物、放射性和化学武器来报复和恐吓美国的可能性。美国一直认定巴基斯坦存在向恐怖分子扩散导弹技术的可能，这也是美巴关系长期趋冷的主要障碍。但在美巴合作反恐的情况下，也变成了两国改善关系的最大亮点。

2004年1月，巴基斯坦“原子弹之父”卡迪尔·汗和其他一些科学家涉嫌出卖核机密的事件浮出水面，这进一步加深了美国的担忧：一旦这些核技术泄露到恐怖分子手中，并与导弹等运载工具相结合，恐怖分子对美国“不对称”的恐怖攻击将是美国自身无法承受的。鉴于此，美国的一些国会议员指责政府出于建立全球反恐联盟的需要，减弱了对巴基斯坦向国家和非国家行为体扩散导弹及其相关技术的指责和压力。[③]

三、美国遏制南亚导弹竞赛的政策分析

美国认识到，印巴之间的不信任根深蒂固，如果没有外力的强力

① 印巴均相信各自拥有与导弹、轰炸机相分离的核弹头，会对首先使用或偶然发射核导弹的危险提供一种遏制。

② “印度海军将试验超音速巡航导弹”，<http://www.china.org.cn/chinese/junshi/115847.html>。

③ C. Raja Mohan, *A Paradigm Shift Toward South Asia?*, *Washington Quarterly*, (Winter 2002-2003).

干预，放任南亚的导弹扩散于不顾，后果不堪设想。作为在南亚具有重要战略利益的国家，在如何遏制南亚的导弹扩散问题上，美国已制定了缜密的政策措施。它将遏制南亚导弹扩散的政策措施细化为三类：低可行性措施，高可行性措施和借助中国的战略地位。

首先，美国主张在外力干预和印巴双方的共同努力下，使印度和巴基斯坦的安全行为发生重大变化，从而在双方之间建立起充分的信息沟通和信任措施。这就是遏制南亚导弹扩散的低可行性政策措施。主要包括：（1）使印巴双方核武器的运载系统处于非部署和非战争状态。[①]（2）在印巴关系发生对峙时，促使双方正式同意对各自的导弹采取警戒状态，使这种事前的信息沟通发挥阻止因误判或事故而导致核战争的可能性。（3）在美国主导和其他国家协助下，让印度和巴基斯坦对各自的导弹采取非战争化选择，让核武器与具有携带核弹能力的弹道导弹（射程至少是50千米）或轰炸机分开。（4）促使印度和巴基斯坦阐明符合实际的核主张。印度已宣布不首先使用核武器，巴基斯坦尚未宣布，美国力图使巴基斯坦对核威慑的依赖降到最低限度。（5）促使印度和巴基斯坦充分认识并接受南亚地区核导弹不对称的现实。

其次，美国认为在不要求印巴安全行为发生根本变化的情况下，通过促使双方建立"消极防御"措施，也能遏制南亚的导弹扩散，而且还能为今后实施更重要的导弹防扩散政策打下基础，这就是所谓高可行性措施。主要包括：(1)可行与专门的交流；(2)导弹和空间发射的预先通告制度；(3)导弹力量运行通知等。

第三，美国主张在遏制南亚导弹扩散的努力中，应借助中国的战略地位。中国是南亚导弹控制成功的关键。

美国之所以在遏制南亚导弹扩散问题上如此卖力，原因主要在于：

1. 遏制导弹扩散是美国南亚安全战略的重要组成部分。"9.11"事件在相当程度上改变了美印关系急剧升温、美巴关系每况愈下的局面。美国为借助巴基斯坦彻底摧毁本·拉丹和塔利班，迅速调整对印、对巴关系，将"重印轻巴"、"扬印抑巴"改为"重巴顾印"。[②]遏制导

---

① Nazir Kamal, *Pakistani Perceptions and Prospects of Reducing the Nuclear Danger in South Asia*,<http://www.cmc. sandia. gov/Links/about /papers/SAND98-0505-6/index/html>.

② 马加力："'9.11'后美国南亚政策的变化"，载《和平与发展》，2002年第1期，第16-17页。

弹扩散，保持地区稳定，则是实施这一战略的重要保障措施之一。

2. 在两国关系紧张对峙的情况下，对意图的误判或偶然的导弹发射都会造成不可想象的严重后果。正如美国副国务卿塔尔伯特所言：“除非印度和巴基斯坦实施实质性的限制，不然核武器运载系统本身就能变成紧张的来源，它们的性质和部署会成为在危机中刺激先发制人打击的动力。”①只要巴基斯坦和印度之间存在恐怖主义和克什米尔问题的争端，这种危险局面就有可能出现，南亚地区持续的导弹扩散就难以避免。

3. 在现代技术条件下，装载有核弹头的导弹飞行时间很短，能在十多分钟甚至几分钟时间里到达打击目标。加之印巴之间地域狭窄，无战略回旋余地，会进一步加剧发生核战争的可能性。

4. 从常规武器来看，巴基斯坦明显落后于印度。巴基斯坦坚信可以用核导弹力量来弥补自己在常规武器方面的劣势。为提高对印度核威慑的可靠性，巴基斯坦将自己的核武器分散储存。一旦两国摊牌，巴基斯坦还会有再次报复的能力。巴基斯坦对前景的这种悲观假定，会提高其在冲突中首先使用核武器的几率。

5. 在美国看来，南亚被认为是一个武器容易发生事故的地区。意外事故包括武器库的失火和爆炸，包括导弹制造单位的非保密等。如果放任导弹扩散，南亚地区就会变成恐怖分子窃取导弹及其技术的乐园和虐杀无辜生命的屠场。②

6. 虽然目前印巴都在努力，但南亚仍然缺乏成熟和有效的导弹防御系统。如果发生导弹袭击，由于没有防御系统的保护，造成的破坏会更惨重。

进入新世纪，特别是“9.11”事件后，南亚地区不再是美国战略家眼中的“战略死角”（strategic backwater）。从遏制印巴核导弹发展态势、借助印巴推进全球反恐怖战略、牵制中国“称霸”亚太等战略考虑出发，美国的战略家和政府高官开始较多关注南亚的导弹扩散与战略平衡问题，认为一个繁荣、稳定的南亚有利于美国的安全利益，开始有意识地关注南亚的导弹扩散问题。一些美国政府官员乐观地认

① Strobe Talbott, *U.S. Diplomacy in South Asia: A Progress Report*, (December 16. 1998).

② Michael Krepon and Chris Gagne Eds, *The Stability-Instability Paradox: Nuclear Weapons and Brinkmanship in South Asia*, Henry Stimson Report, No.35, <http://www.stimson. org/southasia/pdf/NRRMChari. pdf>.

为，通过在印巴之间建立核导弹控制制度，依赖在双方部署可靠弹道导弹的相互威慑，就可以有效遏制南亚地区的导弹扩散问题。

但是，印巴之间的民族矛盾、宗教冲突与领土争端相互交织，错综复杂，由来已久。特别是日益增长的印度教民族主义和巴基斯坦伊斯兰原教旨主义之间的冲突会加剧南亚地区的紧张局势。美国对缓解南亚地区的导弹扩散和确保南亚地区的稳定无疑是重要的，但外因只有通过内因才能发挥作用，美国力促印巴建立遏制导弹扩散机制的努力注定困难重重。未来美国遏制南亚导弹扩散的前景主要取决于相互关联的四个问题的发展与解决,即中印关系的发展进程和战略态势，美国“改造”印度和巴基斯坦的程度，印度开发武器的战略决策和巴基斯坦的战略反应，以及导弹防御体系在南亚部署的前景。从目前的发展趋势来看，中印关系出现了前所未有的改善势头，美国也不断参与和影响着印巴两个大国之间的安全事务。但印度一直在积极寻求获得高科技新武器的平台和寻求部署导弹防御体系，巴基斯坦也不甘落后，积极寻求应对和破解之策。由此可见，美国遏制南亚地区导弹扩散的前景仍然不容乐观。

日本导弹防御发展足迹[①]

张　浩

内容提要：本文通过回顾90年代以来日本发展导弹防御的历史进程，简要分析其拦截系统与火控系统的组成，并在此基础上对日本发展导弹防御系统的意义及其影响：对其国内规范如"专守防卫"、出口三原则及"集体自卫权"的影响及日本政府推进导弹防御计划的原因做出分析。

主 题 词：导弹防御　[宙斯盾]　[专守防卫]　出口原则　[集体自卫权]

作者单位：北京　清华大学国际问题研究所

自从20世纪美苏之间确立"相互确保摧毁"的核战略开始，双方便曾都谋求建立一套导弹防御体系以抵消对方的导弹威胁。由于技术和政治上的因素使得双方放弃这一计划，并于1971年签署《反弹道导弹条约》作为结束。[②]但是双方，尤其是美国并未放弃这一努力：里根

① 就在年度报告编辑过程中,传来了"日正式决定与美国共同开发下一代导弹防御系统"的消息。人民网，2005年12月24日电，日本政府今天召开安全保障会议和临时内阁会议，正式决定从2006年度开始同美国就下一代新型导弹防御系统拦截导弹进行共同开发。上午，日本内阁发表了官房长官谈话，明确表示，美日导弹防御系统共同开发工作将不受武器出口三原则的限制。美日即将共同研制的新型拦截弹计划装备于宙斯盾舰，是SM-3型导弹的改进型号。SM-3计划于2007年度实际装备部队，而新的改进型的防护范围将是SM-3的两倍，可以对付使用干扰弹的高性弹道导弹。在共同开发中，日本方面主要负责以下三方面的工作：(1) 导弹头部"鼻锥"；(2) 导弹第二阶段的火箭发动机以及上下段分离部；(3) 参与第三段火箭发动机的主要研制工作。美国方面主要负责以下三个方面的工作：(1) 直接摧毁式动能弹头；(2) 红外制导装置；(3) 导弹制导系统。新型导弹的红外装置很可能沿用日本已有的技术。日本政府已决定在2006年度预算中为共同开发工作投入30亿日元。该项共同开发工作计划于2014年完成，并于2015年投入量产。预计日本方面将承担10-12亿美元左右的费用，而美国方面也仅仅承担11-15亿美元左右。<http://www.cacda.org.cn/news/Read.asp?ID=737>——编著者注。

② 刘华秋：《军备控制与裁军手册》，国防工业出版社，2000年版，第125页。

一上台便提出了“星球大战”计划，而此后的每一任美国总统都在自己的任内提出了自己的导弹防御计划，直到今天，小布什政府正一步步地将其从计划转变为现实，并不遗余力的将其盟国拉入计划之中以分担庞大的费用压力和减轻国际国内舆论的压力。日本扮演了至关重要的角色。本文将对日本参与导弹防御的过程作一回顾，并简要介绍其防御系统的组成，并以此为基础做简要分析。

一、发展历程①

根据每段时期内日本对于导弹防御的态度，日本导弹防御计划可分为三个时间段：(1) 1990—1998年。这一时期，日本主要是通过日本国内外的相关企业和机构对建立导弹防御系统与否进行论证。(2) 1998年8月至2001年6月。在这一时期内，日本政府借朝鲜发射的火箭（其宣称为“大浦洞”导弹）经过日本上空之际，正式与美国共同研发战区导弹防御系统，开始政府间的相关合作。但小布什第一任上台之初，日本对其合国家导弹防御、战区导弹防御系统为一的导弹防御计划较为犹豫。(3) 2001年6月至今，日本开始积极参与研制和计划部署导弹防御。

（一）日本利用朝鲜导弹“威胁”开始研究战区导弹防御系统阶段

1990年5月底，朝鲜试射“劳动”I型弹道导弹，落点在日本海。

1991年8月，日本防卫厅要求1992财年预算拨款7.62亿美元（1037亿日元）用于购买雷声公司的“爱国者”地空导弹及其训练系统。

1993年5月29日，朝鲜试射4枚弹道导弹入日本海，包括“劳动”I型。10月，日本防卫厅长官访问华盛顿美日正式开始讨论建立战区导弹防御系统。

---

① 2000年以前的相关信息整理，出自师小芹《东北亚战区导弹防御大事记1990年5月至2000年6月》国际资料信息2000年8期 第29页—32页。《东北亚战区导弹防御大事记（续)》国际资料信息2000年9期 第30页—32页。2000年以后的相关信息，出自新华网的相关新闻报道。

1994年5月，美国向日本提出了有关战区导弹防御系统合作的4种选择，代价从45亿美元到163亿美元不等，部署时间是2004—2005年。日本决心购买24套“爱国者”PAC-3系统，到1999年部署完毕。5月中旬，由三菱重工领导的日美国防承包商小组发表了一份名为“西太平洋地区导弹防御构架研究”，探讨了2000—2005年间保卫西太平洋地区和日本不受朝鲜弹道导弹袭击的可行性。报告还审议了使用将于1998年服役的金刚级“宙斯盾”驱逐舰上的海基导弹防御系统问题。这一研究始于1989年，历时4年，耗资800万美元。6月2日，有报道说朝鲜在过去一周内（5月31日和6月1日）进行了两次“蚕式”反舰巡航导弹试射。14日，据报道，朝鲜试验了用于“大浦洞”I型和II型导弹的推进箭。10月，日本尼桑动力公司正研制一个用于提议中的战区导弹防御系统项目的新型侧推进火箭。地面试验已经进行完毕。预定于1996年或1997年进行一次演示试验。25—26日，第三次美日战区导弹防御系统工作小组磋商会举行。双方同意成立一个专家小组审查对日本的弹道导弹威胁，以及如何应付这种威胁。11月，美国陆军战区导弹防御系统的主要承包商洛克希德公司同日本三菱公司签署一份合作研究战区导弹防御系统的合同。

1995年日本在其始于1995年4月的财政年度预算中拨款270万美元用于研究战区导弹防御系统问题。4月1日，日本防卫厅增设了弹道导弹防御研究办公室。该办公室将与美国弹道导弹防御机构(BMDO)和美国太平洋司令部合作研究战区导弹防御系统计划的可行性，为政府提供政策建议，美国国防部弹道导弹防御机构署向美日部长级联合安全委员会日方成员发送了一份题为“关于日本战区导弹防御系统的选择”的报告，对可能来自朝鲜或中国的导弹威胁提出四个防御方案。四个方案的耗资在1.84—2.75万亿日元之间。8月底，日本防卫厅发表了一份题为“弹道导弹研究”的报告，报告赞成导弹防御，并强调了日本面对弹道导弹威胁时的有限能力。此外，日本防卫厅还提交了一份预算案，要求财政部拨款143亿日元用于新的地空导弹防御系统。12月14日，日本安全委员会和大藏省同意给5年防卫计划分别拨款25.15亿日元，其中包括调查战区导弹防御系统的“有效性和费效比”。25日，日本防卫厅宣布日本1996年度防卫预算将拨款2850万美元（29.5亿日元）用于对弹道导弹防御系统研究和发展的“概念研究”。

1996年2月，日本防卫厅同意与美国一起发展具有发现弹道导弹发射和观测其可能目标的早期预警系统。这种早期预警系统将包含美国的红外传感卫星，该种卫星可发现弹道导弹的发射，并向日本防卫厅指挥中心提供信息和弹道数据。23日，美日签署有关研究战区导弹防御系统的可能性的谅解备忘录。3月26日，美日举行1993年以来第五次战区导弹防御系统工作小组会议。4月日本防卫厅1996财年(1996年4月至1997年4月)为战区导弹防御系统问题拨款约470万美元。同时，日本东芝和三菱获得137亿日元用于开发一种中低水平的、具有“反巡航导弹能力”的地空导弹。该项目将历时7年，耗资1280亿日元。6月美国防部和日防卫厅签署一项协议，美向日提供卫星资料，包括导弹发射早期预警资料。8月7—8日，美日官员在华盛顿举行第六次战区导弹防御系统联合工作小组会议。1996财年日本防卫厅已经为战区导弹防御系统研究拨款44亿日元。

1997年4月2日，英国《简氏防务周刊》报道，日本计划在1998年从1艘“宙斯盾”驱逐舰上试射美制“标准”-3Block0导弹，向建立一个海基战区导弹防御系统跨出第一步。

（二）日美正式研发战区导弹防御系统时期

1998年2月14日，据报道，从1999年开始，日本和美国将联合进行轻型大气层外射弹(LEAP)的研究，它将作为弹道导弹防御系统的一部分。5年的费用为200亿日元(1.6亿美元)。8月31日，朝鲜进行“大浦洞”I型2级中程弹道导弹的首次飞行试验。火箭飞过日本本州岛，落入日本港口城市八户以东330千米的太平洋中，大约飞行了1380千米。9月16日，美国情报机构在离岸4000英里的太平洋海面找到了朝鲜8月31日发射失败的卫星残片。9月19日，日本正式同意与美国联合研究以美国海军的“标准”-3Block II型战区范围防御系统为基础的战区导弹防御系统计划。该计划从1999年开始实施，5年里日本将花费1.7—2.55亿美元。10月8日，日本首相小渊惠三和韩国总统金大中签署了一项联合声明，指责朝鲜的导弹计划是对地区安全的威胁。11月6日，日本政府批准发展该国第一颗间谍卫星，并计划到2002年发射4颗卫星，共耗资约17亿美元。

1999年9月10日，日本指定三菱重工为美日联合发展弹道导弹防御研究计划的首位日本承包商。8月16日，美日签署一项协议，合作研究和发展导弹防御系统的5年计划。该计划将集中研制增强用于海军战区范围导弹防御的标准导弹SM-3。分析和设计一个高级导弹感应器、高级动力弹头、第二阶段推动和轻型导弹头部锥体。美国已经为此项目拨款3600万美元，而日本1999年拨款800万美元。

2000年1月24日，《防卫新闻》报道，日本防卫厅2001—2005年中期防卫计划将包括至少两艘新的具有导弹防御能力的“宙斯盾”驱逐舰。

2001年6月13日，日本首相小泉纯一郎在国会称，没有排除日本会反对美国的导弹防御计划，并说日本需要“谨慎考虑”本身立场。同日在与日本各在野党党首举行的讨论会上说，美国布什政府提出的导弹防御计划可能引起新的扩军。17日，日本防卫厅长官中谷元表示，虽然布什政府将要推行导弹防御计划，但日本目前没有参加。他表示，在现阶段，日本政府虽然继续与美国共同研究战区导弹防御计划，但是，从专守防卫的观点出发，日本宪法禁止日本参加包括战区导弹防御计划在内的布什政府的导弹防御计划。6月22日，日本防卫厅长官中谷元在华盛顿与美国国防部长拉姆斯菲尔德会谈之后表示：“如果日本未来将建立一个导弹防御系统，那么，这将被设计用来保护日本的本土，并且由日本独立来操作和执行。”6月，外相田中真纪子访美回日本后，一改往常的反美作风。她在国会上不止表示对美国部署导弹防御系统有所理解，也强调凡事都和美国作对，不表示日本可以自立。

（三）加快研制与部署导弹防御阶段

2002年11月21日，在夏威夷海面，美军“宙斯盾”驱逐舰对美国独自开发的海基导弹防御系统进行了第四次试验。

2003年2月12日，美国防部情报局局长杰克拜宣称，朝鲜拥有一种射程可达美国西部的远程弹道导弹。5月，小泉首相在美国克劳福德对布什总统称将研究部署导弹防御。6月21日，日本做出决定，将投资2000亿日元（约20亿美元），从美国引进两种先进的动能拦截系统。“标准”-3拦截弹，与“爱国者”PAC-3拦截弹，并计划于2007年装备部队服役，从而构筑起由海基中段防御系统和地基末段防御系统组成的双层防御体系。日本政府的这一决定标志其导弹防御政策发生了重大转变，即从以往标榜仅仅限于与美国合作开发导弹防御技术，转向与美国合作研制和部署弹道导弹防御系统的新阶段。12月4日，日本媒体也披露说，小泉政府计划耗资5000亿日元（约合46.2亿美元）引进美国的导弹防御系统。12月11日在太平洋海域进行一次海上导弹防御系统试验，一艘导弹巡洋舰发射的“标准”-3导弹击中了假想的弹道导弹弹头。这是第4次成功拦截试验。12月19日，日本内阁会议决定建立导弹防御系统，并提出要转变原有的“基础防卫力量构想”。日本内阁官房长官福田康夫在日本安全委员会的会议后宣布，将采购美国雷神公司的“爱国者”PAC-3陆基防空系统（低空至高空）和“标准”-3Block1舰载战区导弹防御系统（近程和中程）来升级其导弹防御系统。

2004年1月13日晚，正在波兰访问的防卫厅长官石破茂对同行记者大谈武器出口三原则的弊端，表示防卫厅内正在探讨将日美共同开发的武器向第三国出口，并对武器出口三原则进行彻底修改。小泉也匆匆在第二天出面进行解释，强调武器出口三原则的修改问题只限于同美国共同进行导弹防御系统的研究和生产。另有多位首相官邸的人士也表示此次石破茂的发言根本没有同首相官邸进行磋商。2月12日，日本防卫厅已完成导弹防御系统所使用的新型雷达（FPS-SS）的开发工作，新型雷达是用来探测并跟踪弹道导弹发射的，雷达的性能试验将从4月开始约进行两年时间。4月21日，据报道，美试图在日本国内配备可用来探测并防御以攻击美国本土为目标的洲际弹道导弹路基早期预警雷达GBR。6月4日，据报道，波音公司已将“标准”-3型导弹在第1部署阶段中的第5枚动能弹头（SM-3KW）装货运出。12月10日，日本政府发布了新的防卫计划大纲，及在其基础上制定的中期防卫整备计划。将朝鲜的导弹威胁和中国的军事现代化放在了其关注的首要地位，并将发展导弹防御放在了突出重要的地位。明确了日本将建立的导弹防御系统体制的基本情况。新设立了导弹防御相关项目，对导弹防御部队编成和主要装备数量进行了界定。12月27日，日本政府官员透露说，日本正谋求起草“应急事件法”，以便一旦有迹象表明敌人正在准备对日本本土发动攻击时，日本方面能够及时启动导弹防御系统。“应急事件法”拟将执行导弹拦截系统的职权交给根据自卫法案规定的负责导弹防御的军队指挥官；官员称这样步骤安排一方面将确保由文官处理可能面临的导弹袭击情况，另一方面又能保证日本自卫队能够做出快速反应。

2005年1月8日，日本称已决定其导弹防御系统将只用于拦截袭击日本的导弹，而不拦截飞越日本上空或者是袭击包括美国在内的其他国家的导弹。政府已决定限制导弹防御系统的拦截范围，因为拦截袭击其他国家的导弹将构成集体防御。

二、系统构成

日本计划采用的导弹防御系统实质上就是原战区导弹防御系统，这一系统是在“宙斯盾”作战系统的基础上所构建的。“宙斯盾”作战系统，是冷战时期美国海军为实现全维蓝色水域防御屏障而构想的海基导弹防御系统。为抗击成百枚几乎同时攻击目标的反舰导弹密集突防，在公海海域同前苏联海军编队作战是其目的。经过多次的改进，目前所使用的是M7型作战系统，这也正是日本导弹防御系统的核心——“金刚”级导弹驱逐舰所采用的系统。[①] 日本导弹防御系统有两部分组成：陆基底层拦截（使用“爱国者”PAC-3拦截器）和海军高层拦截系统（NTW）（使用“标准”-3拦截器）。[②] 但作为一个整体，可大致将其分为早期预警、火控雷达、拦截器及C4I系统几部分。目前，日本尚未完全拥有以上系统，这也是日本在今后几年内主要发展重点，其包括以下组成部分：

（一）早期预警系统

日本所准备使用的导弹防御系统的早期预警和火控系统都是由同一套雷达系统所兼任：在水面上是“金刚”级驱逐舰上所列装的相控阵SPY-1D雷达，[③] 在陆地上，则由刚刚自行开发出的FPS-XX雷达所组成。

SPY-1多功能相控阵雷达是美水面主力舰只所广泛采用的雷达。早期型号于1970年投入现役，有A,B,D,F等多个型号，美国海军“提康德罗加”、“阿里·伯克”级都列装该雷达。日本“宙斯盾”战舰上即将采用的是一种新的改进型。该雷达不但能同时完成搜索、探测、

① <http://www.globalsecurity.org/military/world/japan/kongo.htm>

② 夏立平，《亚太地区军备控制与安全》，上海人民出版社，第326—340页。

③ HUANG Weiguo, *A Preliminary Analysis on Defend Area of the Ageis BMD System*, 16th Summer Symposium.

跟踪、控制、制导等功能，具有在200海里距离之外跟踪几百个目标的能力，还增强了对小反射面，较低高度目标在密集电子干扰下的发现能力，据估计，探测距离将达到1000千米左右。①

2004年2月12日，日本防卫厅已完成导弹防御系统所使用的新型雷达（FPS-SS）的开发工作。日本防卫厅计划，从2006年度起，每年增加开发一部FPS-SS新型雷达的预算，在全国28处航空自卫队的固定雷达基地中，选择位于日本海沿岸地区的4处雷达基地优先配备。这种雷达具有以下优点：（1）预警性能高。这种雷达将使日本对朝鲜导弹的预警时间由目前的7—10分钟提高到15分钟左右。（2）反应时间短，且能同时对付多个目标。它利用电子扫描的灵活性和快速性，能同时搜索、探测和跟踪不同方向和不同高度的多个目标，并同时制导多枚导弹攻击和拦截多个空中目标。（3）功能多、机动性强。它能同时形成多个独立控制的波束，分别执行搜索、探测、识别、跟踪、制导导弹等多种功能。据军事专家推算，一部FPS-XX雷达可以完成5部日本现有的J/TPS-102移动式雷达的任务。（4）抗干扰能力强。②

2004年，日本投资2479亿日元用于情报搜集、分析、执行和交流系统，与上年相比增加了64.4%，并于2005年和2006年再发射两颗间谍卫星用来监测朝鲜。③

（二）拦截系统

拦截系统同样也分为两部分："爱国者" PAC-3和"标准"-3。

"爱国者"PAC-3系统是陆上低空防御系统，新型"爱国者"PAC-3型反弹道导弹系统采用了高速动能拦截弹头，在较低的大气层中可以极高的速度摧毁目标，可拦截射程1400千米以内的导弹，以及巡航导弹和飞机。目前，"爱国者"PAC-3型反弹道导弹系统已进行了七次成功的拦截试验。④

---

① "美日构建海上导弹防御，'宙斯盾'将堵朝鲜大门"，<http://news.xinhuanet.com/mil/2004-04/06/content_1403019.htm>

②"日研制出反弹道导弹新型雷达4月试验约在2005年投产"，<http://news.xinhuanet.com/world/2004-02/19/content_1322310.htm>

③ 新华社，"日本军费投向注重打造战略性武器"，2004年9月21日电 <http://news.xinhuanet.com/mil/2004-09/21/content_2001217.htm>

④《平成16年版防衛白書》第3節 弾道ミサイル防衛。

“标准”-3是“标准”防空导弹系列中最新的一个型号，最早的“标准”-1于1967年形成初始作战能力，在“标准”-2增程型RIM-67D的基础上发展的“标准”-2-4导弹能在复杂电子环境下拦截高速机动的来袭导弹，作战半径为100—200千米。也是海军低空导弹拦截所采用的拦截器。而在其在前部增加了“大气层外轻型射弹”(LEAP)，采用MK72一级火箭和MK104双推力火箭发动机助推之后，便是SM-3，其拦截半径为1000千米。从当前试验的成功率上来说，“标准”-3远较陆基中段拦截器（GBI）要高很多。

值得注意的是，在改进“标准”-2过程中，美军在增程型“标准”-2基础上开发出“标准”-4导弹。“标准”-4又称LASM（对陆攻击型标准导弹)。它装置了GPS/INS定位导航系统，配备MK125改进型弹头，具有超音速飞行能力和快速打击能力。中程型“标准”-4增加了反装甲能力。增程型“标准”-4采用“标准”-3装置的MK104双推力火箭发动机，最大射程达550千米。而日本参与导弹防御系统的研究，将使得其获得这一技术不具备任何实质的障碍，在这种情况下，将更加的背离其“专守防卫”的既定政策，而这种技术转移，实际上也是一种对于日本、美国所参与的《导弹及其技术控制制度》的破坏。①

三、政策评价

日本的导弹防御系统完全是一种类似“温水煮青蛙”的渐进发展模式。不管是执政党自民党还是最大的在野党民主党都是导弹防御的支持者，而其他在野党在当今日本“整体保守化”的趋势下，也未给出有力的反对，日本发展导弹防御的主要阻碍来自其自身的巨大花费和国内长期以来形成的一些“准宪法”地位的规范：“专守防卫”，对“集体自卫权”的放弃和武器出口三原则。这些国内的“软制约”所能起到的作用也正在被人为的弱化。

“专守防卫”是日本《宪法》第九条的精神所在。从目前的日本政府及国民的解读来说，导弹防御系统本身并不构成对其的破坏。但是正如前文所述，该系统确实有可能对其稍加改动便转化为进攻性武器。

① 新华社，2005年1月4日电，“‘标准’-3：当美国海上国家导弹防御‘镖头’”，<http://news.xinhuanet.com/mil/2005-01/04/content_2414289.htm.>

而另一方面，日本对其所受的导弹威胁的大肆渲染也进一步帮助其制定一系列“先发制人”的打击战略。这种变相的“导弹防御”的逻辑完全是当前导弹防御计划的自然延伸。日本导弹防御系统，尤其是海基导弹防御系统的机动性，使得其不光能保卫本土，也能够因此来介入其所谓的一系列“周边事态”。由于采用了类似的系统与装备，日本将有条件向台湾提供相应的预警及火控方面的帮助，使得台湾虽未正式部署导弹防御系统但仍能拥有部分导弹防御能力。而另一方面，日本离台湾最近的岛屿是硫球群岛，其与那国岛距台北仅150海里，[①]这就使得其导弹防御系统即便部署于“本土”也仍具有了协防台湾的能力。我们有理由怀疑，这样的能力是否是“最小程度上的”。因而，问题不在于日本政府究竟在物质上具备了何种能力，而在于其对现有原则的渐进性破坏的内在与外在动力，这种动力决不仅仅只驱动其对导弹防御的部署。

对“集体自卫权”的放弃，源自日本政府基于《宪法》第九条的有关解释。并于1972年在参议院预算会议上做出了“统一解释”：“以阻止施加于他国的武力攻击为内容的‘集体自卫权’，在《宪法》上是不允许的”。[②]但是这一解释虽然统一，日本政府仍然能根据具体的需要对其作进一步满足其需要的解释。而目前，日本仍不能说具备了完善的导弹防御能力。健全的导弹防御系统对火控早期预警系统的要求极高，美国部署的系统无论是强度还是数量都远远超过日本。但仍有专家批评这一系统无法可靠的发现并指引美国的导弹防御系统对来袭导弹进行拦截。况且从其假想敌朝鲜发射一枚导弹到达日本本土的时间将少于10分钟（一说7分钟）在这种情况下，这一系统无疑是不可靠的。也正因此，美国早在1996年就与日本签署了关于提供早期预警资料的协议。但是，由于导弹防御系统是两国共同开发的，通用性和模块性使得这种信息并不仅仅只能做单方向的流动。同样，美国于2004年提出了要与日本分享雷达数据。[③]但是在未突破宪法所剥夺

① （美）扎勒米·哈利勒扎德，滕建群等译，《美国与亚洲：探索美国的新战略和兵力态势》，兰德公司，北京新华出版社，2001年7月，第68页。

② 徐万胜，“论‘集体自卫权’与日本的安全保障”，《国际论坛》，2004年9月第6卷，第5期，第39—44页。

③ 新华社，“美欲在日配备预警雷达防御以美为目标的洲际导弹”，2004年4月22日，<http://news.xinhuanet.com/world/2004-04/22/content_1434384.htm>

的"集体防卫权"之前，这一目标的达到还为时尚早。而也正是在这一规范的限制下，日本称已决定其导弹防御系统将只用于拦截袭击日本的导弹，而不拦截飞越日本上空或者是袭击包括美国在内的其他国家的导弹。但问题是这一解释的苍白之处在于，日本仍可以以无法分辨目的国为由将该导弹拦截。[①] 从而，导弹防御的部署实质上给了日本进一步逾越"集体自卫权"限制的可能与动机。有理由相信，日本将以此进一步对"集体自卫权"进行解释，"集体自卫权"与"单独自卫权"的区别将进一步模糊和弱化，将进一步的名存实亡。

"武器出口三原则"是日本前首相佐藤荣作1967年提出的，主要内容是不向"共产党国家"、联合国实施武器禁运的国家以及卷入或有可能卷入地区冲突的国家出售武器或者其部件。[②] 可以说，美国也正属于第三类国家。长期以来，向美国的技术转移一直是日美之间的一个心结——无论是担心丧失专有技术领域内的竞争力还是企业利益及社会规范在政治中的体现，都使得日本在向美国"技术回流"中小心翼翼——尤其是90年代早期，当美国提出"技术换技术"开展导弹防御研究倡议的时候。[③] 但是这一态度如今已发生了根本性的变化：日本发现，发展导弹防御不仅需要和美国间的技术交换，而且更需要进一步的专门的零件出口，如弹头锥体、红外寻的装置、动能杀伤装置以及二级火箭引擎等等。[④] 针对这些零部件的共同开发或出口一方面与三原则产生了抵触，另一方面也与之前日本对技术转移的态度有所矛盾。但是我们可以给出这样的解释：和美国联合开发导弹防御系统，有助于降低日本的相应防御开支，同时帮助其在若干高技术领域内保持竞争力，进入原来所未涉及的或不占优势的技术领域，进一步来说，将占领新一代防御技术的前沿和制高点，有助于今后其在相关民品和军品市场上占据一席之地。而发展导弹防御对于出口三原则突破的需要，也将进一步帮助其拓展军事出口领域的利益。

可以看出，发展导弹防御这一名义上的纯粹的自卫系统，也仍然在国内面临种种的挑战与压力。而日本政府的一系列做法则显得应对

---

① "日确定导弹防御只拦截袭本国导弹存灰色地带"。

② <http://news.xinhuanet.com/world/2005-01/10/content_2437937.htm>

③ Eric Heginbotham and Richard J. Samuels, *Mercantile Realism and Japanese Foreign Policy, International Security*, v22 no.4 pp.171-203 Spring, 1998.

④ 日本防卫厅，《平成16年版防衛白書》，第3節，弾道ミサイル防衛，p.344。

自如，有条不紊。一方面，日本在发展导弹防御之路上的每一步前进，都是紧随着其可借助的“导弹威胁”的势态的相应变化，而之前的一系列举措，往往是为这前进的一步所作的物质及程序基础。换言之，可以说朝鲜的“导弹威胁”确实是日本发展导弹防御系统的一个重大外界驱动。但是，日本早在朝鲜导弹威胁以前就开始具备一定的导弹防御能力，如日本当前导弹防御的平台“金刚”级导弹驱逐舰早在上世纪80年代末就开始计划建造，第四艘也是在朝鲜发射“大浦洞”导弹之前便已经下水，① 而相应的“标准”、“爱国者”导弹也都在其开始导弹防御计划之前便已经配备。而其导弹防御计划启动之后只需在现有基础上进行改进即可。这样看来，与其说朝鲜刺激了日本的导弹防御的研究与发展，还不如说日本巧妙的利用了朝鲜，充分利用了这一时机与事件。而日本的一系列的发展轨迹，也最大程度上分散了国内对于该系统的怀疑压力。我们有理由相信，在与导弹防御相关的甚至不相关的其他安全方面的敏感领域，日本也将继续这一路径。

导弹防御系统究竟能给其部署国带来多少安全因素时至今日仍然有较强的纷争，但正如美国导弹防御署的官员所宣称，总比一点也没有强。在这种情况下，针对日本发展导弹防御的积极态度，不能不给出各种各样的解读，究竟是为了增强自身安全，抑或占领军事技术前沿，为今后在武器贸易中获得一席之地进行技术储备，抑或迎合美国的战略日程以取得其他政治经济利益交换，为冷战后美日间的安全合作寻求新的支点，或者是一次扩张权利，构筑对邻国的新的威慑手段，这些因素的综合构成了日本积极发展导弹防御的动机。但是，无疑，建立这么一套防御系统，既无助于东北亚地区的紧张局势得以缓和，也将进一步引起广大周边国家对于日本进一步武装化的担心。

① <http://www.globalsecurity.org/military/world/japan/kongo.htm>。

【外空武器】

国际空间安全与空间武器化评述

杨乐平

内容提要：空间安全与空间武器化发展是当前国际社会高度关注的重大战略问题，也是国际军控和裁军领域出现的新课题。本文通过对国际空间安全问题的历史回顾和目前国际空间安全研究最新动向介绍，分析了国际上关于空间武器的争论及可能的影响与后果，从技术层面论述了对若干空间安全问题的认识。

主 题 词：空间安全 空间武器 军备控制

作者单位：长沙 国防科技大学

一、空间安全问题的由来

随着空间技术的发展和空间战略地位的日益凸显，世界各国在空间的竞争和斗争日趋激烈，由此引发了复杂而敏感的空间安全问题。作为一个新的安全概念，空间安全目前还没有一个国际公认的权威定义。但是从总体上讲，空间安全涉及空间环境、各国空间政策、国际空间法、空间系统运行、国际空间合作、空间对抗技术和武器发展等各个方面，其中空间武器的发展和部署是国际空间安全最本质的核心问题。

目前在国际上众说纷纭的空间安全和空间武器发展问题并不是突然产生的，而是随着人类航天活动发展和各国对空间战略利益的争夺而逐步演变形成的，可以说是由来已久。实际上，空间军事应用和空间安全一直是推动空间技术发展的主要动力，只是在不同的历史时期和战略环境下，空间安全的主题和关注的焦点在不断地发展和变化。

（一）冷战期间的国际空间安全

冷战期间维持全球安全与战略稳定的基石是美、苏两个超级大国确保相互摧毁的核威慑战略，其核心是通过核威慑来达到遏制和制止战争的目的。虽然美、苏两个超级大国都将外层空间作为军备竞赛的重要战场，但是由于政治和技术原因，空间武器发展一直受到限制。1958年至1962年，美、苏两国曾经相继在空间完成了数十次高空核爆炸，探索和研究运用高空核爆破坏敌方航天器的技术可行性。由于这种对抗所带来的严重破坏性和两败俱伤的可怕后果，不仅使得双方重新思考空间对抗是否明智，而且促使双方同意禁止高空核试验，禁止将大规模杀伤性武器引入空间。

1963年，联合国通过了《禁止在大气层和外层空间进行核试验的条约》，包括美、苏在内的117个国家签署了该《条约》。1966年12月19日，联合国大会通过了促进空间和平利用，防止空间军事化的《外层空间条约》（关于各国探索和利用包括月球和其他天体在内外层空间活动的原则条约）。《外层空间条约》1967年10月10日无限期有效，目前已有96个国家批准加入。该《条约》对确保空间安全，防止空间武器化提出了一系列国际法原则和规定。主要包括：探索和利用外层空间应为所有国家谋福利和利益，一切国家都可以不受歧视地、平等地、自由地进行外空活动；各国不得由国家通过主权要求、使用或占领等方法将包括月球与其他天体在内的外层空间据为己有；各缔约国在外空的活动须遵守国际法和《联合国宪章》，保证把月球和其他天体绝对用于和平目的，以维护国际和平与安全；不得在绕地球轨道、天体或外层空间放置、部署核武器或其他种类的大规模毁灭性武器；禁止在天体上建立军事基地、设施、工事及试验任何类型的武器和进行军事演习。1972年，美、苏两国又签署了《反弹道导弹条约》，双方承诺不研制、试验和部署天基反弹道导弹武器系统。

上述三大国际和双边条约，构筑了冷战时期世界空间安全国际法框架，目前仍然是维护世界空间安全的基本依据。整个冷战期间，在美、苏两个超级大国既竞争又合作的基本态势中，虽然空间军事化稳步发展，但是空间武器发展仅仅停留在探索阶段，世界空间安全整体上保持了相对稳定。

（二）冷战结束后的国际空间安全形势

冷战结束标志着大规模核战争威胁已不复存在，但是作为核威慑战略重要保障的空间战略预警侦察系统的重要性并没有降低。20世纪90年代以后，在海湾战争以来的几场高技术战争中，美国凭借强大的空间力量，在火力、机动和信息等作战能力方面体现了压倒性的优势，使得世界各国更加充分认识到空间的战略地位与作用，纷纷下大力发展本国的空间技术与能力，空间领域的竞争更加激烈。这种激烈竞争的局面使得国际空间安全形势更加紧张和动荡多变，主要表现在以下三个方面。一是美国凭借“一超独霸”的战略有利地位和在空间技术与能力方面的优势，发展空间武器在政治上和技术上都不再存在不可逾越的障碍，因此在空间武器化问题上采取了进攻性战略。以退出《反弹道导弹条约》，发展导弹防御系统为标志，美国明确提出要全面控制空间，并且投入巨资研制开发各种先进的空间武器系统。二是随着空间技术的扩散和在轨航天器数量的增加，各国对轨道与频谱资源的争夺日益凸显，空间碎片威胁更加严重。目前人们能够监视的空间物体9000多个，其中只有6%是仍在工作的航天器，其余都是空间碎片。由于空间物体的高速运动，空间碎片的碰撞将给航天器运行带来灾难性的后果。三是随着技术的发展，空间武器的类型和功能已经远远超出了现有国际空间法的限制。空间武器的发展、试验和部署在国际法层面面临诸多法律空白或“灰色地带”。从总体上看，空间武器化是当前国际空间安全领域各国争论的焦点，也标志着未来全球空间安全战略发展走向。

二、当前国际空间安全研究最新动向

由于空间安全不仅关系到各国利益，还关系到国际力量对比和战略格局，因此世界主要国家都将空间安全作为国家发展与安全关注的重点。除了各国军方以外，空间安全还是国际战略领域新的研究热点，并且成为世界外交界和科技界关注的话题。世界上许多著名的战略研究中心、思想库或非政府组织近期都设立了空间安全方面的专题研究项目。比较知名和活跃的有美国艾森豪威尔研究所的“空间的未来”、国防信息研究中心（CDI）的“空间安全”、防扩散研究中心（CNS）的“目前与将来的空间安全”、科学家联盟的“空间武器”等。

2005年9月14日，一个称为“e-议会”的全球性论坛在美国国会组织了空间安全的国际听证会，来自美国、澳大利亚、巴西、英国、欧洲议会、加纳、意大利、日本、墨西哥和挪威等十个国家或国际组织的议员们参加了听证会。听证会邀请了几个国际上知名的空间安全方面的专家做了专题发言。他们从不同角度阐述了各自观点。这些专家包括“高边疆”论坛主席，1990—1993年美国战略防御计划局局长亨利·库柏，演讲题目“21世纪的全球导弹防御”，其主要观点认为[①]：天基系统是导弹预警和拦截的有效手段，不要因为防止军备竞赛或其他政治原因而放弃最好的防御；美国空军著名的空间战略理论家，空军大学教授埃弗雷特·多尔曼，演讲题目“美国的军事转型与空间武器”，其主要观点认为[②]：空间武器是可行的，空间武器应该部署，发展空间武器没有最好的选择，但是毫无作为就是最差的选择；国防信息中心副主任，“空间安全”项目首席专家特里萨，演讲题目“美国的军事航天政策与战略”，其主要观点认为[③]：目前实施空间武器战略并不明智，许多技术还处于发展初期，费用昂贵，第一个部署空间武器的政治风险大；设在伦敦的裁军外交研究所执行所长，国际军控、防扩散和空间政策方面的知名专家丽贝卡·约翰逊，演讲题目“保护空间安全：导弹防御及其对欧洲的挑战”，其主要观点认为[④]：美国的导弹防御与欧洲的空间政策有冲突，应该加强维护空间安全的已有国际机制。

三、空间武器化的争论及可能的影响与后果

（一）美国国内对空间武器化的不同观点[⑤]

包括中国在内的世界上绝大多数国家支持和平利用空间，反对空间武器化，美国是惟一对此持保留态度的大国。2000年，联合国在日

① Henry F. Cooper, *Global Missile Defense for the 21st Century*, High Frontier, Presentation to the e-Parliament Conference on Space Security, September 14, 2005.

② Everett C. Dolman, *US Military Transformation and Weapons in Space*, US Air Force School of Advanced Air and Space Studies, Presentation to the e-Parliament Conference on Space Security, September 14, 2005.

③ Theresa Hitchens, *U.S. Military Space Policy and Strategy*, Center for Defense Information, Presentation to the e-Parliament Conference on Space Security, Sept. 14, 2005.

④ Rebecca Johnson, *Safeguarding Space Security: Missile Defense and the Challenge for Europe, Acronym Institute for Disarmament Diplomacy*, Presentation to the e-Parliament Conference on Space Security, September 14, 2005.

⑤ Barry Rosenberg, *The Weaponization of Space:Divided Viewpoints,Uncertain Directions*, Carnegie Corporation of New York, 2004.

内瓦裁军大会上通过了“防止外层空间军备竞赛”的决议，美国是3个在投票中弃权的国家之一。美国对空间武器化的态度和政策是引发国际争论的焦点。为什么现在美国对发展和部署空间武器采取了与冷战期间不同的政策取向？从美国国内在空间武器的发展和部署问题上存在的正、反两方面观点，我们或许可以得到一些启发。

总体上讲，美国军方尤其是空军极力主张发展、试验和部署空间武器，其主要观点可以归纳为以下四个方面：一是美国是世界上对空间最依赖的国家，空间已成为美国国家安全与繁荣的基石，无论美国是否决定发展空间武器，对美国怀有敌意的国家或组织都会发展空间武器来对付美国；二是面临来自全球的不确定威胁，为了应对明天未知的威胁，需要发展天基导弹防御系统，而且所谓“无赖国家”对美国的导弹威胁完全可以用有限的、经济上可承受的天基防御系统对付；三是近期几场战争表明，美国的威慑政策不足以阻止某些国家从事针对西方的敌对行动，所以美国不能仅仅依赖威慑，必须发展可靠的防御力量以支持“先发制人”战略；四是虽然美国退出了《反弹道导弹条约》，但是这一举动并没有像一些分析家预测的一样招致俄罗斯的严重对抗，美俄关系仍然保持良好，而且发展空间武器的技术也日趋成熟。

在美国的外交界和科技界，反对空间武器化的声音也很强烈，其主要观点也可以归纳为四个方面。一是认为就像核武器的研究、发展和部署导致旷日持久的军备竞赛一样，空间武器的研究、发展与部署也将导致新一轮军备竞赛，美国对空间资源依赖最大，如果空间系统成为攻击目标，美国将会遭受重大损失；二是认为空间武器与核武器一样，也属于先发制人型武器，很容易导致战争冲突升级，甚至引发核战争；三是空间武器技术难度和经费开支大，技术上的可靠性和有效性目前还得不到保证，而且空间武器试验和应用有可能产生大量碎片，危害美国极其重要的空间设施；四是认为伊拉克战争已经在美国与盟国之间产生了政治裂痕，世界上绝大多数国家公开反对发展和部署空间武器，美国单方面发展空间武器将使美国在国际社会进一步孤立。

（二）空间武器化可能的影响与后果[①]

空间武器发展具有战略性、军民两用性和技术带动性，与核武器一样，空间武器给世界和平与发展带来的影响与后果是深刻的、长远的。初步分析表明：空间武器化有可能产生的影响和后果之一是可能引发空间军备竞赛，导致航天大国之间的连锁反应，还有可能鼓励对空间不依赖的有核武器国家发展高空核爆等初级反卫武器，使得空间系统更加不安全，反而增加了空间系统的脆弱性。二是空间武器化有可能改变核大国之间复杂和脆弱的关系。空间武器会引起潜在对手的恐慌，这种恐慌有可能提高对敌方的威慑能力，也可能为潜在对手创造动因，使其以更加危险的方式行事。空间武器攻击导致的信息中断有可能使战争迅速升级，因为如果不知道发生了什么，除了利用自己的一切武器打击一切敌对目标外，别无选择。三是空间武器部署后，空间意外事件很可能会引发核战争。目前没有能力来区分卫星失效是由故障、碎片撞击还是由蓄意攻击造成的，而空间预警系统又是目前防止核攻击误判的主要手段，因此空间武器部署后，危机期间的空间意外事件就很可能引发核战争。

四、从技术上认识空间安全问题

虽然空间安全涉及政治、外交、军事、科技和法律等诸多方面的问题和影响，但是核心是空间武器的发展与部署，关键是发展和部署空间武器的技术经济可行性及政治风险与代价。归纳起来，目前存在着各方面争议比较大，观点不一致，并且直接影响各国空间安全政策制定与决策的三个基本问题。一是从空间投放动能或爆炸武器实施快速全球打击是否可行和合算？二是如何根据目的和应用来综合考虑地基和天基反卫武器的发展重点和类型？三是首先部署反卫武器是否具有战略优势？拥有空间对抗优势就能够阻止别国进入空间吗？要回答上述问题，必须对空间环境、卫星运行、空间机动和各种空间武器机理进行深入系统的分析。

2005年5月，在美国艺术与科学院“重构空间规则”研究项目支

① Jeffrey Lewis, *What if Space Were Weaponized? Possible Consequences for Crisis Scenarios*, CDI Space Security monograph,July 2004.

持下，美国三个著名的物理学家发表了一篇“空间安全的物理规律”的研究报告，依据物理原理和技术特点，对空间安全的若干问题进行了研究分析，得到了一些对制定空间安全政策和战略很有启发的结论。①

1. 与地面洲际导弹相比，从空间投放动能或爆炸武器实施快速全球打击并不合算。一是费用昂贵，如果要满足45分钟可以攻击地球上任何目标，大概需要50颗卫星的星座，其费用远超过部署具有类似能力的地面洲际导弹；二是天基武器缺少维护手段，可靠性较低。因此就实现全球任意目标快速打击任务而言，天基对地动能武器不如成熟的地基洲际弹道导弹实用和可行，但如果实施威慑或对地有限目标突击，天基对地动能武器并不失其战略价值。

2. 由于昂贵和固有的脆弱性，天基动能拦截器并不适合进行弹道导弹防御，也不可能达到阻止其他国家进入空间的目的。虽然理论上天基导弹防御可以提供地基或空基系统不具备的全球覆盖和主动段拦截能力，但轨道拦截器本身防御很困难，容易被攻方反制而留下防守漏洞。如果同时拦截多枚弹道导弹，那么需要部署的轨道拦截器数量将翻倍，防御方难以承受。同理，如果天基动能拦截器被用来夺取空间优势，虽然可能会增加敌方部署卫星的费用，但是不可能剥夺其进入空间的能力。

3.根据攻击方式的不同，地基和天基反卫武器各有优缺点。干扰或致盲攻击反卫武器仅仅地基是可实用的，而高能微波攻击只有天基是可实用的。动能攻击既可以是地基，也可以是天基。天基动能拦截器可以提供快速攻击或同时攻击多颗卫星的优势，但由于维护困难而比地基拦截器可靠性低。

4.卫星本质上易受攻击和干扰，但是通过卫星组网或备份（包括空基和地基系统备份）可以减少卫星的脆弱性。采用护卫卫星来保护目标卫星的技术可行性尚未得到证实。因此卫星安全防护是一个体系问题，没有一劳永逸的办法，其中关键卫星系统或能力的备份或互补是至关重要的，必须综合考虑天、空、地系统的集成和一体化，尤其要关注离地面30—100千米范围内临近空间的军事应用。

5. 反卫技术并不是某一个国家的专利，航天大国都具备开发反卫

---

① David Wright, Laura Grego, and Lisbeth Gronlund, *The Physics of Space Security–A Reference Manual*, American Academy of Arts and Sciences, 2005.

技术和有效部署反卫武器的固有能力，没有任何国家可以垄断反卫武器的部署，优先部署天基武器的国家将不会得到显著持久的军事优势。

综合以上分析，发展和部署空间武器在战略选择和技术经济可行性上都存在争论与变数，国际上围绕空间武器发展和部署的外交与法律斗争将是长期而复杂的。尽管世界上绝大多数国家都主张和平利用空间、反对空间军备竞赛，但是美国出于自身的战略意图和追求绝对优势的目的，坚决反对将禁止空间武器纳入联合国裁军谈判。目前还看不出有美国在此问题上改变或松动立场的迹象，未来国际空间安全形势将日趋严峻。

美国新空间武器化政策走向

翟玉成

内容提要：观察美国的空间政策，特别是空间军事和安全政策，要看其公开的“国家空间政策”，更应看军方的政策和实际行动。即将出台的国家空间政策将会反映10年来的新情况以及美新的安全战略。当前，国际制约与国内反对有助于迫使美国在空间部署武器问题上保持谨慎的态度。

主 题 词：美国　空间政策　武器化

作者单位：北京　中国国防科技信息中心

2005年5月17日，《纽约时报》的一篇报道引起各界对美国空间政策走向的关注。报道称，布什政府即将出台新的“国家空间政策”，美国空军正谋求布什总统在即将出台的总统国家安全指令中批准其空间武器计划。报道还称，空军正在进行若干重大计划：XXS系列试验卫星：这实际上是可以机动、可攻可守的攻防卫星；上帝之棒：从空间投射重金属棒，以达到小型核武器的破坏力；CAV：通用空天飞行器，45分钟之内可以到达地球任何上空；此外还有激光器反射镜以及无线电波武器等。迄今，新的国家空间政策仍未出台。不过，此间舆论猜测，空军的计划若得到批准，就意味着美国国家空间政策在外空武器化问题上，将从隐秘走向公开，从模糊走向清晰，美国外空武器化步伐会明显加快。

一、美国“国家空间政策”

所谓美国的“国家空间政策”是白宫关于民用、国家安全、商业等领域外空活动的原则、目标、工作重点以及部门间职责分工的综合性政策文件。

白宫发布国家空间政策的历史可以追溯到20世纪50年代。受到

1957年苏联发射人造地球卫星的刺激，美国政府开始制定自己的空间活动原则。最初，美国将空间计划分为两类，一类是“服务于和平目的”的民用计划；另一类是用以“加强国家安全”的空间系统和能力计划。由于两类计划分由不同部门执行，成立了由总统领导的政策协调组织——国家航空航天委员会，其核心任务是协调军用计划和民用计划之间的关系。

美国的国家空间政策散见于各种法案、官方的报告甚至是总统讲话之中。最早体现美国家空间政策的文献是1958年的《航空航天法令》。该法令提出了加强研究、获取知识，保持美科技领先，促进航天运输等概念。真正以“国家空间政策”命名的综合性文件是在1978年卡特政府时期以总统指令（PDD）形式颁布的，属于政策审议性质。其主要内容是处理民用领域空间活动与国家安全领域空间活动的关系。该文件提出，美国家空间政策的目标是促进和平利用，维持空间活动自由，加强安全和人类福祉。提出故意干扰其空间资产是对主权的侵犯，谋求通过空间活动支持其自卫权。

1982年里根主政时期，再次发布“国家空间政策”（NSDD-42），对卡特政府时期的政策进行全面审议。这个空间政策在继承以往政策的基础上，把加强美国的安全作为其空间政策的首要目标，提出要保持美国的领导地位，反对可能对军事和情报活动作一般性禁止的军控构想和法律机制。

1988年里根政府发布国家空间政策，在强调国家安全目标的同时，特别提出和平利用不应妨碍追求国家安全目标的活动，将谋求通过空间活动支持其自卫权及对盟国的承诺。第一次明确提出了国家安全方面的目标，包括：遏制，必要时防御敌人的进攻；确保外空利用不被敌人阻挠；必要时消除敌方的空间系统和服务；加强美军及盟国部队的行动；指挥控制导航监视预警等。

1992年，白宫成立由副总统丹·奎尔牵头的特别小组，对美空间政策进行了全面评估，并提交了“冷战后美国空间政策评估报告”，提出了加强空间活动的建议。

1996年克林顿版的“国家空间政策”出台，这也是迄今为止美国政府所奉行的空间政策。基本内容涵盖了空间计划的目标以及空间活动的基本原则、民用、国家安全、商用空间活动的指针、跨部门空间活动计划，以及相关部门的职责分工等。其空间计划的总体目标是：

增进知识、加强安全、增强经济科技竞争力、鼓励地方和私人投资、促进国际合作。在国家安全方面继承了里根政府时期国家空间的一些内容，提出了通过空间计划加强美国安全的8个途径，包括：支持自卫；遏制、预警、防御进攻；确保空间利用不被阻挠；必要时打击敌人利用空间系统和服务；加强美军盟军的行动；满足平时和战时情报需求；支持各部门的决策需求等。

美国的“国家空间政策”经历了一个逐步演变的过程，反映着美国在不同时期的科技、经济、军事和安全战略以及国际局势以及经济和技术的影响。尤其是在涉及“国家安全”方面，从强调一般的军事情报活动不受妨碍，到强调追求国家安全目标不能受到影响；从强调支持其自卫权，到暗含的空间军事打击，空间政策的军事性和进攻性逐步增强。

二、观察美国空间政策，重在军方言行

观察美国的空间政策，特别是空间军事和安全政策，要看其公开的“国家空间政策”，更应看其军方的政策和实际行动。从20世纪中后开始，特别是小布什主政后，美国内保守实力抬头，国家安全战略开始发生一系列重大调整，图谋追求绝对安全和建立全面军事优势。2001年12月，美国单方面退出《反弹道导弹条约》，突破外空武器化的最后一道法律屏障。在日内瓦裁谈会，美国始终以现有外空条约已经足够以及外空部存在军备竞赛为由拒绝就防止外空武器化问题展开谈判和讨论。这些具体表现显示了美国推动外空武器化的决心。更重要的是，美国军方通过一系列重要文件，确立了控制空间，推动外空武器化的较为完整的政策体系。这些文件包括：(1) 空间政策 (Directive 3100.10)，国防部，1999年7月。(2) 联合构想2020，参联会，2000年5月。(3)《评估美国国家安全空间管理与组织委员会报告》，拉姆斯菲尔德委员会，2001年1月。(4)《四年防务审查报告》，国防部，2001年9月。(5)《空间作战条例》(Doctrine Document2-2)，空军，2001年11月。(6)《空间联合作战条例》(Joint Publication 3-14)，参联会，2002年8月。(7) 2006财年及更远期战略规划，空军航天司令部，2003年10月。(8)《美国空军飞行转型计划》，空军航天司令部，2003年11月。(9)《空间对抗条例》(Doctrine Document 2-2.1)，

空军，2004年8月。

上述文件，既包含了对外空在未来战争中的地位作了定位，如：认为外空如同陆地、海洋和空中一样是一种媒介，美国在这些媒介内所进行的军事活动都是为了实现美国的国家安全目标；也提出了控制空间、全球作战、力量集成和全球合作等作战思想；既勾画了包括美国进入空间和在轨作战在内的空间能力建设蓝图，也提出了包括欺骗、阻断、拒至、削弱、摧毁在内的针对空间系统和卫星进行进攻性和防御性空间对抗的作战样式。上述文件实际上已经构成了外空武器化政策的基本框架。

空间武器开发是推动外空武器化的实际步骤。从1999年到2005年，每年美国空军都把50%以上的科研经费预算投入到与空间相关的技术研究。2005年已获批准的空间武器项目及相关技术的预算为33.164亿美元，比2004年增加4.314亿美元，约15%。

包括天基武器、地基对天打击武器，动能武器、定向能武器，软杀伤武器、硬杀伤武器，空间武器平台和作战支持系统在内的武器系统研发正在加紧进行。其中有的已经部署，如卫星通信对抗系统。大部分则经过试验验证，可在数年内部署，如地基动能武器、机载激光、天基动能武器等，少部分处于概念设计和试验阶段，如跨大气层通用飞行器等作战平台，预计需要15—20年方可形成战斗力。导弹防御系统被公认为具有反卫星的能力。2006财年的项目中，有的以导弹防御项目的形式出现，但完全可以服务于空间武器化的目的：如天基拦截系统、传感系统等；有的以非武器形式出现，但如果成功开发并部署，则可成为外空武器，如激光技术；有的以通用技术的形式出现，最终以支持“在外空、从外空或经过外空”作战。

近年来，美国着力发展于战术应用的天战装备，武器研发已经不限于“探索”和“威慑”，而是偏重于具体的规划和实战的准备。2005年4月，试验卫星系统（XSS-11）成功演示了资助逼近操作技术。该计划被普遍认为是空间进攻、机动飞行和目标捕获的技术演示。与此同时，美国国家航空航天局也完成了微型卫星DART的“自主交汇技术验证”。为了实施空间对抗，美国已于2004年部署了通信对抗系统(CCS)，并于2005年3月决定，在2010年前部署该系统的改进型。

根据空军转型计划，美国未来10年的能力建设将集中在下列项目：(1）空射反卫星导弹。(2）卫星通信对抗系统。(3）监视侦察对抗系统。(4)改进的空天全球激光交中继镜。(5)地基激光。(6)高速棒束。(7)轨道转换飞行器。(8)攻击快速识别探测和报告系统。(9)天基电磁能武器。

三、国家空间政策与军方空间政策

国家空间政策与军方空间政策既有区别又有联系。美国"国家空间政策"是一个由白宫颁布的涵盖广泛的综合性的空间政策，有关空间安全部分只是其中的一个内容，军方的空间政策则仅仅关注与空间的军事利用。国家空间政策既也可以为军方空间政策确立指导原则，也可以使对军方空间政策的反映和认可，二者相互影响，互为因果。普遍认为，由于1996年美国国家空间政策比较强调和平利用，因而使军方在向空间部署武器方面比较谨慎和克制。但实际上，1996年的政策（甚至1988年里根时期的政策）在表述其安全指针、目标及其实现途径方面均保留了在空间部署武器和在空间交战的选择。1996年国家空间政策在其序言中明确声称，"和平利用"允许为了追求国家安全目的之防御和情报相关活动的存在。显然，"防御"一词含义广泛，是可以根据需要作广泛解释的。在实现空间安全目标的途径方面，1996年的政策列出了8个方面。其中，支持为美国固有的自卫权和对盟国所作的防务承诺；遏制、警告，如有必要，防御敌人的进攻；确保敌人不能妨碍我们自己的空间活动；如有必要，打击敌对的空间系统和服务等，字里行间已经隐含了外空武器化的选择。显然，如果不在外空部署武器，或在外空交战，上述目标是无法实现的。应该说，迄今为止美国在外空部署武器问题上的克制态度，并非政策的障碍，而是在对国际环境、费用以及技术能力进行评估后所作的现实选择。

不过，政府出台的政策有向国内外宣示的性质，一般会考虑所承担的国际义务以及对外交的影响等，对敏感问题的表述可能有意模糊。比如1996年国家空间政策还不得不对国际条约表示一定的尊重，称"在符合国际条约义务的前提下，美国将开发、使用和维持空间控制的能力，以确保进出空间的自由，根据指令，消除敌人这样的自由"，为了降低外界担心，该政策特别补充道，这种能力可以通过外交、法律和军事措施得到加强，排除敌人使用空间系统和服务。同时，1996年美国国家空间政策出台时美国尚受《反弹道导弹条约》的约束，部署天基反弹道导弹系统为条约所不容；美国国会曾经从1985年12月起连续3年通过决议，禁止空军进行反卫星打靶试验。因此，长期以来，人们倾向于认为，1996年的国家空间政策对于部署外空武器和在空间交战持克制态度。

相对于政府的政策，军方倾向于从所谓最坏情况出发，服从于军事效率的需要，顾忌较少。不过，军方的政策和设想如未正式上升为国家政策，不利于得到稳定的行政资源支持，也不利于争取国会拨款，其稳定性也将出现问题。比如，克林顿政府就曾否决过老布什时代"全球有限保护系统"（GPALS）中有关天基反弹道导弹系统部件、空军的军用航天飞机以及陆军的动能反卫星武器登项目的开发。但是，美国军方的政策和设想在很大程度上反映了军事发展规律和美国的战略意图，最终会影响其国家政策的走向。一旦纳入国家政策，在争取社会支持，尤其是获得国会拨款方面将处于主动地位。

四、美国国家空间政策的变与不变

即将出台的新的"国家空间政策"仍会在外空武器化问题上保持一定的模糊，而不会像媒体推测的那样，赤裸裸地提出在外空部署武器或在外空使用武力。这不仅是因为现行国家空间政策已经保留了在空间部署武器和在空间交战的选择，关键在于，目前，美国的许多关键空间武器系统尚未达到可以立即部署的程度，也不存在马上部署的紧迫需求。2001年美国决定退出《反弹道导弹条约》，是因为其面临实际的试验需求和要发展海基和天基的反弹道导弹部件，不退约就将面临违约。外空领域并不存在这样的需求。匆忙明确其外空武器化的目标会在外交上会招致不必要的麻烦，引起他国猜忌，刺激对手采取反措施，甚至引发军备竞赛，并不符合其利益。这一点可从白宫和军方的表态也可看出。针对媒体的种种猜测，美国白宫发言人迈克莱伦5月19日作了澄清："无论如何，我们都坚持用和平方式开发利用太空"；"我们的政策一直是不部署空间武器从而避免太空更接近军事化"。美空军官员也称，"新政策的重点并非要在空间部署武器，而是确保进入空间的自由"。

毫无疑问，新的国家空间政策将不可避免地反映近10年来美国政治、经济、外交、军事、科技等方面的变化，尤其要反映小布什政府的国家安全战略和国防战略的演变，在空间武器化方面将有更多的着墨。有以下几点值得关注：(1) 宣示意图方面：是否将进一步强调空间对于国家安全的重要性，以及所谓利用空间行使自卫的权利。(2) 传递威慑信息方面：是否强调外空资产的重要性并对损害其外空资产行为发出威胁。(3) 能力建设方面：是否强调能力建设，包括进入空间、控制空间和空间攻防能力的建设将更加明确具体，甚至突出某些项目，如报道所说的空军正在着手推进的项目。(4) 对军控条约的态度方面：是否继续强调军控义务，同时会强调军控条约不能妨碍其追求安全的目标。

五、促使美国空间政策发生变化的因素在增长

空间军事利用一般可分为四个层次，一是一般性军事利用，主要是平时利用，包括通信、定位与导航、气象与遥感、侦察、情报与监视和导弹攻击预警等。二是战时支援，即所谓“力量增强”，利用外空技术与装备，夺取信息优势，进一步增强地面、海上和空中的作战能力，参与到实际的作战过程，包括指挥控制，战场感知，弹头引导，作战效果评估等。三是空间控制，保护自己的关键太空系统，以确保自己自由进入太空，必要时阻止对手进入和利用外空，甚至否决敌人的太空系统。四是所谓空间运用，利用空间武器系统从太空或通过太空向实施全球快速精确打击。

美国走在空间军事利用的最前沿，它拥有最先进的进入和利用太空的技术，拥有最多最先进的军用航天器。在一定意义上说，美国空间军事利用状况决定着当今外空武器化的状况。当前，美国正在努力推进空间控制战略。空间系统能力建设已经不仅着眼于威慑，更着眼于实战。虽然出于政治、科技、经济、外交等多种因素考虑，美一直未公开表明要部署外空武器，并一直延续至今，但是外界普遍担心，随着美国控制空间、全球打击战略的推进，美国将不可避免地在外空部署武器。危险的情况时，当前于导致美国采取克制态度的那些资金、技术、政治和国际条件正在消失。

美国没有试图在外空部署武器的一个重要原因是苏联的存在。在两强对峙的情况下，如果一方试图通过部署武器而获得优势，将很容易被对手的反措施所抵消。而如今，美国是惟一的超级大国，部署外

空武器无须担心来自战略对手的反应。另一个因素国际和国内法律义务的变化。《反弹道导弹条约》已被废除，消除了外空武器化的最后屏障，而美国国会也无相关的禁令存在。技术方面，20多年来美国已经取得了重大进步。技术问题虽然仍然存在，但已非决定性的制约因素了。考虑到弹道导弹防御系统本身具有潜在的空间能力，美国比任何时候都更接近在外空部署武器了和在外空交战。

六、关注美国可能采取的策略

出于外交的考虑，美国不大可能在其新空间政策中公开宣布在外空部署武器，但需要警惕，它有可能利用外空系统的军民两用性和外空行为的复杂性为其实质性地部署武器寻找合理的外衣，以尽量减少公众的争议。值得关注的动向包括：(1) 在外空部署武器，但以自卫为借口，将其说成是部署导弹防御系统。(2) 在外空部署武器，但将其说成是商用或民用外空资产。(3) 在外空部署武器，但将其说成是武器系统的一个部件或支持系统。(4) 部署可逆的手段，以避免有关造成空间碎片的指责。(5) 临时性部署，而非永久性部署，或者部署跨越空天的通用飞行器。(6) 试验性部署，而非正式部署。

美国了解在外空部署武器和在外空使用武力的严重后果。核心问题就是外空碎片问题，一旦产生，对任何国家包括美国自己都是一样。这也是外空武器化的悖论。美国空军的飞行转型计划列举了空间武力的形态，包括欺骗、干扰、拒止、削弱和摧毁5种。根据美国军方一些重要官员的言论，其优先事项将是部署可逆的杀伤手段，造成碎片的攻击将是最后的选择。在面临攻击空间系统和地面系统的选择时，美国也可能对地面设施和节点的攻击将会成为首选。不过，这都是美国的一厢情愿，一旦对外空使用武力的禁忌打破，不同国家可能出于不同的作战需求，其作战形态是很难控制的。

七、结　语

当前，对空间的军事利用到达了一个关键点，外空系统越来越多地卷入实际的作战当中，如果不采取措施，在外空武器化将不可避免，而美国是这一趋势的主要推手。面对美国咄咄逼人的态势，国际社会要求防止外空军备竞赛的呼声也在高涨。2005年，尽管日内瓦裁谈会各方仍未达成工作计划，但中俄等国推动防止外空武器化的努力正在得到越来越多国家包括加拿大、德国、法国等西方国家的支持。2005年3月，中俄驻日内瓦裁军代表团与联合国裁军研究所合作，成功举办“确保外空安全大会”，许多非政府组织也在就防止外空武器化寻找新的突破，提出很多有价值的建议。俄罗斯政府也提出了不首先在外空部署武器的建议。第60届联大也以压倒多数再次通过关于防止外空军备竞赛的决议。

【防扩散】

为"永别了武器"而努力

☞牛俊峰（采访）

国际核不扩散机制中的美国与中国

☞刘兴华

为“永别了武器”而努力

——访中国军控与裁军协会滕建群

《中国国防报》记者 牛俊峰

2005年9月8日

9月1日，中国国务院新闻办公室发表了《中国的军控、裁军与防扩散努力》白皮书。为全面准确理解白皮书的相关内容，日前，《中国国防报》记者采访了中国军控与裁军协会滕建群。

记者：中国发表的《中国的军控、裁军与防扩散努力》白皮书在国际社会引起很大反响，你能否先介绍一下出台这份白皮书的背景是什么？

滕建群：正如白皮书开场白所述，2005年是中国人民抗日战争暨世界反法西斯战争胜利以及联合国成立60周年，此刻发表这样一份白皮书具有十分重要的现实意义。它告诉人们：今天的和平来之不易，国际社会应该倍加珍惜。军备控制与裁军，是一个国家对外政策的重要组成部分，特别是冷战期间，美苏两国围绕着核裁军进行了长达数十年的竞争。军控与裁军的目的就是限制军事力量的无限扩张，维护国家间的战略稳定，从而保证地区的稳定和世界的和平。

具体说，当前国际军控、裁军与防扩散进程正处在关键的十字路口。中国政府此时发表白皮书，在昭示中国在该领域做出努力的同时，也向国际社会表明：为应付新挑战，国际社会必须巩固和不断加强现有的国际军控、裁军与防扩散体系，加强国际合作，推进国际军控与裁军进程，这是维护国际和平、安全与稳定的必然要求。

记者：我们知道，当前国际军控、裁军与防扩散进程中，防扩散是被叫得最响的，你如何看待这一现象？

滕建群：十多年来，国际军控、裁军与防扩散进程发生了深刻变化：传统意义的军控、裁军谈得很少，国际社会越来越多地关注防扩散问题。其原因是，主要国家失去军控与裁军的对手，而且随着国际安全形势的演变以及新技术发展，扩散问题确实成主摆在各国面前的严峻挑战。

传统意义上的军控与裁军是大国为限制某一军备的发展，如海军、核武器、导弹等而进行谈判和讨价还价的过程。随着苏联解体，美国失去对等谈判的伙伴，同时也失去制约它的对手。因此，美国不但退出了诸如《反弹道导弹条约》之类的条约或机制，而且还提出诸如导弹防御这样一些新军备计划。在2005年联合国举行的第七次《不扩散核武器条约》审议大会上，美国不再谈核裁军，而只提防扩散，结果使会议无果而终。

记者：那么，国际社会关注大规模杀伤性武器扩散是不是还有其他方面的考虑？

滕建群：有的。随着经济全球化进程的加深和技术迅速发展，大规模杀伤性武器及其运载工具的扩散正在成为国家安全和国际社会稳定的重要威胁。主要表现有二：

一是国家与国家间的交往日益加深，不同国籍的人口流动增加，使国家的社会生活你中有我，我中也有你。国家面临的威胁不再像冷战期间那样，可以用意识形态的标准来加以衡量和确定，可以只用军事手段加心遏制和对付。发生在美国的“9·11”事件表明，当代国家安全的内涵和外延都发生了很大变化。因而，在当前的国际安全环境下，一方面，领土完整和主权不受侵犯仍是一个国家追求的首要安全目标，但另一方面，从一个国家内部发起的袭击，特别是恐怖袭击，也是一个现实且重大的威胁，它可以直接把一个国家引入战争。

二是技术的发展大大降低了防止大规模杀伤性武器扩散的门槛。从国家行为上看，如今越来越多的国家已掌握或正在寻求掌握核、生、化学武器及其运载技术，如不加以控制，这些武器的扩散和滥用将直接影响到国际社会的安全。从个体行为来看，恐怖集团对大规模杀伤性武器的兴趣有增无减。西方学者坚信，2001年美国实际上遭受了两次恐怖袭击。“9·11”事件之后，恐怖分子又于当年10月份动用炭疽向包括美国国会等部门发动了又一次袭击，尽管没有造成伤害，但却让美国人心惊肉跳。他们认为，一旦恐怖分子与大规模杀伤性武器结合到一起，并用于对付国家和社会，其后果将是灾难性的。

因此，我们应从国家安全战略层面看待大规模杀伤性武器及其运载工具的扩散问题。这也是目前国际社会更加关注扩散问题的深层原因。

记者： 刚才你说了防扩散是当前国际军控与裁军领域里的一个热点问题。能否回顾一下国际社会为防止大规模杀伤性武器扩散所做出的努力？

滕建群： 不扩散最早是指防止核武器的扩散，后来扩展到生、化学武器和运载工具，最早由爱尔兰外长弗兰克·艾肯在1958年的第13届联合国大会上提出。他认为，全面裁军谈判进展缓慢，如果在谈判期间不去防核扩散，随着核武器国家增多，谈判就会流产，全面核裁军就很难实现。但是在当时的历史背景下，他的提议遭到法国、苏联和美国等国的强烈反对。

从20世纪60年代中期起，美国、苏联和英国出于本国的利益考虑，开始寻求合作以减少扩散的威胁。1965年，美国和苏联分别向日内瓦18国裁军委员会和联合国大会提出建议。1968年春天，两国再次向上述组织提交文件，即《不扩散核武器条约》草案。由于该文件在一定程度上反映了国际社会对无核武器化的要求，因而在同年6月12日的联合国大会上获得通过。1970年3月，该条约生效。自生效以来，国际社会一直在努力完善国际防扩散机制的建立。其主要目的是加强国际原子能机构的保障制度，弥补《不扩散核武器条约》和各种保障协议存在的漏洞，同时也防止发达国家为争夺国际核能源市场而采取随意的出口政策。这些措施成为《不扩散核武器条约》的延续和补充，其中包括：(1)"赞格委员会"就向无核武器国家出口原子技术做出相应的规定；(2)"核供应国集团"和核供应国准则。1974年，核供应国家于伦敦谈判达成了出口核技术准则。(3)《导弹及其技术出口制度》。1987年，由美国、英国、法国、西德、意大利、日本和加拿大等7国共同提出导弹及其技术出口控制制度，目的是为了对导弹技术、导弹部件和完整的导弹体的转让进行限制，放慢导弹扩散的速度。

为了更有效地防止核扩散，1997年5月15日，国际原子能机构理事会核准了保障协定附加议定书。这是自1970年通过第一批依照《不扩散核武器条约》与无核武器国家缔结的全面保障协定实施细则以来，对机构保障体系所作的最重要修订。附加议定书的标准文本由序言、18条正文和2个附件组成，内容包括：有关国家提供有关核燃料循环的一切信息，以及视察员进入这些场所的权利；有关一国核场址上的一切建筑物的信息及视察员临时通知进入这些建筑物的权利；改进视察员指派过程的行政安排，发放多次入境签证和国际原子能机构利用现代通信手段的权利；国际原子能机构遵守实施的卫生、安全、实物和其他保安方面的规定及尊重个人权利，并采取一切预防措施保护由此得知的商业、技术和工业秘密及其他机密信息等。中国是1992年3月签署《不扩散核武器条约》，1998年12月签署《不扩散核武器条约》附加议定书的。

记者：我们知道，1995年11月国务院新闻办公室发表过《中国的军控与裁军》白皮书，2003年12月又发表《中国的防扩散政策和措施》白皮书，和这两次比，此次的白皮书有什么特点？

滕建群：1995年发表的白皮书更多地是针对当时形势的反应，突出了中国的裁军和军转民等问题。2003年12月发表的《中国的防扩散政策和措施》白皮书从中国防扩散的基本立场、参与防扩散的努力、防扩散出口管制体系和具体措施及法则等多个方面，阐述了中国在当前形势下对待防扩散的政策和措施。和前两份白皮书比，《中国的军控、裁军与防扩散努力》白皮书有如下特点：一是更全面。此次的白皮书涵盖核、生、化学武器及其运载工具和常规武器、裁军、军费开支等，详细地介绍了中国在军控、裁军与防扩散领域中的努力。二是更透明。对一些敏感问题并没有回避，如提出“中国反对任何国家以任何方式在导弹防御方面向中国台湾地区提供帮助或保护”。又如在军费开支和裁军员额方面，白皮书都做了明确宣示，对消除误解、解惑释疑将发挥重要作用。

记者：近年来，中国政府在军控、裁军与防扩散领域做出了哪些重要贡献？

滕建群：此次发表的白皮书对中国在国际军备控制与裁军领域所做出的努力进行了较为全面的介绍。归纳起来可以分为如下几个方面：第一，中国最近几年积极参与国际军控、裁军与防扩散的进程，加入“核供应国集团”等防扩散机制。第二，提出了利于推动这一进程的主张，在解决朝鲜半岛核问题上发挥了不可或缺的重要作用。第三，在国内不断地完善法律法规和出口管制规则，并且严格执行防扩散出口管制法规。仅2002年底以来，中国政府就查处了违法出口敏感物项和技术的各类案件数十起。未来，中国仍将以负责任大国的形象出现在国际军控、裁军与防扩散舞台上，为“永别了武器”而做出不懈的努力。

记者：能否展望未来几年里国际军备控制与裁军进程的方向?

滕建群：未来，国际军控、裁军与防扩散进程仍将沿着现有的方向发展。第一，面对新安全形势，国际社会将继续做出努力，应付诸如大规模杀伤性武器及其运载工具的扩散。在大国之间，防扩散可以成为合作的平台。第二，发展中国家反对单边主义和维护多边主义的斗争还将继续，但在重大的条约和机制建设方面难有突破性进展。第三，非政府组织正在成为推动军控、裁军与防扩散向纵深发展的重要力量。近年来，非政府组织在诸如禁止地雷等方面就开展了卓有成效的工作。

国际核不扩散机制中的美国与中国

刘兴华

内容提要： 美国是国际核不扩散机制的主要创立者和推广者之一。中国正以负责大国的身份更多地参与到该机制之中。中美两国在国际不扩散机制相关领域总体合作的前提下，对于如何维护以及改进现有体制，有着不同的要求和希望。

主 题 词： 国际核不扩散机制　美国　中国

作者单位： 天津　南开大学周恩来政府管理学院

国际核不扩散机制是世界各国为减弱和消除核武器的威胁、防止核武器扩散而建立的国际安全机制，主要包括核不扩散及相关领域的所有双边或多边条约和协定，以及公认的原则、标准和国际惯例。美国和中国是国际核不扩散机制中的主要大国，但两国在对待核不扩散机制的态度和行为上有很大差异，对此进行比较分析可以辨明它们与国际机制之间关系的特征，也可以更全面地理解中美在防扩散领域的分歧与合作。

一、推广与参与

美国是国际核不扩散机制的主要创立者和规划者之一，因此竭力推广体现美国意志和利益的已有机制，使其他国家参与和遵守美国领导制定的各种机制的标准和规则。从1946年提出的“巴鲁克计划”和《麦克马洪法案》直到现在，美国一直试图构建约束各国核行为的国际机制，并极力加以推广。自从中国成为有核武器国家以来，美国不断向中国施加压力，促使中国参与和遵守由其领导的各种核不扩散机制。虽然中国冷战时期没有全面参与主要的核不扩散机制，但中国对核武器问题一直持负责任的态度。中国自拥有核武器那天起就无条件地承诺不首先使用核武器，不对无核武器国家或无核区使用或威胁使用核武器。中国的这种鲜明立场充分体现了中国对核武器问题的坚定的负责态度。在1978年举行的首次联合国裁军特别会议上，五个有核武器国家（中、苏、美、英、法）分别发表了关于不对无核武器国家使用或威胁使用武力的“消极安全保障”的单方面声明，这些保障是对有核武器国家核行为的约束，但其中只有中国的安全保障声明是无条件的。① 20世纪80年代之前，中国基本是独立于美苏等大国所主导的国际核不扩散机制之外的，中国谴责美苏等大国利用机制来维持它们的核垄断，对弱小国家进行核讹诈。改革开放后，中国融入世界的步伐开始加快。尤其是冷战结束后，国际格局的变化和中国对国际形势的新判断（世界大战打不起来），以及美国的压力等诸多因素促使中国开始逐渐参与核不扩散机制。② 另外，“世界政治经济中，各国政府之间有着多样的问题和多样的联系，因此各国政府参与到许多机制之中，触动一种机制不仅影响该机制所管理的问题领域的行为，也很容易影响到网络中的其他机制。” ③ 这种国际机制网络使中国不能独立于核不扩散这一重要的国际机制之外。

在与核武器有关的组织和条约等机制方面，中国于1984年加入“国际原子能机构”并自愿将部分民用核设施置于该机构的保障监督之下，1992年加入《不扩散核武器条约》，1996年签署《全面禁止核试验条约》，1997年加入“桑戈委员会”，2004年5月加入“核供应国集团”并承诺严格按照该集团的原则和清单实施核及核两用品的出口控制。在运载核武器的导弹控制方面，中国政府于1992年宣布遵守《导弹及其技术控制制度》的准则和主要参数；1994年承诺不出口《导弹及其技术控制制度》所限制主要参数的地对地导弹，即内在性能至少达到300千米射程和500千克载荷的地对地导弹；2000年中国宣布，无意以任何方式帮助任何国家发展可被用于运载核武器的弹道导弹，

① Darryl Howlett, *Nuclear Proliferation*, in John Baylis & Steve Smith eds., *The Globalization of World Politics: An Introduction to International Relations*, 2nd edition, Oxford University Press, 2001, p.431.

② 关于这种转变的深入分析，参见李少军：《中国与核不扩散机制》，载《世界经济与政治》，2001年第10期；周宝根：《中国与国际核不扩散机制的一种建构主义分析》，载《世界经济与政治》，2003年第2期；王君：《冷战后中国不扩散政策的转变及其原因分析》，载《太平洋学报》，2002年第4期。

③ Robert O. Keohane, *After Hegemony: Cooperation and Discord in the World Political Economy*, NJ: Princeton University Press, 1984, p.104.

并将制定和颁布导弹出口控制领域的条例和清单。[①] 中国已经将国际核不扩散机制的原则、规则和惯例内化为约束和规范自身行为的标准，参照现有国际机制建立了较为健全的核出口管制的国内法律体系。中国先后颁布了《核材料管制条例》(1987年)、《核出口管制条例》(1997年)、《核两用品及其相关技术出口管制条例》(1998年)和《中华人民共和国导弹及相关物项和技术出口管制条例》(2002年)，实行了核出口专营和许可证制度。中国的核出口遵守只用于和平目的、接受国际原子能机构的保障监督、未经中国政府许可不得向第三国转让三项原则。中国的《核出口管制清单》与《核两用品及相关技术出口管制清单》覆盖了"桑戈委员会"、"核供应国集团"和"澳大利亚集团"等机制的控制清单所包括的绝大部分物项和技术；中国的导弹控制清单也符合《导弹及其技术控制制度》的附件。2002年3月，中国在五个有核武器国家中第一个完成了核准加强国际原子能机构保障监督附加议定书的有关国内法律程序，有力地推动了保障监督制度的强化和完善。

尽管由美国主导的核不扩散机制有许多不足，但"各种冷战时创立的军控和不扩散条约仍有助于冷战后时代的战略稳定"。[②] 因此，中国参与国际核不扩散机制既与中国数十年来坚持的核心立场（全面彻底销毁核武器）相符合，又是顺应国际潮流的战略选择。中国参与核不扩散机制的进展显然是美国所欢迎的，也是美国长期以来力图促成的。可以说，几乎每一次重要进展背后都有美国反复而强大的推动。但中国是经过反复权衡而做出外交选择的，而决非依照美国的指令行事。比如，美国自2003年以来就积极推销"防扩散安全倡议"，[③] 并希望中国能够加入。但中国的态度非常谨慎，并表达了对该倡议缺少公正性和有效性等问题的忧虑。

美国推广核不扩散机制并促使中国参与机制的方式主要有四种。

---

① 国务院新闻办公室：《中国的防扩散政策和措施》白皮书，载《解放军报》，2003年12月4日，第二版。

② Fourth U.S.–China Conference on Arms Control, Disarmament and Nonproliferation, *Building a Global Strategic Framework for the 21st Century*, March 4–5, 2002, Washington D.C., Conference Report, p. 9.

③ 关于"防扩散安全倡议"和中国的应对，可参见顾国良："美国'防扩散安全倡议'评析"，载《美国研究》，2004年第3期。

其一是鼓励。美国希望看到中国早日参与机制，并希望就此问题加强与中国的沟通和合作。2003年12月，中国政府发表了《中国的防扩散政策和措施》白皮书，系统阐述了中国政府的立场和措施。美国政府随即做出积极回应，美国务院副发言人埃雷利说："我们欢迎中国通过更加严格的出口管制条例，为阻止大规模杀伤性武器、导弹、常规武器以及相关材料和技术的扩散所作的努力。"① 其二是施压。中国和美国于1985年签署的"和平利用核能合作协定"，美国国会直到1998年2月才批准。其目的就是要提出各种审核的条件，向中国施压，使中国遵从美国所倡导的核出口标准。美国的压力经常是霸权行为的表现，即强行要求别国遵从它所推广的规范，而不顾其他国家的处境和考虑，引起其他国家的不满和抵制。中国直至1992年才宣布遵守《导弹及其技术控制制度》就有这个原因。正如一位美国学者所指出的："中国的某些担心也是合理的。华盛顿要求中国遵守的导弹技术控制制度是在中国没有参与的情况下制定的，具体地说是为西方的导弹制定的。美国坚持要中国认同导弹技术控制制度的各项规定，但是又不想承认中国是制定这些规定的俱乐部的成员。导弹技术控制制度允许西方出售某些标准的导弹，但禁止中国出售射程稍远一点的导弹。"②

其三是限制与放松限制。美国对中国的某些出口和技术转让受到国内法的严格限制，中国遵守不扩散规范的状况是放松这种限制的主要参考条件之一。中国在参与国际核不扩散机制方面每迈进一步，美国就放松一点对中国技术转让的禁止和限制。其四是制裁。美国对中国经常采取十分苛刻甚至是无理的监督和制裁措施。美国长期以来指责中国对巴基斯坦和伊朗等国家进行核出口，不分是否以和平利用核能为目的，动辄对中国企业进行制裁。例如，2001年9月，美国政府以中国冶金设备总公司（中冶公司）向巴基斯坦出口导弹相关物项为借口，对中方实施制裁。中国坚决反对美国这种根据其国内法任意制裁别国企业的行为。美国用国内标准和自己的判断来取代国际机制，以"世界警察"自居，随意将别国贴上"违反机制"的标签。这种做法无论出于怎样的目的，都无助于防扩散事业的顺利开展。中国一些

---

① "欢迎中国防扩散努力"，载《人民日报》，2003年12月5日，第三版。

② [美] 威廉·奥弗霍尔特著，达洲译：《中国的崛起：经济改革正在如何造就一个新的超级强国》，北京：中央编译出版社，1996年版，第269页—270页。

人士指出：中国个别企业的行为不能表明中国政府在加强出口管制问题上缺少信用，况且美国经常超越国际核不扩散的标准而运用基于自身安全考虑的标准。[①]

美国对国际核不扩散机制的推广是“普世自利”思维的表现。应该承认，美国创设和推广机制确实有一定的“普世主义”考虑，即不希望核武器导致世界的混乱和人类的毁灭，试图建立一套机制框架并竭力将世界各国纳入其中。但美国的“普世主义”通常夹杂着自利的倾向。美国试图维持自己在机制框架中的优势地位，并以自身的利益和好恶作为推广机制的标准。中国参与核不扩散机制主要是一种“社会学习”的过程，即接受国际社会普遍认可的规范并将其内化为自身的行动准则。通过对国际核不扩散规范的理解、模仿和借鉴，中国在对外行为和内部制度建设方面都逐渐做到了“与国际接轨”，中国核出口管制清单和导弹控制清单的制定就是最典型的例子。

二、固守与改造

国际机制不是一成不变的，它会随着国际形势的变化而变化，也会随着新成员的加入而改变。“新成员可以改变具有开放性规范和规则的机制。”[②] 美国主导的现存核不扩散机制存在着诸多弊端，美国为了维护自身的核优势和霸权地位，采取了各种手段使国际机制服务于美国的利益并固守有着许多缺陷的机制，引起其他国家的强烈不满。但不能因此完全否定现有的核不扩散机制，因为它毕竟是全球安全的一个十分重要的稳定器。正如罗伯特·基欧汉（Robert O. Keohane）所说的：“修正现有国际机制而不是抛弃它们从头再来更有利于接近普世主义的道德理想。”[③] 美国领导建立的许多核不扩散机制都带有歧视性。《不扩散核武器条约》规定无核武器国家承诺维持现状，不拥有核

① Fourth U.S.-China Conference on Arms Control, Disarmament and Nonproliferation, *Building a Global Strategic Framework for the 21st Century*, March 4–5, 2002, Washington D.C., Conference Report, p. 22.

② Stephen D. Krasner, *Structural Conflict: The Third World against Global Liberalism*, Berkeley: University of California Press, 1985, p.29.

③ Robert O. Keohane, *After Hegemony: Cooperation and Discord in the World Political Economy*, NJ: Princeton University Press, 1984, p.257.

武器，接受国际原子能机构的核查，而对有核武器国家的约束却很少。美国等国家片面强调对第三世界国家的监控，而对这些国家和平利用核能的要求却关注不够，甚至进行干扰和阻挠。“导弹及其技术控制制度”直接针对第三世界国家，防止可运载核武器的导弹及其技术扩散到第三世界国家。第三世界国家对这些不平等的规定普遍表示不满。尽管是有核武器国家，但中国仍属于第三世界，充分理解第三世界国家的处境，并与它们一道为改变现有的不公正的国际机制而努力。“第三世界国家无法重头开始创立新机制，但它们可以改变现有的机制，有时甚至是重大的改变”。[①]

针对国际核不扩散机制的各种缺陷，中国主张对机制进行改造，使之更能反映世界各国的意愿。中国强调“应当平衡处理《不扩散核武器条约》关于防扩散及和平利用核能这两大职能的关系，不应以防扩散为名限制各国和平利用核能的权利。在防止核武器扩散的同时，也应肯定并注意发挥核能在发展清洁、高效能源和促进发展中国家经济发展与社会进步方面的重大作用。这是使《不扩散核武器条约》保持生命力，并使广大无核武器国家恪守无核武器承诺的重要条件之一”。[②] 中国一向主张核不扩散努力的最终目标是实现无核世界，因此“中国支持无核武器国家关于强化有核武器国家遵守《不扩散核武器条约》第六条款承诺的要求，该条款的最终目标是全面消除核武器”。[③] 中国反对美国在核不扩散问题上所采取的“双重标准”。美国对一些非盟友国家采取苛刻的审查、监视和制裁措施，而对以色列等国的核问题却放任纵容；美国对待别国的行为百般挑剔，而对自己的行为却不加约束；美国国会至今未批准《全面禁止核试验条约》，使条约生效受到严重阻碍。另外，许多发展中国家都对“桑戈委员会”和“核供应国集团”的歧视性表示不满，谴责这两个组织是打着核不扩散的旗号进行核垄断。[④] 因此中国提出“要结合新的形势，对“桑戈委员会”和

① Stephen D. Krasner, *Structural Conflict: The Third World against Global Liberalism*, Berkeley: University of California Press, 1985, p.29.

② “中国代表强调中国坚决反对任何形式的核武器扩散”，新华网，2002年4月9日，<http://news.xinhuanet.com/newscenter/2002-04/09/content_350528.htm>

③ Banning N. Garrett & Bonnie S. Glaser, *Chinese Perspective on Nuclear Arms Control*, *International Security*, Vol.20, No.3（Winter 1995/1996）, p.52.

④ 理查德·格雷：《核武器的扩散》，载［澳］克雷格·斯奈德等著，徐纬地等译：《当代安全与战略》，吉林人民出版社，2001年版，第204页。

核供应国集团的出口控制准则进行审议和改进”。[①]

在广泛参与核不扩散机制的基础上，中国逐步形成了自己对改造机制的看法和主张。为了纠正美国主导的现有核不扩散机制的弊端，实现机制的公正性、普遍性和非歧视性，中国提出：尽早就全面禁止和彻底销毁核武器缔结国际法律文书；核裁军应遵循公正合理、逐步削减、向下平衡的原则，两个拥有最大核武库的国家对核裁军负有特殊和优先的责任，应认真履行已达成的削减核武器条约，并遵循可核查、不可逆的原则进一步削减核武库；核武器国家应承诺不首先使用核武器，并承诺无条件不对无核武器国家和无核武器区使用或威胁使用核武器；核武器国家应放弃以首先使用核武器为基础的核威慑政策，降低核武器在国家安全中的作用；核裁军应以“维护全球战略平衡与稳定”和“各国安全不受减损”为指针；应通过政治外交手段解决扩散问题；应充分发挥联合国等国际组织的核心作用，在各国平等、普遍参与、民主决策的基础上，在现行国际法框架内加强和完善现有防扩散机制，等等。[②]

美国对国际核不扩散机制缺陷的固守是美国对待许多国际机制的做法，是一种“狭隘自利”的表现。这种思维将别国的国情抛开不顾，将自己的国情视为建构机制的模本；将别国的考虑和意见视为特例甚至是对机制的威胁，以自己的理解作为评判机制有效性的惟一尺度；将别国对权利和利益的要求视为置之不理，一切以自己的利益是否充分满足为标准。中国对机制的改造设想表明中国已不仅仅是国际规范的学习者，而是开始表达自己作为制度化规范体系中一员的自我主张和意见。中国的“意见表达”，其意义已经超出意见内容本身。中国逐渐以平等的身份参与国际机制的建设，以一种机制成员的“责任感”寻求机制的完善，并以公平的态度积极推动机制的改造。

三、突破与维护

国际军控和核裁军进程能否顺利进行，关键在于各国能否积极参

① “中国加入核供应国集团”，2004年5月28日，外交部网站，<http://www.fmprc.gov.cn/chn/zxxx/t126967.htm>.

② 参见国务院新闻办公室：《中国的军控、裁军与防扩散努力》，载《解放军报》，2005年9月2日，第二版。

与和遵守国际军控和核不扩散机制，能否将机制内化为本国制定政策的基本指南并以机制的规则和规范约束自身行为，以及能否对全球安全与和平负有相应的国际责任。虽然美国是现存核不扩散机制的主要设计者，但美国却同时扮演着破坏者的角色。凭借其无可比拟的超强实力，美国肆意突破核不扩散机制，以满足其维持霸权地位、建立"美利坚帝国"的野心，对核不扩散进程造成了巨大的负面影响。美国不顾众多国家的反对，坚持发展导弹防御系统就是典型的例子。为了实现这一计划，2001 年 12 月，美国单方面宣布退出美苏于 1972 年签署的《反弹道导弹条约》。

"维护机制比创建机制更容易"。"鉴于创立国际机制的困难，理性的做法是在可能的情况下修正现有机制……基本赞同机制原则和规则的政府竭力维护机制"。[①] 中国主张维护核不扩散机制的基本框架，任何单方面突破机制的做法必将严重损害防扩散事业的已有进展。导弹防御系统计划破坏了包括"禁产公约"谈判、太空非军事化谈判在内的一系列军控谈判进程，使全球军控和核裁军事业陷入困境。1999 年 12 月 1 日，在中国等国的努力下，第 54 届联合国大会通过了中国、俄罗斯、白俄罗斯联合提出的关于维护和遵守《反弹道导弹条约》的决议，表明中国反对破坏核不扩散机制的坚定立场。2002 年初，美国推出了《核态势评估报告》，把中国、俄罗斯、伊拉克、朝鲜、伊朗、利比亚和叙利亚等七个国家列为核打击目标，除中国和俄罗斯外，其余五个国家都是《不扩散核武器条约》的无核成员国。美国的做法严重违反了《不扩散核武器条约》关于有核武器国家承诺不向加入该条约的无核武器国家使用核武器的规定，也表明美国放弃了早在 1978 年就做出的不对无核武器国家使用核武器的承诺。中国在强调改造的同时，反对任何突破现有机制框架的危险行为，坚决维护《不扩散核武器条约》的地位。中国强调："《不扩散核武器条约》是国际核不扩散体制的基础，也是核裁军进程取得进展的前提条件。这个条约必须得到全面切实的遵守，否则就会对核裁军与不扩散的国际努力造成严重的损害。"[②] "《不扩散核武器条约》作为当今最具普遍性和造法意义的国际军控

① Robert O. Keohane, *After Hegemony: Cooperation and Discord in the World Political Economy*, NJ: Princeton University Press, 1984, p.102.

② 江泽民：《推动裁军进程维护国际安全——在日内瓦裁军谈判会议上的讲话》，载《人民日报》，1999 年 3 月 27 日，第三版。

条约，其影响早已超出其成员国的范围。从某种意义上说，不论是核武器缔约国，无核武器缔约国，还是非缔约国，均有义务恪守《不扩散核武器条约》的精神。”[①] 美国对国际核不扩散机制的肆意破坏是其“极端自利”思维的集中体现，这种思维几乎将“利己”发挥到极至，将“美国利益至上”奉为圭臬。这种思维抛开了除“国家利益”之外的几乎所有重要的价值：国际社会普遍认同的规范、世界各国建设机制的理想和努力，和世界人民对和平的呼吁。美国的“普世自利”、“狭隘自利”和“极端自利”，在程度依次递增，都表明美国所采取的是以实现个体利益和个体目标为核心的“个体化”行为。在中国对国际核不扩散机制的维护具有重要的标志性意义，它表明中国在国际核不扩散领域的“社会化”进程已经基本完成。国际关系中的“社会化”指的是一个在某些领域独立于国际社会之外的国家在内外条件的影响下，对国际社会的规范从参与到改造，再到以普通成员身份维护规范的过程。中国维护机制的行动说明中国已经成为一个具有“主人意识”的普通成员。这种“主人意识”意味着中国已经将国际核不扩散机制看作应当珍视、维护和倡导的价值，中国已经从一个最初的参与者和学习者变为一个真正的机制内的普通成员。

当然，中美在维护现有机制上也有不少合作。1998年，印度和巴基斯坦两国相继进行核试验，使全球核不扩散体系面临巨大挑战。中国与美国对此进行了紧急磋商，共同主持召开了联合国安理会常任理事国会议，敦促两国放弃核武器开发计划，签署《全面禁止核试验条约》和《不扩散核武器条约》。1998年6月，两国领导人发表了《中美两国元首关于南亚问题的联合声明》，强调“中美坚定承诺致力于在以《不扩散核武器条约》为基石的核不扩散领域进行有力和有效的国际合作”。[②] 另外，在朝鲜核问题和防止恐怖组织获取大规模杀伤性武器等方面也进行了广泛的交流和合作，这些是今后两国有待继续开发和培育的合作领域。

中美两国对待国际核不扩散机制的态度以及两国在核不扩散领域的关系直接影响到国际防扩散的大局。美国对国际核不扩散机制的推

① “中国代表在审议《不扩散核武器条约》筹备会上讲话”，新华网，2002年4月9日，<http://news.xinhuanet.com/newscenter/2002-04/09/content_350528.htm>

② 《中美两国元首关于南亚问题的联合声明》，载《人民日报》，1998年6月28日，第二版。

广、固守和突破是它对待国际机制的典型做法，分别体现了“普世自利”、“狭隘自利”和“极端自利”的思维，是一种以“利己”为中心的实用主义的“个体化”行为。中国融入国际核不扩散机制的过程完整地体现了国家接受和内化国际规范的“社会化”进程：参与与社会学习、改造与意见表达、维护与“主人身份”的显现。这些差异表明两国需要更多的对话和磋商，以共同推动国际核不扩散进程沿着良性的轨道发展。

【非政府组织】

《渥太华公约》与非政府组织的作用

☞王 宸 龙 涛

《渥太华公约》与非政府组织的作用

王宸　龙涛

内容提要： 近年来，国际军备控制与裁军进程受阻，但在诸如禁雷等领域却有了显著进展，特别是在非政府组织推动下达成的《渥太华禁止防步兵地雷公约》表明非政府组织在国际军备控制与裁军进程中的地位和作用日益突出。本文仅从《公约》和“国际禁雷运动组织”两个方面做以下探讨。

主 题 词： 公约　非政府组织　作用　联系

作者单位： 北京　工程装备系统研究所

现实主义将包括军控领域在内的安全问题视为国家参与国际关系的立足点和核心目标。因而，非政府组织同国家相比，对军控政策的影响力极为有限。而《渥太华禁止防步兵地雷公约》（简称《渥太华公约》）是第一个在“国际禁雷运动”（International Campaign to Ban Landmines，缩写为ICBL）、红十字国际委员会等非政府组织的推动下签署的国际军控条约，而“国际禁雷运动”及其协调员约迪·威廉姆斯也因此获得了诺贝尔奖的殊荣。截至目前，该《公约》缔约国已经达到140多个。

一、 非政府组织推动《渥太华公约》的基本历程

《渥太化公约》产生之前，红十字国际委员会认为：地雷成本低、扫除成本高、治疗花费高、造成伤亡多，对人类幸福安宁构成了重要威胁；已经确立的《特定常规武器公约》的“第二号议定书”存在着没有核查条款，没有清楚规定扫雷义务等缺陷。

此后，“国际禁雷运动”、红十字会等非政府组织从国际人道主义的需求出发，在全球范围内积极推动旨在全面禁止生产、储存、使用地雷特别是杀伤人员地雷的无雷化进程。以加拿大、欧盟、南非等为

代表的西方发达国家本身的安全防御需求很小，它们出于人道主义需要、提升本国国际形象、通过积极的禁雷步骤更多地参与甚至主导国际政治外交活动的多重考虑，及时迎合了非政府组织的建议，在禁雷活动中扮演了积极的角色。广大的中小型发展国家，一方面不满大国主导军控与裁军，意图通过积极参与地雷军控谈判提高自身的国际形象和地位，另一方面则更主要的是想借助西方国家的力量排除本国的地雷和未爆弹药，并在战后重建和经济恢复中获得援助。这也成为目前以《渥太华公约》为代表的禁雷运动的三种基本力量构成。

加拿大等禁雷激进国家还认为，1996年5月完成的修约工作未能全面禁止杀伤人员地雷，未能对其转让有更严格的限制。1996年10月初，加拿大召开全面禁止杀伤人员地雷会议，邀请有共同愿望的国家研究全面禁止杀伤人员地雷的具体措施和步骤。同年的51届联大上，一批西方禁雷激进国家全力推动全面禁止杀伤人员地雷的谈判进程。国际社会掀起了一股声势浩大的禁雷浪潮。1997年9月，参加“渥太华进程”的89个国家在挪威首都奥斯陆谈判达成了《关于禁止使用、储存、生产和转让杀伤人员地雷及销毁此种地雷的公约》（简称《渥太华禁止防步兵地雷公约》）。1997年12月2日至4日，在加拿大首都渥太华开放签署。152个国家、联合国有关组织、红十字国际委员会及“国际禁雷运动”等众多非政府组织出席了会议。公约于1999年3月1日生效。

在《渥太华公约》产生的过程当中，“国际禁雷运动”等非政府组织发挥了非常重要的作用。

二、非政府组织推动《渥太华公约》的主要途径

在同反对全面禁雷的国家进行斗争的过程中，“国际禁雷运动”把非政府组织在教育广大民众、动员和团结各种社会力量、最大限度地影响政府和国际组织的决策的功能发挥到了极高的水平。

（一）运用雷患意识教育影响社会舆论

1. *教育民众，提高公众对雷患意识。*教育民众，吸引媒体注意是“国际禁雷运动”战略的一部分。20世纪90年代，杀伤人员地雷远离大多数欧洲和美国人的现实生活，大多数人对地雷缺乏基本的认识，

欧洲特别明显。因此，“国际禁雷运动”的工作就是努力建立公众信息和意识，让公众将地雷看成一种非人道的武器。

在《特定常规武器公约》查会议召开前后，“国际禁雷运动”在影响公众意见方面投入了更多的精力，并开始有意识地向没有“国际禁雷运动”分支的国家扩展，尤其是那些被认为在地雷生产和出口记录上有问题的国家。这项工作主要是通过个人和组织的关系进行的。通过发动所有非政府组织的资源和网络，“国际禁雷运动”最大限度地利用当地的以及国际的媒体。在许多国家，“国际禁雷运动”定期举办媒体吹风会并发布各种有关信息。

禁雷运动在爱尔兰的做法具有代表性。为了宣传禁雷，爱尔兰禁雷运动一方面集中于媒体，一方面开展公众活动。它们访问学校、大学和青年团体，和他们讨论地雷问题;组织给儿童写信的运动;邀请有实际经验的“国际禁雷运动”成员和公众及政府官员会谈；从实地找来一系列见证人，通过不同的面孔和不同的方式向媒体做宣传。

2005年3月31日，波兰“国际禁雷运动”参加了在华沙欧洲大学举行的“非政府组织信息集会”，该大学主要为欧盟培养政府官员建立的。此次集会的主要目的是使大学生了解国际非政府组织的作用和工作情况。60名与会的大学生就有关地雷问题进行了讨论，波兰“国际禁雷运动”对禁雷运动的目标、历史以及主要工作做了详细的介绍，并提供了相关资料。该组织还借此次活动呼吁波兰首相批准加入《渥太华公约》。

“国际禁雷运动”的影响迅速扩大，“国际禁雷运动”旗下的非政府组织已经达到几百个，而且还有很多非政府组织关注着“国际禁雷运动”的行动并愿意提供协助。这些组织在许多领域开展工作，包括扫雷、受害者救助、救济、人权、环境、发展和难民等等。宗教组织的加入也扩大了这个网络的范围。这些活动扩大了“国际禁雷运动”的声势。

2. 说服公司，将地雷技术用于其他商业领域。“国际禁雷运动”的一些成员组织致力于针对地雷生产商的研究，因为如果要说服这些公司放弃，必须具备相应的专业技术知识。

除了一般性宣传地雷所导致的滥杀与滥伤之外，非政府组织往往需要提供给地雷生产企业一份完整的市场调查报告，甚至是全新的企业规划书。例如，国际人权观察就编纂了一份报告，它借助美国禁雷运动向过去生产地雷的公司施压，要求它们在未来的经营活动中和地雷生产断绝关系。它告诫那些公司，要求它们“尽所有努力确保它们的产品不被用在杀伤性地雷上，使同样的芯片用来生产供美国儿童使用的计算机而不是让它变成地雷，将来在其他某个国家炸伤某个孩子”。这样做也取得一定效果，被国际人权观察列入名单的多家公司中，超过三分之一的公司宣布“将来不再卷入杀伤性地雷的生产活动”。

3. *启迪政府，通过市民社会（civil society）向政府和公司施加压力*。非政府组织在组织社会资源，获得信息方面的优势使得政府认识到地雷问题的严重性，进而采取相应的行动。市民社会最发达的欧洲，迫于压力，欧盟理事会于1995年宣布暂停出口杀伤性地雷，并支持推动公约的普遍化以及加强第二号议定书，同时给予扫雷行动一笔捐款。

以北欧为代表的部分欧洲国家传统上就是所谓人道主义国家，20世纪60年代，也曾称之为和平主义国家。这些国家历史上人道主义非政府组织势力较大，其观点深入人心，在本国政治中有较大的影响。这些国家每年通常安排一定比例的援助经费用于对外援助，扩大影响，树立形象。其国家政府和人道主义组织在亚洲和非洲的热点地区，如柬埔寨、阿富汗、安哥拉、莫桑比克等地区都长期派出人员、安排经费、建立机构对当地难民返回和重建家园进行帮助。在这些活动中，战争遗留地雷造成了很大困难，不得不拿出相当部分的力量用于扫雷和治疗雷伤。欧洲驻阿富汗扫雷机构的代表说，仅1996年2月5日至4月10日期间就收治了885名雷伤患者。这些组织在地雷问题上通常持极端立场，主要全面禁雷，其立场对所在国政府的态度有直接影响。

“国际禁雷运动”的主要作用就在于通过运用自己专业的知识使政府能够认识到问题的严重性，进而采取相应的行动。在接触残疾人国际之前，比利时没有一个和杀伤性地雷项目直接相关的组织，似乎也没有人认识到事件的严重性。“残疾人国际”通过同比利时政界建立联系，坚持提供各种与地雷有关的信息，终于使比利时通过了禁止杀伤性地雷的法案。比利时成为世界上第一个禁止生产、储存和出口杀伤性地雷的国家。这时比利时禁雷运动正式启动还不到一年。对此，比利时参议员达登尼认为，在促使议会认识到这个问题的严重性以及使其相信采取紧急行动的重要性方面，比利时禁雷运动的作用是至关重要的。

(二)立足国内影响政府决策

尽管禁雷是个全球性的事业,但是这项工作的重点却主要是国内的,也就是说,禁雷运动的成功必须取得政府的合作与支持。事实也是如此,在"国际禁雷运动"所获得的任何重大进展中,都能够清楚地感受到政府以及国际组织的权威。在关键问题上,非政府组织发挥作用的方式仍然是从属性的。但是,没有非政府组织,这些成就也许永远也无法获得。从"国际禁雷运动"成长和发展壮大的历史,能够清楚地发现热情、专业性知识以及组织能力的关键作用,以及它们是如何最终反映在政府决策中的。

1. 组织能力严密,在需要时各成员组织联合行动。"国际禁雷运动"只是一个国际非政府组织网络,它并不负领导之责,只负责协调各国禁雷运动的行动。它的组织功能体现在一些细微之处。由于各国的实际情况并不相同,所以真正发动、领导各国运动的仍是一些非政府组织。只不过,当某一国的运动遇到挫折或出于需要时,它会在"国际禁雷运动"的帮助下及时得到来自国际社会的帮助与呼应。

例如,在维也纳会议关于地雷的议题陷入僵局的时候,"国际禁雷运动"觉得必须采取一些行动来延续世界禁雷运动的势头。于是,它发起了第一次非政府组织与政府间国际会议。8个国家以及300多个非政府组织出席了会议。出席这次会议的国家代表也许少了一些,本身也许没有什么突破性的成果,但是其所具有的意义却极为深远。它有助于过去那些对禁雷犹豫不决的国家改变传统的信念,对这一运动给予积极支持。以市民社会为依托的非政府组织所表现出的热情激励了很多国家,加拿大就是其中之一。加拿大甚至没有收到日内瓦会议的邀请,但是正是受到此次会议的影响,加拿大政府此后扮演了"国际禁雷运动"领导人的角色。此外,另一个重要的意义就是,通过这样的会议,"国际禁雷运动"初步建立了政府与非政府组织在禁雷问题上的互动机制。

2. 协调机制有效,成功启动了"渥太华进程"。协调作用是非政府组织一项比较成熟的功能,协调作用主要体现在与政府的关系领域。这一点在和平与安全领域愈发明显,因为即便民主国家对安全也是极为敏感的。"国际禁雷运动"的协调机制是比较有效的。

维也纳会议之后,加拿大有意在"国际禁雷运动"中发挥积极作用，并提出了一些建议。“国际禁雷运动”则通过其在加拿大的网络很早就注意到加拿大政府的动向。加拿大地雷运动通知“国际禁雷运动”成员，说外交部正在考虑一项“加拿大地雷行动计划”，这项计划将以1月份在日内瓦召开的“支持全面禁雷国家会议”为基础。这个计划包括主持一个由专家、官员和有关非政府组织组成的国际战略工作小组，以便在后《特定常规武器公约》的背景下制定一个全球性和地区性地雷行动计划。加拿大地雷运动请求“国际禁雷运动”的成员提出建议，因为它不想让这个倡议变成（加拿大）政府做做样子的行为。“国际禁雷运动”于是迅速与日内瓦的其他分支机构合作，小心地协调了1996年4月的《特定常规武器公约》审议会议和在日内瓦的第二次非政府组织与政府间会议。《特定常规武器公约》审议会议虽然失败了，但是日内瓦会议却取得了一些成果，这次会议启动了对“国际禁雷运动”意义重大的“渥太华进程”。1996年10月3日，在全球范围内禁止杀伤性地雷的国际战略大会在渥太华召开。50个国家作为正式成员参加了大会，另外还有24个观察员国，国家的数目大大增加了。

1997年以后，“国际禁雷运动”的关注点放到防止个别国家从“完全禁止地雷”的目标倒退上。美国成为一个重点。除了最初的“暂停法案”外，美国在禁止地雷上很少再有举措。对于“国际禁雷运动”所提倡的“完全禁止地雷”的目标更是嗤之以鼻。美国的禁雷运动就谴责美国在消除杀伤性地雷方面没有采取任何重大措施。1997年8月美国虽然宣布将参加奥斯陆条约的谈判，但是同时又提出了诸多修正：包括将朝鲜半岛排除在外;改变杀伤性地雷的定义；延长了过渡期，要求至少60个国家，包括安理会5个常任理事国以及至少75%的地雷生产和使用国批准此项条约等等。奥尔布赖特声明美国并不是来到奥斯陆谈判一个禁雷条约，而是企图使条约迎合美国的现行政策。为了协调其他国家的立场，共同对美国形成压力，“国际禁雷运动”向其成员和相关国家的政府发送电子邮件，提醒他们美国的提议对条约文本可能造成的重大影响，并号召大家紧急合作起来，向克林顿总统发传真和电子邮件，建议世界各国的禁雷运动约见所在国的美国大使以及参加奥斯陆会议的各国代表团，以保证渥太华进程的完整性不会受到损害。

而在《渥太华公约》签署后，非政府组织又在促成各国政府批准公约方面展现了自身价值。以日本为例，日本非政府组织的影响力远逊于欧美，但是日本禁雷运动通过跨国网络获得的资源超越了自身的不足，并最终影响到政府决策。日本首相在决定签署公约的过程中也通过日本国内的非政府组织探听“国际禁雷运动”的动向和立场。在日本批准公约的最后时刻，日本禁雷运动还受托承担了说服反对党政客，避免其在国会听证上作梗的任务。结果，日本禁雷运动甚至得到了这名官员的电话号码，以便双方能够对国会审议的进展状况即时交流信息，直至公约最后被批准。

（三）通过积极的行动和完善的制度来增强影响力

1. 同多种角色建立工作关系（支持禁雷的核心国家、各种非政府组织），积极拓展禁雷运动在世界范围的组织网络。1993年5月24日，“国际禁雷运动”在伦敦召开第一次国际非政府组织会议，来自不同领域的超过50个组织参加了此次会议。“国际禁雷运动”利用此次会议，力图吸纳各种对地雷危害已经有足够认识的同道，同红十字国际委员会等拥有良好信誉和声望的非政府组织建立良好合作关系，增强“国际禁雷运动”的影响力。到1999年3月公约生效时，“国际禁雷运动”已经包含了自75个国家1300多个非政府组织。

“国际禁雷运动”还与包括加拿大等国在内的支持禁雷的核心国家建立了合作关系，在武器问题上的国际政策的演化过程中，这种方式代表了非政府组织和政府关系的某种质的变化。非政府组织成为决策方式必须的一部分。

“国际禁雷运动”等非政府禁雷组织在尽可能多的国家召开国际会议，向不同的追随者展示其目标以及最大程度的吸引注意力。信息的持续流动使得禁雷主题产生了生命力。各地区国家组织加强了协调与合作，推动区域禁雷进程。2004年，在亚洲，中国与澳大利亚“国际禁雷运动”联合举办了国际人道主义扫雷研讨会；东盟举行了“泰国曼谷东南亚扫雷与受害者援助问题——发展面临的挑战”地区研讨会。在厄瓜多尔的基多举行了美洲地区地雷行动研讨会。红十字国际委员会（ICRC）和肯尼亚、加拿大政府支持下联合举办了“东非国家地雷研讨会”。欧洲议会计划在《渥太华公约》第一次审议大会之后也将召开后续会议。这些地区国家组织的行动，推动了禁雷工作加快步伐。

2. 开展地雷相关监测，使其制度化。为弥补《渥太华公约》中缺少传统的核查机制的缺陷，在加拿大政府的财政支持下，“国际禁雷运动”建立了“地雷监测”(Landmine Monitor)的民间监测网络，用以衡量在遵约方面取得的进展，以及监督全球地雷危机的其他问题。这个报告网络建立了独立的数据库，同各国政府合作。1998年12月14日—18日，在都柏林召开的“国际禁雷运动”大会上，地雷监测根据世界所有国家提供的国家报告以及各国关于全球地雷的使用、生产和出口、储存等国际法律活动无雷化地雷意识和幸存者援助情况的主题报告，准备了第一份关于所有公约执行情况的年度报告大纲。

为了加强监督，“国际禁雷运动”向第一次签约国会议（1999年5月，莫桑比克马普托）递交了它的《地雷监测报告：面向一个无雷世界》。该报告由80个研究者对全世界的每一个国家进行报告，长达1100多页，对地雷的使用、生产、贸易、储存、人道主义问题、无雷化以及幸存者援助等提供了全面信息。自1999年以来每年都出版了地雷监测报告，“国际禁雷运动”主动地监督公约的执行并遵从公约，这表明着“国际禁雷运动”以系统的、持续的方式，去监督一项人道主义法律或者裁军条约，并定期记录其进展和问题。

《地雷监测报告》标志着“国际禁雷运动”将地雷相关监测的制度化。陈述全球每个国家及许多有争议地区的地雷政策及其执行情况。该报告在促进《渥太华公约》的有效执行及其义务方面做出了卓越贡献。

三、“国际禁雷运动”在推动《渥太华公约》过程中受到的挫折及存在问题

（一）“国际禁雷运动”与美国等主要地雷大国相比，力量太为薄弱；美国单边主义抬头和地雷政策的调整，对于“国际禁雷运动”又是一个打击。

《渥太华公约》普及的有效性很低。尽管世界上四分之三的国家已经成为缔约国，但是包括主要地雷大国俄罗斯、美国、印度、巴基斯坦在内的42个国家仍然没有签署公约。

2004年2月27日，美国宣布了布什政府关于地雷新政策，废除了克林顿政府关于未来可能加入《渥太华公约》的承诺，这对于“国际禁雷运动”是一个重大打击。《渥太华公约》首次审议会议的其中一

项主要议题是推动美、俄等非公约地雷大国加快签约步骤，而布什政府废除了提出10年的全面禁止杀伤人员地雷的目标，引起国际禁雷力量的强烈不满。“国际禁雷运动”、人权观察等地雷军控非政府组织对美国地雷政策改变普遍感到失望，认为新政策否定美过去10年奉行的地雷政策，是美地雷政策的严重倒退，将向其他未加入该公约的国家发出错误信息，沉重打击“国际禁雷运动”。

（二）“国际禁雷运动”目标过于绝对主义，未有考虑相关国家的安全利益对于地雷装备的需求。

《渥太华公约》全面彻底禁雷完全从人道以及个人福利角度出发同传统的“地雷是合法的防御武器”观念形成了强烈抵触。该机制仅仅考虑了地雷的人道主义关切方面，很少或没有考虑有关国家在领土正当防卫上对杀伤人员地雷的需要。该公约虽然有一百多个国家参加，但由于遭到美国、俄罗斯等几个军事大国和武装冲突热点地区国家抵制，缺乏一个真正有效的国际条约所应具有的足够的权威性。

（三）政府组织的理想化解决方案决定其行动资源分配不合理，缺乏务实的扫雷目标。

非政府组织在推行目标的过程中，容易制定过于简单化、理想化的行动方案。“国际禁雷运动”也不例外，试图能利用无限的资源去推动无雷世界的目标。在进行扫雷行动的过程中，它总将扫雷目标集中在单纯的地雷数量上，而不是根据扫雷后的社会效益大小来分配资源和确定重点，对于地雷造成的真正威胁缺乏认识。为了实现既定的无雷世界目标，《渥太华公约》要求消除每一颗地雷，而不管其成本和效益。这种低下的效率将会降低《渥太华公约》的适用性和影响力。

四、“国际禁雷运动”与《渥太华公约》的发展趋势

未来，“国际禁雷运动”将一方面提高地雷幸存者得到援助的程度，进一步清除武装冲突后遗留的地雷；另一方面加强在人道主义领域的影响力，对国家使用和生产地雷的情况将具有相当的遏制作用。并促进相关地区和国家加强协调与合作，呼吁缔约国能够宣布新的政治与

财政承诺，敦促正在使用地雷的国家停止使用。

在世界上四分之三的国家已经加入《渥太华公约》之后，“国际禁雷运动”将会进一步着力于提高普遍性的质量，加强对未加入公约的主要地雷大国施加压力，使得《渥太华公约》成为有足够权威影响的国际军控条约。

由于非政府组织的资源有限，《渥太华公约》将从以往的花费巨资清除少量地雷等粗放型地雷行动转向合理确定援助目标、有效配置资源的地雷行动，从而进一步推动禁雷运动向纵深发展。

【中国核政策与航天政策】

Nuclear Deterrence in the 21st Century

☞*Shen Dingli*

China Insistence on No-First-Use of Nuclear Weapons

☞*Pan Zhenqiang*

Trends in China's Space Program and the Prevention of Outer Space Weaponization

☞*Teng Jianqun*

Nuclear Deterrence in the 21st Century

*Shen Dingli*①

Among all the acknowledged nuclear weapons states, China employs a unique nuclear doctrine. China is the sole nuclear weapons state among the 5 permanent states in the Security Council of the United Nations (P5) that has declared a no-use (NU) and no-first-use (NFU) position.

No-Use and No-First-Use

The text of the statement

On October 16, 1964, China conducted its first nuclear weapon test explosion. On that very day, China issued a statement that proclaimed its NU/NFU policy. It was later refined with the following:

> At no time or under no circumstances would China first use nuclear weapons, and at no time and under no circumstances would China use or threaten to use nuclear weapons against non-nuclear weapons states or nuclear weapons free zones.

Negative and Positive Security Assurances

The above statement of negative security assurances was expanded on April 5, 1995, when the Chinese government issued a national statement on security assurances, just prior to the Non-Proliferation Treaty (NPT)

① *Shen Dingli* is the Executive Dean and Professor of the Institute of International Studies of Fudan University in Shanghai. He is also the Director of Center for American Studies at the university, where he co-founded and has directed China's first non-government-based Program on Arms Control and Regional Security.

Review and Extension Conference. China pledged to "take action within the UN Security Council to ensure that the Council takes appropriate measures to provide, in accordance with the UN Charter, necessary assistance to any non-nuclear- weapon state that comes under attack from nuclear weapons, and to impose strict and effective sanctions on the attacking State." Obviously, China took this action to add to the incentives for the indefinite extension of the NPT Treaty.

Applicability to Taiwan

The mainland Chinese government has made several statements to the effect that it will not use nuclear weapons against Taiwan - a renegade province in Beijing's view. In its latest specific clarification on this question in the mid-1990s, a mainland Chinese Foreign Ministry spokesperson explained that since China has a NU policy toward any non-nuclear weapons country, and since Taiwan doesn't qualify for statehood, China's NU position would be even more applicable to Taiwan.

Justification of the NU/NFU Position

China may have many reasons to justify its NU/NFU policy. Some possibilities, as seen by this author, include:

Morality: possession vs. use

Nuclear weapons are widely viewed as weapons of mass destruction (WMDs). For many, the use of nuclear weapons under whichever circumstances constitutes a crime, as either a first use or a retaliatory use would incur unacceptable amount of collateral destruction. In fact, an International Court of Justice ruling in July 1996 indicated in its Advisory Opinion that use, or threat of use, of nuclear weapons:

"[w]ould generally be contrary to the rules of international law applicable in armed conflict, and in particular the principles and rules of humanitarian law."

For some, even the possession of nuclear weapons is of questionable legitimacy. The Chinese government has long championed the "total elimination and thorough destruction" of all forms of nuclear weapons, indicating its recognition of the destructive nature of nuclear weapons and efforts to delegitimize them.

China developed nuclear weapons as a response to what it saw as U.S. nuclear blackmail in 1950s. Until all nuclear weapons are eliminated from the earth, including China's own, China must also live with the consequences of possessing nuclear weapons. While possession of nuclear weapons may have empowered China in its international standing, they could have also distanced China from some non-nuclear weapons states, especially those states that oppose the possessing and use of nuclear weapons for whatever reasons.

With these considerations, it is natural to postulate a NU/NFU nuclear doctrine, as it provides China with a less 'immoral' image among all nuclear weapons states.

Political correctness

Along the line of nuclear morality, the NU/NFU policy also distinguishes China from other nuclear weapons states that do not take the same stance.

The NFU divides the 'nuclear haves' into two classes: a more 'moral' group with no-first-use policies and a less 'moral' group with first-use or conditional no-first-use. Among the P5, the former Soviet Union and China were two states that belonged to the NFU category, while the other three fall into a different group.

The United States has long proclaimed a conditional first-use position; i.e., the United States would resort to the use of nuclear weapons, were American territory, the U.S. overseas military presence or allies to be attacked by a non-nuclear weapons state allied with a nuclear weapons state. The United States does not seem to completely believe the NFU declaratory policy of China and the former Soviet Union. In fact, Russia, as the sole legitimate successor of nuclear weapons from the former Soviet Union, ended its NFU position in 1993 to compensate for its weakened conventional military strength.

Thus far, China is the only acknowledged nuclear weapons state that adheres to NFU. China still feels itself to be politically correct to maintain this position, and to be a responsible nuclear weapons state in terms of the use of nuclear weapons.

Avoiding preemption

China developed nuclear weapons under U.S. threat, and China understood that it was difficult for the American government to accept China's possession of nuclear weapons. It seemed that the United States has considered surgical preemption against China's nuclear weapons program. Indeed, we have witnessed and are witnessing both rhetoric and the preparation of military action by the U.S. against North Korea and Iran for their development of nuclear programs, which, as claimed by the U.S., are either military programs or can quickly be diverted for military purposes. The "preemption" in Spring 2003 against the regime of Iraq's Saddam Hussein is such an episode of preemption taken against at least the pretext of WMD proliferation.

Current clandestine nuclear weapons development may not require a nuclear weapons explosion to vindicate the workability of the weapons. The success of all Indian and Pakistani test explosions of their fission bombs has proven this to be true. However, this doesn't apply to the first Chinese nuclear weapon explosion in 1964. At that time, China would not risk its security by trusting its nuclear design solely based on blueprints. Of course, one could argue that China needed a nuclear blast to elevate its international standing and domestic public support for the government.

In the meantime, China also would not risk its security by establishing a confrontational nuclear doctrine, though it indeed had a right to go nuclear. On the contrary, China carefully crafted its NFU nuclear position, in order not to trigger an American or Soviet conventional preemption.

Minimum deterrence and NFU

China is one of the first nations to have conceived a deterrence strategy. However, given the U.S. nuclear deterrence strategy since the mid-1940s, China has been reluctant in using the same nomenclature of the nuclear age. Nevertheless, this does not change the nature of China's nuclear posture. According to both China's open declarations and observable evidence, China's nuclear doctrine is also a type of deterrence - a minimum deterrence to be accurate.

China's decade-long minimum nuclear deterrence is commensurate with its NFU doctrine. As China only prepares for nuclear retaliation in-kind, thus it needs far fewer nuclear weapons and less precision strike capability - which is necessary for executing a nuclear first attack that leaves the enemy no chance to strike back. For minimum deterrence, one only needs to assure a credible nuclear retaliation so as to deter a first nuclear attack.

NFU under Pressure

Though China's declaration of NFU has been given little credit by other nuclear weapons states, such a policy still provides certain assurances. Frankly speaking, in a military contingency, no adversary/adversaries would fail to prepare for a change in China's position on NFU, as, in their view, this choice is always an option for China. However, all understand clearly that the political cost to the Chinese leadership due to such a change would be prohibitive, which acts as a real restraint against China's altering its professed position.

Presently, given the advancement of military technology, and given the shift of China's own priority of national interests, China's NFU policy has been under certain unprecedented pressure which could have stirred up a debate on the validity of NFU.

Precision conventional strike

Nuclear weapons can bring about mass destruction; but can also be destroyed by nuclear weapons. A nuclear detonation near another nuclear weapon could disable the latter due to a shock wave or other form of energy released. This has led to the dangerous "hair trigger" nuclear doctrine of America during the Cold War period.

Now, however, the same effects can be reached with precision-guided conventional munitions. From the first Gulf War of 1991 to the second Gulf War in 2003, the U.S. military has significantly enhanced the use of precision-guided weaponry, in terms of both quality and quantity. This fact begins to blur the boundary between traditional conventional weapons and mini-nuclear weapons.

Before one would be truly concerned about a U.S. earth-penetration nuclear weapon, it is more likely that a digitally guided conventional weapon may form a more realistic threat to a lesser nuclear weapons state. While China must increase the mobility of its nuclear weapons by road, railway or ocean, it is important to address the scenario of conventional attack against nuclear weapons and corresponding responses.

Under this assumption, it is not unreasonable that the Chinese military establishment needs to assess the level of such a threat, either from nuclear weapons states or non-nuclear weapons states, and China's policy options in the event of such a threat. One would certainly challenge China's wisdom to still adhere to NFU under such a new type of threat scenario, and allow its nuclear weapons to be destroyed by adversary conventional weapons.

Threat from other advanced unconventional weaponry

Given the virtual impossibility of banning nuclear weapons from the Earth in the near term, and given the increasingly higher barrier for would-be nuclear proliferators around the world especially after the "9.11" terrorist attacks against the United States, attempting to acquire chemical and biological weapons is still the main method of some states to counter the threats they perceive.

Iraq employed the use of chemical weapons in its war with Iran in 1980s, and also against Kurds in its own territory. The then-U.S. Secretary of Defense Dick Cheney threatened to retaliate with U.S. nuclear weapons if Saddam's government ventured to use chemical weapons in the first Gulf

War. Furthermore, Cheney's threat violated the long-time U.S. pledge of "conditional no-first-use."

Compared with the previous scenario of an attack using precision-guided conventional munitions against nuclear weapons, this assumption of first-use of other unconventional weapons may be more theoretical. However, it is not unlikely and the chance of first-use of chemical or biological weapons by a terrorist group is on the rise. This requires China's strategists to analyze the new threat situation and reassess the logic of sitting idle after absorbing a first attack by non-nuclear unconventional attack, either by a state actor or a non-state actor.

Threats to core national interests

For decades, China's nuclear weapons have served core national interests: the nation's independence and survival. Over time, however, China's core national interests have evolved.

China no longer sees an imminent survival problem. At the official exchange rate, mainland China alone has become the fourth largest economy in the world. China's paramount priority today is economic development. In this context, securing energy and other primary resources help advance China's core national interests.

Presently, China has dual core national interests. Its parallel core national interest is the national unification. For over 40 years, this was not an outstanding issue among Chinese living across Taiwan Straits. Both mainlanders and the Taiwan leadership claimed for long time, respectively, a "one China" policy. The only question was who represented China, a China where no side of the Straits could have effectively controlled the other side.

Since 1990s, a pro-independence lobby has increasingly emerged in Taiwan. The longtime held Taiwanese position of "one China" has been seriously challenged. Coupled with Taiwan's change of political environment, the United States has taken a position that stresses the defense of Taiwan. From 1979 to 2000, total arms sales of U.S. weapons to Taiwan amounted to $40 billion. Currently, the U.S. is pushing hard for a onetime sale as high as $18 billion.

Mainland China has noted the nominal standing U.S. position in support of "one China," but finds it often weakened by American action: the push for arms sales that in fact strengthens the pro-independence Taiwan leadership. The Chinese public also has been very dubious about the long-term U.S. strategic intention over Taiwan.

With the Chinese leadership repeatedly stressing the Taiwan question as China's current core interest, it is natural to ask what is at China's disposal to defend this core interest. It shall be logical to conclude that China should not preclude the use of any means available to defend its core interests - nuclear weaponry certainly being one such means.

This author predicts that there will be no major wars between major powers in 21st century. And this author would hate to see a China-U.S. military conflict, for whatever reason, as that inevitably would harm the fundamental interests of both countries. However, to avoid war requires the wisdom of both nations. It is not viable for China to ignore its core national interests eroded indefinitely. If China's conventional forces are devastated, and if Taiwan takes the opportunity to declare a de jure independence, it is rather inconceivable that China would allow this to happen.It is even more unimaginable that China could tolerate its nuclear weapons to be stricken by a precision attack with conventional munitions, rather than employing them as a true means of deterrence.

Conclusion

Given the advancement of the revolution in military affairs, modern military technology has experienced remarkable change. This narrows the difference between nuclear weapons and conventional weaponry, and exerts pressure on China's NU and NFU policies. Also, given the shift in Taiwan toward independence, and given the U.S. commitment to defending Taiwan, China's NU/NFU has been caught in a dilemma as to the essence of deterrence.

These pressures may not lead to a policy change any time soon; though some are cynical enough to suggest that China could adjust its policy later, at the time when there is such a need. However, this author considers it healthy to allow space for serious discussion of this important matter. Only through serious debate within China and between China and the United States, may a consensus be built as to how to avoid triggering the aforementioned scenarios and to assure the credibility of China's NU/NFU declarations.

It is foreseeable that the Chinese government will use diplomatic means to avoid physical confrontation with the United States, as the bilateral economic/trade relationship has been continually expanding. This also serves China's core interests.

Nonetheless, this analysis still raises these critical questions for future consideration: What should an updated nuclear deterrence actually deter in order to defend China's core interests? How can China communicate its deterrence policy unambiguously? And how should China respond if its deterrence were to fail?

China Insistence on No-First-Use of Nuclear Weapons[①]

Pan Zhenqiang[②]

Recently, one of my former colleagues, General Zhu Chenghu of China's National Defense University, made some remarks that stirred an unusual uproar in the West, and in the United States in particular. According to reports in the Western media, Gen. Zhu, in responding to questions in a briefing session on China's foreign and security policy with a delegation of foreign journalists based in Hong Kong, seemed to indicate that in a possible military conflict with the United States over Taiwan, Beijing would be no match for the United States in terms of conventional capability. Zhu thus suggested that China should perhaps be the first to use nuclear weapons to deter a possible U.S. intervention.

If those reports are accurate, Zhu Chenghu's remarks are dead wrong although his intention may have been to avoid a future military conflict with the United States over Taiwan. Despite his repeated assertion that his statements were his personal views, considering his position as a high ranking, active-duty military officer in the PLA, such loose talk on the subject is very misleading and sure to do serious damage to the understanding of China's nuclear policy by the international community.

In my view, No-First Use (NFU) has been a theoretical pillar of China's nuclear policy. This rationale of NFU of nuclear weapons serves Beijing's foremost security interests. It also contributes to the maintenance

① The author wishes to stress that views expressed in the paper are entirely of his own. They do not necessarily represent those of any other individuals or any organizations in China.

② Mr *Pan Zhenqiang* is the former director of the Institute for Strategic Studies in PLA National Defense University and a major general (retired). He is also a council member of the China Arms Control and Disarmament Association.

of world strategic stability. There are at least five reasons to explain why China has consistently stuck to that principle, and will continue to do so in the future.

Underlying Principles

First, NFU highlights China's philosophical belief that nuclear weapons can only be used to serve one purpose, that of retaliation against a nuclear attack, pending complete nuclear disarmament. Indeed, their extremely large destructive capability renders nuclear weapons the only truly inhumane weapon of mass destruction and are of little other use to China. Faced with U.S. nuclear blackmail in the 1950s, China had no alternative to developing its own nuclear capability so as to address the real danger of being a target of a nuclear strike. But even so, Beijing vowed that having a nuclear capability would only serve this single purpose.

From the very beginning of acquiring a nuclear capability, Beijing announced that it would never be the first to use nuclear weapons under any conditions; it also pledged unconditionally not to use nuclear weapons against any non-nuclear weapon states. This claim is not merely rhetoric that cannot be verified, as some Western pundits accused. On the contrary, China's nuclear rationale has determined the defensive nature of its nuclear force, its posture, size and operational doctrine, which have been highly visible and have stood the test of time. It is in this sense that China is NOT a nuclear weapon state in the Western sense. Unlike all the other nuclear weapon states, for example, China has never intended to use its nuclear capability to make up for the inefficiency of conventional capabilities vis-à-vis other world powers nor has China an interest in joining a nuclear arms race with other nuclear states. And thanks to the insistence of this policy based on NFU, China succeeds in reducing the nuclear element to the minimum in its relations with other nuclear nations, avoiding a possible nuclear arms race, and contributing to the global strategic stability at large. If this policy serves well its core security interests, why should Beijing change it?

Maintaining Strategic Stability

Second, if the NFU rationale is to be changed or even vaguely modified as Zhu Chenghu suggests, then the first resultant victim will be the future strategic stability between China and the United States. Zhu's reasoning for first-use is understandable as he argued that China must build a credible nuclear deterrent in order to compensate for the imbalance of conventional force with the United States. In that way, he seemed to be saying, China will gain the effect of nuclear deterrence against the United States based on mutual assured destruction (MAD). But this theory is not new. The U.S.S.R.-U.S. type of mutual deterrence in the Cold War is exactly the incarnation of such a nuclear relationship. Zhu's suggestion, in essence, advocates that China should indeed follow the old course of the two former superpowers.

If this were to occur, the immediate implications would be: 1) bilateral relations between China and the U.S. would likely become confrontational; quickly ending the mutual political trust and confidence that they badly need in order to expand their cooperation; 2) an almost inevitable nuclear arms race between China and the United States; 3) crisis management would become highly difficult, if not impossible, should the two countries head toward a confrontation. In particular, before China and the United States are able to reach such a mutual deterrence status, which may take many decades, there will be a long period of dangerous uncertainty. In such a scenario, a nuclear exchange may truly be imaginable as either side would be under great pressure to preemptively strike either in a major military conflict or even in a minor military incident, thereby creating an extremely chaotic and ambiguous situation; 4) Chances of a nuclear war could also be triggered as a result of accidental, inadvertent or unauthorized launches on either side. Clearly, none of these are in the best interest of China.

International Arms Control

The third reason is that a change in China's NFU policy would deliver another crushing blow to the international efforts to maintain peace and stability through the arms control approach. The hostility by the administration of U.S. President George W. Bush towards any constraints involving international, legally binding documents, including arms control agreements, has mostly paralyzed these efforts. In contrast, China firmly supports the reactivation of arms control efforts, advocating that all nuclear weapon states should honestly undertake their obligations of nuclear disarmament as stipulated by the Non-Proliferation Treaty. China has consistently stressed that the first step should be the conclusion of a treaty by all nuclear weapon states not to be the first to use nuclear weapons. Such an agreement would be a significant confidence building measure among these states to put their subsequent actions on the right track. But if China changes its position on NFU, it would be tantamount to reversing all of Beijing's attitudes. China would no longer take interest in any nuclear disarmament measures in its desperate efforts for a nuclear build-up. Nor would Beijing be interested in developing a new international arms control mechanism, aimed at constraining the behavior of nuclear weapon states. In addition, nuclear proliferation could be further fuelled as non-nuclear weapon states would have one more exemplary argument that a nation can opt for nuclear weapons in the name of national interests.

China's International Reputation

Fourth, a change of the NFU policy would also have negative political ramifications, which may tarnish China's international image under current circumstances and will not be conducive to its overall strategic goal of building an enduring peaceful and a stable international environment. Remarks like Zhu's have already played into the hands of Neocons in Washington, who are only too glad to use them to justify the so-called "China threat". Over the years, China's NFU policy has been very welcome among non-nuclear weapon states. Consequently, China's nuclear weapons have never become a problem in their threat perceptions.

Resorting to first-use, on the other hand, would arguably generate misgivings and anxiety in China's neighborhood. For if protecting sovereignty and territorial integrity is the ultimate justification with which Beijing is willing to have a nuclear exchange with the United States, the question would become, "would China not use nuclear weapons in a conflict with a neighboring country for the same purpose, particularly if that country is backed by the United States?"

Regional and Cross-Strait Relations

Last but not the least, a change of the NFU approach would further threaten and complicate rather than stabilize the situation across the Taiwan Straits. To a certain extent, Zhu's suggestions have demonstrated a sentiment of indignation over the U.S. intrusion into China's internal affairs. He seemed also to wish to convey China's determination to achieve national unification whatever the cost will be.These feelings are legitimate and widely shared by the Chinese people. But things are just not that simple. True, U.S. intervention could be anticipated should a military conflict develop between the two sides across the Taiwan Straits. But the extent of any U.S. intervention may well be conditional on the cause, nature and scope of that conflict. It may also depend on the objective and tactics of the Chinese mainland in the war.

In accordance with China's Anti-Secession Law, Beijing's objective is peaceful unification. If that end is not to be achieved for the foreseeable future, the mainland seems likely to wait rather than take hasty actions. During this process, Beijing seems more willing to take active measures to stabilize the status quo, in the hope of creating more propitious conditions for the eventual coming together of the two sides peacefully in the future. Thus as far as maintaining status quo is concerned, Beijing's position offers some overlapping of interests with Washington over the Taiwan question. There is no imminent threat of a war in sight between the two countries. Even if Beijing has to use non-peaceful means as a last resort, it must be with a most legitimate cause, which will help Beijing act on a moral high ground and hopefully gain international understanding and sympathy for its actions. Under that circumstance, it could be argued that it is Washington who will find itself greatly constrained in making the decision to take military action and the extent to which it is carried out. So, while China must be prepared to fight such a war in the Taiwan Straits with the direct involvement of the United States, it is not necessarily a foregone conclusion that the two countries are destined to fight a protracted and full-fledged war over Taiwan in the end. It can also be argued that even if the situation in the Straits deteriorates, it is still in the best interest of both countries to try to limit U.S. intrusion instead of threatening to expand the war—let alone to fight a nuclear war.

In short, Gen. Zhu has raised the wrong theme at the wrong place and at the wrong time. Zhu's problem lies in a failure to see the value of NFU in China's nuclear policy as well as the consequences should China dispense with it. Further, of particular concern is the frivolous manner in which he talked about a nuclear exchange between China and the United States as if elimination of "hundreds of cities" on both sides were just part of a computer game. The cost of millions of lives from any side would make whatever arguments like maintaining world leadership or protecting sovereignty and territorial integrity pale and meaningless. There is no winner in a nuclear war. This is truly the dilemma for all the nuclear weapons states now and in the future. They continue to modernize and improve their nuclear arsenals, but the only viable way to ensure their security seems to be to avoid their use and eventually eliminate all these deadly weapons. China has so often criticized the U.S. nuclear deterrence policy, criticizing that it was a relic of Cold War mentality. Is it now a wise policy to counter this Cold War mentality in kind?

American Media Overreaction

It is perhaps also appropriate here to say a few words about the overreactions of the U.S. media. Everybody is clear that Zhu's statements are only his personal views, and the fact is that Zhu's suggestions would have no effect on China's policy-makers on the subject. Moreover there is no way for China to change its nuclear policy. Then why so much fuss about this small event? The answer may be that there are people in the United States who are only too willing to see the dark side of China. What they forget is that, to date, China so far has been the only acknowledged nuclear weapon state that solemnly maintains a commitment to NFU. Why do so few criticize the first-use policy of other nuclear weapon states in the Western media? In the United States, the official position, as well as views from many think-tanks, has almost taken it for granted that first-use against China will be an indispensable option in future U.S. nuclear policy. Evidence of this is in the Pentagon's Nuclear Posture Review in 2002. In that report, China is included among seven potential targets of a nuclear strike. Another recent example is an Arms Control Association report on the future of U.S. nuclear policy written by two of my long time American friends. They also touch on China as a potential adversary in the article, writing:

"If deterrence of a Chinese attack on Taiwan were to fail, the U.S. response would very likely be a move to defend Taiwan. U.S. use of nuclear weapons would almost certainly not be the first step in an attempt to convince China to stop military action, but one cannot totally rule out any circumstances where a limited nuclear response might be considered."①

From previous writings, it is apparent that these authors, who are much respected in the American academic community, are certainly no friends of the Bush administration. But even they consider that in a conflict over Taiwan, the use of nuclear weapons cannot be totally excluded. Why the lack of criticism of this view? So why has even the suggestion of change of China's NFU policy become a big headline issue, and refuted as "highly irresponsible? Is there a double standard regarding nuclear weapons policy for different countries, particularly for China?

Responsible and Irresponsible Nuclear States

In conclusion, it can be argued that China is the most responsible nuclear weapon state while the United States is perhaps the least responsible. Note the following facts:

—China has consistently been self-committed to NFU, while the United

① Sidney D. Drell and James E. Goodby, *What Are Nuclear Weapons For-Recommendations for Restructuring U.S. Strategic Nuclear Forces*, An Arms Control Association Report, April 2005. p. 15.

States has consistently rejected it even in the post– Cold War era when it enjoys unprecedented conventional capability.

—China has offered negative security assurances to all the non–nuclear weapon states, while the United States threatens to use nuclear weapons against states if it feels threatened by their use or even has possession of so–called weapons of mass destruction.

—China has never deployed its nuclear weapons abroad while the United States still deploys tactical nuclear weapons on the soil of European allies and other places abroad.

—China has called for effective measures to prevent the weaponization of outer space, while the United States has refused even to discuss the matter lest it hinder its efforts to develop missile defense and a new space capability for military purposes.

—China has urged the international community to strengthen the international nonproliferation regime through a multilateral, cooperative and comprehensive approach, including the fulfillment of the balanced obligations by all member states as stipulated in the NPT, while U.S. non–proliferation policy is characterized by unilateralism, a disdain of international organizations and double standards.

The list could run much longer, but it arguably suffices to show which country is more responsible regarding its nuclear policy. Thus, what the international community should be truly concerned about is not a far–fetched personal view of one Chinese individual, but the policy of the Bush administration, which has impacted so negatively on world security.

Trends in China's Space Program And the Prevention of Outer Space Weaponization

*Teng Jianqun*①

China's successful launch of the Shenzhou VI manned space vessel on Oct. 12, 2005, once again demonstrated to the world the country's achievements and strength in outer space. In light of this launch, foreign media sources have made a number of conjectures about the future of China's space program. Some have even suggested that it will make obsolete the U.S. missile defense program, and that there will be an outer space arms race between China and the United States. Within China, the state media provided comprehensive coverage of the launch, its activities in space and return of the spacecraft. While authorities have strictly controlled commentary on the launch, they maintained that the goals of China's space program are entirely peaceful, and denied any military application.

In fact, the Shenzhou VI mission had no military component. However, like other technical platforms, the spacecraft itself holds the potential for dual-use applications. Whether China will apply its space technology to weapons is a current issue that has raised many questions. For example, as the military and civilian use of such technology becomes more compatible, is China willing to commit its limited resources towards outer space weaponization? Will China's progress in space technology contribute to an arms race in outer space and pose a challenge to U.S. superiority? As the

① *Teng Jianqun* is an assistant research fellow of the China Arms Control and Disarmament Association. He had served in the PLA Navy and Army for 25 years and demoblized as a colonel in 2004. His current research focuses on the study of arms control, disarmament and international security.

international community has become increasingly wary over the weaponization of outer space, it is necessary for China to clarify its position on this issue? The author will examine these issues in the following analysis.

Program Goals and Accomplishments

Weaponization is a policy choice rather than a result of having one or two platforms in place. In contrast to its approach in utilizing nuclear energy technology, China has from the outset charted a definitive course for its space industry: to pursue economic and technological development based on the domestic and international environment. [①]

China's space mission began in the mid-1950s though meaningful progress only started in the 1980s. Apart from the Shenzhou series, China has also seen encouraging achievements in the following fields: (1) It has formed a relatively complete program ranging from research and design, to experimentation and manufacturing; (2) It has established a network for measurement and control consisting of launch centers, domestic ground stations and remote tracking and measurement systems capable of launching various satellites and spacecraft; (3) It has established a range of satellite applications; (4) It has built a space research system that meet the highest professional standards; and (5) It has trained a large number of highly qualified space science and technology personnel.

China's development in space centers around five major components: (1) *Satellites*. On April 24, 1974, China successfully launched its first man-made Earth observation satellite, Dongfanghong-1. Currently, China's satellite series is divided into five categories: recoverable remote sensing; communications and broadcasting; weather; scientific exploration and technology experiments; and Earth resources; (2) *Launch Vehicles*. China's launch vehicles mainly consist of the Long March series, used to launch satellites into near-Earth, geostationary and solar synchronous orbits; (3) *Launch sites*. China's three launch sites in Jiuquan, Xichang and Taiyuan

① This section consists of updated excerpts from: "*White Paper: China's Space Activities*", the Information Office of the State Council of the People's Republic of China, November, 2000.

have completed rocket experiments and successfully launched various man-made satellites and spacecraft; (4) *Space measurement and control system*. This includes establishing land as well as ship-based marine measurement and control networks, a system that has already successfully fulfilled the space measurement and control tasks for near-Earth orbit satellites, geostationary satellites and spacecraft; (5) *Manned space missions*; (6) *A lunar exploration program*. The long-term aim of this program is to set up a base on the moon similar to what China accomplished at the North and South Pole.

China's space applications include: (1) *Satellite remote sensing*. Since the 1970s, remote sensing has seen extensive use in the fields of meteorology, geology and mining, surveying and mapping, agriculture, forestry, water conservation, oceanography, earthquake research and urban construction. China has established the National Remote Sensing Center, the National Satellite Meteorological Center, the National Resources Satellite Application Center, the Satellite Ocean Application Center and the National Remote Sensing Satellite Ground Receiving Station; (2) *Satellite communications*. China began developing its satellite communications technology in the mid-1980s. During this period, China has established dozens of medium- and large-sized satellite communication ground stations serving 27,000 international communications satellite phone lines with over 180 countries and regions as well as nearly 100,000 domestic communications phone lines; (3) *Satellite navigation and positioning*. In the 1980s, China began using foreign navigation satellites to develop satellite navigation and positioning application technologies, which are widely used for geodesy, shipping and flight navigation, earthquake monitoring, geological disaster monitoring, forest fire prevention and urban transport management.

In space sciences, a field that began in the 1980s, China used a recoverable remote sensing satellite to conduct various experiments, making progress in crystal and protein growth, cell culture and crop breeding.

China has set new development goals for its space mission in the 21st Century. These mainly include: (1) Establishing a long-term, stable satellite-to-Earth observation system. The weather, resources and ocean satellite series and the environmental and disaster monitoring small satellites will form a system enabling stereoscopic observation and dynamic monitoring of the land, atmosphere and oceans of China and its surrounding areas; (2) Establishing an independently operated satellite broadcasting and telecommunications system. China is actively supporting the development of commercial broadcasting and telecommunications satellites such as geostationary telecom satellites and TV direct broadcasting satellites with long operating life, high reliability and large capacity, so as to form China's satellite telecom industry; (3) Establishing an independent satellite navigation and positioning system. This includes incremental construction of a navigational and positioning satellite series and relevant application system; (4) Upgrading the overall standard and capacity of China's launch vehicles. This will be achieved by improving the performance and reliability of the existing Long March series and developing the next generation of non-toxic, pollution-free, high-performance and low-cost launch vehicles; (5) Preliminarily establishing a manned space engineering research, development and testing system; (6) Establishing a coordinated nationwide satellite remote sensing application system and a unified plan for building various satellite remote sensing and ground application systems.

Domestic and International Environment

Based on the above review of China's space program ambitions, we can, at the very least, draw the following conclusions. The primary effort is in meeting the challenges in civilian research and development. This contrasts with the early period of China's nuclear energy development, when the primary focus was on developing nuclear weapons. Under the different international security environment today however, China is striving to develop its economy and build a harmonious and prosperous society, for which space technology applied in the broader civilian sector will be a principal driver. In pursuit of its space aspirations, China is realizing the centuries-old dream of 'flying into space' to show itself as a world power and to bolster national spirit.

The international environment China faces presently has changed profoundly since the 1980s. 'Peace and development' have become the theme of the times. China no longer faces the nuclear threats and blackmail it once did in the 1950s and 1960s. According to statistics from Indian scholars, from its founding in 1949 to the 1980s, China has been threatened with use of nuclear weapons at least 40 times by certain powers, mainly the United States. However, in recent decades, without pressure to use outer space technology for military applications, major space -faring nations including the United States and the Soviet Union (later Russia) have begun to cooperate extensively in space. Such collaboration, including satellite launches, is the inevitable outcome of easing Cold War tensions.

Over the past 20 years, the development of China's space program has coincided with the country's reform and opening-up. In the mid-1980s, with potential threats such as invasion and intervention by foreign military powers decreasing, China shifted its focus to economic development. This led to a fundamental change in China's military posture. Up to this point, China's military had been readying itself for imminent war. The state of alertness in "preparing for an early war, a big war, a nuclear war", as advocated by Mao Zedong, was abandoned.[①] Consequently, the People's Liberation Army (PLA) that had for decades been the country's top priority was downgraded to serving and yielding to the country's comprehensive economic construction. Thus began the period of development under which the guiding principle for the PLA would be restraint. This was reflected by full-scale disarmament. Between 1985 and 2005, the PLA was reduced in size by 1.7 million. At the same time, China has entered a stage of full economic liberalization and development. Standards of living have risen significantly and China's comprehensive national strength has noticeably improved. Such a domestic environment suggests that China will not develop its space program in the same way its nuclear program was developed under Mao and the first generation of leaders - through belt

① Huang Guozhu, Jia Yong, Cao Zhi, *Voyage in Peaceful Time: Deng Xiaoping and the China's Way of Streamlining and Strengthening the PLA*, Xinhua News Agency, Aug. 16, 2004.

tightening and military application. It is neither realistic nor necessary to commit limited space resources to military purposes.

During this current period of transition, China's decision-makers are well aware that the economic structure and ideological framework on which the country has operated for decades are cracking. Both the national economy and individual ideology are rapidly transforming. To unite its people, China must initiate activities and programs that boost morale and lift the national spirit. One message is clear from the enthusiastic, though controlled media coverage of the Shenzhou spacecraft series, particularly Shenzhou V and VI: their significance far exceeds the launch of the spacecraft. The successful manned space program is not merely a technological feat, but an embodiment of national spirit. Along with achievements such as winning the bid to host the Olympic Games and accession to the World Trade Organization, the Shenzhou launches are considered by the Chinese people as symbols of the nation's strength.

Given the current circumstances, it would not be possible for China's space mission to principally focus on military application. Expanding the military applications of China's space program would demonstrate total disregard for the current international security environment and China's focus on economic development. China does not have such intention or plan. Conversely, China will accelerate scientific research in space, which will spearhead its advance in comprehensive national strength to ensure its status as a major power and its place in the international development of outer space.

Evolution of War

The lessons of history show that absent any restrictions, where social and economic productivity develops, military innovation will not be far behind. The military has always been highly sensitive to changes in the level of social productivity. In fact, the expansion of battlefield and the development of new weaponry have been almost in direct sync with economic and technological development. Consequently, it is reasonable to assume that the development of human productivity will ineluctably bring war from land, sea and air into outer space if no constraints are placed on it.

One of the key reasons for this is the inherently neutral quality of innovation and technology. Virtually, any advancement in human productivity can be used for peaceful or non-peaceful purposes. The development of atomic energy is a telling example of the organic dual-use nature of technology. Nuclear reactors have not only provided mankind with a new energy source, but have also led to the production of highly destructive weapons. World powers eventually negotiated the Nuclear Non-Proliferation Treaty, but only after nuclear proliferation became a reality. Like nuclear power, mature space technologies also have an inherent dual-use application. Admitting only to the civilian use of space and not its military function would be to deny reality. Likewise, making the same mistake in controlling the use of space will prove both costly and disastrous.

The advance of modern human productivity and progress in technology have profoundly transformed the battlefield, weaponry and combatants, all of which are interdependent and often mutually reinforcing. The expansion of the battlefield constitutes an intangible developmental force and can give rise to new weapons. New weapons in turn can also enlarge the battlefield or create a new spatial dimension for warfare. Both affect the way in which the combatants operate. The relationship between them is reflected in the fact that the emergence of every new weapon is the result of a need on the battlefield at the time. When a new weapon appears, the space occupied by the old naturally gives way to the new.

When man fought with his bare hands, the battlefield was limited. The advent of gunpowder and firearms created an entirely new reality for warfare, vastly extending the size of the battlefield and virtually eliminating the need for hand-to-hand fighting.

Today, combatants have also radically changed from the uniformed rank and file of soldiers to civilians. During the attack on the United States of Sept. 11, 2001, the terrorists responsible were not soldiers in uniform but common civilians. Their weapons of choice were neither fighter jet planes nor tanks, but civilian passenger planes. Such transformation of the battlefield and those fighting on it is unprecedented. The nature of war is undergoing profound and systematic changes. We must redefine the true meaning of security, war, military buildup and modes of battle. Traditional experience no longer applies.

In utilizing modern weapons soldiers can achieve maximum damage with relatively little effort. One such modern battlefield that has emerged in recent years is cyberspace. In this environment, information war can begin on one side of the world and strike a target on the other. It can destroy banking systems or paralyze the traffic control system of the target country. It has also given rise to 'digital troops' and intangible electromagnetic space and information weapons. While the battlefield may be virtual in nature, its power can nevertheless be equally destructive to dropping an atomic bomb over a city.

As battleships brought war to the seas, and airplanes brought war to the sky, mankind's efforts to conquer outer space has brought warfare there too. Furthermore, it is in the environment of space where the most drastic transformation of the battlefield and weaponry is taking place. Currently, developed countries have made information and space technology the platform and primary means of competition. The widespread application of military satellites, space vehicles and other armaments has appropriated the tranquility of space. Though people have not yet fully envisioned all the new weapons that can be brought about by the integration of information and space technology, we have nevertheless seen the beginning of such trends.

In 2000, Gen. Ralph E. Eberhart, commander of the U.S. North American Aerospace Defense Command, noted that outer space is increasingly indispensable to ground, sea and air combat. Thus, the United States must focus its attention on space dominance. On Jan. 11, 2001, the U.S. Commission to Assess United States National Security Space Management and Organization (Space Commission) recognized the need to prevent a "space Pearl Harbor" against the United States. It noted that like land, sea and air, the "mission" of outer space will, without exception, become a venue for military competition and the United States should make early preparations for this eventuality. In fact, when the United

States began its pursuit of space technology over a half century ago, American leaders, including John F. Kennedy, had already begun to understand the military significance of outer space. They realized that whoever controlled outer space would also control the Earth.

Today, the advancement of social productivity and technology brings man into outer space, and along with it, military influence will spread to every facet of space development. If the international community allows this trend to continue, the weaponization of outer space will become a reality. However, the international community has learned its lessons from previous arms races, and understands that it is not only imperative but also feasible to prevent one in outer space. With the advances of technology, increasing economic globalization and growing human aspirations for peace, controlling space weaponization is an urgent task for the greater international community.

The Time to Act is Now

The international community should draw lessons from history and should either halt the current drift toward space weaponization or, at the very least, slow its trend. Space-faring powers should recognize the dual-use applications of space technology and make the universal and peaceful use of space their first priority.

The international community has had prior success in preventing certain technologies that have the potential for the destruction of mankind from serving military purposes. The laws of war in the long history of international relations are the crystallization of such efforts. The signing and entry into force of the Chemical Weapons Convention (CWC), which banned an entire category of weapons of mass destruction, has fundamentally standardized the act of war. Of course, such efforts were only undertaken after countless casualties to soldiers and civilians.

On the other hand, it takes far greater effort to prohibit certain technologies from being applied to military purposes after a period without controls than at an early stage when such capabilities are monopolized by a minority of countries. It is far more difficult to set restrictions over the development and use of such technologies once they begin to proliferate. The Nuclear Nonproliferation Treaty took effect 30 years after the first use of nuclear weapons and its effectiveness has been severely weakened as a result.

If efforts to standardize nuclear proliferation had been made in the 1940s and 1950s, and if the international community had made consistent efforts to adhere to strict regulations, the nonproliferation situation today would be significantly different. Confronted with maturing space technologies, mankind must be both brave and wise enough to nip in the bud the natural tendency towards developing increasingly destructive weapons. This is all the more necessary, and difficult, in a closely integrated world where many different countries with their own goals, values and interests must work closely together to deal with new technologies that easily move across borders.

The broad application of modern technology to military affairs is bringing profound and comprehensive changes to the nature of warfare and the level of its destructiveness. Thus, any country' s pursuit of outer space weaponry will inevitably draw negative attention and reaction from other countries. Space weaponization is a double-edged sword. Some big powers may gain advantages in outer space at a certain time but will not be able to monopolize it forever. Therefore, concerned countries will need to sit down and develop rules to standardize space conduct. Although actions that come late are better than never, the price of delay is often too high, a lesson the international community has already learned through international arms control and disarmament. Establishing effective rules of the road to prevent or delay space weaponization is the right and necessary choice.

Following the Cold War, it has been a principal national policy of most countries in the world is to use their limited social resources and wealth to raise standards of living of their citizens and increase comprehensive national strength. How to best use these limited resources and wealth is a crucial question facing every nation in the world. This is especially true following the end of the U.S.-Soviet standoff, when imminent large-scale conflict appears increasingly unlikely. Developing a stable economy has become a near universal priority of every nation. China is a great success story in this regard. Since the mid-1980s, China has shifted from a posture of war readiness to focusing on peaceful development, with remarkable achievements to show for it. A key reason for this success is China's sensible distribution and use of its domestic resources.

In the foreseeable future, China will concentrate on the development of space technology for civilian use as a driver for economic development. Meanwhile, China will undeniably pay close attention to the progress in space by other nations, particularly the United States, but China will by no means emulate the United States and develop a space weapons program. China has not formulated such policies and does not have sufficient resources to compete with the United States in outer space. Conversely, China is more than willing to cooperate with space powers such as the United States, Russia and the European Union in establishing rules to prevent the weaponization and preserve the tranquility of outer space in the 21st Century.

【附件】

附件一：2005 年国际军控与裁军大事记

附件二：中国代表在第 60 届联大一委发言

附件三：《中国的军控、裁军与防扩散努力》白皮书

附件四：第 60 届联大一委各国代表发言摘要

附件一：2005年国际军控与裁军大事记

1月

1月5日　埃及外长阿布·盖特发表声明，否认西方媒体有关埃及曾在签署《不扩散核武器条约》之后仍秘密进行过与生产核武器有关的核试验的报道。埃及1981年加入《不扩散核武器条约》。美国媒体日前报道说，国际原子能机构发现埃及在20世纪80年代至90年代曾秘密进行过与生产核武器有关的核试验。有证据表明埃及甚至在一年前还进行过核活动。埃及政府在否认外界关于其试图研制核武器的报道时强调，埃及的核计划只用于和平目的，仅限于核反应堆试验和用于医疗目的的放射试验，这些核试验完全在国际原子能机构严密监控之下。

1月9日　伊朗外交部新闻发言人宣布，伊朗允许国际原子能机构核查人员在该国帕尔钦军事基地提取环境样本，但不允许核查员检查基地的军事设备。2004年年底，美国情报官员对媒体透露说，帕尔钦军事基地一秘密场所正在研究制作烈性炸药的成分，以备核武器之用。

1月10日　朝鲜最高人民会议常任委员会副委员长杨亨燮在平壤会见了来访的美国众议院国际关系委员会主要成员、民主党众议员兰托斯带领的访问团。兰托斯一行从1月8日开始对朝鲜进行为期4天的访问，代表团此行主要是为了与朝鲜政府高层官员谈论恢复"六方会谈"等和平解决朝鲜核问题的方案。

1月10日　日本媒体透露，美国政府正在通过非官方途径力邀日本政府参与空基导弹防御系统的共同研究。空基导弹防御系统为美国设想的"三位一体"导弹防御系统的重要组成部分，主要是设想通过机载激光炮摧毁刚刚发射升空的敌方弹道导弹。据说该防御系统的摧毁精度将比日本政府决定引进的陆基和海基防御系统都要高得多，而日本政府也在研究是否加入这一新型系统的共同开发。据日本政府人士透露，美国政府希望利用日本的高科技降低开发成本，所以从2004年秋天以来一直努力利用各种技术性交流的场合，通过非官方途径要求日本同美国在该领域开展合作。

1月17日　美国导弹防御局发布最新消息称，日前在白沙试验场进行的“爱国者”导弹拦截试验中，“战区高空区域防御”系统的X波段雷达成功跟踪了一枚战术弹道导弹。试验中，“爱国者”导弹成功拦截一枚弹道导弹和一枚巡航导弹。雷声公司制造的第一部“战区高空区域防御”雷达目前部署在白沙试验场，自2004年3月抵达试验场后一直用于跟踪卫星，将在一系列日益复杂的目标导弹跟踪演习中发挥重要作用。

1月20日　美国副总统切尼在接受全国广播公司采访时说，美国对伊朗寻求核武器的计划和与恐怖分子保持联系表示严重关切，并将继续通过外交途径解决这些问题。如果伊朗拒不放弃核计划，下一步就会将伊朗核问题提交联合国安理会，并通过国际制裁迫使伊朗承担相应的责任。切尼并称以色列可能首先采取行动清除伊朗的核威胁。

1月28日　巴基斯坦媒体报道，印度国防部计划在下一财年将国防预算从现有基础上提高40%，从现在的7700亿卢比（约合179亿美元）提高到11220亿卢比（约合261亿美元）。印度国防部在向财政部提交的一份报告中称，印度不但需要继续保持其武装力量的现代化步伐，同时还必须确保对巴基斯坦的军事优势。由于印度已经成为拥有核武器的国家，只有在常规军事力量方面确保对巴基斯坦的优势，才能够有效地提高核战争的门槛，而这种军事优势在过去几年内正在逐步消失。

2月

2月2日　日本《赤旗》报报道，目前部署在日本横须贺港的美国海军“小鹰”号常规动力航母将于2008年秋天退役，而另外一艘常规动力航母“约翰·肯尼迪”号将于2006年秋天之前退役，美国国防部计划在横须贺部署核动力航母。

2月3日　美国国会某高官透露，布什政府计划开展两年前开始着手研究的具有特殊贯穿效果的新型核武器“强力钻地型核弹”的模拟投弹实验，并要求将之写入2006年财政年度的研究预算之中。此次计划实验的“强力钻地型核弹”旨在破坏被美国认定为“邪恶轴心国”

的国家和组织所操纵的地下军事设施和生化学武器。该武器加上当量为5000吨以下的"小型核弹"，是布什政府力争开发的"可用核武器"的代表。

2月4日　英国首相布莱尔和外交大臣斯特劳分别与到访的美国国务卿赖斯会晤。赖斯在会谈后的记者招待会上说，在伊朗核问题上，美英两国一致认为伊朗不应该拥有研制核武器的能力。两国希望全力谋求通过外交途径解决这一问题。她同时警告伊朗不要以民用核能源开发计划为掩护研发核武器。

2月9日　《纽约时报》报道，主张军备控制的非官方组织"国家保护自然资源委员会"日前发表题为《美国在欧洲的核武器》的报告说，美国在英国、德国、意大利、比利时、荷兰和土耳其的8处军事基地部署有480枚短程核导弹。德国的3个军事基地部署有150枚核武器，英国的莱肯希斯皇家空军基地部署有110枚核导弹，意大利和土耳其各有90枚核导弹，比利时和荷兰各有20枚。根据美国与这些国家签署的秘密军事协议，这些核武器的发射按钮掌握在美国的手里。

2月10日　朝鲜外务省发表声明说，美国政府对朝鲜的敌对政策"迫使我们采取措施加强核武库，以保卫朝鲜人民选择的意识形态、体制、自由和民主"，朝鲜"已经制造了用于自卫的核武器，以应对布什政府一贯公然孤立和打压朝鲜民主主义人民共和国的政策。我们的核武器在任何情况下都将是只用于自卫的核威慑力量。"这是朝鲜第一次公开宣称拥有核武器。另外朝鲜还声称中止参加"六方会谈"。朝鲜外务省在同日的声明中说，"布什政府把它的对话伙伴朝鲜民主主义人民共和国称为一个'暴政据点'，这表明了其敌对政策"，"这使得朝鲜民主主义人民共和国没有理由参加'六方会谈'"。"我们希望举行'六方会谈'，但我们不得不无限期中止参加谈判，直到我们认为我们有理由参加会谈，且预期这个会谈能取得积极成果的时候。"

2月10日　美国国务卿赖斯在卢森堡表示，朝鲜宣布中止参与"六方会谈"是一个令人遗憾的举动。这不仅使其"孤立于国际社会"，甚至"会使朝鲜同与其有亲密接触的国家疏远"。赖斯表示，美国总统布什已经重申没有军事打击朝鲜的意图，但是在朝鲜没有放弃其核计划之前，美国不会给予朝鲜安全上的保证。赖斯希望朝鲜很快回到"六方会谈"的谈判桌前。

2月14日　美国防部导弹防御局宣布，军方未能按预定计划，将一枚拦截导弹从太平洋马绍尔群岛夸贾林环礁发射升空。导弹防御局发言人莱纳说，军方于美国东部时间1时22分从阿拉斯加州科迪亚克岛成功发射一枚空弹头洲际弹道导弹。但目标导弹升空后，有迹象表明地面支持系统出现故障，导致拦截导弹未能点火发射。莱纳称，这次试验耗资8500万美元，失败原因目前仍在调查中。2004年12月15日，美军方曾进行导弹防御系统两年来的首次全面飞行测试，但拦截导弹在发射前因出现异常而自动关闭，导致试验失败。

2月15日　日本内阁官房长官细田博之在记者招待会上表示，美国导弹防御系统拦截试验失败不会对日本引进导弹防御系统计划产生影响。细田说，美国此次进行拦截试验的洲际弹道导弹的弹道很高，在拦截方面存在问题和困难。日本引进的是拦截短程导弹的导弹防御系统，在技术上是成熟的。防卫厅长官大野功统在记者招待会上说，日本引进的"标准"–3型海基拦截导弹和"爱国者"–3型陆基拦截导弹与美国试验失败的拦截导弹不同，因此不会对日本的导弹防御计划有影响。

2月16日　伊朗情报部长尤尼西表示，美国的无人侦察机确实从伊朗核设施上空飞行过。这是伊朗方面首次做出这样的表示。美联社指出，尤尼西的此番话证实了本月13日《华盛顿邮报》引用一位美国匿名官员的话，那位官员称，美国的无人侦察机在伊朗上空飞行近一年了，目的是搜索伊朗核武项目的证据。

2月17日　伊朗原子能机构副主席阿萨杜拉·萨布里说，俄罗斯和伊朗将在2月26日正式签署协议，俄罗斯将向伊朗的布什尔核电站提供核原料。由俄罗斯援建的布什尔核电站是伊朗境内的惟一一座核电站，预计2005年年底投入运营，2006年达到满负荷运行。俄伊两国的核燃料供应协议引起了美国政府的强烈不满。美国一直指责伊朗试图发展核武器，并认为俄罗斯供应核燃料为伊朗继续发展核计划提供了便利。为了打消美国的疑虑，俄罗斯当局在协议中规定，这些核原料在伊朗使用约10年之后将被运回俄罗斯西伯利亚地区，进行核废料处理，以免伊朗利用核废料制造核武器。

2月19日　美国国务卿赖斯、国防部长拉姆斯菲尔德与到访的日本外相町村信孝、防卫厅长官大野功统举行"2+2"会晤。这是自2002年12月以来美日两国举行的首次"2+2"会晤。会晤后，双方就朝核问题发表了美日联合声明。声明说，朝鲜核计划是对国际核不扩散体制的严重挑战，并对东北亚地区的和平与稳定构成直接威胁。声明呼吁朝鲜无条件早日回归“六方会谈”，承诺在国际监督下销毁包括铀浓缩在内的一切核计划。声明重申，美日两国将继续通过“六方会谈”等和平方式解决朝核问题。

2月21日 美国媒体报道，美国导弹防御局局长亨利·奥柏林空军中将近日宣布，“战区高空防御系统”的一枚“探路者”拦截弹已经在亚拉巴马州特洛伊的“战区高空防御系统”生产工厂组装完成。组装这枚拦截弹的目的是检验制造和组装程序，然后开始组装拦截弹产品。美计划首先生产30枚“战区高空防御系统”拦截弹，首枚“战区高空防御系统”拦截弹的组装工作是2005年2月初开始的。

2月24日 美国国防部宣布，美海军当天在夏威夷附近海域成功进行了一次海基弹道导弹防御系统的导弹拦截试验，“伊利湖”号巡洋舰用“宙斯盾”防空系统和新的“标准”–3型导弹，成功跟踪、拦截并摧毁了一枚弹道导弹。这是“标准”–3型导弹在6次试验中第5次击中目标。同日，另一艘“宙斯盾”舰“拉塞尔”号首次装载了名为“宙斯盾弹道导弹信号处理器”的新装备。这种S波段雷达实现了对目标的实时鉴别和分类，从而提供了大幅度提高拦截成功率的情报。“宙斯盾弹道导弹信号处理器”有望显著扩大反弹道导弹雷达的覆盖范围，而其成本远远低于其他设备。

3月

3月2日 朝鲜外交部再次表示朝鲜拥有核武器，称“朝鲜出于正当防卫的目的而制造核武器，继续其进程是理所当然的”。在此基础上朝鲜还发表了长篇备忘录指出，如果美国接受撤回“专制国家”的言论、表示道歉、放弃对朝敌视政策等三项条件，“朝鲜愿随时重返‘六方会谈’”。

3月10日 巴基斯坦政府发言人谢赫拉希德·艾哈迈德表示，巴“核弹之父”阿卜杜勒·卡迪尔汗曾向伊朗提供多台可提纯核武器级铀的离心分离机，但巴基斯坦政府与这件事情没有任何牵连。谢赫拉希德·艾哈迈德表示，伊朗核问题应该通过对话和平解决，各方应避免在这一问题上采取其他极端措施。

3月30日　伊朗政府邀请30名伊朗和外国记者参观了位于纳坦兹浓缩铀加工厂的地下核设施。伊朗官员说，出于安全原因，浓缩铀设施都被保存在地下18米的地方。军事专家说，此举是为了防范美国和以色列可能对伊朗核设施发动先发制人的空袭。记者们还在核工厂附近看见至少10个防空炮兵阵地。

4月

4月中旬　美国、韩国、日本多家媒体纷纷报道，称朝鲜已经关闭了位于宁边的5兆瓦（电）核反应堆，可能从反应堆乏燃料中提取钚用于制造核武器。

4月18日　《纽约时报》报道，美国情报部门通过分析卫星图片和对宁边核设施墙体的温度和汽轮机中蒸汽的排放量的估计，得出结论认为，该反应堆已经停止运行。

4月22日　一位美国官员透过《华尔街日报》讲到，美国“相信朝鲜核计划有足够进展，并且可能在毫无预警的情况下进行试验”，“美国侦察卫星发现，朝鲜核开发活动出现趋于活跃的迹象，朝鲜有可能正在准备核试验。”《华盛顿邮报》4月23日也报道，美国国家地球空间情报局的间谍卫星发现，朝鲜导弹发射场地和其他有可能进行地下核试验的场地上的活动增加，在朝鲜境内有一些与进行核试验相关的“可疑活动”。

4月25日　《纽约时报》报道，据美国政府高层官员和外交官透露，针对朝鲜可能在准备核试验方面的举动，美国政府内部正在辩论是否要求联合国安理会授权国际社会对朝鲜进行封锁，对进出朝鲜的船只和飞机进行拦截，以搜查核材料和部件。这项计划主要是要允许美国和其他国家的舰艇在靠近朝鲜的公海上拦截进出朝鲜的货船进行检查，同时也在空中迫使进出朝鲜的飞机降落，接受检查。据报道美国政府中越来越多的高层官员赞同促使联合国通过上述授权，但是目前这一计划还没形成决定意见呈交布什总统。

5月

5月2日　美国国务卿赖斯在华盛顿与来访的日本外相町村信孝就朝鲜半岛核问题交换意见。她表示美国具有强大的威慑能力，以遏制朝鲜的核计划。赖斯称，朝核问题不仅仅是美国和朝鲜之间的问题，而是一个涉及所有朝鲜邻国的问题。她再次呼吁朝鲜恢复参加朝核问题“六方会谈”。

5月3日　美国国务卿赖斯在华盛顿与到访的欧盟负责外交与安全政策的高级代表索拉纳会晤后对记者说：“我们仍然认为，伊朗停止铀浓缩计划是解决伊朗核问题的惟一途径。”赖斯说，伊朗必须承担国际义务，而不是以发展民用核技术做掩护寻求核武器。

5月7日　美国国防部官员证实关于朝鲜可能准备于6月进行核试验的报导，他说朝鲜有几个可以进行核试验的隧道，但现在有一个隧道正在开展大量活动。但是韩国官员对此表示怀疑，他说：“韩国政府自90年代以来就知道，在这个地区（吉州郡）一直在开凿一条隧道，并一直监视开凿活动，但没有发现准备进行核试验的迹象。

5月8日　国际原子能机构总干事巴拉迪说，“朝鲜拥有钚，可以制成5枚或6枚核武器”，“他们有工业基础设施，使钚武器化，并拥有运载工具”，“朝鲜进行核试验将产生灾难性后果”，可能打开“潘多拉盒子”——引起种种祸患。

5月9日　美国国务卿赖斯在接受美国有线电视新闻网采访时表示，朝鲜“当然是一个主权国家”，因为朝鲜“是联合国的一个成员国”。赖斯还重申布什总统和她本人过去多次的表态，即美国无意对朝鲜动武或侵略朝鲜。

5月11日　俄联邦原子能局局长鲁缅采夫宣布，2005年底或2006年初，俄罗斯将开始向伊朗布什尔核电站提供核燃料。根据计划，俄罗斯将在今后20多年内向伊朗布什尔核电站提供燃料，使用过后的核燃料将在反应堆活性区旁边的特殊储藏池内保存3–4年，积累到一个运送包装箱的量后，运回俄罗斯。

5月11日　朝鲜宣布从核反应堆内取出8000根废燃料棒，并称由于美国布什政府2002年12月撕毁了以提供轻水反应堆为核心内容的朝美框架协议，并以核武器对朝鲜进行威胁，朝鲜重新启动了根据框架协议冻结的5兆瓦核反应堆，并恢复了5万千瓦和20万千瓦核反应堆的建设工作。

5月13日　美国国防部举行新闻发布会，公布了国防部建议关闭和调整的国内军事设施的名单。国防部长拉姆斯菲尔德当天向基地调整与关闭委员会提交了这项建议。根据这份名单，国防部建议关闭150处国内军事设施，其中包括33个较大的军事基地，并对29个基地进行调整。被列于关闭名单的包括位于新墨西哥州的坎农空军基地、南达科他州的埃尔斯沃思空军基地、得克萨斯州的英格尔赛德海军基地和佐治亚州的麦克弗森堡基地等。

5月15日　伊朗议会正式通过了一项旨在敦促政府重启铀浓缩活动的法案。该法案要求政府采取必要措施，在《不扩散核武器条约》的框架内和国际原子能机构的监管下和平利用核能。

5月18日　澳大利亚《每日航天》网站报道，印度2004年从太空计划中赚取了30亿卢比（约6450万美元），并有望在未来五年多的时间里占有全球卫星市场10%的份额。印度空间研究组织主席奈尔说，印度太空项目的最大优势是成本竞争力。他说："我们发射的卫星成本只有38亿卢比（约8170万美元），然而一颗类似的卫星在美国的成本将高达150亿卢比（约3.23亿美元）。"印度研制的极轨卫星运载火箭能够将1吨多重的载荷送入低极地轨道，静地卫星运载火箭可将近2.5吨的载荷送入地球同步轨道。

5月19日　美国《纽约时报》报道，美国空军正寻求布什总统批准一项国家安全指示，该指示将使美国更接近于在外空部署攻击性和防御性外空武器。总统新的指示将取代1996年克林顿政府的相关政策。报道指出，美国防部已耗资数十亿美元研发外空武器，并准备部署工作。美国空军发言人称，该指示重点并不是在外空部署武器，而是确保他们日后能够自由地使用外空。

5月24日　美国世界政策研究所网站报道，位于纽约的世界政策研究所近日发布了一篇关于美国武器装备出口的报告。该报告表明，美国向发展中国家出口的武器装备大部分都销往非民主政权国家，世界上武装冲突比较活跃的地区几乎都有美国的武器装备。20世纪80年代，美国曾向阿富汗出口过价值几十亿美元的武器装备。美国目前向"不稳定地区"出口武器装备将加剧地区冲突。

5月25日　韩国国防部官员说，美国空军15架F—117隐形战斗机和250多名地面支援人员将于本周离开美国新泽西州一个空军基地前往韩国。这些隐形战斗机将在韩国驻扎训练一段时间。驻韩美军方面透露说，美军在韩国部署隐形战斗机是为了进行正常训练，以了解朝鲜半岛作战计划和地形。美军曾于1993年、1996年、2003年和2004年先后4次在韩国部署隐形战斗机，但此次部署的隐形战斗机数量最多。

5月25日　伊朗首席核谈判代表哈桑·鲁哈尼与法国外长巴尼耶、英国外交大臣斯特劳和德国外长菲舍尔在日内瓦就伊朗核问题举行闭门会谈。此次会谈旨在拯救2004年11月份就伊朗中止浓缩铀计划达成的巴黎协议。会谈结束后，鲁哈尼向新闻界表示，伊朗坚持其在核问题上的承诺，并强调伊朗保留在《不扩散核武器条约》内充分享有的权利。他还表示，伊朗遵守2004年11月达成的巴黎协议，即伊朗保证中止浓缩铀计划，但坚持继续实施民用核计划的权利。英国外交大臣斯特劳表示，欧盟将在7月底之前向伊朗提出具体建议。法国外长巴尼耶指出，欧盟将提出关于伊朗制定一项纯民用核计划的建议。

5月28日　俄罗斯武装力量管理总局副局长亚历山大·拉赫马诺夫宣布，俄军成功试射了X-555高精度远程巡航导弹。首批X-555远程战略巡航导弹已经于2005年加入俄战略航空兵部队服役，主要用于实施远程精确打击。X-555巡航导弹长20英尺（6.1米），重1.5吨，弹头重800磅（363千克），可携带子母弹。打击距离达3000千米，距瞄准点的误差不超过100米。据称，这种导弹的制导系统能够突破任何弹道导弹防御系统和空防系统。

5月31日　伊朗伊斯兰共和国通讯社报道，伊朗国防部长沙姆哈尼当天在德黑兰宣布，伊朗已经掌握了导弹的固体燃料技术。沙姆哈尼说，伊朗已经成功地进行了将固体燃料运用于“流星”3中程弹道导弹的实验，使用固体燃料可以使导弹更加准确和易于保存。军事专家表示，掌握固体燃料技术标志着伊朗在导弹技术领域取得了重大突破，该技术还可以降低导弹的造价，使其更加灵活机动、便于部署，同时也大大拓展了提高射程的空间。此前，伊朗拥有的改进型“流星3”中程导弹射程达到了1300千米，有能力对以色列和美国在海湾地区的军事基地发动打击。

6月

6月1日 据法国《科学与生活》月刊6月号一期报道，法英研制成功新型巡航导弹“斯卡普EG”（Scalp-EG）。该巡航导弹是法国“阿帕奇”空对地导弹的改进型，重1250千克，射程接近400千米。法国已订购了500枚“斯卡普EG”巡航导弹，其中450枚将装备空军，50枚装备海军航空兵，整个交货期将持续至2008年。英国将这种巡航导弹称为“风暴影”（Storm Shadow）导弹，并订购了900枚。意大利和希腊也将分别获得200枚和100枚“斯卡普EG”巡航导弹。此外，法国已决定研制射程超过500千米的舰载“斯卡普”巡航导弹，用于打击远距离陆地目标。

6月1日 俄罗斯航天部队新闻处宣布，俄2005年已发射了3颗军用卫星，目前还在准备另外1颗卫星的发射工作。俄航天部队司令弗拉基米尔·波波夫金上将早前曾宣布：“按照俄联邦的航天计划以及商业和国际合作协议，航天部队2005年将承担2次卫星发射任务并为另外6颗的发射提供保障。在半年的时间内，俄航天部队已监测到了国内外进行的6次弹道导弹和航天发射活动。”

6月7日 斯德哥尔摩国际和平研究所发布世界军费年度开支情况报告指出，2004年全球军费开支自冷战结束以来首次突破1万亿美元，达1.035万亿美元，比上年度增加约5%。报告指出，美国为伊拉克、阿富汗战事和“反恐战争”大幅增加军费是全球军费持续增长的主要原因。报告说，2004年美国军费开支占全球军费总额的47%，达4550亿美元，比排在其后32个国家的军费总额还多。

6月10日 据韩联社报道，韩国总统卢武铉和美国总统布什在白宫举行首脑会谈时一致表示，“韩美两国拥有促使朝放弃核计划的共同目标，朝应重返六方会谈”。卢并表示，“两国关于朝核问题的基本原则和立场一致。虽然韩美在同盟关系方面有一些小的意见分歧，但通过对话一定能够解决分歧”。

6月11日 英国《观察家报》报道，英国对非洲的武器销售在过去四年已达10亿英镑。许多武器出口都涉及非洲贫穷国家以及“人权记录很差”的国家，包括向世界最不发达国家之一的马拉维出口价值

360万英镑的军事装备和向安哥拉出售价值3000万英镑的武器装备。2004年，英国对南非的武器销售达1.14亿英镑，对尼日利亚的武器出口达5300万英镑，此外，还向厄立特里亚、埃塞俄比亚、阿尔及利亚、苏丹、赞比亚、乌干达、纳米比亚和索马里出口了相当数量的武器。

6月20日　韩国统一部长官郑东泳在国务会议上说，朝鲜领导人金正日17日在会见他时表示，只要朝美建立外交关系，朝鲜愿意销毁所有中远程导弹，同时强调，如果核问题得到解决，朝鲜将重返《不扩散核武器条约》，并有意接受包括国际原子能机构在内的一切国际核查。

6月21日　日本NHK电视台报道，美国正计划将4艘搭载弹道导弹的俄亥俄级核潜艇，改造成可搭载较小型导弹并可深入敌国沿岸附近行动的新型巡航导弹潜艇（SSGN），这种潜艇可搭载154枚战斧巡航导弹，相当于四艘导弹巡洋舰的装备总量，并装备有小型潜艇，可将特种部队暗中送入敌人阵地。这种潜艇以美国西海岸为母港，以关岛等基地作为据点，用以监视中国和朝鲜半岛的形势。第一艘潜艇将于2005年秋天改装完成，如果试航顺利，计划到2007年在太平洋地区至少部署两艘。

6月23日　美国防部宣布，雷神公司获得了为台湾制造远程预警雷达的合同，总价高达7.52亿美元。虽然美国防部、雷神公司以及台当局并未说明合同中雷达的具体型号与数量，但据2004年1月美国防部的文件透露，美曾建议台方购买“铺路爪”雷达和两套导弹预警系统，共同组成远程预警雷达系统，部署在新竹地区。“铺路爪”雷达是美军最尖端的远程预警系统之一，可对弹道导弹、飞机及水面舰艇进行全天候准确探测与追踪，探测距离可达5550千米。

6月25日　俄罗斯核不扩散网站引用俄罗斯国防部第十二总局局长瓦林金的声明报道：“俄罗斯已经完成、甚至超额完成了自己担负的任务。我们应该削减64%的核弹头，但我们实际完成了75%，超出了俄美首脑倡议的11%。目前削减的是战术核武器。”

6月27日　《华盛顿邮报》披露，美国政府日前出台了一项控制全球武器（尤其是导弹）扩散的新计划草案。根据该计划，来自伊朗、朝鲜和叙利亚的8家公司成为可能要遭受美国经济手段打击的新目标。此前，这些公司并没有受到任何形式的国际社会制裁。美方认为，这8家公司都参与了武器计划，因而有意冻结这8家公司中来自美方的资金，而与这8家公司有贸易往来的俄罗斯和中国公司业务同样将受到很大影响。

6月27日　《纽约时报》报道，美国准备恢复生产高放射性钚238。这是美国自冷战结束后首次生产这种经常用于间谍装置的敏感核材料。《纽约时报》援引该项目负责人的话说，美国爱达荷国家实验室计划在30年内生产330磅钚238。大部分新生产的钚238都将用于军方的秘密用途，整个项目预计将耗资15亿美元。美国最后一次生产钚238是在上世纪80年代。目前美国所需的钚238是库存品或者从俄罗斯进口。冷战结束后，根据美俄两国签署的协议，美国每年从俄罗斯进口约16千克钚238，但是不能用于军事目的。

6月28日　美国国防部长拉姆斯菲尔德与来访的印度国防部长慕克吉在华盛顿签署了一项为期10年的美印军事合作协议，以加强两国在军事领域的合作。双方在签署协议后发表声明说，美国和印度将进一步加强两军之间以及军工和技术方面的合作。双方同意成立一个武器采购与生产小组，并同意签署一项协议，在武器研发、测试和评估等方面进行合作，并且由美国帮助印度培训航母舰载机飞行员。

6月29日　印度海军负责后勤保障的海军中将帕瓦希·贾特莱表示，印度海军计划拨款23亿美元建造新的“鲉鱼”级潜艇，目前该计划正在等待政府的批准。“鲉鱼”级潜艇由法国和西班牙联合研制，是一种常规动力潜艇，艇长63.5米，满载排水量1750吨，水下航速20节，水下续航能力550海里。这种潜艇可以在各种作战环境中执行反潜、反舰、侦察、布雷等任务，可装载18枚鱼雷和导弹或携带30枚水雷。除潜艇外，印度海军已定购了21艘新舰只，包括油弹补给舰、支援舰、海上巡逻舰以及高速巡逻艇。贾特莱说，包括潜艇在内的所有新舰只都将在印度国内建造，但如果国内的技术条件不够，海军将从国外引进技术。

7月

7月4日　《核材料实物保护公约》修订外交大会在维也纳开始举行，包括中国在内的91个缔约国的350名代表出席此次为期5天的会议。中国常驻维也纳联合国办事处及其他国际组织代表吴海龙大使说，中国已向国际原子能机构主持召开的《核材料实物保护公约》修订外交大会提交了修订案，支持国际社会加强对核设施保护的努力，反对以武力威胁他国用于和平目的的核设施。

7月5日　法国外长杜斯特·布拉齐在华盛顿与美国国务卿赖斯会谈后向媒体表示，欧盟将不会允许伊朗重新进行任何有关研制核武器的活动。杜斯特·布拉齐说，法国、德国和英国与伊朗进行核谈判的目标是要求伊朗停止铀浓缩活动。为实现这一目标，必须维持与伊朗的外交关系，与伊朗的核谈判也必须继续下去。赖斯则强调，欧盟三国2004年11月份与伊朗达成的协议虽然要求伊朗暂停核活动，但从最终目标说，应当确保伊朗不能拥有核武器或研制核武器的技术。

7月5日　印度国防部长慕克吉在新德里说，印度不会接受包括美国在内的任何国家的导弹防御系统，印度正在研制自己的导弹防御系统。据印度媒体透露，印度国防研究与发展组织一直在进行导弹防御系统的研究，计划将印度国产的“天空”导弹和“拉金德拉”高级雷达系统结合起来，作为导弹防御系统的主体。印度已经获得了以色列的“绿松”雷达作为导弹防御系统的一部分。有消息称，印度也在寻求将印度的“天空”导弹同俄罗斯的C-300V导弹防御系统结合起来的可能性。

7月6日　据俄塔斯社报道，俄罗斯海军司令库罗耶多夫表示，俄计划在2006年完成对“布拉瓦”（又称“圆锤”）新型海基导弹系统的试验工作。该导弹系统由莫斯科热力学研究所在同名固体火箭的基础上设计研发，可携带10个分导核弹头，射程达8000千米，可用于装备海军及战略火箭部队。

7月9日　朝鲜中央通讯社宣布，朝外务省副相金桂冠和美助理国务卿希尔9日在北京举行会晤，双方同意于7月最后一周内举行第四轮“六方会谈”。美方表示，愿意将承认朝鲜为主权国家作为其官方立场，同时表示不会入侵朝鲜，并同意在“六方会谈”的框架内举行一对一的双边直接会谈。朝方认为美方这一表态可以被认为是收回以前称朝为“暴政据点”的言论，同时宣布决定重返“六方会谈”。

7月11日　朝鲜劳动党中央机关报《劳动新闻》发表评论说，朝鲜无意永久拥核，一旦美国消除针对朝鲜的核威胁和敌视政策，朝鲜就没有必要拥有旨在自卫的核武器。评论表示，如果美国放弃核威胁和敌视政策，朝鲜愿意同时采取行动，作出相应的表示。

7月12日　韩国统一部长官郑东泳在汉城表示，如果在“六方会谈”中朝鲜承诺完全放弃核武器，韩国将向朝鲜以输电方式提供200万千瓦电力，以替代目前陷于中断状态的轻水反应堆建设，提供电力所需的送配电设施全部由韩国独立承担。他同时表示，朝鲜轻水反应堆建设已经中断两年，如重启这一项目，韩国要负担剩余建设费用35亿美元中的24亿美元，而用这笔费用韩国可向朝鲜提供电力。从韩国今后10年的电力情况来看，2008年开始向朝鲜供电应该没有困难。郑东泳同时表示，韩国将要求其他国家就韩国独立向朝鲜提供电力采取相应措施。据悉，在2005年2月10日朝鲜宣布拥有核武器和无限期中断“六方会谈”后，韩国政府制定了这一对朝提案，并在5月举行的韩朝副部长级会谈上首次向朝鲜做了通报，郑东泳在6月率韩国政府代表团访问平壤时向朝鲜领导人金正日就此提案进行了具体说明，韩国政府也已向美国和有关国家进行了通报。但这一提案的具体内容一直没有公开，韩国总统卢武铉12日在青瓦台主持召开国家安全保障会议，决定公开这一提案的内容。

7月12日　美海军战略系统项目办公室授予洛克希德·马丁和阿连特技术系统公司联合小组一份920万美元的发展合同，演示和验证固态火箭发动机技术，以用于海军的经济型潜射中程弹道导弹系统(SLIRBM)。海军的潜射中程弹道导弹是一种常规导弹，最大直径不到“三叉戟”远程洲际弹道导弹的一半。由于体积明显小于远程导弹，该导弹不仅可以由战略核潜艇携带，而且可以安装在美军最新建造的“弗吉尼亚”级攻击核潜艇上。

7月15日　澳大利亚《每日航天》网站报道，俄罗斯航天局局长在莫斯科记者招待会上说，俄航天局即将启动“快船”运载火箭计划。其他国家的航天局，特别是欧洲航天局对于“快船”计划表示了极大的兴趣。他说，俄罗斯将与其他国家共同建造的“快船”运载火箭能够搭载6名乘员并将着陆于一流机场。他还简要地讲述了航天局计划的“火卫一·土壤”任务，该任务将从火卫一上收集土壤样本。他表示，一个为火星任务准备的基于地球的实验计划2006年启动，已有超过24人自愿参与该计划。

7月20日　印度总理辛格结束对美国为期三天的国事访问。辛格与美国总统布什会谈后，双方发表了联合声明。美方在声明中表示，印度作为一个拥有先进核技术的“负责任”的国家，应享有其他同类国家享有的利益。美国将致力于与印度开展民用核能领域的全面合作，帮助印度改善能源安全状况。声明称，美国政府还将与国会协商调整相关法律和政策，并与其他盟国协调与印度开展国际民用核能的合作和贸易，其中包括考虑向美国援建的印度达拉布尔核电站提供核燃料。此外，美方还表示将考虑印度加入两个核能前沿技术研究项目，即国际原子能机构主持下的国际热核实验反应堆项目和第四代反应堆国际论坛。印方在联合声明中承诺将承担“一个拥有先进核技术的国家”应尽的责任和义务，包括明确区分军用和民用核设施和项目，同意由国际原子能机构监管印度民用核能设施并达成相关协议，继续推迟核试验及控制核原料出口等。

7月20日　日本共同社报道，日本防卫厅当天决定将在航空自卫队岐阜基地第四高射群部署“爱国者”–3型陆基地对空拦截导弹。这是防卫厅确定的又一个部署“爱国者”–3型拦截导弹的航空自卫队高射群。日本政府决定优先在政治和经济中枢等“容易遭到攻击的目标”区域部署“爱国者”–3型地对空拦截导弹，防卫厅准备在航空自卫队6个高射群中的3个部署“爱国者”–3型地对空拦截导弹。此前已决定在覆盖东京地区的埼玉县入间基地第一高射群进行部署，另一个很可能选定福冈县春日基地第二高射群。日本计划从2006年底开始部署导弹防御系统，2007年3月底前开始部署“爱国者”–3型拦截导弹，2011年3月前完成部署。防卫厅长官大野功统19日宣布，日本将在国内生产“爱国者”–3型拦截导弹。日本国内生产的“爱国者”PAC–3型拦截导弹大约从2008年4月开始部署。

7月20日　朝鲜中央通讯社发表评论，批评日本借“绑架问题”妨碍朝核问题“六方会谈”，并表示朝鲜不会在会谈中与日本打交道。评论说，“六方会谈”召开在即，有关各方为使会谈有助于朝鲜半岛实现无核化而作出努力，惟独日本只顾一己之利，执意要在会谈中提出与无核化全然无关的“绑架问题”。评论指责日本一直妨碍“六方会谈”，以早已解决的“绑架问题”给会谈制造人为困难。评论表示，只要日本不改变这种心态，即使参加“六方会谈”，也将无所作为。鉴于日本的以往表现，朝鲜将不会在今后的“六方会谈”中同日本打交道。

7月21日　印度报业托拉斯报道，美国国防部官员称，一旦美国国会批准美印两国签署的民用核能合作协议，印度将有望从美国采购价值达50亿美元的常规武器装备，主要包括：“爱国者”防空导弹、F–16战斗机、P–3C改进型海上远程巡逻机、C–130中程运输机、

“佩里”级护卫舰和“海鹰”直升机等。由于印度迟迟未能在《不扩散核武器条约》上签字，美国政府此前一直禁止向该国出售敏感的军事装备及技术。但近年来，布什政府却希望将印度纳入美国的战略轨道，支持印度成为南亚地区的大国。

7月21日　俄罗斯工业和能源部长赫里斯坚科在政府会议上说，俄计划到2012年销毁国内所有化学武器。赫里斯坚科指出，俄现存4万吨化学武器。按计划，2007年5月前俄将销毁8000吨化学武器，占总量的20%；到2009年将销毁现存总量的45%；到2012年所有化学武器将全部被销毁。赫里斯坚科说，销毁俄全部化学武器的费用将达1710亿卢布（1美元约合28.6卢布），其中1600亿卢布将由俄联邦财政支付。截至2005年1月1日，国外向俄提供的用于销毁化学武器的资金为35亿卢布，到2005年年底这一数额可能增加到105亿卢布。据报道，截至2005年1月1日，俄共销毁了778.5吨化学武器，其中包括622.3吨芥子气武器和156.2吨路易斯气武器。目前俄只有1个用于销毁化学武器的设施，到2009年之前俄将再启用6个此类设施。

7月24日　香港媒体报道，美国和日本正检讨在日本国内部署美国新型X波段雷达，以提高两国共同对付来袭导弹的能力。另据日本《读卖新闻》报道，日本政府为因应来自中国大陆和朝鲜日增的导弹威胁，也正在检讨把原定2006年底开始部署美国开发的导弹防御系统的计划，提前一年在2005年底展开，并已开始和美国进行协商。

7月25日　禁止化学武器组织宣布，柬埔寨已于7月19日正式向该组织提交了批准《禁止化学武器公约》的文件，将于8月18日正式成为该组织缔约国。届时，柬埔寨将成为全球第170个加入禁止化学武器组织的国家。按照《禁止化学武器公约》的规定，申请国在提交批准文件的30天后，正式成为禁止化学武器组织缔约国。禁止化学武器组织在其新闻公报中说，柬埔寨将是东盟国家中第9个加入该组织的国家。

7月26日　朝核问题第四轮“六方会谈”在北京开幕。美国代表团团长希尔强调，美国“视朝鲜主权为事实”，无意侵略朝鲜、攻击朝鲜。朝鲜代表团团长金桂冠表示，要通过会谈让朝鲜半岛无核化取得实质性进展，朝鲜将同各方代表一道集思广益，竭尽全力“使我们这条刚起锚远航的船避免触礁，最终抵达无核化这一终点。”

7月26日　印度军方在东部奥里萨邦成功试射一枚“特里苏尔”

短程地对空导弹。“特里苏尔”导弹是由印度国防研究开发组织自主研制的全天候导弹，共有3种类型，是印度目前最先进的短程导弹。这种导弹由固体燃料推进，长3米，射程9千米，有效载荷15千克，可装备海陆空三军。

7月27日　印度政府宣布，印度正在着手建设8个用于发电的核能反应堆，其中建在西部塔拉普尔的一个核反应堆上个月已经开始运转，并成功并入电网。印度的能源形势相当严峻，其70%左右的石油依靠进口，因此核能是印度政府重点发展的能源项目。但是，自1998年5月印度进行第二轮核试验以来，美国限制印度进口核燃料和核技术。目前，核能发电仅占印度总发电量的2.9%。印度总理辛格2005年7月访问美国时，与美国达成了民用核能领域的重要协议。美国许诺将与印度开展民用核能领域的全面合作，考虑放松对印度进口核燃料和核技术的限制，以及为美国在印度援建的塔拉普尔核电站提供核燃料。

7月27日　伊朗国防部长阿里·沙姆哈尼在接受美联社记者采访时说，伊朗在研发导弹固体燃料技术方面“向前迈进了重要一步”，使其有能力发射诸如“流星3”型导弹在内的由固体燃料推动的弹道导弹。伊朗曾在上月宣布，该国已成功试射用于“流星3”型中程弹道导弹的固体燃料助推器，而该助推器是发射“流星3”型导弹的两个驱动引擎之一。

7月28日　欧洲“伽利略计划”的中国总承包商在北京与伽利略联合执行体签署了3个应用项目合同，中方将参与开发全球卫星导航系统在渔业中的应用、基于位置的服务标准化、电离层中定位信号的修复。中国是第一个参与伽利略计划的非欧盟国家，承诺提供2亿欧元的研发经费。中方已投入7000万欧元用于技术开发，其余1.3亿欧元用于空间和地面设备的部署。

7月29日　俄罗斯通讯社报道，俄国防部长谢尔盖·伊万诺夫表示，俄将在2005年底前试射新的“布拉瓦”（Bulava）洲际导弹。“布拉瓦”洲际导弹就是著名的“白杨”–M洲际弹道导弹的潜射型，目前俄军方正在对此种新型潜射洲际导弹进行进一步研发，并对其技术逐步加以完善。该导弹将装备于2010年投入部署的3艘“博尔雷”（Borey）级核潜艇。每艘“博尔雷”级核潜艇将装备12枚“布拉瓦”导弹，导弹射程在8300千米以上。

7月30日 各方一致同意制定共同文件，以反映此轮会谈的成果。俄罗斯代表团团长阿列克谢耶夫因“国内事务”需要处理暂时离京回国。

8月

8月1日 东道主中国提交了共同文件第二份草案，各方继续讨论。美国代表团团长希尔表示，“六方会谈”当天对共同文件草案的讨论未获太大进展。但韩国代表团副团长赵太庸表示，各方就共同文件进行了“诚挚”的讨论，在部分内容上达成了共识。8月1日俄罗斯国防部长伊万诺夫表示，俄远东军区将自2006年起开始装备现代化的“伊斯坎德尔”战术导弹系统。“伊斯坎德尔”战术导弹的射程为50至280千米，每个发射装置可同时安装两枚导弹，每个弹头重480千克，可高精度打击目标。

8月2日 俄罗斯战略导弹部队总司令尼古拉·索洛夫佐夫说，RS-20型导弹服役期虽已超出预计的2.5倍，但仍能再坚守岗位10年到15年。他还提到，自20世纪80年代开始服役的俄RS-18型洲际弹道导弹，将逐渐被未添加燃料的类似导弹代替。另一批“白杨”-M型导弹也将于2005年晚些时候进入服役状态。由于资金缺乏，俄军方更新武器受到限制，于是尽力延长苏制导弹寿命。近年来俄战略导弹部队补充了少量新型“白杨”-M型洲际导弹，但许多专家认为其比例还不足以代替那些苏联时期制造的核导弹。

8月2日 英、法、德三国外长和欧盟负责外交与安全政策的高级代表索拉纳致函伊朗最高国家安全委员会，要求伊朗不要恢复与铀转化有关的活动，否则将终止与伊朗有关核问题的谈判，并采取进一步行动。英、法、德三国外长当天将上述函件副本转交给了国际原子能机构总干事巴拉迪，希望他将这封函件散发给联合国各会员国。这份函件说，欧盟将要求国际原子能机构理事会在未来数天内举行特别会议，讨论伊朗核问题。

8月2日 俄罗斯战略导弹部队司令尼古拉·索洛夫佐夫表示，俄战略导弹部队已有4个导弹团换装了井式“白杨”-M发射系统，目前第五个团的换装工作正按早先确定的日程表进行，年内可进入战斗值勤。索洛夫佐夫表示，为确保在今后几十年内完成所担负的战略威慑任务，俄战略导弹部队将同时配备两种导弹发射系统，即可保持高度战备状态并快速投入使用的井式导弹发射系统，和具有高度生存性能的机动式导弹发射系统。索洛夫佐夫说，机动式“白杨”-M导弹发射系统将于2006年开始装备俄军。

8月3日　俄罗斯战略导弹部队司令尼古拉·索洛夫佐夫对媒体说，俄军计划在2005年年底前再销毁4个列车式机动导弹发射装置和18个“白杨”导弹发射装置。俄军2005年已分别在布良斯克和乌德穆尔特两地销毁了5个列车式机动导弹发射装置和9个“白杨”导弹发射装置。俄战略导弹部队最后一个现役列车式导弹装置将于8月间退出战斗值勤。俄军将通过换装新型的井式或机动式“白杨”-M导弹系统来填补列车式导弹发射装置退役后留下的空白。

8月4日　日本共同社报道，日本防卫厅宣布将派遣海上自卫队的一艘护卫舰和两架P-3C反潜机参加将于本月15日到19日在新加坡举行的“防扩散安全倡议”演习。这是日本第一次派遣自卫队实战部队参加在其他国家实施的“防扩散安全倡议”演习，根据计划，将实施海上阻截、船舶搜查和各种模拟演习。

8月4日　中国代表团发言人秦刚说，会谈已经接近尾声。会谈气氛良好，没有出现破裂的情况。但各方尚未就所有问题达成共识，是否发表共同文件并不是衡量本轮会谈成功与否的标志。朝鲜代表团团长金桂冠表示，朝鲜对美国反对其和平利用核能感到不满，但仍将竭尽全力使会谈取得成果。当天，俄罗斯代表团团长阿列克谢耶夫返回北京继续参加会谈。

8月7日　中国代表团团长武大伟宣读《主席声明》，宣布第四轮“六方会谈”第一阶段会议休会，下一阶段会议拟于8月29日开始的一周举行。

8月8日　伊朗原子能机构副主席穆罕默德·赛义迪宣布，伊朗已于当天恢复了伊斯法罕核设施内的铀转化活动。当天早些时候，国际原子能机构核查人员抵达伊斯法罕铀转化厂，并且完成了有关监控设备的安装，这使得核查人员能够对该处核设施实施有效监管，因此伊朗随后重新启动了铀转化设备。

8月11日　英国外交部发言人说，英国决定对印度放松民用核技术的出口控制。据报道，英国是在经过6个月的政策审查之后才做出这项决定的。英国对印度实施核技术的控制是从2002年3月开始实施的，它同样适用于巴基斯坦。

8月11日　为期3天的国际原子能机构理事会紧急会议在维也纳结束，会议以协商一致的方式通过了有关伊朗核问题的决议。决议对伊朗不久前重启伊斯法罕的铀转化设备表示严重关切，要求伊朗“立即停止所有与铀浓缩有关的活动”，与欧盟恢复核问题谈判。决议重审《不扩散核武器条约》的所有缔约国都享有和平利用核能的权利，但没有提及将伊朗核问题提交联合国安理会，但决议要求国际原子能机构总干事巴拉迪在9月3日前向该机构理事会提交有关伊朗执行保障监督协议情况的综合报告。当天晚上，伊朗外交部发言人阿塞菲在德黑兰表示，国际原子能机构理事会当天的决议是在美国及其盟国的压力下，由政治因素推动通过的，它既不合法又不合理，因此伊朗无法接受。

8月14日　巴基斯坦总理阿齐兹在伊斯兰堡举行的庆祝巴独立58周年纪念活动上发表讲话说，巴将继续发展核武器和导弹打击能力，以维护南亚地区均势。阿齐兹说，巴基斯坦最近试射一枚巡航导弹就是巴决心发展国防力量和捍卫国家独立的最好例证。本月11日，巴基斯坦成功试射一枚自行研制的可携带常规弹头和核弹头的掠地式陆基巡航导弹，这表明巴基斯坦已经成为世界上少数几个有能力研制巡航导弹的国家之一。

8月22日　美国和朝鲜的代表在纽约就朝核问题第四轮“六方会谈”第二阶段会议的准备情况进行了一周来的第三次直接接触。

8月23日　美国合众社报道，巴基斯坦计划发射一个价值3.24亿美元的自主控制的遥感卫星系统，该系统是为了无限制地提供全球卫星遥感数据。在未来6年多的时间里，巴基斯坦空间及高层大气研究委员会将负责执行该计划。巴基斯坦总统穆沙拉夫已经基本批准该计划，每年将需要250万美元的开支，工作经费估计为2500万美元。1990年巴基斯坦发射了首枚实验卫星Badr-1，启动其太空计划。2001年又发射了Badr-2，其上携带了一个实验型地球成像有效载荷。

8月27日　伊朗最高国家安全委员会秘书、首席核谈代表拉里贾尼在德黑兰说，如果伊朗核问题被提交到联合国安理会讨论，伊朗将保留退出《不扩散核武器条约》的权利。拉里贾尼说，伊朗不希望看到核问题被提交到联合国安理会讨论，但也不怕这样的局面出现，因为一旦那样的话，受损失的不仅仅是伊朗一方。他强调，伊朗核问题谈判的对象不应该局限于英、法、德三国，甚至不应该局限于欧洲国家，而是应该更加广泛地与整个国际社会交换看法。他表示伊朗新总统艾哈迈迪-内贾德即将就解决伊朗核问题提出新建议，这将为该问题的解决带来突破。

8月27日 据埃及中东通讯社报道，埃外长阿布·盖特致信《全面禁止核试验条约》组织筹备委员会，强调埃及拒绝在以色列加入《不扩散核武器条约》之前批准《全面禁止核试验条约》。并指出，埃及是否批约将与地区和国际形势的发展挂钩，包括以色列是否加入《不扩散核武器条约》等。他强调，以色列拒绝加入《不扩散核武器条约》使得中东地区变得更加不安全。（埃及1981年加入《不扩散核武器条约》，1996年签署《全面禁止核试验条约》，但直到目前仍未批准该条约。根据相关规定，只有在包括埃及在内的44个国家批准后，《全面禁止核试验条约》方能正式生效。）

8月29日 朝鲜宣布，由于美国从事军事演习和任命"朝鲜人权特使"等反朝活动，第四轮"六方会谈"第二阶段会谈推迟两周至9月中旬方可以举行。

8月29日 伊朗一名核项目负责人称，伊朗核技术近日取得重大突破，技术人员成功利用生物工艺学从矿石中提炼出更多更廉价的铀黄饼。这名负责人说："这项用于生产铀黄饼的新技术将降低成本，而生产效率将提高100倍。"铀黄饼是浓缩铀氧化物的别称，可以转化为气态，生成四氟化铀（UF4），继而转化成六氟化铀（UF6），六氟化铀可作为原料气用于铀浓缩活动。

8月29日 俄罗斯国防部长伊万诺夫宣布，俄战略导弹部队首个装备"白杨"-M机动导弹系统的导弹团将于2006年投入战斗值班。"白杨"-M的发射装置由明斯克轮式牵引车辆厂研制生产的M3KT-79221八轴导弹运载车装载。发射装置及其与导弹运载车配套的设施由伏尔加格勒"巨人"中央设计局研制。"白杨"-M机动导弹系统将极大地提高俄罗斯战略导弹部队的战备水平。它的不完全悬挂设计使之可以在松软的土路上进行发射。这使行动的隐秘性、机动性得到了保障，同时提高了系统的生命力、可靠性和独立打击能力。按计划，未来每两年至两年半时间就将有一个新的"白杨"-M导弹团加入战斗值班。俄罗斯战略导弹部队计划设2至3个师，其中每个师将下辖4到6个机动导弹团。目前俄战略导弹部队武器库中有6种型号的洲际弹道导弹。未来俄罗斯的核打击力量将主要由"白杨"-M导弹系统构成，它们将取代其他所有的导弹系统。

8月30日　美国国会众议院国际关系委员会东亚和太平洋事务小组委员会主席詹姆斯·利奇率领的美国国会代表团抵达平壤，开始对朝鲜进行访问。里奇希望通过与朝鲜高层领导接触，寻找通过外交手段解决核问题的途径。里奇此行将会见朝鲜外相白南舜和朝鲜外务省负责对美事务和核问题的金桂冠副相。

8月31日　美国驻印度大使馆发表声明说，美国已经取消对印度6个民用核设施和空间机构的一些出口限制，以加强两国间高技术贸易。过去几十年中，出于防止导弹和核武器技术扩散的考虑，美国对向印度出口技术设下严格限制，主要是针对美国认为可由民用转军用的所谓"双重用途"技术。美驻印大使戴维·马尔福德在声明中说："这是布什总统有关加强美印战略和商业关系承诺的一个切实兑现。"从这项措施中受益的包括印度马哈拉施特拉邦、拉贾斯坦邦和泰米尔纳德邦的3个核电站，以及印度空间研究组织和空间应用中心的下属机构。在7月18日布什和印度总理辛格达成的协议中，美国同意与印度分享民用核技术。

8月31日　美联社报道，日本科学技术省官员日前透露，日本正在着手研制的新运载火箭H-2B预计于2008年发射升空。它的主要任务是向国际空间站运载无人补给机（HTV），以此摆脱对美国运载火箭的依赖。运载无人补给机将为国际空间站运送食物、衣物和科学仪器等物资。H-2B的有效载荷将达到8吨，而此前研制的H-2A运载火箭仅为4吨至6吨。

9月

9月1日　中国国务院新闻办公室在北京举行《中国的军控、裁军与防扩散努力》白皮书发布会。外交部军控司司长张炎在发布会上就国际军控、裁军与防扩散努力向国际社会发出五点倡议：第一，遵循《联合国宪章》的宗旨和原则以及其他公认的国际关系准则，树立以互信、互利、平等、协作为核心的新安全观，努力营造和平稳定的国际安全环境；第二，确保各国平等参与国际军控、裁军与防扩散事务的权利，坚持在各国安全不受减损的基础上推进国际军控、裁军与防扩散进程；第三，坚持在国际法框架内，通过政治和外交手段解决国际军控、裁军和防扩散领域的分歧；第四，在推进国际军控、裁军和防扩散努力的同时，应确保各国和平利用科学技术的正当权益；第五，维护、加强和完善现有国际军控、裁军和防扩散法律体系，充分发挥联合国等多边机构的作用。

9月6日　伦敦国际战略研究所发表《伊朗战略武器项目：评估报告》。该所所长约翰·奇普曼在这份报告的发布仪式上说，如果伊朗不顾国际社会反对加紧寻求获取制造核武能力，伊朗将可能在2010年底获得足够制造一件核武器的高浓缩铀。但由于仍需解决一些技术上的难题，伊朗获取核武的时间可能会更长。该报告作者盖瑞·赛莫尔说，伊朗有可能还需10到15年才具备核武器制造能力。这份报告只是技术上的评估，而最重要的是伊朗在政治上的考虑及其如何权衡因获取核武能力而带来的风险和好处。

9月9日　在新德里举行的一个秘密介绍会上，美国国防部官员向印度军方展示了美制"爱国者"PAC-3型导弹系统的详细情况，希望印度方面能够购买这种先进的防空武器。印度目前正在对它以及俄罗斯、以色列的同类装备进行比较，以确定最终的采购对象。

9月10日　据路透社报道，美国防部起草了一份新修订的"联合核作战行动条令"草案，对核武器使用原则进行调整。该草案重申使用核武器必须得到美总统的明确指令，但为因应变化的形势，美可对使用大规模杀伤性武器向美国及其盟国发动袭击的恐怖主义行为采取"先发制人"的核打击。报道称，该草案正在各军种、战区司令和国防部之间传阅征求意见。

9月11日　俄罗斯国防部装甲部队装备管理总局副局长科瓦廖夫对新闻界说，2006年俄军装甲车和坦克的采购总量将比2005年增加20%到30%。科瓦廖夫说，目前俄军装甲车和坦克老化现象非常严重，每年被自然淘汰的坦克约为250辆到300辆。为此，俄有关企业必须扩大生产，其中包括扩大T-90型坦克以及BTR-90、BMP-3和BMP-4型装甲运输车的产量。俄国防部提供的数字表明，目前俄军拥有2.5万多辆坦克，其中包括9000辆T-72型坦克和5000辆T-80型坦克。现代化坦克T-80型和T-90型以及T-72型改进型坦克的数量占总数的三分之一。

9月12日　俄罗斯原子能署和伊朗原子能机构在莫斯科举行联合

工作会议。其间，俄罗斯专家向伊朗方面通报了俄承建的伊朗首座核电站——布什尔核电站的工程进展情况。两国有关专家也对核电站建设中遇到的技术问题广泛交换了看法。会后，俄罗斯原子能署署长鲁缅采夫与伊朗原子能机构主席阿加扎德共同确定，布什尔核电站将于2006年底前按计划投产发电。

9月12日　俄罗斯国防出口公司副总经理帕霍莫夫宣布，2005年至今，公司已向印度海军提供了价值30亿美元的武器装备和设备，计划在年底前把这一数字提高到50亿美元。俄罗斯向印度出口的海军武器装备主要是"基洛"级潜艇、新型护卫舰、气垫船、高速快艇等。帕霍莫夫同时承认，现在，法国、以色列、美国成为俄罗斯在印度武器市场的主要竞争对手。他表示，俄罗斯准备制订有针对性的系统化方案，邀请上述国家进行合作，共同进军印度武器市场，保障相互间的利益。他同时指出，与美国不同的是，俄罗斯向印度出口的都是最现代化的武器装备，其中包括苏-30MKI多用途歼击机。

9月13日　英国《卫报》报道，英国国防大臣里德在接受该报专访时说，英国政府正在考虑是否需要建立新一代核武器系统。里德说，考虑到在今后15年内所面临的全球威胁，更换英军目前所装备的"三叉戟"核武器系统是必要的。尽管英国一直在努力将自己的核威慑力量减少到最低程度，但事实上，世界上其他一些国家一直在大力发展核武力量。另外，尽管当前出现了新的威胁——国际恐怖主义，但不能因此就认为旧的威胁已消失了。实际上，这些威胁仍可能在不断发生变化。里德说，英国建立任何新型核威慑力量将不会违反《不扩散核武器条约》，也不表示英国将扩大其核威慑力量的规模。

9月13日　朝核问题第四轮"六方会谈"第二阶段会议开始举行。

9月14日　第四轮"六方会谈"有关各方进行了频繁的双边接触，中俄、中美、朝美、朝日、韩俄、朝日、俄日、俄美分别举行了磋商，阐述了各自的主张并对如何缩小当前的分歧提出建议和设想。各方传出的消息显示，朝鲜是否有权和平利用核能及轻水反应堆的建设问题成为各方在本阶段会谈中的核心分歧。另据韩国联合通讯社报道，在第二阶段会议开幕前的朝韩双边磋商中，朝鲜提出，作为其完全弃核的补偿，朝鲜要求在"六方会谈"框架内另行建造轻水反应堆，而不是原来《朝美核框架协议》下的轻水反应堆。

9月14日　中国外交部长李肇星在纽约联合国总部代表中国政府

签署了《制止核恐怖行为国际公约》。该公约是联合国制定的第13项反恐公约，也是第一项旨在打击核恐怖主义罪行的国际公约，并于2005年4月在第59届联大获得通过。它首次界定了核恐怖犯罪行为的定义，填补了现有反恐公约体系的空白，进一步完善了国际反恐法律框架，为预防和惩治核恐怖犯罪提供了法律依据。中国在该公约开放的头一天即签署，表明了中国政府反对一切形式的恐怖主义、支持完善国际反恐法律框架的一贯立场，昭示了中国政府致力于依法采取实际步骤打击恐怖主义的决心。

9月16日　据法新社报道，美国总统布什当日与俄罗斯总统普京举行了会谈。在会后举行的记者会上，布什表示，双方讨论了如何通过外交手段来解决伊朗和朝鲜的核问题，美俄在上述问题上的目标一致，即均不希望伊、朝拥有核武器；普京表示，目前解决伊朗和朝鲜核问题的外交努力还远未用尽，因此不应采取可能会使问题进一步恶化的举措。

9月17日　伊朗总统艾哈迈迪-内贾德在第60届联大一般性辩论上发言时，提出邀请外国公司参与伊朗的铀浓缩计划，以最大限度确保该计划的透明性。艾哈迈迪-内贾德重申了伊朗不会发展核武器的一贯立场，建议联大设立一个专门委员会，就全球核裁军提出可行的机制和战略，对以色列获取核技术的情况展开调查，并就建立中东无核武器区提出具体建议。他说，设立该委员会可以在消除核武器的同时，打破在和平利用核技术方面的"隔离"状况。他指出，国际先例显示，有关提供核燃料的合同是不可靠的，目前还没有具法律约束力的国际文书来确保这样的合同得到执行。很多有关提供核燃料的双边合同出于政治原因被中止。因此，伊朗坚持认为，在其寻求用于和平目的的核技术过程中，铀浓缩活动应该有客观保障。在联大发言后举行的新闻发布会上，艾哈迈迪-内贾德否认了此前有关伊朗准备和其他伊斯兰国家分享核技术的报道。

9月19日　经过两个阶段共20天的艰苦谈判，第四轮北京"六方会谈"于当天结束。各方一致同意通过"六方会谈"启动以来的首份共同声明，并商定于11月上旬在北京举行第五轮"六方会谈"。根据共同声明，朝方承诺，放弃一切核武器及现有核计划，早日重返《不扩散核武器条约》，并回到国际原子能机构保障监督；美方确认，美国在朝鲜半岛没有核武器，无意以核武器或常规武器攻击或入侵朝鲜。

在一度使会谈陷入僵局的和平利用核能及轻水反应堆问题上，各方也达成共识。根据共同声明，朝方声明拥有和平利用核能的权利。其他各方对此表示尊重，并同意在适当时候讨论向朝鲜提供轻水反应堆问题。此外，共同声明还就朝美、朝日关系正常化，对朝经济合作和能源援助，以及建立朝鲜半岛永久和平机制问题做出了承诺。

9月19日　联合国秘书长安南通过发言人发表声明，对朝鲜承诺放弃核武器及现有核计划表示欢迎，并对中国在解决朝鲜核问题上发挥的关键作用表示赞赏。

9月20日　欧盟向国际原子能机构理事会会议散发关于伊朗核问题的决议草案，要求国际原子能机构将伊朗核问题向联合国安理会和联合国大会报告。决议草案说，由于伊朗没有履行《不扩散核武器条约》规定的义务，欧盟要求国际原子能机构将伊朗核问题向“国际原子能机构所有成员、联合国安理会和联合国大会”报告。决议草案还要求联合国安理会敦促伊朗允许国际原子能机构核查伊境内一些被伊朗有关法律禁止核查的地点，并敦促伊朗完全中止铀浓缩和加工活动。同日，伊朗最高国家安全委员会秘书、首席核谈代表拉里贾尼在德黑兰发出警告说，如果伊朗核问题被提交到联合国安理会，伊朗必将退出《不扩散核武器条约》。

9月20日　朝鲜外务省发言人就第四轮“六方会谈”结束发表声明，强调美国提供轻水反应堆是解决核问题的关键。声明说，朝鲜将在美国提供轻水反应堆之后才能重返《不扩散核武器条约》并接受国际原子能机构的安全保障监督。

9月21日　美国一批联邦参议员写信给国防部长拉姆斯菲尔德说，美国必须将它洲际弹道导弹的数量保持在500枚的水平，才能拥有核威慑能力。这批参议员在对拉姆斯菲尔德提出这一要求的同时，还会见了空军和国防部的官员，讨论美国在北达科他、蒙大拿和怀俄明州基地未来洲际弹道导弹部署问题。

9月24日　国际原子能机构理事会通过了欧盟提出的关于伊朗核问题的决议。这项名为《在伊朗伊斯兰共和国执行与〈不扩散核武器条约〉有关的保障协定》的决议认为，伊朗多次不履行和违反《不扩散核武器条约》保障协定，这构成了国际原子能机构规约第12条C款确定的违约行为。该条款规定，国际原子能机构应该向联合国安理会和联大报告其成员国没有履行《不扩散核武器条约》保障协议的行为。

决议指出，伊朗隐瞒核活动的历史以及国际原子能机构在核查中发现的问题“已经出现了属于安理会职权范围的问题”。国际原子能机构理事会将就何时及如何向安理会报告作出安排处理。决议还对伊朗提出五点敦促性建议：（一）敦促伊朗进一步采取“透明措施”，如对国际原子能机构核查人员开放军民两用设备、兵工厂和研究所等；（二）重新全面和持续中止所有浓缩相关活动；（三）重新考虑重水慢化研究堆的建造；（四）迅速批准和全面执行“附加议定书”；（五）敦促伊朗全面履行其承诺并回到谈判进程中来。伊朗随后要求国际原子能机构修改该决议，否则伊朗将停止履行《不扩散核武器条约》附加议定书，不再允许核查人员对其核设施进行突击检查。

9月25日　日本共同社报道，日美两国政府已决定在2009年之前新建联合导弹防御作战指挥中心。该中心将建在驻日美军东京横田基地内。据报道，日美新建这一联合作战指挥中心的目的是提高对来袭弹道导弹的探测和导弹防御系统的指挥能力。日本1999年开始与美国共同研制新一代弹道导弹防御系统，日本计划从2006年底开始部署导弹防御系统，2007年3月底前开始部署“爱国者”PAC-3型拦截导弹，2011年3月前完成部署。

9月26日　加拿大外长皮埃尔·佩蒂格鲁当天在渥太华同来访的印度外长辛格举行会谈后宣布恢复向印度供应核原料。佩蒂格鲁说，鉴于印度已承诺将军用和民用核设施明确区分开来，加拿大将在遵守国际原子能机构相关安全规定的前提下，向印度的民用核设施供应核原料。1974年印度用加拿大提供的钚引爆了其第一个核装置后，加拿大停止了同印度的核合作。1998年，印度又同巴基斯坦相继进行了核爆炸，加拿大随即采取进一步措施，限制向印度提供核原料。

9月26日　俄罗斯联邦原子能署副署长安季波夫说，俄罗斯81艘退役核潜艇拆卸工作正按计划顺利进行。退役核潜艇的拆卸工作包括：拆除核潜艇上的核废料并将其运送到核废料处理站或永久保存站；对核潜艇进行消除放射性处理；分离核潜艇在使用过程中产生的固体和液体放射性废料；拆除核潜艇上可继续使用的无放射性设备；切割核反应舱并将其放置到特定地点永久性保存。苏联时期制造的259艘各类核潜艇中，已经退役的有196艘，其中有115艘已经被拆卸。安季波夫说，为了在2010年前完成全部退役核潜艇的拆卸计划，今后俄政府将每年从联邦财政预算中拨专款20—30亿卢布（1美元约合28.5卢布）。此外，俄还在退役核潜艇的拆卸问题上与美国、英国、挪威和日本等国家开展名为“全球伙伴关系”的国际合作，从国外获得资金用于退役核潜艇拆卸。

9 月 26 日—30 日　为期 5 天的国际原子能机构第 49 届大会在维也纳举行，大会批准该机构理事会对下一届总干事巴拉迪的任命，这是现任总干事巴拉迪自 1997 年 12 月首次出任该机构总干事以来连续第三次担任这一职务，新任期从 2005 年 12 月 1 日开始，共 4 年。大会产生了由 35 个理事国组成的新一届理事会。根据国际原子能机构有关章程，除上届理事会指定和 2004 年大会推举的理事国外，本届大会还选出古巴、埃及、印尼等 10 个国家为新一届理事会成员国。

9 月 26 日　俄罗斯联邦原子能署副署长安季波夫对媒体称，俄 81 艘退役核潜艇拆卸工作正按计划顺利进行。该项工作包括：拆除核潜艇上的核废料并将其运送到核废料处理站或永久保存站；对核潜艇进行消除放射性处理；分离核潜艇在使用过程中产生的固体和液体放射性废料；拆除核潜艇上可继续使用的无放射性设备；切割核反应舱并将其放置到特定地点永久性保存。据介绍，前苏联时期制造的 259 艘各类核潜艇中，已有 196 艘退役，其中的 115 艘已被拆卸。他还说，为了在 2010 年前完成全部退役核潜艇的拆卸计划，今后俄政府将每年从联邦财政预算中拨专款 20 亿到 30 亿卢布（1 美元约合 28.5 卢布）。此外，俄还在退役核潜艇的拆卸问题上与美国、英国、挪威和日本等国家开展名为“全球伙伴关系”的国际合作，从国外获得资金用于退役核潜艇拆卸。

9 月 27 日　俄罗斯海军在一份声明中称，俄罗斯成功进行了新近研发的“布拉瓦”洲际弹道导弹首次试射。俄罗斯国防部长伊万诺夫随即表示，新型“布拉瓦”导弹将成为未来俄“三位一体”核力量的主要组成部分，改进和完善该型导弹系统是俄战略导弹部队未来发展的主要方向，该导弹系统将于 2007 年底前部署部队。

9 月 27 日　捷克媒体报道，北约将在捷克建立防范大规模杀伤性武器战略中心。捷克国防部副部长马丁·别尔奇克证实，该中心将设在捷克东南部地区的维什科夫，计划在 3 年内建成，中心的主要任务是为北约陆海空三军制定防范大规模杀伤性武器的战略方针。捷克防化部队指挥员米罗斯拉夫·谢迪介绍说，北约之所以选择在捷克建立这一重要军事中心，是因为捷克军队在防范生化学武器器的研究和训练方面具有丰富经验。

9月27日　据俄塔社援引俄罗斯海军新闻局局长德加洛的话说，俄海军北方舰队“德米特里·东斯科伊”号核潜艇当日下午成功试射一枚新型洲际弹道导弹——“布拉瓦”，弹头准确命中俄远东堪察加半岛库拉演练场上的预定目标。此举表明俄海基战略核武器具有较高的战备水平，俄海军作战指挥体系安全可靠。

9月28日　伊朗议会通过一项动议，同意立即开始审议一项旨在敦促政府中止履行《不扩散核武器条约》附加议定书的提案。根据这一动议，议会将就一些议员提出的敦促政府中止履行《不扩散核武器条约》附加议定书的提案进行审议，并对提案进行表决。如果这一提案通过议会的投票以及随后宪法监护委员会的审查，伊朗政府将执行这项法案。伊朗议长阿德勒当天表示，议会通过这项动议并不意味着伊朗退出《不扩散核武器条约》或拒绝接受附加议定书。议会只是要求政府暂时中止履行附加议定书，直到伊朗合法的核权益得到应有的承认。

9月29日　据国际原子能机构第49届大会“防止非法贩卖数据库”当日提供的消息，近年来国际核物质走私现象日趋严重，国际原子能机构对这一趋势深感忧虑。这家数据库提供的统计数字显示，在2003年至2004年的两年期间，该机构成员国申报的核材料和放射性物质盗窃、非法占有、运输和交易事件达到121起，其中2004年发生93起，是该数据库自1993年建立以来成员国申报核物质走私事件数量最多的一年。自1993年以来，该数据库登记在册的国际核物质走私事件总计662起，其中大部分涉及低级核物质，包括用于核反应堆的核燃料、天然铀以及广泛用于工业和医学领域的放射源等。统计还显示，自1993年以来，该数据库共记录了18起与制造核武器的高浓缩铀和钚相关的走私事件。

10月

10月7日　俄罗斯迷你太空飞船“演示者”从位于巴伦支海的“鲍里索格列布斯克”号核潜艇发射升空，按计划降落在俄远东堪察加半岛库拉导弹试验靶场。这艘可折叠小型太空飞船由拉沃奇金科学生产联合体负责设计、试验。按照设计，“演示者”飞船将被折叠起来送入国际空间站，用于从空间站向地球运送物品。飞船的可伸缩锥形船体由耐高温的轻型材料制成，不用引擎装置便能在可预知轨道上飞行。这使其成为现役“联盟”号系列飞船的廉价替代品。俄塔社援引拉沃奇金科学生产联合体官员的话说：“这一装置的成功试射，使我们不仅可以将其用于物品运送，还可以用于运载宇航员撤离，或是在其他星球上实施软着陆。”

10月7日 印度和法国在新德里签署一项价值35亿美元的军事合同，法国将在今后6年内帮助印度建造6艘“鲉鱼”级潜艇，并转让相关技术。根据合同，印度在今后6年中将每年建造一艘“鲉鱼”级潜艇，由法国阿马里斯公司帮助印度海军在位于孟买的马扎冈船厂建造，而欧洲MBDA则负责建造潜艇上的导弹系统，并转让相关技术。“鲉鱼”级潜艇由法国和西班牙联合研制，长65米，以柴油电力驱动，可潜水300米深，配备“飞鱼”式反舰导弹。印度是继智利和马来西亚后又一个获得法国“鲉鱼”级潜艇的国家。

10月8日 俄罗斯海军北方舰队“鲍里索格列布斯克”号核潜艇从巴伦支海水域成功试射一枚RSM-54型洲际弹道导弹，弹头准确击中了俄远东堪察加半岛库拉试验场上的预定目标。这是俄北方舰队2005年以来第四次试射洲际导弹。RSM-54型导弹属于第三代潜射洲际导弹，采用三级液体火箭发动机，起飞重量40.3吨，弹长14.8米，最大射程8300千米，可以在任何天气条件下从水下发射。发射潜艇“鲍里索格列布斯克”号属于“海豚”型核潜艇，是俄海基战略核力量的主力潜艇，可装备16枚RSM-54型洲际弹道导弹，艇长167米，最大下潜深度650米。

10月8日 英国《卫报》刊出英国安全局（军情五处）公布的一份两年前的题为《涉及核扩散公司和机构》的机密报告，报告说，8个国家的350个公司、大学机构和政府组织试图或已经拥有大规模杀伤性武器原料和研发技术。报告旨在提醒英国公司，向伊朗、巴基斯坦、印度、以色列、叙利亚和埃及等国的企业团体出口物资时须谨慎，避免无意中协助武器扩散。报告指出，阿联酋是“伪装公司”聚集的“最重要国家”，似乎已成为武器贸易集散中心。巴基斯坦境内有95家机构参与协助巴核武器研发计划。伊朗有114家机构拥有关于核武器、化学武器、生物武器或导弹的研发技术。塞浦路斯和马耳他也成为潜在的中转站。

10月8日　日本《读卖新闻》报道，日本政府7日决定再次为俄罗斯拆卸5艘退役核潜艇提供援助。拆卸5艘俄退役核潜艇需要耗资数十亿日元，日本将从其出资设立的“日俄无核化合作委员会”基金中支出这笔经费。由于涉及军事机密等问题，日方将与俄方就援助对象中是否包括核反应堆问题进行协调。1993年发生俄罗斯核潜艇核废料泄漏到日本海的事故后，日本决定为俄拆卸退役核潜艇提供援助，2004年底完成了日方援助的第一艘俄核潜艇拆卸工作。

10月11日　台军研发多年的“雄风”2E型巡航导弹正式部署于淡水三芝新组建的“国防部飞弹司令部第一中队”。该型导弹设计要求最大射程为1000千米，实际600千米，命中精度误差12米，已经通过初步的技术试验和评估。台军计划共成立3个“雄风”2E中队，每个中队配备18—24枚导弹。

10月11日　英国国防部宣布，英国皇家海军“前卫”号核潜艇10月10日从大西洋海域成功发射一枚不带弹头的“三叉戟”II（D5）型潜射弹道导弹。“前卫”号核潜艇1993年8月14日服役，不久前刚接受过大修，按照英国军方的有关规定，其在重新开始战备执勤前必须接受一系列测试，发射弹道导弹便是其中的一项测试内容。此次发射是英海上核力量进行的第8次发射。

10月13日　外交部长李肇星与来访的伊朗外长穆塔基举行会谈时说，中方一贯主张在国际原子能机构框架内通过外交手段解决伊朗核问题，支持伊朗与欧盟继续谈判寻求长期解决方案，希望伊朗与欧盟的谈判能尽早恢复。中方愿为该问题的妥善解决继续发挥建设性作用。穆塔基说，伊方感谢中方在妥善解决伊朗核问题上发挥的建设性作用，重申伊朗和平利用核能的权利，愿恢复与欧盟的谈判，继续与国际原子能机构合作。

10月14日　俄罗斯《独立军事评论》发表文章说，美国在秘密研制第四代核武器，即所谓的纯热核武器，不使用原子弹爆炸的能量作为核聚变的反应条件，因而不产生剩余核辐射，可以作为“常规武器”使用。美国一些研究武器监控问题的非政府机构高度关注第四代核武器。而美国官方则坚决不承认拥有这方面的研制计划，否认国家核实验室正在研制第四代核武器。

10月16日　正在印度访问的俄罗斯国防部长伊万诺夫在新德里

说，俄罗斯准备向印度提供最先进的武器技术，希望将俄印双边军事技术合作提升到一个新高度。据报道，伊万诺夫在离开莫斯科前说，俄印已将双方防务合作方面的“原始的买卖”关系提升到在军事尖端技术领域联合研究、设计、开发和生产武器。他说，为在未来展开更高层次的合作，双方非常有必要签署知识产权保护协定，希望双方能在年内完成这项工作。另据16日出版的《印度教徒报》报道，伊万诺夫在出访前曾表示愿意同印度分享在反弹道导弹弹防御方面的技术。

10月26日　据美联社报道，美国共和党新墨西哥州参议员多梅尼西当日透露，布什政府已经决定放弃钻地核弹头的研制，转而重点发展同样可打击地下深层目标的常规武器。负责监管核武器项目的美国能源署2005年早些时候在国会听证会上不得不承认，使用钻地核弹无法避免大量辐射污染。该署已不再坚持国会批准在2006年预算案中为钻地核武器拨款。一名布什政府官员也证实说，政府决定集中力量发展携带常规弹头的“地堡终结者”。

10月30日　伊朗总统艾哈迈迪-内贾德在德黑兰发表讲话说，伊朗此前在自愿的基础上全面中止了与铀浓缩有关的一切活动，其目的完全是为了建立信任。但是，现在伊朗政府发现西方所谓的互信完全是为了剥夺伊朗的合法权利而编造的谎言。伊朗既然已经重启了铀转化活动，就不准备再度中止。他说，伊朗从未进行过秘密的核活动，伊朗的核研究完全是合法的，是以和平利用为目的的。

11月

11月1日　俄罗斯战略导弹部队从南部卡普斯京亚尔试验场成功试射一枚“白杨”系列洲际弹道导弹，弹头准确击中了哈萨克斯坦境内巴尔喀什试验场上的预定目标。据俄国防部官员介绍，本次试射的“白杨”系列弹道导弹飞行速度快，并能作变轨机动飞行，具有很强的突防能力。这种系列的洲际弹道导弹在2015年后将成为俄战略导弹部队的主要装备，并且至少能服役到2040年。

11月3日　俄罗斯联邦工业署副署长霍尔斯托夫向新闻界表示，俄实施销毁本国化学武器计划所需的资金总计将高达70亿美元，俄能否有效实施这项计划在很大程度上将取决于国外的资金援助。霍尔斯托夫指出，俄希望外国提供销毁化学武器所需的30%资金。他介绍说，截至2005年6月1日，外国承诺将提供17.3亿美元用于销毁俄境内的化学武器，但实际到位资金仅为3亿多美元。他指出，目前帮助俄销毁化学武器的国家接近20个，其中美国、德国、芬兰、荷兰、瑞典和瑞士是俄化学武器销毁计划的主要赞助国。霍尔斯托夫说，目前，俄罗斯只有1个用于销毁化学武器的设施。到2009年，俄境内此类设施将增加到7个。截至2005年1月1日，俄共销毁了778.5吨化学武器，其中包括622.3吨芥子气武器和156.2吨路易斯气武器。目前俄仍存有约4万吨化学武器。按计划，到2007年5月前，俄将销毁现存总量的20%；到2009年，俄将销毁现存总量的45%；到2012年，俄将销毁所有化学武器。

11月6日　伊朗最高国家安全委员会秘书、首席核谈代表拉里贾尼委托英、法、德三国驻伊朗大使转交一封致三国外长的信函，正式要求与欧盟恢复有关伊朗核问题的双边谈判。拉里贾尼在信中说，双方应立即在国际原子能机构有关条约和规定的框架内，以解决问题为宗旨，本着合理的态度尽快恢复双边核问题谈判。但他同时强调，伊朗政府将坚决地在有关国际法规定的范围内维护伊朗和平利用核能的权利。

11月9日　台湾网报道，台“国防部”官员日前表示，希望购进6套“爱国者”PAC-3型防空导弹系统，以增加与大陆官方谈判的实力。台“国防部”人员指出，若未来能够筹购6套“爱国者”PAC-3型防空导弹系统，部署在台中、嘉南及高屏地区，配合正在北部地区服役的3个“爱国者”连，预计将有近70%的城市人口可获得防护，60%的重工业资产得以保护，台当局领导中枢亦能获得安全。

11月9日　美国国会“美中经济与安全评估委员会”发表年度报告书称，有证据表明，尽管全球安全威胁日益增加，但中国还在向朝鲜、伊朗、巴基斯坦等国提供大规模杀伤性武器和导弹的相关设备和技术，以此获得经济利益，同时提高外交影响力。报告书还分析说，中国还有可能允许与大规模杀伤性武器扩散有关的朝鲜船只和飞机利用本国港口和领空。

11月9日—11日　朝核问题第五轮“六方会谈”第一阶段会议在北京举行。本轮会谈主席、中国代表团团长武大伟在闭幕式上宣读《主席声明》，各方在《主席声明》中商定尽快举行第二阶段会议。各方重申，将根据“承诺对承诺、行动对行动”原则全面履行第四轮会谈共同声明，早日可核查地实现朝鲜半岛无核化目标，维护朝鲜半岛及东北亚地区的持久和平与稳定。

11月11日　伊朗最高国家安全委员会秘书、首席核谈判代表拉里贾尼在德黑兰表示，伊朗可以考虑最近俄罗斯提出的在俄境内进行铀浓缩的建议。拉里贾尼说，把铀浓缩活动转移到其他国家虽然可能会使这些国家从中获利，但是伊朗现在的首要问题是要建立属于自己的完整的核燃料反应堆。因此，如果接到这样的提议，伊朗政府自然会认真考虑和审议。

11月13日　俄罗斯国防部长伊万诺夫在接受俄媒体采访时说，俄罗斯必须拥有现代化核力量，俄2005年以来在更新核力量方面取得了重大进展。伊万诺夫说，俄罗斯2005年对多种新式武器系统进行了试验，包括成功发射多枚新式导弹。他说，俄军方目前已经完成移动式“白杨”-M导弹系统的发射试验，并且已开始“圆锤”导弹系统的飞行试验。装备“圆锤”导弹的第一艘新式核潜艇也即将制造完毕。此外，俄军方还对用来装备海军和战略导弹部队的洲际弹道导弹的标准和规格做了统一规定。伊万诺夫强调，俄美两国1993年签署的《第二阶段削减战略武器条约》已被废除，俄罗斯目前可以自由地研发各种新式武器，包括多弹头导弹。他说，俄罗斯核力量的发展蓝图已经形成，俄方还将部署有效的空中和太空防御体系，如果没有这一体系做保障，俄罗斯永远不会有安全感。

11月14日　俄新社报道，目前共有12颗美国间谍卫星在对俄罗斯领土实施电子侦察。俄罗斯航天部队主管武器装备的副司令奥列格·格罗莫夫日前宣布：“有12—13颗美国的无线电侦察卫星在对俄领土实施不间断侦察，而俄国仅有一颗这样的卫星。”格罗莫夫表示，要改变这种局面就必须加大在卫星侦察领域的资金投入，尤其是必须保障新一代的“子午线”卫星能够及时列装，以替代老式的“闪电-1T”、“闪电-3”和“帆”等老式航天器。他同时还透露，俄目前对航天领域的投入仅为美国的1/30，“美国航天领域的预算已达到164亿美元，而俄罗斯到2007年时才能达到8亿美元”。

11月16日　据美联社报道，美国五角大楼官员称美国和波兰正在探讨将来在波兰建立一个导弹拦截基地，基地部署的美国导弹拦截器可以拦截远程导弹，以此作为美国全球防卫网络的一部分。如果计划可行的话，这将成为美国在本土以外的第一个战略导弹防御基地，目的是为了保护欧洲不受来自一些中东国家洲际导弹的攻击。目前美国与波兰就此还没有达成协议，也可能选择欧洲的其他地方建立导弹防御基地。五角大楼官员称，波兰可能是美国部署此类军事设施的最佳候选国。

11月17日　据法新社报道，伊朗于16日开始了新一轮铀转化活动，将铀矿石转化成可制造浓缩铀的气态原料。据估计，伊朗将会得到大约50吨的UF6气态铀，这一数量制造的浓缩铀最多可以制成10枚原子弹。

11月17日　印度国防部长穆克吉在参观俄罗斯机器制造科学生产联合体时宣布，俄印将进一步扩展在“布拉莫斯”项目上的合作。穆克吉称：“‘布拉莫斯’导弹已进行了10次发射试验，现在完全做好了装备陆海空军部队的准备。随着各项技术和资金问题的解决，我们将继续对该型导弹进行完善并准备扩大在‘布拉莫斯’联合企业中的合作。”印度目前已装备了舰载型的“布拉莫斯”巡航导弹。印度还对开发机载型的“布拉莫斯”导弹表示出了浓厚兴趣，今后将用于装备印军的图–142型侦察机和苏–30MKI型多用途战斗机。

11月20日　伊朗议会通过一项法案，要求政府在核问题被提交联合国安理会的情况下停止履行为了建立信任所采取的自愿措施。该法案中的“自愿措施”包括中止铀浓缩活动和履行《不扩散核武器条约》附加议定书。

11月22日　朝鲜半岛能源开发组织在纽约总部结束了为期两天的执行理事会会议。美国国务院负责朝核问题谈判的特使约瑟夫·德特拉尼在会议结束后告诉媒体，朝鲜半岛能源开发组织执行理事会成员美国、韩国、日本和欧盟已就停止建造轻水反应堆达成共识。由于执行理事会暂时休会，他们将在月底前再次举行会议，讨论相关的资金和法律问题，然后宣布正式消息。朝鲜半岛能源开发组织发言人布赖恩·克雷默随后证实了这一消息。

11月22日　马来西亚常驻国际原子能机构代表帕杜卡·赖杰迈·侯赛因在维也纳国际原子能机构总部与该机构总干事巴拉迪签署了《不扩散核武器条约》附加议定书。马来西亚是第106个签署该附加议定书的国家。

11月23日　中国裁军大使胡小笛在经修订的《地雷议定书》第七

届缔约国年会上发言时说，自1998年批准该议定书以来，中国一直忠实履行议定书各项义务，积极开展国际扫雷援助活动。中国还广泛参与地雷领域的其他国际活动，与《渥太华禁雷公约》缔约国保持着沟通与交流。中方还与“国际禁雷运动”、日内瓦人道主义扫雷国际中心、红十字国际委员会等非政府组织保持接触，共同探讨推进国际扫雷进程的新途径。中国将继续致力于国际扫雷事业，并愿与各国以及国际组织和非政府组织扩大交流与合作，为帮助雷患国尽早摆脱雷患做出贡献。

11月23日　乌克兰国防部副部长捷列先科在布鲁塞尔北约总部与北约签署一项协议，由北约帮助乌克兰销毁过剩的武器弹药。根据该协议，北约将负责销毁乌克兰库存的1.5万吨弹药、40万件小型武器和1000件肩扛式防空导弹。北约有关官员对媒体表示，销毁这些武器将耗时12年，耗资约790万欧元。所需资金全部由北约成员国自愿捐助。销毁工作将从本月底开始。这是北约第二次帮助乌克兰进行武器销毁工作。此前，北约曾帮助乌克兰销毁了40万颗地雷，销毁工作已在2003年5月结束。

11月26日　德国《明镜》周刊引用西方情报官员提供的信息说，伊朗希望与朝鲜合作研发导弹。作为回报，一名伊朗外交人员允诺免费向朝鲜提供石油和天然气以帮助它度过寒冬。《明镜》周刊说，伊朗希望借此收到一举两得的效果。其一，维持在导弹技术上的优势。伊朗现有的“流星”3型中程弹道导弹，就是基于朝鲜技术所研制。其二，使朝鲜有更多时间仔细衡量朝鲜核问题的各种解决方案。德新社说，伊朗担心，一旦朝鲜与西方就核问题达成协议，伊朗在国际社会中将变得更加孤立。

11月27日　印度媒体报道，印度国防研究与开发实验室主任普拉拉达博士表示，“烈火”Ⅲ型导弹的研发工作正加速进行，并将于2005年底进行首次试射。“烈火”Ⅲ型导弹是一种中程陆基弹道导弹，能够携带核武器，射程为4000—6000千米。导弹上将安装惯性制导系统以提升射击精度。此前，射程700—800千米的“烈火”Ⅰ和射程2000千米的“烈火”Ⅱ型导弹已分别试射成功并列编入印度陆军服役。

11月28日　朝鲜外务省发言人对朝鲜半岛能源开发组织日前宣布停建轻水反应堆做出回应，指责美国已完全撕毁《朝美核框架协议》，美国提出赔偿政治、经济方面损失的要求。但这位发言人没有说明朝鲜的具体赔偿要求。

11月30日 印度军方在印度东部奥里萨邦钱迪普尔综合发射场用移动发射架试射一枚“布拉莫斯”巡航导弹，导弹击中了预定目标。这枚“布拉莫斯”导弹是由印度和俄罗斯联合研制的，射程为300千米，能够携带300千克的常规弹头。

12月4日 伊朗政府决定在西南部的胡齐斯坦省建造第二座核电站。伊朗的第一座核电站位于伊朗南部濒临波斯湾的布什尔省，目前正由俄罗斯援建，预计2006年投入运行。

12月

12月5日 俄罗斯核电建设出口有限公司负责人帕夫洛夫对新闻界表示，该公司准备参与伊朗第二座核电站建设。帕夫洛夫是针对伊朗政府日前决定在该国西南部的胡齐斯坦省建造第二座核电站作上述表示的。他说，俄方将参加该项目的竞标，并将为此进行积极准备。帕夫洛夫说，俄专家已经基本完成了位于伊朗布什尔省的该国首座核电站一号机组建设，该机组预计将于2006年末并网发电。他指出，目前俄罗斯正在与伊朗就俄参与布什尔核电站二号机组建设问题进行磋商。

12月5日 中国裁军大使胡小笛在日内瓦举行的《禁止生物武器公约》缔约国2005年年会上发言时指出，生物技术和生命科学的飞速发展及其巨大潜力为人类战胜疾病、享受健康做出了巨大贡献，但同时也给防范生物恐怖威胁、防止科学研究被用于武器目的带来了新的挑战。他说，在公约这一多边军控条约的框架下探讨适当的“科学家行为准则”，以规范科学家行为和帮助科学界深入了解并自觉履行公约，对推动生物军控具有积极意义。全面、彻底地禁止生物武器，将生物领域的科技发展服务于人类的文明与进步是公约的目标，也是所有缔约国的真诚愿望和共同义务。中方将一如既往与各方加强磋商与合作，共同为实现这一目标而不懈努力。

12月6日 俄罗斯总统普京在与印度总理辛格会晤后宣布，俄罗斯决定帮助印度发展核能源项目。印度正在尝试鼓励国外投资者参与其核电站建设的计划。到目前为止，俄罗斯最为积极，俄罗斯协助印度在印度泰米尔纳德邦的库丹库拉姆建造了4个核反应堆。库丹库拉姆1号机组计划将在2006年投入运转。此外，双方还签订了有关军事和空间技术合作的三项协定，并决定合作开发第五代战斗机。

12月7日 俄罗斯副总理兼国防部长伊万诺夫在莫斯科对新闻界说，俄将向伊朗出售“托尔”–M–1防空导弹系统不违反任何国际准则。伊万诺夫指出，伊朗并没有受到某种国际军事制裁，因而俄罗斯与伊朗签署的出口“托尔”–M–1防空导弹系统的合同完全合法。尽管有些国家对此交易并不赞同，但俄方还是准备履行这一合同。他强调，“托尔”–M–1防空导弹系统属于防御性武器，基本不具备打击地面目标的能力。伊万诺夫此前曾对新闻界说，俄向伊朗出售这种导弹系统不会打破地区力量平衡。

12月10日 朝鲜外务省发言人在平壤发表讲话，驳斥美国驻韩国大使弗什博日前诬蔑朝鲜是“犯罪政权”，并指责美国是在蓄意阻挠朝鲜参加“六方会谈”，以达到破坏“六方会谈”的目的。发言人认为，美国的目的是“通过造谣中伤促使朝鲜不能参加‘六方会谈’”。发言人说，种种举动表明，美国根本无意于对话解决核问题，正在逐一违反“六方会谈”共同声明所确立的基本原则。美国在加快对朝鲜进行先发制人核打击准备的同时，对朝鲜进行恶意中伤，使朝鲜无法参加“六方会谈”，从而使会谈彻底陷入瘫痪。

12月15日 日本防卫厅长官额贺福志郎表示，日本将在未来9年间斥资10亿到12亿美元同美国联合开发新型海基“标准”–3拦截导弹，预计2011年进入试验阶段。除日本负担的资金外，美国将负担11亿到15亿美元的开发资金。2006年两国将正式由技术研究转入开发阶段。预计在2011年进入导弹试验阶段。新型“标准”–3联合技术研究主要包括四个部分，日本负责弹头隔热材料及三段式火箭中第二段发动机的开发；而美国负责识别和跟踪目标的红外线识别仪和破坏来袭导弹的活动弹头的开发。

12月16日 乌克兰议会非法武器贸易问题临时调查委员会向议会提交报告指出，1992—1997年间，从乌克兰非法运出的武器和军事物资价值320多亿美元，其中250枚战役和战术核弹头不知去向。乌议会听取报告后，要求政府认真调查250枚核弹药的下落，同时向乌克兰总检察院移交临时调查委员会提交的材料，要求进行相应的调查。

12月21日 代表欧盟的德、法、英三国和伊朗的高级官员在维也纳举行了会晤，双方同意于2006年1月再次会晤，就化解伊朗核问题的分歧寻求共同点。这是自2005年8月因伊朗恢复铀转化活动而使双方的核谈判陷入僵局以来欧盟与伊朗首次就恢复核谈判举行的正式会晤。一位伊朗外交官说，此次会晤的目的主要是为双方继续举行会谈确定一个框架。

12月21日　俄罗斯海军总司令助理德加洛宣布，俄北方舰队“德米特里·东斯科伊”号核潜艇当天成功试射了一枚“布拉瓦”海基洲际弹道导弹，并准确击中位于远东堪察加半岛上的预定目标。德加洛说，这次从水下发射“布拉瓦”导弹是第二次实弹测试这种最新型洲际弹道导弹的性能。俄国防部长伊万诺夫2005年7月曾表示，“布拉瓦”导弹将装备“德米特里·东斯科伊”号核潜艇，从而成为俄海基战略核武器的重要组成部分。“布拉瓦”洲际弹道导弹可携带10个核弹头，射程达8000千米以上。

12月24日　俄罗斯战略导弹部队司令索罗佐夫在最新一批“白杨”–M型导弹部署典礼上说，美国正在建设的导弹防御系统破坏环球局势的稳定，因此俄罗斯有必要提升导弹的穿透能力，“白杨”—M型导弹就是这种努力的体现。索罗佐夫说，由12个导弹团组成的塔季谢沃导弹师是俄罗斯战略导弹部队的主要力量之一，该师从1997年起开始换装“白杨”–M型导弹，目前已有5个团完成换装，第六个团的换装工作也即将展开。从2006年起，伊万诺沃州捷伊科沃导弹师的机动型““白杨”–M型导弹将投入战斗值班。不久后，俄罗斯战略导弹部队的武器库中将只有“白杨”–M型导弹（固定型和机动型）。

12月24日　日本内阁官房长官安倍晋三宣布，日本政府在当天举行的安全保障会议和临时内阁会议上决定，在导弹防御系统中日美从1999年开始共同研究的新型拦截导弹从2006年起转入共同开发。日美共同开发的新型拦截导弹是“宙斯盾”驱逐舰上配备的防空导弹“标准”–3的改进型。与“标准”–3相比，改进型作战范围扩大一倍，命中率更高，可以拦截装有诱弹的高性能弹道导弹。日本将负责开发保护不受大气摩擦生热损害的前锥体以及第二级火箭发动机等。美国方面除了弹头部分之外，主要负责整个系统的设计。2006年度，日本计划拨款2800万美元左右用于“标准”–3改进型的开发。改进型预计2014年开发完毕，2015年开始生产。在今后9年间，日方将承担10亿至12亿美元的开发经费，美国将承担11亿至15亿美元。日本防卫厅认为，只要长期部署两艘装备有“标准”–3型拦截导弹的“宙斯盾”级驱逐舰，便足以保证日本免受弹道导弹攻击。根据日本到2010年为止的导弹防御计划，日本将分阶段对现有4艘“宙斯盾”级驱逐舰上装备的“宙斯盾”导弹拦截系统进行升级，升级后的“宙斯盾”系统可监控和追踪来袭导弹，自动发射“标准”–3型拦截导弹，并引导拦截导弹击中目标。日本防卫厅认为，改进后的拦截系统应当有能力击毁1300千米范围内的敌方弹道导弹。

12月25日　俄罗斯航天兵利用“质子”–K运载火箭成功发射3颗“格洛纳斯”全球卫星定位系统卫星。这3颗卫星预计将在未来几个月内投入运营。“格洛纳斯”系统与美国的GPS全球卫星定位系统类似，由24颗卫星组成，军民两用。“格洛纳斯”系统目前共有14颗处于工作状态的卫星。新发射的3颗卫星投入运营后，该系统的工作卫星数量将达到17颗。俄罗斯计划到2007年使“格洛纳斯”系统的工作卫星数量至少达到18颗，开始发挥导航定位功能。整个“格洛纳斯”系统按计划将于2010年完成24颗卫星的部署。届时，该系统的导航范围可覆盖整个地球表面和近地空间，用户将可以不间断地获得相关物体的准确坐标信息。

12月26日　俄罗斯总统普京在听取俄国防部长伊万诺夫有关“格洛纳斯”系统卫星发射情况汇报时说，俄应该尽快完成“格洛纳斯”全球卫星定位系统，并及早将其投入运营。他说，俄罗斯对“格洛纳斯”系统具有很大需求量，该系统及早投入运营有助于发展本国的创新型经济。

12月26日　正在阿富汗访问的伊朗外交部长马努切赫尔·穆塔基在喀布尔的一个新闻发布会上说，伊朗愿意与任何国家讨论其核计划，但这并不意味着伊朗在研发核技术方面需要得到别人的许可。穆塔基强调，伊朗不能接受核能开发和科技领域的“种族隔离”政策。穆塔基还重申，伊朗的核计划是“透明的”，完全是为了和平目的。

（中国国际战略学会军控与裁军研究中心　整理）

附件二：中国代表在第60届联大一委发言

中国代表团团长胡小笛大使在第60届联大一委一般性辩论中的发言

（2005年10月4日，纽约）

主席先生：

首先，请允许我对你当选本届联大一委主席表示祝贺。我相信，以你的丰富经验和杰出外交才能，定能引导本届联大一委取得成功。中国代表团将与你和主席团其他成员充分合作，为会议成功做出贡献。我还想借此机会对上届联大一委主席墨西哥德·阿尔巴大使阁下的出色工作表示感谢。

主席先生，

2005年是世界反法西斯战争胜利和联合国成立60周年。重温2005年战争那段血与火的历史，铭记联合国成立时的那一庄严时刻，回顾60年来人类和平发展事业的曲折历程，我们深感：和平是人类社会实现发展目标的根本前提，需要各国人民戮力同心，携手共建。

审视当今世界，国际局势总体稳定，要和平、促发展、谋合作的时代潮流势不可挡。世界多极化和经济全球化趋势深入发展，科技进步突飞猛进，各国间的交流与协作不断加强，相互依存日益加深。维护和平的力量、制约战争的因素在增长，加强合作、共同发展日益成为各国的普遍选择。但是，天下并不太平。传统安全威胁的阴影不散，各种非传统安全问题层出不穷，两者相互交织，仍在制约着人类发展，威胁着世界和平与安全。

各国人民的命运从未像今天这样紧密相连、休戚与共。在机遇与挑战并存的重要历史时期，世界所有国家应紧密团结起来，共同把握历史机遇，共同应对全球安全威胁。

主席先生，

作为人类求和平、促发展努力的重要组成部分，国际军控、裁军与防扩散进程目前正处于关键阶段。

一方面，国际军控、裁军与防扩散体系继续为维护世界和平与稳定发挥着重要作用。绝大多数多边军控条约的总体执行情况良好，并在一些领域继续取得积极进展。有关加强《禁止化学武器公约》、《禁止生物武器公约》等条约有效性的多边努力继续推进。在涉及人道主义的军控领域，进展显著。国际防扩散共识进一步凝聚，联合国安理会第1540号决议付诸实施，有关加强防扩散机制的倡议不断出台。旨在通过对话、合作解决扩散问题的政治外交努力继续推进。

另一方面，多边军控与裁军也面临困难和挑战。核裁军任重道远，固守冷战思维和建立在首先使用核武器基础上的核威慑战略、降低核武器使用门槛、研发新型核武器等事态的发展，给国际安全增添了新的不稳定因素。外空武器化的危险与日俱增。日内瓦裁军谈判会议仍未走出僵局，《全面禁核试条约》生效不明，《禁产条约》和防止外空军备竞赛等谈判迟迟未能启动，2005年《不扩散核武器条约》审议大会无果而终，各方未能就联大首脑会议《成果文件》军控、裁军和防扩散的内容达成一致。多边军控机构面临挑战。一些地区核问题久拖不决，恐怖组织和其他非国家实体获取大规模杀伤性武器的风险上升。

妥善应对新威胁和新挑战，推动国际军控、裁军与防扩散进程的健康发展，努力缔造一个和平、公正、民主、繁荣的新世纪，是国际社会面临的共同而紧迫的任务。为实现这一目标，应切实做到以下几点：

首先，应树立以互信、互利、平等、协作为核心的新安全观。世界是一个大家庭，和则共赢，合则同安。各国在安全上应相互信任，通过互利合作维护地区和国际安全。要摒弃以军事实力谋求安全优势的思维模式，以协商化解矛盾，以合作谋求稳定。

其次，应坚定维护国际军控、裁军与防扩散条约体系。作为全球安全秩序的重要组成部分，国际军控、裁军与防扩散条约体系对于维护世界和平与稳定不可或缺。在当前国际安全领域威胁日益多元化、不稳定和不可预测因素增加的情况下，维护和加强这一体系具有更加重要的现实意义。

第三，应不断深化国际军控、裁军与防扩散多边努力。要降低核武器在国家安全中的作用，努力推进国际核裁军进程。要标本兼治、综合治理，消除大规模杀伤性武器扩散的威胁。要未雨绸缪，切实防止外空武器化和外空军备竞赛。要继续采取有效措施，努力解决军控领域的人道主义关切。

第四，应在现有国际法框架内，通过政治和外交手段解决军控、裁军与防扩散问题。军控、裁军与防扩散措施要有利于维护世界和平与安全。要通过谈判、对话、合作而不是施压、制裁、对抗来妥善解决矛盾和分歧。要平衡处理好军控、裁军、防扩散与发展的关系。

第五，应坚持走多边主义道路，实现共同安全。要加强国际合作，确保普遍参与。60年来的历史表明，作为集体安全机制的核心和实践多边主义的重要舞台，联合国在保障全球安全的国际合作中功不可没，其作用只能加强，不能削弱。

主席先生，

中华民族是爱好和平的民族，中国是国际大家庭中负责任的一员。在国际军控、裁军和防扩散领域，中国始终采取高度负责任的态度，以实际行动推进国际军控、裁军与防扩散事业。三年来，我们积极推动关于朝鲜半岛核问题的北京"六方会谈"，就是上述努力的一个突出例子。2005年9月刚刚结束的第四轮会谈达成了重要共识，发表了共同声明。这标志着"六方会谈"向前迈出重要一步，凝聚着六方的政治意愿和辛勤努力，也反映了国际社会的共同愿望。这一成果来之不易，需要倍加珍惜。我们希望各方继续共同努力，不断推进"六方会谈"进程，通过对话和平解决半岛核问题，确保半岛长期和平与稳定，实现共同发展与繁荣。中国政府将继续为此做出积极贡献。

2005年9月1日，中国政府发表了《中国的军控、裁军与防扩散努力》白皮书，全面阐述中国在军控、裁军与防扩散领域的政策主张和有关努力。白皮书向世人昭示，中国在军控、裁军与防扩散领域奉行的政策和采取的实际行动是积极的、认真的、建设性的，中国始终是维护世界和平、促进共同发展、推动国际合作的坚定力量。

谢谢主席先生。

中国外交部军控司司长张炎在第60届联大一委关于核裁军和防扩散问题的专题发言

（2005年10月10日，纽约）

主席先生：

冷战的结束和新世纪的安全形势为大幅度削减乃至全面彻底消除核武器提供了可能。推进核裁军进程，不断减少核武器在国际政治事务和各国安全政策中的作用，对于改善国际安全环境，推动核不扩散进程都具有重要意义。在这方面，核武器国家有着特殊和不可推卸的责任。固守冷战思维、鼓吹先发制人战略、将其他国家列为核打击目标、降低核门槛、研发用于特定目的的新型核武器的做法都是不合时宜的。

令人遗憾的是，2005年的《不扩散核武器条约》第七次审议大会未能取得实质性成果。但《条约》作为国际核不扩散体系的基石，将继续在维护国际核不扩散体系、降低核武器威胁和维护全球和平与安全方面发挥不可替代的作用。中国将一如既往，忠实履行《条约》各项义务，致力于加强《条约》的普遍性、有效性和权威性，全面、平衡地推进《条约》关于核裁军、防扩散与和平利用核能的三大目标，并将继续以积极和建设性的态度参加《条约》审议进程。

主席先生，

作为核武器国家，中国从不回避自己在核裁军方面应尽的责任和义务。中国一贯主张全面禁止和彻底销毁核武器。自拥有核武器的第一天起，中国就承诺在任何时候和任何情况下都不首先使用核武器，无条件不对无核武器国家和无核武器区使用或威胁使用核武器。无论是在冷战时期面临核威胁和核讹诈的时候，还是在冷战后国际安全环境发生巨大变化的情况下，中国始终恪守这一承诺。中国的这一政策今后也不会改变。

为进一步推进核裁军进程，我们主张：

—— 应尽早就全面禁止和彻底销毁核武器缔结国际法律文书。

——核裁军应遵循公正合理、逐步削减、向下平衡的原则，两个拥有最大核武库的国家对核裁军负有特殊和优先的责任，应认真履行已达成的削减核武器条约，并遵循可核查、不可逆的原则进一步削减核武库，为最终走向全面、彻底核裁军创造条件。

——在实现全面禁止和彻底销毁核武器的目标之前，核武器国家应承诺不首先使用核武器，并承诺无条件不对无核武器国家和无核武器区使用或威胁使用核武器。

——核武器国家应放弃以首先使用核武器为基础的核威慑政策，降低核武器在国家安全中的作用。

——核裁军措施，包括各种中间措施，均应以“维护全球战略平衡与稳定”和“各国安全不受减损”为指针。

——日内瓦裁军谈判会议应尽快就工作计划达成一致，就核裁军、无核武器国家安全保证、裂变材料禁产、防止外空军备竞赛问题设立特设委员会，展开实质性工作。

主席先生，

包括核武器在内的大规模杀伤性武器及其运载工具的扩散对国际和平与安全构成严重威胁。防扩散是当前国际社会面临的一项现实而紧迫的任务。中国认为，防扩散必须标本兼顾，综合治理，其根本目的在于维护国际和地区的和平、安全与稳定。我们主张：

一、首先应努力营造一个有利于防止扩散的国际和地区安全环境。各国应相互尊重彼此的安全利益，努力构建基于互信、互利、平等、合作的国家关系，实现共同安全，从根本上消除扩散的动因。

二、应在现有的国际法框架内，通过政治和外交手段解决扩散问题。有关防扩散措施应有利于促进和维护国际安全，应通过合作而不是对抗、对话而不是施压寻求问题的妥善解决。防扩散不应影响科技的和平利用。

三、应根据防扩散形势及全球经济和科技的发展，加强和完善现行防扩散机制。任何加强国际防扩散机制的措施，都应遵循多边主义原则，在各方充分参与的基础上民主决策，确保国际防扩散体系的公正性、合理性和非歧视性。应充分发挥联合国及其他有关国际组织的作用。

主席先生，

作为国际社会负责任的一员，中国坚决反对扩散，已参加了防扩散领域的所有国际条约和相关国际组织，并严格履行相关国际义务。

中国重视并积极参与国际防扩散交流与合作。我们积极劝和促谈，支持有关各方通过政治、外交手段妥善解决朝鲜半岛核问题和伊朗核问题的努力。

中国高度重视安理会第1540号决议，是最早向1540委员会提交执行决议国家报告的国家之一。我们将继续积极参与1540委员会的工作，与各方一道为确保决议的有效落实而努力。中方正在积极考虑举办关于1540决议问题的地区研讨会，并正在与联合国有关方面就此进行商谈。

中国高度重视防扩散出口管制工作，已建立了完整的出口管制法规和管理体系，相关管制原则和做法已与国际通行做法基本一致。我们积极发展与多国出口控制机制的关系，已加入“核供应国集团”，愿意加入《导弹及其技术控制制度》，与“瓦森纳安排”和“澳大利亚集团”保持接触与对话。

主席先生，

裁军与防扩散相辅相成，是长期而艰巨的任务。中国将一如既往，为推进这些目标、实现持久和平与普遍安全而不懈努力。

谢谢主席先生。

中国代表团团长胡小笛大使在第60届联大一委关于外空问题的专题发言

（2005年10月12日，纽约）

主席先生：

北京时间今天上午9时，中国成功发射了“神舟”六号载人航天飞船。中国进行航天飞行科学试验，完全出于和平的目的，也是对人类科学与和平事业的贡献，我们愿与世界人民一道为和平利用太空而携手共进。

与陆地、海洋和天空一样，外空已成为人类生活不可分割的部分。人类社会经济、文化、科技等各领域的进步与发展都与外空的和平利用息息相关。空间系统在通讯、导航、气象、遥感等许多重要领域都发挥着至关重要的作用。特别是近年来，海啸、台风等自然灾害给人类带来了巨大的灾难，国际社会更加重视空间系统在灾难预警等方面的作用，加强了在信息交流方面的合作。

与此同时，历史经验告诉我们，科学技术的发展如果不善加引导，也会给人类带来灾难。先进的空间技术如果被用于谋取军事优势或进行战争，将严重危及外空的和平、安全和全人类的福祉。不幸的是，外空领域的一些发展迹象表明，这种可能正日益变成现实。近年来，“控制外空、抢占外空”等与外空战相关的作战构想和理论相继出台，对外空武器系统的研发正在付诸实施，外空武器化的危险与日俱增。

外空是全人类的共同财富。外空应服务于而非损害各国人民维护和平、增进福利、谋求发展的根本目的。确保外空的和平利用、防止外空武器化和军备竞赛是各国的权利和义务，也是国际社会的共识。防止外空武器化和军备竞赛，不能等到外空武器实际成型、产生真正危害；不能等到一国率先将武器引入外空，其他国家纷纷效仿；更不能等到外空武器扩散时再采取措施。防患于未然是关键，否则，各国和平利用外空的权利和外空资产的安全都将受到损害。

多年来，国际社会为防止外空武器化和外空军备竞赛进行了许多有益的尝试。裁谈会自1985年至1994年连续十年设立特设委员会讨论外空问题。联大多年来连续以压倒性多数票通过“防止外空军备竞赛”决议案。许多国家政府、民间团体和学术机构纷纷提出建设性主张。我们对有关各方在防止外空武器化和军备竞赛方面所做的努力表示赞赏。同时，我们也呼吁所有国家都加入到这一进程，为确保外空安全做出贡献。

中国代表团认为，作为联合国授权的裁军和军控条约谈判机构，裁谈会是谈判和缔结防止外空武器化和军备竞赛法律文书的最佳场合，应尽早就此开展实质性工作。中方代表团与俄罗斯、越南、印度尼西亚、白俄罗斯、津巴布韦和叙利亚代表团，于2002年联合向裁谈会提交了《关于未来防止在外空部署武器、对外空物体使用或威胁使用武力国际法律文书要点》的工作文件，并与俄罗斯代表团联合散发了三份专题文件。中方希望裁谈会能够以上述文件为基础，尽早谈判达成一项新的外空法律文书。

主席先生，

人类已进入新世纪。和平、发展、合作是当前的时代潮流。早日达成一项防止外空武器化和防止外空军备竞赛的国际法律文书，有利于维护对外空的和平利用，维护外空资产的安全，促进在外空的国际合作，并增进各国的共同安全。中国政府愿与有关各方携起手来，共同缔造一个没有武器、远离战火、安全洁净的外空。

谢谢主席先生。

中国代表团团长胡小笛大使在第60届联大一委关于常规武器问题的专题发言

（2005年10月13日，纽约）

主席先生：

中国致力于妥善解决军控领域的人道主义问题，主张在解决人道主义关切的同时，充分考虑主权国家合理的军事安全需要及各国的经济和技术承受力。

中国认真履行《特定常规武器公约》的义务，致力于加强公约有效性和普遍性。中国历来重视地雷、特别是杀伤人员地雷的不当使用对平民造成的伤害，赞成对地雷的使用进行适当、合理的限制，严格履行经修订的《地雷议定书》的各项规定。

中国积极参与《特定常规武器公约》政府专家组工作。中方充分理解反车辆地雷引起的人道主义关切，一直以务实态度与各方探讨适当解决办法，并提出了不少建设性的建议。我们在2005年8月政府专家组会上提出了关于解决反车辆地雷问题的一揽子方案，希望各方能认真、现实地考虑中方的建议，把握良机，推动相关讨论取得进展。

中国理解和同情其他国家面临的雷患问题。近年来，我们通过多种方式积极致力于国际扫雷援助与合作。2005年9月，中国政府启动了向泰国政府提供扫雷援助项目，派专家组为泰培训扫雷专业人员，并向泰方捐赠了一批扫雷装备和器材。

主席先生，

严厉打击小武器领域的非法活动对于维护地区和平、稳定与发展，打击恐怖主义和贩毒、走私等跨国有组织犯罪，具有重大意义。“识别和追查非法小武器”国际文书的达成，是打击小武器非法贸易多边进程的重要进展。中国一贯支持并积极参与国际社会解决小武器非法贸易问题的努力。2005年4月，中国与联合国、日本及瑞士政府在北京联合举办了小武器问题国际研讨会，取得圆满成功。

《联合国小武器行动纲领》审议大会将于2006年召开，各方应尽最大努力，推动会议取得积极成果，为今后小武器领域的多边努力指明方向。我们注意到，各方已对2006年的审议大会提出了许多设想和建议。在将于2006年初开始的筹备进程和审议大会期间，各方可以围绕上述设想和建议展开深入研究和讨论。为确保审议大会成果的权威性和普遍性，必须继续坚持协商一致这一重要原则。中方认为，由于许多国家尚未认真研究一些其他国家或国家集团提出的新设想和新主张，2005年一委会议不必就这些问题匆忙做出决定，或以任何方式预断2006年审议大会的成果，尤其应该避免将那些不成熟的主张付诸表决。否则，有关表决结果将很可能对2006年的审议进程产生消极影响。

主席先生，

信息安全事关国际和平与安全和各国国计民生。妥善解决信息安全问题，维护国际安全与稳定，符合各国的共同利益，也是国际社会的共同责任。联合国信息安全政府专家组2005年未能达成实质性成果，这恰恰说明信息安全问题的复杂性，需要我们继续努力寻求解决办法。中国支持在联合国框架内全面、深入研究信息安全领域的威胁和挑战，提出合理可行的应对之策。

谢谢主席先生。

中国代表团团长胡小笛大使在第60届联大一委关于联合国裁军机制问题的专题发言

（2005年10月18日，纽约）

主席先生：

近年来，多边军控和裁军进程在低潮中徘徊。日内瓦裁军谈判会议已有近十年未开展实质性工作，联合国裁军审议委员会也迟迟不能就议程问题达成一致，2005年的《不扩散核武器条约》审议大会无果而终，各方也未能就2005年联大首脑会议《成果文件》涉及军控、裁军和防扩散的内容达成一致。

许多国家在深思，上述消极进展到底出于什么原因？是不是传统的多边军控和裁军机构、机制出了什么问题？2004年一委会议期间，各方就改进一委工作方式问题进行了热烈讨论。2005年以来，一些国家针对传统的多边军控、裁军和不扩散机制的特点，提出了若干大胆的改革建议，希望通过有关措施，能够在有关领域启动重要的谈判或实质性工作。中国代表团也愿借此机会，就这些问题发表看法。

主席先生，

1978年第一届裁军特别联大确立了由联大一委、联合国裁军审议委员会、裁军谈判会议等机构组成的联合国框架内的多边军控和裁军机制。几十年来，《不扩散核武器条约》、《禁止化学武器公约》、《禁止生物武器公约》和《特定常规武器公约》等重要《条约》构成了多边军控、裁军和不扩散国际法律体系。与上述《条约》密切相关的多边机构（如国际原子能机构），以及《条约》的执行和审议机制（如《不扩散核武器条约》审议大会和禁止化学武器组织），为确保有关《条约》的顺利执行发挥了重要作用。尤需强调的是，由于这些传统机制的权威性和广泛代表性，通过这些机制开展的有关多边努力始终得到国际社会最普遍的支持和参与，这是任何其他国际机制都难以替代的。

今天，一些国家主张，面对新的国际安全形势，国际社会和有关国际机制需要与时俱进，处理新的问题，应对新的挑战。还有很多国家强调，第一届裁军特别联大设定的议程和目标尚未完成，因此并未过时，还有待继续努力。我们认为，这两种观点都是有道理的，它们反映出现实情况的不同侧面。因此，它们应当相互补充而非相互排斥。同样，国际军控、裁军、不扩散以及解决相关人道主义关切等各种努力之间，也应当构成相辅相成的关系。在推进传统裁军目标的同时，抓住新机遇，应对新挑战，从而全面巩固、加强和改善现有国际军控、裁军和不扩散体系，这对维护国际和平、安全与稳定不可或缺。

为推进国际军控、裁军和不扩散努力公正、合理、全面、健康地发展，首先，国际社会应遵守《联合国宪章》的宗旨和原则以及其他公认的国际关系准则，树立以互信、互利、平等、协作为核心的新安全观，通过对话增进相互信任，通过合作促进共同安全；应确保各国平等参与国际军控、裁军与不扩散事务的权利以及在和平利用科学技术方面的正当权益；应坚持在各国安全不受减损的基础上推进国际军控、裁军和不扩散进程。

其次，充分发挥联合国等多边机构的作用也至关重要。必须维护传统多边军控、裁军和不扩散机制的权威性，充分利用现有传统机制开展工作。在此前提下，各方应该也有必要探讨如何进一步提高有关机制工作效率的问题。

第三，需要强调的是，政治意愿是外交努力的前提，多边外交也不例外。普遍参与是确保任何多边努力取得成效的关键。多边进程应当具有包容性而非排他性。只有将所有“利益相关者”（stakeholder）都包括进来，才能使各方可能达成的多边安排真正具有普遍性和有效性。因此，凡涉及国际军控、裁军和不扩散问题的实质性工作，均有必要继续坚持协商一致的原则。这是有关国际安排实现公正性、平等性、合理性和普遍性的保障。

第四，若要对传统多边军控、裁军和不扩散体系进行机制上的重大改革，须通过召开新的裁军特别联大（SSOD）来实现。通过SSOD及其筹备进程，联合国成员国方可围绕改革的各方面问题充分、深入地发表意见，致力于就调整多边机制的措施达成新的协商一致。如果各方一时达不成一致，也没有关系，有关国际讨论本身就是为协商一致创造条件的过程。重要的是各方高度重视并充分利用这个进程，为实现上述目标不断做出努力。

主席先生，

中国代表团将继续关注并积极参加有关多边讨论，为维护联合国框架内的有关传统多边机制、不断推进国际军控、裁军和不扩散进程，维护国际和平、安全与稳定而不懈努力。

谢谢主席先生。

中国代表团在第60届联大一委对核裁军问题三个决议草案投票前的解释性发言

（2005年10月24日，纽约）

主席先生：

在对A/C.1/60/L.36，A/C.1/60/L.4，A/C.1/60/L.28三个“核裁军”决议案投票前，我结合中国对核裁军问题的一些基本立场和主张，解释我们的投票立场。

中国一贯主张全面禁止和彻底销毁核武器。为进一步推动核裁军进程，我们主张：

一、应尽早就全面禁止和彻底销毁核武器缔结国际法律文书。

二、核裁军应遵循公正合理、逐步削减、向下平衡的原则，两个拥有最大核武库的国家对核裁军负有特殊和优先的责任，应认真履行已达成的削减核武器条约，并遵循可核查、不可逆的原则进一步削减核武库，为最终走向全面、彻底核裁军创造条件。

三、在实现全面禁止和彻底销毁核武器的目标之前，核武器国家应承诺不首先使用核武器，并承诺无条件不对无核武器国家和无核武器区使用或威胁使用核武器。

四、核武器国家应放弃以首先使用核武器为基础的核威慑政策，降低核武器在国家安全中的作用。

五、核裁军措施，包括各种中间措施，均应以“维护全球战略平衡与稳定”和“各国安全不受减损”为指针。

六、防止外空武器化和防止外空军备竞赛将有助于推进核裁军进程。

七、日内瓦裁军谈判会议应尽快就工作计划达成一致，就核裁军、无核武器国家安全保证、裂变材料禁产、防止外空军备竞赛问题设立特设委员会，展开实质性工作。

主席先生，

我们支持2005年的A/C.1/60/L.36，A/C.1/60/L.4，A/C.1/60/

L.28等三个核裁军问题提案关于推进核裁军和早日实现无核武器世界的宗旨、目标和主要内容。但它们未能充分体现上述核裁军基本原则，有进一步改进的余地。

对L.36号“核裁军”决议案，L.4号“加速履行核裁军承诺”决议案，我们将投赞成票。

对L.28号“重申决心彻底消除核武器”决议案，鉴于其主张的个别措施在当前形势下并非现实可行，我们对其持保留态度，将投弃权票。

谢谢主席。

中国代表团在第60届联大一委关于“促进外空透明和建立信任措施”决议案（L.30/Rev.1）的投票后解释性发言

（2005年10月28日，纽约）

主席先生：

中国代表团对“促进外空透明和建立信任措施”决议案（L.30/Rev.1）投了赞成票。

外空是全人类的共同财富。多年来，国际社会为防止外空武器化和防止外空军备竞赛做出了不懈努力。俄罗斯联邦代表团提出的这一决议有助于促进各方进一步关注外空问题，中方对此表示赞赏和肯定。我们一贯认为，防止外空武器化和防止外空军备竞赛的根本途径是谈判缔结有关国际法律文书。促进外空透明和建立信任措施的工作，应紧紧围绕这一目标进行。

谢谢主席先生。

中国代表团在第60届联大一委关于“防止弹道导弹扩散海牙行为准则”决议案（L.22）的投票后解释性发言

（2005年10月28日，纽约）

主席先生：

中国代表团对“防止弹道导弹扩散海牙行为准则”决议案（L.22）投了赞成票。我愿借此机会解释中方有关立场。

中方赞同“防止弹道导弹扩散海牙行为准则”的防扩散宗旨，参加了关于“准则”草案的讨论。由于中方的一些关切未能得到解决，中方没有参加“准则”。但这并不影响中方与包括“准则”成员国在内的各方保持沟通，共同致力于防止弹道导弹扩散。

中方一贯支持防扩散，主张通过各方普遍参与的对话与合作，促进消除大规模杀伤性武器及相关的防扩散国际努力，在此进程中充分发挥联合国的作用。

谢谢主席先生。

中国代表团在第60届联大一委关于“执行《渥太华禁雷公约》”决议案(L.56)的投票后解释性发言

（2005年10月28日，纽约）

主席先生：

中国代表团对“执行《全面禁止使用、储存、生产、转让杀伤人员地雷和彻底销毁此种地雷公约》”决议案（L.56）投了赞成票。这是中国首次对该决议投赞成票。

中国理解和重视国际社会对杀伤人员地雷的人道主义关切。《渥太华禁雷公约》是国际社会为解决杀伤人员地雷问题所作出的重要努力。中国赞同《公约》的人道主义宗旨和目标。虽然不是《公约》缔约国，中国愿与《公约》缔约国保持沟通与交流。

中国历来重视地雷特别是杀伤人员地雷的不当使用对平民造成的伤害，一直在以自己的方式，为国际社会解决杀伤人员地雷造成的人道主义关切而不懈努力。近年来，中国通过多种方式积极致力于国际扫雷合作与援助。今后，中国还将继续在此方面向有关雷患国提供力所能及的帮助。

谢谢主席先生。

中国代表团在第60届联大一委关于“遵守不扩散、军备限制和裁军协定”决议案（L.1/Rev.1）的投票后解释性发言

（2005年10月31日，纽约）

主席先生：

中方一贯主张，各缔约国全面遵守有关军备限制、裁军和不扩散协定义务，有利于推动国际裁军与防扩散努力，增进国际和平与安全，因此，中方赞同“遵守不扩散、军备限制和裁军协定”决议案（L.1/Rev.1）的主旨。与此同时，中方注意到，联大2002年协商一致通过的“遵守军备限制、裁军和不扩散协定”决议（57/86）中包含的一些十分重要的内容和原则，在2005年的决议草案中没有得到充分反映，而这些要素在当前国际形势下依然十分重要，本应继续予以肯定和坚持。因此，中国代表团没有参加对“遵守不扩散、军备限制和裁军协定”决议案（L.1/Rev.1）的投票。

谢谢主席先生。

中国代表团在第60届联大一委关于“军备透明”决议案（L.50/Rev.1）的投票后解释性发言

（2005年11月1日，纽约）

主席先生：

中国代表团对“军备透明”决议案（L.50/Rev.1）投了弃权票。我愿借此机会重申中方有关立场。

中方对联合国常规武器登记册一贯持积极态度，在1993年登记册建立之初就开始登记。但自1996年起，个别国家每年在登记册中以所谓“脚注”的形式登记向中国台湾省出售武器的情况。此举是对中国内政的干涉，也违反了联合国设立的常规武器登记册只应记录主权国家之间军贸情况这一重要原则，从而损害了登记册的权威性。这是中方无法接受的。因此，我们被迫自1998年起暂停登记。该国的错误做法是中国提交登记的唯一障碍，也是中方无法支持“军备透明”决议案的主要原因。我们再次呼吁该国立即改正其错误做法，为中国恢复参加登记册创造条件。

主席先生，

中方本着积极和建设性态度参加了历届联合国常规武器登记册政府专家组的工作，为登记册的发展做出了贡献。我们愿继续这样做。我们注意到，与往年相比，2005年的“军备透明”决议案增加了一些新的内容。我们认为，小武器登记问题应在2006年政府专家组中予以研究和讨论，本决议不宜对专家组的工作做出预断。因此，我们对这些内容持保留态度。

谢谢主席先生。

（孔军　整理）

附件三：《中国的军控、裁军与防扩散努力》白皮书

中国的军控、裁军与防扩散努力

中国国务院新闻办公室

2005年9月1日

前　言

2005年是中国人民抗日战争暨世界反法西斯战争胜利60周年。法西斯主义和军国主义发动的侵略战争，给世界带来了巨大灾难，人类文明惨遭空前浩劫。世界人民用鲜血和生命赢得了胜利与和平。

2005年也是世界上最具普遍性、代表性和权威性的政府间国际组织—联合国成立60周年。联合国的成立，体现了各国人民建立一个和平、平等、合作、繁荣新世界的美好理想。60年来，联合国为缓解冲突、推动裁军、维护和平、促进发展进行了不懈努力，发挥了重要作用。

中华民族爱好和平，崇尚“以和为贵”、“协和万邦”。在近代史上，中国曾饱受外来侵略和压迫之苦，深知和平的珍贵。当前，中国人民正沿着和平发展的道路，聚精会神搞建设，一心一意谋发展。中国的发展需要一个持久稳定的和平国际环境，中国的发展必将促进世界的和平与进步。中国将高举和平、发展、合作的旗帜，继续致力于推动国际军控、裁军与防扩散进程，永远不称霸，永远做维护世界和平、促进共同发展的坚定力量。

为全面阐述中国政府在军控、裁军与防扩散领域的政策与主张，系统介绍中国参与国际军控、裁军与防扩散事务的情况，现发表《中国的军控、裁军与防扩散努力》白皮书。

一、国际安全和军控形势

当今世界，和平、发展、合作已成为时代潮流。世界多极化和经济全球化趋势深入发展，科技进步日新月异，各国、各地区之间的交流与合作不断加强，在安全上的相互依存日益加深。维护和平、制约战争的因素在增长，世界的和平与发展面临难得的机遇。加强合作，共同应对全球性挑战，成为国际社会的共识。

但是，天下并不太平。传统安全问题依然存在，局部战争和暴力冲突时有发生，热点问题此起彼伏。恐怖主义、大规模杀伤性武器扩散、跨国犯罪、传染性疾病等非传统安全威胁不断上升。传统与非传统威胁相互交织，国际安全面临严峻挑战。

国际军控、裁军与防扩散与国际安全密切相关。在当前国际安全领域威胁日益多元化、不稳定和不可预测因素增加的情况下，军控、裁军与防扩散的内涵不断拓展，重要性日益增强。机遇与挑战并存、希望与隐忧同在。

一方面，国际军控、裁军与防扩散体系作为全球安全秩序的有机组成部分，为维护世界和平与稳定依然发挥着重要作用。自上世纪90年代以来，军控、裁军与防扩散又取得了新的积极成果，在禁止化学武器、禁止核试验等领域相继达成了一系列重要《条约》。国际社会在防止大规模杀伤性武器扩散问题上的共识不断加强。联合国安理会一致通过关于防扩散的第1540号决议。通过对话、合作解决扩散问题的政治外交努力继续推进。加强防扩散机制的倡议相继出台。各国安全对话加强，区域安全合作扩大。上述积极进展增进了各国之间的互信，推动了安全形势的缓和，维护了国际战略稳定。

另一方面，多边军控与裁军仍然任重道远。核裁军步履维艰，建立在首先使用核武器基础之上的核威慑战略尚未被摒弃，降低核武器使用门槛、研发新型核武器的动向堪忧。外空武器化和外空军备竞赛的危险加大。国际军控条约的普遍性仍有不足，抛弃重要军控条约的消极事态时有发生。多边军控和裁军机制面临困难。作为全球唯一的多边裁军谈判机构，日内瓦裁军谈判会议多年未能开展实质性工作。国际防扩散进程面临挑战。地区核问题解决前景仍不明朗，恐怖组织和其他非国家实体获取大规模杀伤性武器的风险加大。

当前，国际军控、裁军与防扩散进程正处在关键的十字路口。抓住新机遇，应对新挑战，巩固和不断加强现有国际军控、裁军和防扩散体系，是维护国际和平、安全与稳定的必然要求，也是人心所向。国际社会普遍主张维护多边主义，推进国际军控和裁军进程，不断完善国际防扩散机制，加强国际合作，应对安全挑战。

为推进国际军控、裁军和防扩散事业公正、合理、全面、健康的发展，国际社会应遵守《联合国宪章》的宗旨和原则以及其他公认的国际关系准则，树立以互信、互利、平等、协作为核心的新安全观，通过对话增进相互信任，通过合作促进共同安全；确保各国平等参与国际军控、裁军与防扩散事务的权利，坚持在各国安全不受减损的基础上推进国际军控、裁军和防扩散进程；坚持在国际法框架内，通过政治和外交手段处理防扩散问题；维护并进一步加强和完善现有国际军控、裁军与防扩散法律体系；确保各国和平利用科学技术的正当权益；充分发挥联合国等多边机构的作用。

二、基本政策主张

中国奉行独立自主的和平外交政策，坚持走和平发展的道路，努力把维护本国利益与促进各国共同利益相结合，积极在国际事务中发挥建设性作用。

在军控、裁军与防扩散领域，中国实践以互信、互利、平等、协作为核心的新安全观，致力于营造良好的国际和地区安全环境，维护世界和平，促进共同发展。

在处理国际军控、裁军与防扩散事务时，中国政府坚持把是否有利于捍卫国家主权和安全，是否有利于维护全球战略稳定，是否有利于增进各国的普遍安全和互信，作为决策的依据。

全面禁止和彻底销毁大规模杀伤性武器

彻底销毁核武器、实现无核武器世界，是国际社会的共同夙愿，也是中国的目标。

冷战的结束和新的安全形势为大幅度削减进而全面禁止和彻底销毁核武器提供了可能。推动核裁军进程，对于降低核扩散危险，改善国际安全环境，促进世界和平与发展都具有重要意义。

为进一步推进核裁军进程，中国主张核武器国家采取以下措施：

—应尽早就全面禁止和彻底销毁核武器缔结国际法律文书。

—核裁军应遵循公正合理、逐步削减、向下平衡的原则，两个拥有最大核武库的国家对核裁军负有特殊和优先的责任，应认真履行已达成的削减核武器条约，并遵循可核查、不可逆的原则进一步削减核武库，为最终走向全面、彻底核裁军创造条件。

—在实现全面禁止和彻底销毁核武器的目标之前，核武器国家应承诺不首先使用核武器，并承诺无条件不对无核武器国家和无核武器区使用或威胁使用核武器。

—核武器国家应放弃以首先使用核武器为基础的核威慑政策，降低核武器在国家安全中的作用。

—核裁军措施，包括各种中间措施，均应以“维护全球战略平衡与稳定”和“各国安全不受减损”为指针。

—日内瓦裁军谈判会议应尽快就工作计划达成一致，以早日开始《禁产条约》谈判，并成立核裁军、无核武器国家安全保证等特设委员会，就这些问题开展实质性工作。

中国主张全面禁止和彻底销毁生物武器和化学武器，坚决反对此类武器的扩散。

在当前生物恐怖威胁和生物安全问题日趋突出的背景下，在《禁止生物武器公约》框架内继续探讨和制定加强公约有效性的措施具有重要现实意义。中国主张，国际社会在以下方面采取行动：

—鼓励更多国家加入《禁止生物武器公约》，敦促所有缔约国全面、切实履行公约义务。

—保持并推进旨在加强《禁止生物武器公约》有效性的多边进程，通过充分协商，研讨、制定相关具体措施。

—鼓励更多国家向联合国提交《禁止生物武器公约》建立信任措施宣布资料。

《禁止化学武器公约》是第一个全面禁止和彻底销毁一整类大规模杀伤性武器并有严格核查机制的国际法律文书，为多边军控和防扩散努力树立了成功的典范。为确保公约的全面实施，中国主张：

—化学武器拥有国应加大工作力度，严格按公约要求尽早完成销毁其化学武器，接受禁止化学武器组织的有效监督。

—进一步改进和完善核查措施，公平、合理分配视察资源，提高视察的有效性和效费比。

—不断加强《禁止化学武器公约》的普遍性。

—有关国家应履行公约义务和有关承诺，早日启动遗弃在华化学武器的实质性销毁进程，以便尽早干净、彻底地销毁这些化学武器。

防止大规模杀伤性武器及其运载工具的扩散

大规模杀伤性武器及其运载工具的扩散，不利于世界的和平与稳定，也不利于中国的安全。中国坚决反对大规模杀伤性武器及其运载工具的扩散。中国认为，大规模杀伤性武器的扩散有其复杂的根源，防扩散必须标本兼治，综合治理。

—应致力于建设一个合作、互信的全球安全环境，谋求国际关系的普遍改善，实现各国的普遍安全。这既是消除扩散威胁的根本途径，也是顺利推进防扩散进程的前提。

—应努力通过政治外交手段解决扩散问题。防扩散手段应有利于维护和促进国际安全，应通过对话而不是对抗、合作而不是施压寻求问题的妥善解决。

—应充分发挥联合国等国际组织的核心作用，在各国平等、普遍参与、民主决策的基础上，在现行国际法框架内加强和完善现有防扩散机制。

—应平衡处理防扩散与和平利用之间的关系。应保障各国和平利用的正当权利，也要杜绝任何国家以和平利用为借口从事扩散活动。

导弹防御问题

中国从维护全球战略平衡与稳定、维护地区和平与安全的角度看待和处理导弹防御问题。中国理解有关国家对弹道导弹及其技术扩散的安全关切，主张以政治和外交手段解决这一问题。研制、发展、部署导弹防御系统不是解决问题的有效办法。中国不希望导弹防御系统对全球战略稳定产生消极影响，给国际和地区和平与安全带来新的不稳定因素，影响大国之间的信任，损害其他国家正当的安全利益。中国更不愿意看到一些国家在导弹防御领域的合作造成新的弹道导弹技术扩散。中国主张，有关国家应增加导弹防御计划透明度，以利于增信释疑。

台湾问题涉及中国的核心利益，中国反对任何国家以任何方式在导弹防御方面向中国台湾地区提供帮助或保护。

防止外空武器化和外空军备竞赛

外层空间是全人类的共同财富。当前，外空武器化的危险与日俱增。将武器引入外空，将导致外空军备竞赛，使之成为军事对抗的新领域。这一前景不符合世界各国的利益。

中国一贯主张和平利用外空。现有关于外空的国际法律文书不足以有效防止外空武器化和外空军备竞赛。国际社会应采取有效的预防措施，谈判达成相关国际法律文书，禁止在外空部署武器、对外空物体使用或威胁使用武力，确保外空完全用于和平目的。

解决军控领域的人道主义关切

中国致力于妥善解决军控领域的人道主义问题，主张在解决人道主义关切的同时，充分考虑主权国家合理的军事安全需要以及各国的经济和技术承受力。《特定常规武器公约》兼顾人道主义关切和正当军事需要。各国应切实履行公约，同时根据形势发展需要对其不断充实、完善。

严厉打击轻、小武器领域的非法活动对于维护地区和平、稳定与发展，打击恐怖主义和贩毒、走私等跨国有组织犯罪，具有重大意义。中国主张从国家、地区和国际层面加强努力，寻求全面的解决办法。

三、参与和推进国际军控与裁军进程

中国一贯重视并支持国际军控与裁军努力。早在新中国诞生之初，反对军备竞赛、争取实现裁军就已成为中国外交政策的重要组成部分。中国相继加入并切实履行了有关国际军控条约，积极参加国际军控和裁军领域的各项重大活动，积极参与联合国和有关国际机构关于裁军问题的审议和谈判，提出许多合情合理、切实可行的主张，努力推进国际军控与裁军进程。

核裁军问题

作为核武器国家，中国从不回避自己在核裁军方面应尽的责任和义务。

中国一贯主张全面禁止和彻底销毁核武器。在1964年第一次核试验后，中国政府即发表声明，向世界各国政府郑重建议：召开世界各国首脑会议，讨论全面禁止和彻底销毁核武器问题。

中国在核武器的规模和发展方面始终采取极为克制的态度。中国是核武器国家中核试验次数最少的。中国过去没有、今后也不会参加核军备竞赛。中国从未在外国领土上部署核武器。上世纪90年代，中国关闭了青海核武器研制基地。

中国发展核武器从来就是为了防御目的。自拥有核武器的第一天起，中国政府就郑重声明：在任何时候和任何情况下都不首先使用核武器。无论是在冷战时期面临核威胁和核讹诈的时候，还是在冷战后国际安全环境发生巨大变化的情况下，中国始终恪守这一承诺。中国的这一政策今后也不会改变。

中国积极推动核武器国家就互不首先使用核武器缔结多边条约。1994年1月，中国正式向其他四个核武器国家提出《互不首先使用核武器条约》草案，并积极谋求达成互不首先使用核武器和互不以核武器瞄准对方的安排。1994年9月，中俄宣布互不首先使用核武器和互不将战略核武器瞄准对方。1998年6月，中美宣布互不以核武器瞄准对方。2000年5月，中国、法国、俄罗斯、英国、美国五个核武器国家发表联合声明，宣布他们的核武器没有瞄准任何国家。

从拥有核武器的第一天起，中国就承诺无条件不对无核武器国家和无核武器区使用或威胁使用核武器。1995年4月，中国政府发表声明，重申无条件向所有无核武器国家提供消极安全保证，并承诺向这些国家提供积极安全保证。2000年，中国与其他核武器国家发表联合声明，重申1995年在联合国安理会第984号决议中作出的安全保证承诺。中国呼吁其他核武器国家，无条件向所有无核武器国家提供消极和积极安全保证，并就此尽早谈判缔结国际法律文书。

中国尊重和支持有关国家和地区根据本地区的实际情况，在自行协商、自愿协议的基础上建立无核武器区或无大规模杀伤性武器区的努力。中国认为，核武器国家应尊重无核武器区的地位并承担相应的义务。从这一立场出发，中国政府签署并批准了《拉丁美洲和加勒比禁止核武器条约》第二附加议定书、《南太平洋无核区条约》第二、第三议定书及《非洲无核武器区条约》第一、第二议定书。中国支持东盟国家和中亚五国建立无核武器区的努力，愿在有关各方就案文达成一致后尽早签署议定书。中国支持建立中东无核武器和其他大规模杀伤性武器区的努力，希望这一目标早日实现。中国尊重和欢迎蒙古的无核武器地位。中国支持实现朝鲜半岛无核化。

中国已加入《南极条约》、《关于各国探索和利用包括月球和其他天体在内外层空间活动的原则条约》及《禁止在海床洋底及其底土安置核武器和其他大规模杀伤性武器条约》，承担了有关《条约》义务。

中国坚定支持《全面禁止核试验条约》，为推动达成《条约》做出了重要贡献，是首批签署《条约》的国家之一。中国政府宣布从1996年7月起暂停核试验，并一直恪守这一承诺。中国支持《全面禁止核试验条约》早日生效，希望所有国家尽快签批《条约》，呼吁核武器国家及其他有关国家在《条约》生效前继续维持暂停试。中国正在为批准《条约》积极履行国内的法律程序，成立了负责履约筹备工作的国家机构，并积极参加了《条约》筹委会的工作和历届促进《条约》生效大会。

中国支持日内瓦裁军谈判会议在达成全面、平衡的工作计划的基础上，早日开始谈判《禁止生产用于核武器或其他核爆炸装置裂变材料条约》。

生物武器和化学武器问题

中国在历史上曾深受外国生物武器和化学武器的伤害。日本遗弃在华化学武器至今仍对中国人民生命财产和生态环境安全构成重大而现实的威胁。

中国支持国际社会禁止生物武器和化学武器的努力，积极参与有关《条约》或议定书的谈判，以实际行动推进国际社会禁止与销毁生物武器和化学武器进程。

中国于1984年加入《禁止生物武器公约》，一贯支持并积极参与旨在加强公约有效性的多边努力。中国积极参加公约审议大会，提交了关于遵约情况的报告。从1988年起，中国一直按照公约审议会议的决定，每年向联合国提交《禁止生物武器公约》建立信任措施宣布资料。中国还积极参与了《禁止生物武器公约》议定书的谈判以及缔约国年会和专家组会议。

中国积极参与了《禁止化学武器公约》的谈判，并力主将禁止使用化学武器和妥善处理遗弃化学武器问题纳入公约范畴，最终促成公约成为一个真正全面禁止化学武器的国际法律文书。

作为公约原始缔约国，中国为有效履行《禁止化学武器公约》及增进其普遍性做出了积极贡献。中国建立并不断完善国内履约法律体系和国家履约措施，加强国家履约机构能力建设。根据《禁止化学武器公约》的规定和本国国情，中国建立了中央和地方两级履约机构，形成了覆盖全国、管理有效的履约体系。在部分化学工业发达地区，还建立了市、县级履约机构。中国根据公约规定，按时、完整地提交了初始宣布和各类年度宣布。截至2005年6月底，中国接受了禁止化学武器组织95次现场核查，核查结果均表明中国严格履行了公约义务。

中国政府不断推动《禁止化学武器公约》在香港特别行政区和澳门特别行政区的实施。2004年，香港特区完成了有关履约立法，特区政府通过中央政府提交了宣布，履约工作已经启动。澳门特区相关的履约筹备工作，包括履约立法正在有序进行。中国政府重视《禁止化学武器公约》在中国台湾地区的实施问题，将继续努力在一个中国前提下寻求妥善解决这一问题的办法。

1999年，中日两国政府签署了《关于销毁中国境内日本遗弃化学武器的备忘录》。目前，处理日本遗弃在华化学武器工作已由研究论证阶段转入建设实施阶段，中日双方已就销毁技术、销毁设施选址等达成一致，专项环境标准已基本制定完成，日本遗弃在华化学武器挖掘回收与销毁设施建设的前期准备工作正按计划进行。

中国积极参与禁止化学武器组织的各项活动，与该组织联合在华举办了三次地区履约会议和两次视察员培训班。中国还致力于促进各缔约国在化学领域的经济、技术发展及用于和平目的的化工贸易及其他国际合作。

防止外空军备竞赛问题

中国积极推动国际社会重视并处理防止外空军备竞赛和防止外空武器化问题，主张日内瓦裁军谈判会议设立防止外空军备竞赛问题特委会，谈判相关国际法律文书。作为第一步，裁谈会应尽早就防止外空军备竞赛问题开展实质性工作。

2000年，中国向裁谈会提交了题为“中国关于裁谈会处理防止外空军备竞赛问题的立场和建议”的工作文件，指出防止外空军备竞赛应成为裁谈会最优先议题之一，建议重建特委会，谈判缔结一项有关国际法律文书。

2002年6月，中国、俄罗斯、白俄罗斯、印度尼西亚、叙利亚、越南、津巴布韦联合向裁谈会提交了关于“防止在外空部署武器、对外空物体使用或威胁使用武力国际法律文书要点”的工作文件，就未来国际法律文书的主要内容提出了具体建议，得到了许多国家的支持。

2004年8月，中国与俄罗斯在裁谈会联合散发了关于“现有国际法律文书与防止外空武器化”和“防止外空军备竞赛的核查问题”两份专题文件。

2005年3月，中国、俄罗斯、联合国裁军问题研究所、加拿大西蒙斯基金会在日内瓦联合举办了“确保外空安全：防止外空军备竞赛”国际研讨会，会议取得圆满成功。

2005年6月，中国与俄罗斯在裁谈会联合散发了关于“防止外空武器化法律文书的定义问题”专题文件。

导弹问题

中国支持联合国等多边机构在处理导弹及其相关问题进程中发挥重要作用，推动在导弹防扩散方面建立一项为国际社会普遍接受的公正、非歧视性的多边机制。联合国导弹问题政府专家组是联合国框架内第一个专门处理导弹问题的机制，中国以建设性态度参加了专家组工作。

中国赞同“防止弹道导弹扩散海牙行为准则”的防扩散宗旨，积极参加了草案的讨论。中国虽未加入该准则，但一直与包括准则成员国在内的各方保持沟通，共同致力于防止弹道导弹扩散。

常规武器问题

中国认真履行《特定常规武器公约》的义务，致力于加强公约有效性和普遍性。中国历来重视地雷、特别是杀伤人员地雷的不当使用对平民造成的伤害，赞成对地雷的使用进行适当、合理的限制，以防止地雷滥杀滥伤平民。

自加入经修订的《地雷议定书》以来，中国严格履行议定书各项规定，积极开展履约宣传和教育，根据议定书要求制定了一系列新的军用标准，对不符合议定书规定的老、旧地雷进行了全面普查，并分批分期改造或销毁，迄今已销毁了数十万枚老、旧地雷。自1996年宣布暂停出口不符合经修订的《地雷议定书》规定的杀伤人员地雷以来，中国一直恪守承诺。上世纪90年代，中国在边境地区进行了两次大规模扫雷行动，基本消除了境内雷患。

中国理解和同情其他国家面临的雷患问题，积极致力于国际扫雷援助与合作。从1998年至今，中国通过捐款、援助扫雷装备、扫雷技术培训等方式，积极参与近10个亚、非国家的扫雷工作。2004年，中方与“国际禁雷运动”澳大利亚分会在昆明联合举办了“人道主义扫雷技术与合作国际研讨会”。

中国虽未加入《渥太华禁雷公约》，但认同其人道主义宗旨和目标，不断加强与公约缔约国之间的沟通与交流。

中国重视反车辆地雷问题，认为反车辆地雷与杀伤人员地雷造成的人道主义关切程度不同，处理方式也应有所区别；应充分考虑各国国情和实际承受能力，通过多种途径解决反车辆地雷问题。

中国以建设性态度参与了《战争遗留爆炸物议定书》的谈判缔结，

支持议定书早日生效，目前正积极准备批准该议定书。

中国支持打击轻、小武器非法贸易的多边努力，积极参与联合国的有关工作。中国为《枪支议定书》的谈判缔结发挥了建设性作用，并于2002年12月签署《枪支议定书》。中国支持并积极参与了联合国“识别和追查非法轻、小武器国际文书”的谈判，认真落实联合国轻、小武器《行动纲领》，及时向联合国提交国家报告。2005年4月，中国与联合国、日本、瑞士在北京联合举办了轻、小武器问题国际研讨会。

四、致力于国家和区域裁军

中国坚定不移地奉行防御性的国防政策。在确保国家安全利益的前提下，中国始终将军队的数量和规模控制在维护国家安全需要最低限度内，多次主动采取单方面的裁军行动。

中国高度重视亚太地区的安全、稳定与发展，坚持“与邻为善、以邻为伴”的方针和“睦邻、安邻、富邻”的政策，努力探索建立信任措施的有效途径，积极参加地区安全机制建设，致力于建立一个对话而非对抗的亚太安全框架。

大幅裁减军队员额

中国于1985年决定裁减军队员额100万。到1987年，中国人民解放军的总员额由423.8万减到323.5万。之后，又作了进一步裁减。至1990年，全军总员额减到319.9万，共裁减103.9万。

1990年以后，中国军队进行了一系列调整，军队规模进一步缩小。1997年，中国决定在三年内再次裁减军队员额50万，使中国军队规模降至250万的水平。2003年，中国决定在两年内再裁减军队员额20万，使军队总规模降至230万。

在较短时间内，中国单方面裁军行动的范围之广、裁减幅度之大为国际军控与裁军史所少见，充分体现了中国政府和人民对军控与裁军事业的坚定信念和爱和平、求发展的真诚愿望。

维持较低水平国防费

中国一贯注重控制国防费规模，按照国防建设与经济建设协调发展的方针合理安排国防费。改革开放以来，为集中力量进行经济建设，中国政府严格控制国防支出。1979年至2004年，中国国防费占同期国家财政支出的比例总体呈下降趋势，1979年为17.37%，2004年为7.76%，2004年与1979年相比，下降近10个百分点。

图表1： 1979–2004年中国国防费占同期国家财政支出的比例

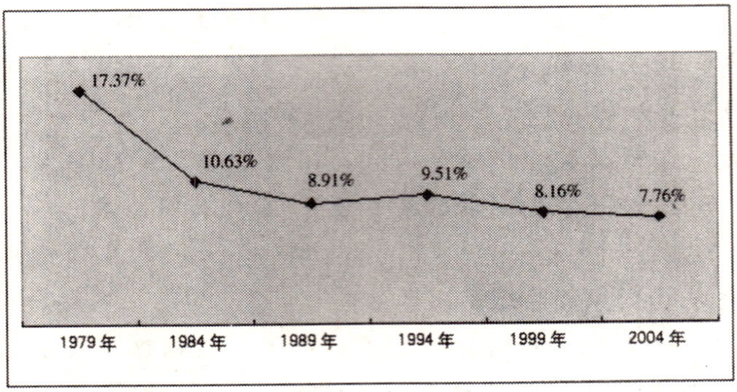

中国国防支出的总体水平在世界上相对较低。中国国防支出的低水平，不仅反映在国防费的绝对值上，也反映在国防费占国内生产总值（GDP）和国家财政支出的比重上。2004年，中国的国防费为2199.86亿元人民币，占2005年国内生产总值和国家财政支出的比重分别为1.61%和7.76%。2004年中国的国防费仅相当于美国的5.77%、英国的41.03%、法国的75.65%、日本的63.97%。2005年，中国的年度国防费预算为2477.56亿元人民币。

图表2：2003年、2004年部分国家国防费比较（金额单位：亿美元）

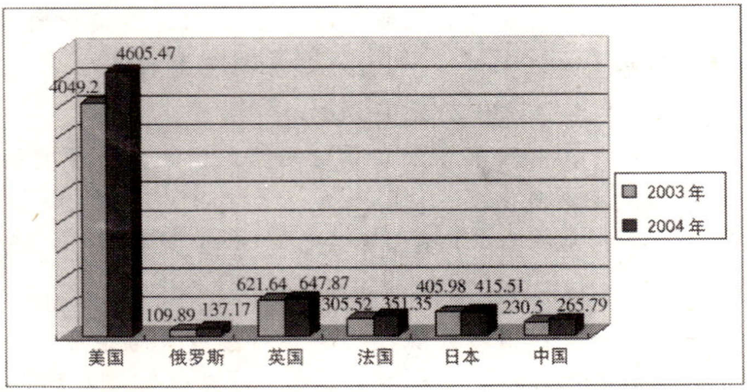

注：图内数据来源于上述国家公布的国防报告、财政报告或其他政府文告。2003年、2004年平均汇率分别为1美元折合8.2770元人民币和8.2768元人民币。

图表3：2004年度部分国家国防费占国内生产总值（GDP）和财政支出的比例（%）

国家	美国	俄罗斯	英国	法国	日本	中国
占GDP	4.02	2.69	3.50	2.01	0.98	1.61
占财政支出	20.09	15.49	8.33	11.14	5.97	7.76

近年来，中国在国家经济发展和财政收入增长的基础上，适度增加了国防费，但增长幅度较小。上世纪90年代以来的绝大多数年份，中国国防费的增长率低于国家财政支出的增长率。中国增加的国防费主要用于：1.提高军队人员工资福利待遇，保证军队人员生活水平随着社会经济发展同步提高；2.完善军人社会保险制度，包括建立军人伤亡保险、退役医疗保险、军人住房补贴、随军配偶基本生活保障和社会保险补贴等制度；3.保障军队体制编制调整改革，对最近裁减的20万军队员额进行妥善的退役安置；4.加大军队人才建设投入，完善人才激励机制，确保军队人才战略工程的实施；5.适度增加部分装备建设经费，提高军队在现代技术特别是高技术条件下的防卫作战能力。

图表4：1995–2004年中国国防费增长率与国家财政支出增长率（%）

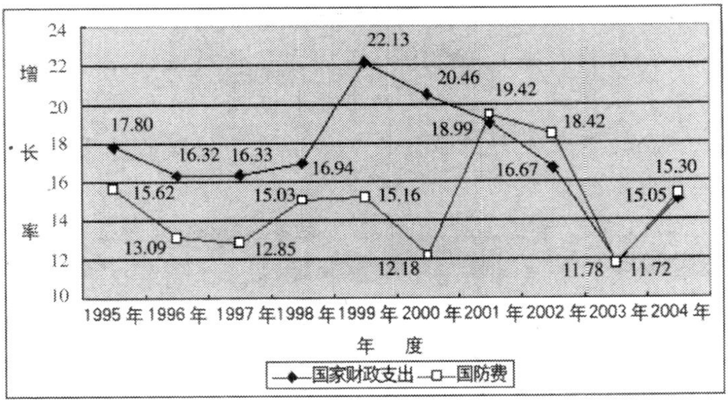

中国政府对国防费始终坚持严格控制、严格管理、严格监督的原则，建立了完善的管理体制和法规制度。中国政府依据《中华人民共

和国国防法》，保障国防事务的必要经费，将国防费全部纳入国家财政预算安排，并按《中华人民共和国预算法》实施管理。中国的国防预算由全国人民代表大会审查批准，是公开、透明的。

区域裁军和建立信任措施

中国高度重视并积极推动区域裁军和建立信任措施合作，与有关邻国达成了一系列协定和共识，为改善地区安全环境、促进共同发展做出了贡献。这些协定反映了中国倡导的新安全观，体现了一些对亚太安全对话与合作具有普遍意义的原则和精神，包括：相互同等安全；以对话合作谋求安全；平等协商、互利合作；不针对第三国；不威胁或损害他国的安全与稳定；坚持防御性国防政策；军事领域友好交往等。

1994年7月，中国与俄罗斯签署《关于预防危险军事活动的协定》。1996年4月，中国与哈萨克斯坦、吉尔吉斯斯坦、俄罗斯、塔吉克斯坦签署《关于在边境地区加强军事领域信任的协定》。1997年4月，中国与上述国家签署了《关于在边境地区相互裁减军事力量的协定》。上述协定开启了"上海五国"的合作进程，为上海合作组织的成立和发展奠定了坚实基础。上海合作组织成立四年多来，已建立起较完善的机构体系和法律基础，顺利启动安全、经济等领域的合作，正发展成为促进地区安全、稳定和发展的重要机制。

1993年9月，中国与印度签署了《关于在中印边境实际控制线地区保持和平与安宁的协定》。1996年11月，两国签署了《关于在中印边境实际控制线地区军事领域建立信任措施的协定》。2005年4月，中印两国签署《关于在中印边境实际控制线地区军事领域建立信任措施的实施办法的议定书》，就1996年建立信任措施协定有关条款的具体实施办法达成协议。上述协定的签署和落实，为维护中、印边境的和平安宁，促进两国友好关系发展，推动边界问题的和平解决发挥了重要积极作用。

2002年11月，中国与东盟签署《南海各方行为宣言》，显示了各方维护南海稳定、开展南海合作的共同意愿。各方承诺以和平方式解决领土和管辖权争议；不采取使争议复杂化、扩大化的行动；通过国防官员对话、自愿通报联合军事演习等促进相互信任；积极开展海洋环保、海洋科研、航行和交通安全、搜救、打击跨国犯罪等领域合作。2004年12月，中国与东盟举行了落实《南海各方行为宣言》后续行动高官会，会议就启动南海合作达成了重要共识，并决定成立落实《南海各方行为宣言》后续行动联合工作组。2005年8月，联合工作组在菲律宾举行了首次会议。

中国高度重视东盟地区论坛的作用，支持其开展建立信任措施，每年主动提交《年度安全展望报告》。自1997年起，中国共承办了两次东盟地区论坛建立信任措施会间会，以及中国安全政策培训班、军事后勤保障研讨会、加强非传统安全领域合作研讨会等八个建立信任措施项目。中国支持东盟地区论坛逐步扩大国防官员参与，于2003年论坛第十届外长会议上提出召开安全政策会议的倡议，并于2004年11月在北京召开了首次“东盟地区论坛安全政策会议”。

五、积极参加国际防扩散努力

防止大规模杀伤性武器及其运载工具扩散是国际社会面临的共同任务。中国坚决反对大规模杀伤性武器及其运载工具的扩散，积极参与国际防扩散进程。中国已参加了防扩散领域的所有国际条约和相关国际组织，并与其他国家和有关多国出口控制机制积极开展交流与合作。中国积极参与国际社会解决有关防扩散问题的外交努力，推动通过对话与合作，以和平方式解决相关问题。

履行防扩散国际义务

自1992年加入《不扩散核武器条约》以来，中国忠实履行《条约》各项义务，致力于维护和加强《条约》的普遍性、有效性和权威性，努力促进《条约》防止核武器扩散、推进核裁军进程、促进和平利用核能三大目标。

1984年，中国加入国际原子能机构。1988年，中国与该机构签订了《中华人民共和国和国际原子能机构关于在中国实施保障的协定》，自愿将部分民用核设施置于机构的保障监督之下。1998年，中国与国际原子能机构签署了保障监督协定的附加议定书。2002年初，中国正式完成该议定书生效的国内法律程序，成为第一个完成该程序的核武器国家。

1991年11月，中国政府宣布，在连续的基础上向国际原子能机构通报中国向无核武器国家出口或从无核武器国家进口大于1有效千克核材料的情况。1993年7月，中国正式承诺，在自愿基础上向国际原子能机构通报所有核材料的进出口、核设备及相关非核材料的出口情况。1996年5月，中国承诺不向无核武器国家未接受国际原子能机构保障监督的核设施提供帮助，包括不对其进行核出口，不与其进行人员与技术的交流与合作。目前，中国已将进口国接受国际原子能机构全面保障监督作为核出口条件。

中国高度重视《禁止化学武器公约》在防止化学武器扩散方面发挥的重要作用。中国颁布了一系列法规，制定了配套的管制清单，形成了一整套对公约附表化学品的生产、经营、使用及进出口活动的有效管理机制。中国与其他缔约国在附表化学品进出口领域保持沟通，及时核实澄清进出口数据，严格执行公约关于向非缔约国转让附表化学品的规定。

中国严格履行《禁止生物武器公约》义务，颁布了一系列法规，对生物两用品及相关设备和技术出口实行严格管制。

发展与多国出口控制机制的关系

中国重视多国出口控制机制在防扩散领域发挥的重要作用，积极与这些机制开展对话与交流，学习和借鉴其有益经验和做法。

1997年10月，中国加入"桑戈委员会"。2004年6月，中国加入"核供应国集团"，严格按其准则和清单实施出口管制。

2004年2月和5月，中国与《导弹及其技术控制制度》分别在巴黎和北京举行了两轮对话会，就导弹领域的出口控制制度、控制清单、执法情况及中国加入问题进行了交流和磋商。2004年9月，中国正式申请加入《导弹及其技术控制制度》。

中国还与"澳大利亚集团"保持接触和交流。双方分别于2004年3月和2005年3月举行了两轮磋商，就生物和化学领域防扩散形势、《禁止化学武器公约》和《禁止生物武器公约》履约情况、"澳大利亚集团"运作情况、中国防扩散政策和出口管制措施等交换看法。

2004年4月和2005年5月，中国同"瓦森纳安排"在维也纳举行了两轮对话会，就常规武器及相关双用途物项和技术的出口管制原则、清单及"最佳操作规范"等问题深入交换意见，双方同意将此对话机制化。

开展防扩散交流与合作

中国重视并积极开展双边防扩散交流与合作，借鉴其他国家在防扩散领域的有益经验和做法。中国与澳大利亚、法国、德国、日本、韩国、巴基斯坦、俄罗斯、英国、美国以及欧盟等保持着磋商与交流。2004年12月，中国与欧盟签署《中华人民共和国与欧洲联盟关于防扩散和军备控制问题的联合声明》，双方相互确认对方为裁军和防扩散领域的重要战略伙伴，并确定了优先合作领域。中国还严格按照防扩散政策和出口管制法规，通过情报交流和执法合作，与有关国家联合打击扩散活动。

中国支持有关地区组织和机制在防扩散方面发挥作用，以建设性态度参加了有关交流与对话，探讨在地区层面解决扩散问题的有效途径。中国参加了东盟地区论坛加强防扩散的努力。中国将与美国、新加坡于2006年共同承办东盟地区论坛防扩散研讨会。中国愿与各方继续保持沟通与协调，共同推动地区防扩散进程。

推动联合国发挥重要作用

作为联合国安理会常任理事国，中国支持联合国在防扩散领域发挥重要作用，促进国际共识，深化国际合作。

1992年初，联合国安理会发表主席声明，把大规模杀伤性武器的扩散定为对国际和平与安全的威胁。中国在声明起草过程中发挥了建设性作用。

2004年4月，联合国安理会一致通过第1540号决议。该决议是安理会通过的第一个专门的防扩散决议，有利于在现有国际法基础上推动和加强国际合作，妥善解决非国家行为者获取和贩运大规模杀伤性武器及其运载工具和相关材料的问题。中国积极参加了决议磋商，提出了许多建设性建议，为通过该决议做出了重要贡献。2004年10月，中国根据决议要求提交了执行决议情况的国家报告，从立法、执法及国际合作等方面详细介绍了中国政府为防止和打击非国家行为者的扩散活动所采取的措施。

六、加强防扩散出口管制

有效的出口管制是实现防扩散目标的重要手段。作为一个具有一定工业和科技能力的国家，中国在这一领域采取了极为负责任的政策和举措。经过多年努力，中国的防扩散出口管制完成了从行政管理向法制化管理的转变，相关出口管制做法已与国际通行做法基本一致。

防扩散出口管制法规体系

自上世纪90年代中期以来，中国逐步建立起涵盖核、生物、化学、导弹等相关敏感物项和技术及所有军品的完备的出口管制法规体系。在核领域，中国政府颁布了《中华人民共和国核出口管制条例》、

《中华人民共和国核两用品及相关技术出口管制条例》。在生化领域，中国政府颁布了《中华人民共和国生物两用品及相关设备和技术出口管制条例》、《中华人民共和国监控化学品管理条例》及《实施细则》、《各类监控化学品名录》、《有关化学品及相关设备和技术出口管制办法》。在导弹领域，中国政府颁布了《中华人民共和国导弹及相关物项和技术出口管制条例》。在军品出口领域，中国政府颁布了《中华人民共和国军品出口管理条例》。

中国的出口管制法规广泛采取国际通行的许可证管理制度、最终用户和最终用途证明制度、清单控制方法、全面控制原则等。为降低扩散风险，相关法规还规定，核出口、监控化学品及军品出口只能由政府指定的少数贸易公司专营。所有法规均对违法出口行为规定了具体的处罚措施。

上述法规的管制范围与国际通行做法基本保持一致。例如：核领域清单已与"赞格委员会"、"核供应国集团"的清单完全一致，并将根据"赞格委员会"及"核供应国集团"清单的变化不断进行相应调整；生化领域清单与"澳大利亚集团"的清单基本一致；导弹领域清单与《导弹及其技术控制制度》的附件基本一致。在出口管制实践中，中国政府的出口管制主管部门还可依法对上述清单外物项和技术的出口实施临时管制。

此外，《中华人民共和国对外贸易法》、《中华人民共和国海关法》、《中华人民共和国刑法》、《中华人民共和国行政处罚法》、《中华人民共和国货物进出口管理条例》、《中华人民共和国技术进出口管理条例》等，也为中国的防扩散出口管制提供了法律依据。

防扩散出口管制机构

中国的防扩散出口管制涉及诸多政府部门。目前，各部门之间已形成了明确的分工和协调机制。

中国的核出口由国防科工委会同其他相关政府部门进行管理。军品出口，其中包括导弹和直接用于导弹的生产设施和关键设备的出口由国防科工委和国防部有关部门会同其他相关政府部门进行管理。

核两用品、生物两用品、有关化学品，以及用于民用目的的导弹相关两用物项和技术的出口，由商务部会同其他相关政府部门进行管理。其中，核两用品、导弹相关两用物项和技术的出口，由商务部会同国防科工委进行审查；与动植物相关的生物两用品和技术的出口，由商务部根据需要会同农业部进行审查；与人相关的生物两用品和技术的出口，由商务部根据需要会同卫生部进行审查；生物两用品的相关设备和技术，以及有关化学品的相关设备和技术的出口，由商务部根据需要会同国家发展和改革委员会进行审查；监控化学品出口由国家发展和改革委员会会同商务部进行审查。

涉及外交政策的敏感物项及相关设备和技术的出口，由上述主管部门会同外交部进行审查。对国家安全、社会公众利益有重大影响的出口项目，主管部门还将会同其他部门报国务院、中央军事委员会批准。

海关总署负责上述物项和技术的出口监管工作，并参与相关违法出口案件的调查处理。海关有权对出口经营者出口的货物是否属敏感物项和技术提出质疑，并要求出口经营者按规定向政府主管部门申办出口许可或不属出口管制范围的相关证明。

严格执行防扩散出口管制法规

中国政府高度重视执法，采取了一系列有效措施，确保出口管制法规的贯彻落实。

2002年11月，商务部制定《敏感物项和技术出口经营登记管理办法》。2003年12月，商务部与海关总署联合制定《敏感物项和技术出口许可证暂行管理办法》。上述办法规范了敏感物项和技术的出口经营及许可证的申请、审批、发放、使用和验核工作。2004年1月，商务部和海关总署启动敏感物项和技术出口计算机管理系统，实现了许可证的审批、发证机关与海关监管部门的联网，大幅提高了对敏感物项和技术出口的监督管理能力。

商务部和海关总署依据核、生物、化学和导弹领域的出口管制清单编制了包括658项物项和技术的《敏感物项和技术出口许可证管理目录》，其中34%已确定海关编码。中国海关还将高科技设备广泛运用在通关监管的各个环节，极大地提高了现场海关的执法能力和检查效率。

有关出口管制主管部门聘请核、生物、化学、导弹领域的专家，建立了“国家出口管制专家支持体系”，以帮助政府主管部门在出口审批过程中对相关物项作出准确、科学的判断。

在防扩散出口管制工作中，中国政府坚持执法必严、违法必究。对于涉嫌违法出口敏感物项和技术的个案，政府主管部门均进行认真调查，并依法处理。自2002年底以来，中国政府共查处了违法出口敏感物项和技术的各类案件数十起。主管部门已将涉案企业列入“关注名单”，防止其再次从事此类活动。

2004年5月，中国政府建立了跨部门防扩散出口管制应急协调机制，详细规定了相关出口管制部门在处理紧急防扩散出口管制案件时的职责、分工及处理程序，为迅速、有效处理此类案件提供了机制保障。

加强出口管制法规宣传和企业教育

中国政府重视对出口管制执法人员，尤其是基层执法人员的教育和培训，以提高其依法实施出口管制的政策水平和能力。有关出口管制法规颁布后，商务部对地方各级商务主管官员进行了全面的政策法规培训。在违法出口案件的多发地区，商务部还不定期举办出口管制政策法规和执法专项培训。2004年5月，海关总署联合有关防扩散出口管制机构对全国海关现场官员进行敏感物项和技术出口的政策法规培训。

中国政府采取各种措施对企业宣传和普及防扩散法规，提高其知法守法和自律意识。主要措施包括：在政府主管部门网站上全面公布出口管制法规；通过定期举办防扩散政策法规培训班、讲座、发放宣传册等形式向出口企业宣传出口管制政策、法规及出口审批程序，要求企业认真执行，依法经营；设立热线电话，及时为企业答疑解惑；对违法出口企业进行查处并予公布。

中国政府鼓励并指导企业结合自身实际情况，建立健全内部防扩散出口管制机制，落实防扩散工作责任制。一些企业成立了防扩散出口管制办公室，负责宣传国家相关政策法规，制定本企业具体落实措施，监督本企业的科研、生产、经营活动，确保企业遵守国家法规；实行问责制，由企业法人对本企业防扩散工作负责，企业相关部门的管理者和员工签订责任书，履行防扩散义务。中国政府还鼓励企业对外开展出口管制经验交流。

防扩散出口管制是一项长期工作。中国政府将继续不断完善防扩散出口管制法规，加强出口管制执法能力建设，建立健全内部机制，加强法规宣传和对企业的教育培训，为国际防扩散努力做出应有的贡献。

《白皮书》附录1：中国参加的军控、裁军和防扩散条约

核领域：

《拉丁美洲和加勒比禁止核武器条约》第二附加议定书（1973年8月签署，1974年6月交存批准书）

《南太平洋无核区条约》第二、第三附加议定书(1987年2月签署，1988年10月交存批准书)

《中华人民共和国和国际原子能机构关于在中国实施保障的协定》(1988年9月签署，1989年9月生效)

《核材料实物保护公约》（1989年2月加入）

《禁止在海床洋底及其底土安置核武器和其他大规模杀伤性武器条约》(1991年2月加入)

《不扩散核武器条约》(1992年3月加入)

《核安全公约》(1994年签署，1996年4月批准)

《非洲无核武器区条约》第一、第二议定书（1996年4月签署，1997年10月交存批准书）

《全面禁止核试验条约》（1996年9月签署）

《中华人民共和国和国际原子能机构关于在中国实施保障的协定的附加议定书》（1998年12月签署，2002年3月生效）

化学领域：

《关于禁止发展、生产、储存和使用化学武器及销毁此种武器的公约》（1993年1月签署，1997年4月交存批准书）

生物领域：

《禁止在战争中使用窒息性、毒性或其他气体和细菌作战方法的议定书》

《禁止细菌（生物）及毒素武器的发展、生产及储存以及销毁这类武器的公约》（1984年11月加入）

常规领域：

《禁止或限制使用某些可被认为具有过分伤害力或滥杀滥伤作用的

常规武器公约》及其所附第一、第二、第三号议定书（1981年9月签署，1982年4月交存批准书，2003年6月批准公约第一条修正案，同年8月交存批准书）

《禁止或限制使用某些可被认为具有过分伤害力或滥杀滥伤作用的常规武器公约》所附的《禁止或限制使用地雷、诱杀装置和其他装置的修正议定书》(修订的第二号议定书)(1998年11月交存批准书)

《禁止或限制使用某些可被认为具有过分伤害力或滥杀滥伤作用的常规武器公约》所附的《关于激光致盲武器的议定书》（第四号议定书）（1998年11月交存批准书）

《联合国打击跨国有组织犯罪公约》所附的《关于打击非法制造和贩运枪支及其零部件和弹药的补充议定书》（2002年12月签署）

其他：

《南极条约》（1983年6月加入）

《关于各国探索和利用包括月球和其他天体在内外层空间活动的原则条约》（1983年12月加入）

《关于登记射入外层空间物体的公约》（1988年12月加入）《禁止为军事或任何其他敌对目的使用改变环境的技术的公约》（2005年6月加入）

《白皮书》附录2：中国防扩散出口管制法规

核领域：

《中华人民共和国核出口管制条例》（1997年9月颁布，2001年6月修订）

《中华人民共和国核两用品及相关技术出口管制条例》（1998年6月颁布）

《核产品转运及过境运输审批管理办法(试行)》(2000年1月颁布)

生物领域：

《中华人民共和国生物两用品及相关设备和技术出口管制条例》(2002年10月颁布)

化学领域：

《中华人民共和国监控化学品管理条例》（1995年12月颁布）

《各类监控化学品名录》(1996年5月颁布,1998年6月进行补充)

《<中华人民共和国监控化学品管理条例>实施细则》（1997年3月颁布）

《列入第三类监控化学品的新增品种清单》（1998年6月颁布）

《有关化学品及相关设备和技术出口管制办法》(2002年10月颁布)

导弹领域：

《中华人民共和国导弹及相关物项和技术出口管制条例》（2002年8月颁布）

军品出口领域：

《中华人民共和国军品出口管理条例》（1997年10月颁布、2002年10月修订、2002年11月颁布《军品出口管理清单》）

敏感物项：

《敏感物项和技术出口经营登记管理办法》（2002年11月颁布）

《敏感物项和技术出口许可证暂行管理办法》（2003年12月颁布）

《敏感物项和技术出口许可证管理目录》（2003年12月颁布）

其他相关法规：

《中华人民共和国对外贸易法》（1994年5月颁布，2004年4月修订）

《中华人民共和国行政处罚法》（1996年3月颁布）

《中华人民共和国海关法》（1987年1月颁布，2000年7月修订）

《中华人民共和国刑法》修正案（2001年12月颁布）

《中华人民共和国技术进出口管理条例》（2001年12月颁布）

《中华人民共和国货物进出口管理条例》（2001年12月颁布）

《白皮书》附录3：中国与有关国家达成的裁军和建立信任措施协定

《关于在中印边境实际控制线地区保持和平与安宁的协定》（1993年9月签署）

《中俄关于预防危险军事活动的协定》（1994年7月签署）

《中华人民共和国主席和俄罗斯联邦总统关于互不首先使用核武器和互不将战略核武器瞄准对方的联合声明》（1994年9月签署）

《中华人民共和国和哈萨克斯坦共和国、吉尔吉斯共和国、俄罗斯联邦、塔吉克斯坦共和国关于在边境地区加强军事领域信任的协定》（1996年4月签署）

《关于在中印边境实际控制线地区军事领域建立信任措施的协定》（1996年11月签署）

《中华人民共和国和哈萨克斯坦共和国、吉尔吉斯共和国、俄罗斯联邦、塔吉克斯坦共和国关于在边境地区相互裁减军事力量的协定》（1997年4月签署）

《中美两国国防部关于建立加强海上军事安全磋商机制的协定》（1998年1月签署）

《南海各方行为宣言》（2002年11月签署）

《关于在中印边境实际控制线地区军事领域建立信任措施的实施办法的议定书》（2005年4月签署）

（谢辉　整理）

附件四：第60届联大一委各国代表发言摘要

一般性辩论发言摘要

美国代表在第60届联大一委一般性辩论中发言

10月3日，美国国务院负责军控和防扩散事务的助理国务卿雷德梅克在第60届联大一委一般性辩论中发表题为“面对当今的威胁”的讲话。主要内容如下：

本届联大一委继第七次《不扩散核武器条约》审议大会和联大首脑会议之后召开，意义尤其重大。《不扩散核武器条约》审议大会和联大首脑会议虽未能就军控和防扩散问题达成成果文件，但会议并非因此而失败。会议显示出国际社会在一些问题上的普遍共识，这才是至关重要的。

共识之一是各国均认为联合国改革十分重要。联合国首脑会议在这方面开了个头，但走得不够远。一委早在2004年就改革工作方式作出了决定，这值得骄傲。本届一委会议期间，各方应落实这一决定，集中就我们今后面临的挑战开展工作。

我们今天面临的挑战与冷战时期完全不同。流氓国家、恐怖分子、特别是由流氓国家武装的恐怖分子，获取和可能使用大规模杀伤性武器，是当今最大的威胁。仅靠威慑不能制止这些行为；由于某些国家不遵守《条约》义务，仅靠传统军控《条约》也不能应对这些威胁。面对新挑战，我们需要制定新的应对之策。负责任的各国政府应进行合作，共同实现有效的多边主义。

一、美国与其他国家一道致力于制定应对威胁的新战略，并取得进展。

首先是“扩散安全倡议”。该倡议提出两年来，许多国家在外交、军事、执法和情报方面开展灵活合作，取得了积极成果，已阻止多起向伊朗等“关切国家”转运弹道导弹相关材料和设备的行为。

第二，安理会通过第1540号决议，建立了通过联合国对付扩散威胁的新机制。根据该决议，各国采取措施防止扩散者获得资产，不许他们与合法公司进行合作。八国集团首脑亦强调此类措施的必要性。布什总统颁布了冻结扩散行为者资产并制止其交易的行政指令。美呼吁其他国家采取类似措施。

第三，美倡议加强对铀浓缩和后处理技术的控制。美将继续推动在“核供应国集团”框架内达成相关协议，同时确保放弃铀浓缩和后处理的国家能够获得民用核反应堆燃料的可靠供应。

二、美积极致力于通过传统外交手段应对扩散威胁。

朝鲜和伊朗问题表明，少数国家违背《不扩散核武器条约》第二、三条的不扩散核心义务，遵约面临严峻挑战。

关于朝鲜核问题，美的目标是朝以彻底、可核查、不可逆的方式放弃其钚和铀计划，并拆除其所有核武器。“六方会谈”不久前达成了共同声明，美希望这将有助于实现上述目标。

关于伊朗核问题，国际原子能机构的核查证明伊确有非法核武器计划。美支持英、法、德三国谈判解决方案的努力。2005年8月，伊违反巴黎协议，破坏了谈判的基础。国际原子能机构理事会最近通过决议，认为伊违反其核不扩散义务，要求将该问题提交安理会及联合国大会。决议的通过，是“有效的多边主义”的具体实践。希望此决议能导致伊在遵守巴黎协议的基础上重返谈判。如伊拒绝，国际原子能机构理事会将别无选择，只能根据国际原子能机构规约和上述决议将问题提交到联合国。鉴于理事会已判明伊违约，美希望各国依据国际原子能机构的决议调整政策，不允许再向伊进行核转让并冻结现有核合作。

三、美国支持裁谈会立即开始谈判《禁产条约》。可有效核查的《条约》并不现实。

美反对《禁产条约》包含核查措施，支持达成无核查措施并与其他无关建议脱钩的谈判授权，希望裁谈会2006年1月复会后尽快启动谈判；呼吁所有国家暂停产，目前只有一个核武器国家尚未采取上述行动。

美继续主张裁谈会应谈判禁止转让长效地雷问题，这将有助于缓解长效地雷造成的人道主义危机。希望裁谈会成员国认真、积极地考虑美此建议。

四、为履行《不扩散核武器条约》第六条的义务，并根据布什总统关于减少对核武器的依赖的政策，美采取了新的核裁军举措。2005年9月19日，美根据《莫斯科条约》义务，已将拥有的50枚“和平卫士”洲际弹道导弹全部退出现役。

不结盟集团代表在第60届联大一委一般性辩论中的发言

10月3日，印尼代表不结盟集团在第60届联大一委一般性辩论中发言。主要内容如下：

不结盟坚定地认为，多边主义和符合《联合国宪章》的多边解决方案是处理裁军和国际安全问题唯一可持久的途径。不结盟对联大首脑会议《成果文件》未能包括裁军和防扩散的内容深感失望。这是2005年5月《不扩散核武器条约》审议大会失败后，国际裁军和防扩散事业遭遇的又一重大挫折。

不结盟强调联大一委、联合国裁审会和裁谈会等多边裁军机制在处理裁军和其他相关国际安全问题方面的重要性。有必要根据《联合国宪章》的原则及多边谈判达成的《条约》、公约和协定，以平衡、全面和建设性的方式，加强现有裁军机构审议和谈判裁军问题的作用。希望各国在“第四届裁军特别联大”（SSOD IV）筹备工作组的实质性会议中密切合作，以建设性的方式讨论SSOD IV的目标和议程。SSOD IV的召开，将为军控、裁军、防扩散和其他相关国际安全问题制定未来行动纲领，为各方在这些领域达成新的共识确定平衡的工作方式。SSOD IV也将对现行裁军机制进行全面的审议。

在有效应对国际和平与安全所面临的威胁方面，联合国应发挥中心作用。在核裁军和核不扩散各方面问题上取得进展，对加强国际和平与安全至关重要。

不结盟仍将核裁军作为其最优先关注的问题，对核裁军缺乏进展深感关切。严重关切有关国家在发展新型核武器，这违反了核武器国家在《全面禁止核试验条约》达成时所做的保证。

国际社会的防扩散努力应与核裁军同步进行。防止恐怖分子获取大规模杀伤性武器的最有效途径就是完全销毁此类武器。应在联合国框架内，通过符合《联合国宪章》和国际法宗旨和原则的国际合作，应对恐怖分子获得大规模杀伤性武器带来的威胁。

不结盟强调，应尊重发展中国家以非歧视的方式和平利用核能的不可剥夺的权利。每个国家在和平利用核能方面的选择和决定都应受到尊重，任何国家包括核燃料循环在内的和平利用核能政策，以及有关国际合作的协定和安排均不应受到损害。

不结盟重申，各国应履行其在军控、裁军和防止核武器扩散各方面问题上的义务。国际社会应尽快就无核武器国家安全保证问题缔结一项普遍的、无条件的、具有法律约束力的文书。

不结盟对轻、小武器的非法转让、制造、流通及其在全球许多地区的过度积累和扩散深感关切。联合国小武器《行动纲领》应尽早得到全面执行。

不结盟强调，联合国安理会采取的任何行动，都不能损害现有关于大规模杀伤性武器和常规武器的国际条约及有关国际机构，包括“国际原子能机构”、“禁止化学武器组织”以及联合国大会的作用。

“新议程联盟”代表在第60届联大一委一般性辩论中的发言

10月3日，南非代表巴西、埃及、爱尔兰、墨西哥、新西兰、瑞典等“新议程联盟”（NAC）国家在60届联大一委一般性辩论中发言。主要内容如下：

发展、拥有核武器及使用核武器的危险依然威胁着国际和平与安全。核武器扩散的风险仍然存在。《不扩散核武器条约》的一个成员国要退出《条约》，另一成员国则与非成员国达成核合作协议，这些事态令人担忧。

新议程联盟认为，要防止核武器扩散，就必须消除核武器。核裁军的重要性不仅没有减弱，而且更为加强。目前，核裁军和核不扩散体制面临严峻挑战。2005年《不扩散核武器条约》审议大会未达成实质性结果，裁谈会仍未达成工作计划，《全面禁止核试验条约》仍未生效。

新议程联盟主张，《不扩散核武器条约》仍然是核裁军的基石，其普遍性应得到加强。《不扩散核武器条约》的核心内容是在无核武器国家放弃获取核武器的同时，拥有核武器国家裁减核武器。和平利用核能是各国均有的权利。《不扩散核武器条约》的审议进程有助于加强其实施。1995年及2000年《不扩散核武器条约》审议大会确定的义务必须得到履行。一些国家不遵守甚至退出《不扩散核武器条约》框架内已达成协议的行为对《条约》造成损害，违背多边主义。《不扩散核武器条约》的三大支柱，即核裁军、核不扩散与和平利用核能均应得到严格履行和加强，《条约》的各项规定都须得到严格遵守。

新议程联盟认为，防止使用或威胁使用核武器的真正保障是彻底消除并确保不再生产核武器。在核武器国家向无核武器国家提供具有法律约束力的安全保证前，核武器国家应重申并遵守其有关安全保证的现有承诺。

新议程联盟呼吁，印度、以色列、巴基斯坦三国立即以无核武器国家的身份无条件地加入《不扩散核武器条约》，并将其核设施置于国际原子能机构全面保障监督之下；各国特别是核武器国家履行2000年《不扩散核武器条约》审议会达成的核裁军步骤；裁谈会达成工作计划，就禁止生产核武器用裂变材料问题谈判非歧视性、可有效国际核查的多边条约。新议程联盟重申有关国家批准《全面禁止核试验条约》、促使《条约》早日生效的重要性和紧迫性；核裁军进程应遵循不可逆、透明、可核查的原则；呼吁降低核武器在国家安全战略中的作用，放弃研发新型核武器；支持中东建立无大规模杀伤性武器区。

欧盟代表在第60届联大一委一般性辩论中的发言

10月3日，英国代表欧盟在第60届联大一委一般性辩论中发言。主要内容如下：

一、欧盟始终致力于加强联合国，坚持和发展国际法，支持有效的多边主义。欧盟对各方未能就联大首脑会议《成果文件》关于防扩散和裁军的内容达成一致表示遗憾，也对2005年《不扩散核武器条约》审议大会无果而终感到失望。欧盟认为，国际社会应积极采取措施，应对大规模杀伤性武器及其运载工具扩散给国际和平与安全造成的威胁。

欧盟认为，多边防扩散措施是应对上述威胁的最佳手段。欧盟支持加强《不扩散核武器条约》、《禁止化学武器公约》、《禁止生物武器公约》、"防止弹道导弹扩散海牙行为准则"的普遍性，希望《全面禁核武器试验条约》能早日生效。上述关键文书为国际裁军和防扩散努力提供了坚实的基础。

二、《不扩散核武器条约》仍是全球核不扩散机制的基石，是根据其第6条进行的核裁军努力的核心基础，也是进一步和平利用核能的要素之一。《不扩散核武器条约》的重要性始终未变，欧盟将继续秉承这一信念，支持1995年审议和延期大会的决定和决议，以及2000年审议大会的最后文件，同时考虑当前的形势发展。欧盟也注意到，2005年审议大会协商一致通过的最后报告，包括工作计划，是将来《条约》审议进程的参考性文件。欧盟将继续努力促进《不扩散核武器条约》的普遍性，呼吁未加入《条约》的国家以无核武器国家身份加入《条约》。欧盟认为，全面保障监督协定和附加议定书构成国际原子能机构当前的核查标准，也是《条约》缔约国表明它们将履行《条约》义务的根本途径。欧盟支持加强联合国安理会的作用，使其能够对违反《不扩散核武器条约》的行为采取恰当行动。欧盟支持不久前举行的促进《全面禁止核试验条约》生效大会发表的最后声明。

三、欧盟呼吁在日内瓦裁谈会无条件立即开始谈判并早日缔结一项非歧视和具有普遍性的《禁产条约》，同时考虑到有关特别协调员报告及其所载职权。欧盟对裁谈会仍然无法达成工作计划并启动《禁产条约》谈判表示关切。

四、伊朗核计划仍是欧盟的严重关切。欧盟强烈支持法、德、英三国及欧盟共同外交和安全政策高级代表为重建国际社会对伊信心而寻求有关解决方案的努力。欧盟承认《不扩散核武器条约》缔约国根据《条约》第一条和第二条享有以非歧视的方式，为和平目的发展、研究、制造和利用核能的不可剥夺的权利。但是，保持《条约》权利和义务的平衡至关重要。欧盟认为，已经违反《不扩散核武器条约》的国家必须重新全面遵约，并使国际社会确信其核活动完全是为了和平目的。对伊朗而言，就是要暂停裂变材料的生产和铀浓缩相关活动。国际原子能机构理事会9月24日通过的决议认定伊朗违反了《不扩散核武器条约》，同时决定推迟报告安理会，留给伊一个解决国际社会关切的机会。欧盟已准备好与伊在2004年11月双方达成的框架内重启谈判。伊只有以实际行动明白无误地证明其无意发展核武器能力，才能与欧盟和整个国际社会建立更好的关系。

欧盟欢迎“六方会谈”各方9月19日发表的联合声明，赞赏与会各方的艰苦工作，及其显示出的灵活性和合作精神。欧盟特别注意到朝鲜重申放弃核武器和一切现有核计划，并承诺重返《不扩散核武器条约》。欧盟认为朝鲜的核武器计划严重违反了《不扩散核武器条约》义务，也违背其与国际原子能机构签订的保障监督协定、美朝《框架协议》以及《朝鲜半岛无核化共同宣言》。欧盟对朝声称退出《不扩散核武器条约》继续表示痛惜，并敦促国际社会采取措施来处理退出《不扩散核武器条约》的行为。欧盟一贯支持“六方会谈”，准备以一切可能的方式向会谈提供帮助。

五、国际条约机制和出口控制安排多年来对防止大规模杀伤性武器及其运载系统扩散发挥了重要作用，但国际社会目前面临大规模杀伤性武器军备竞赛和非国家行为者获得大规模杀伤性武器这一新的威胁。大规模杀伤性武器相关物项，尤其是高度敏感的核技术和设备的非法贸易极度危险，国际社会应团结一致，通过弥补现有漏洞来加强防扩散机制。欧盟通过采取强有力的国家出口控制措施和协调一致的国际出口控制措施来履行《不扩散核武器条约》义务。欧盟也支持安理会1540号决议框架内的重要的防扩散措施。另外，欧盟支持并鼓励各国参加《核材料实物保护公约》、“防扩散安全倡议”、“全球减少威胁倡议”。欧盟也将继续支持八国集团防扩散“全球伙伴关系计划”的工作。

六、鉴于国际社会为实现发展和进步而开展的空间活动日益增多，欧盟认为应防止外空军备竞赛。防止外空军备竞赛是加强战略稳定和促进和平利用外空国际合作的基本前提条件。

欧盟支持加强《禁止化学武器公约》和《禁止生物武器公约》，希望未加入两公约的国家尽快加入。欧盟将积极参加2006年《禁止生物武器公约》审议大会，以确保大会取得实质性成果，加强《禁止生物武器公约》和促进遵约。

在采取强有力的行动防止大规模杀伤性武器扩散的同时，国际社会应努力采取措施，限制轻、小武器造成的危害。在控制此类武器扩散方面可以做许多事。应采取进一步措施打击轻、小武器非法中介活动。欧盟支持对轻、小武器转让设定最低限度的国际控制标准，并在联合国小武器《行动纲领》中包括处理弹药问题的规定。欧盟希望各方在将于2006年1月举行小武器《行动纲领》审议大会筹备会和6月举行的审议大会上讨论上述问题。欧盟还支持国际社会达成一项基于各国普遍接受的准则和标准，全面规范武器贸易的国际文书。欧盟希望其他国家和地区就此问题展开讨论，并支持在这方面采取行动。目前，恐怖分子获得“肩扛式防空导弹”（MANPADS），并以此威胁民用航空安全的危险性显著增加，国际社会应立即采取行动加以应对。

欧盟将继续努力增进国际地雷行动的有效性，促进《渥太华禁雷公约》的普遍性。欧盟希望，在2005年11月《特定常规武器公约》缔约国会议上，各方能努力达成共识，平衡处理有关常规武器的人道主义关切和军事应用方面的考虑。

印度代表在第60届联大一委一般性辩论中的发言

10月4日，印度代表在第60届联大一委一般性辩论中发言。主要内容如下：

一、各方未能就联合国首脑会议“成果文件”的裁军和防扩散内容达成一致，这反映出国际社会尚未深刻体会到国际安全面临的威胁的严重程度，同时也说明各国在裁军和防扩散这两个重要问题上存在巨大分歧。

安全观念和现实之间日益扩大的差距，以及关键国家在安全利益和优先议题上的分歧日渐加剧，导致多边裁军机制趋于停滞。裁军机制无所作为，也与国际关系中的多边主义精神遭到削弱密切相关。

国际裁军和防扩散进程需要多边主义。多边谈判和具有法律约束力的文书，是处理裁军和军控问题的最佳方式。在今天的世界上，经济全球化不断发展，知识型社会正在出现，各国和平与稳定密不可分，因此，多边主义更为重要。若将裁军机制的僵局归咎于程序性问题，那只能治标，不能治本。日内瓦裁谈会的决策机制本身并不存在功能上的缺陷。在处理事关各国安全利益的问题时，只有通过包容性的多边进程，寻求协商一致，才能使各国确信其基本安全利益不会被损害。裁谈会难以开展工作，缘于有关国家缺乏足够的政治意愿。靠特设机制或进程并不能打破僵局，反而有可能削弱裁谈会和裁审会等多边机制。在当前这样的非常时期，国际社会应不遗余力地加强现有多边裁军进程和机制。

二、第一届裁军特别联大通过的《行动纲领》给予核裁军最优先地位，时至今日仍具有价值。只有以渐进、系统的方式彻底销毁核武器，才能消除核武器威胁。

核裁军和防扩散密切相关，相辅相成。只有彻底销毁核武器，才能确保消除核扩散。只有以符合《联合国宪章》和国际法的方式，兼容并蓄地解决日益增长的核扩散关切，才能切实防止核扩散和促进核裁军目标的实现。当前，防扩散机制正面临危机。要解决这一问题，核武器国家应重申其核裁军承诺，所有国家也须全面忠实地履行其义务。

要实现核裁军目标，有关国家应立即采取核裁军中间措施，包括解除核武器戒备状态，来减少核危险。有关国家还应调整核理论，转而奉行“不首先使用核武器”和“不对无核武器国家使用核武器”的政策。印度的核政策以自卫为目标，是负责任和可预测的。

三、印度完全认同国际社会对日渐增长的大规模杀伤性武器扩散威胁，以及恐怖分子有可能获得和使用这些武器的关切。事实上，印的安全环境因现有防扩散机制无力有效阻止扩散行为而趋于恶化。

印深切意识到自己因拥有先进的民用和战略核技术而肩负的防扩散责任。印已建立全面的出口控制系统，并不断对其进行审议和更新，以与国际标准接轨。印度从未成为敏感技术、相关材料和设备扩散的源头。印度在这方面的记录是无可争议的。2005年6月，印颁布了《大规模杀伤性武器及其运载工具法》，这部全面、系统的防扩散法案是在印现有出口控制机制的基础上制定的。

要有效应对核扩散的挑战，国际社会应考虑调整现有的防扩散机制，但不能影响具有良好防扩散记录国家之间的和平利用核能合作。作为一个成熟和负责任的核武器国家，印准备在平等的基础上，以符合其国家安全利益的方式，参与有关旨在建立上述防扩散机制的多边协商。

为满足经济和社会发展的需要，保证未来的能源安全，印将致力发展核电，并将其作为国民经济的重要组成部分。印的目标是在2020年前形成2万兆瓦核电能力。印感谢一些重要国家决定在发展核电方面与印开展合作，并愿在促进核能合作方面与国际社会开展建设性的对话。

俄罗斯代表在第60届联大一委一般性辩论中的发言

10月4日，俄罗斯外交部安全和裁军司司长安东诺夫在第60届联大一委一般性辩论中发言。主要内容如下：

一、许多人近来对多边防扩散机制、军控和裁军的现状表示不满。俄承认该领域目前的情况不尽如人意。大家很自然地希望关于联合国首脑会议“成果文件”防扩散、军控和裁军内容的磋商，以及《不扩散核武器条约》审议大会能取得更多进展。但俄认为，联合国在防扩散、军控和裁军领域的活动总体而言仍然保持了积极的势头。国际社会防止和解决了许多武装冲突，防止了大规模杀伤性武器落入国际恐怖分子手中。

俄坚定支持在严格遵循有关国际协定的基础上，通过加强多边主义来实现裁军和防止大规模杀伤性武器扩散的目标。

俄完全履行了《不扩散核武器条约》第六条（关于核裁军）、俄美一系列关于核裁军的《条约》和俄有关单边倡议的义务。与1991年相比，俄核武器库存削减了5倍，非战略性核武器削减了4倍。裁减核武器的工作技术复杂，开支巨大，但俄一直坚持这项工作，从未中断。在裁减核武器的过程中，俄一直坚持不可逆的原则。正如俄总统普京所言，俄正准备在核裁军方面采取新的建设性步骤。

俄认为，《不扩散核武器条约》2005年审议大会的结果仍有待进一步评估，但可以肯定地说，审议大会是有益的。会议重申了所有与会者一致认同的一系列根本原则。没有国家表示《条约》已经过时或建议起草另一文书来取而代之。所有与会者均强调《条约》作为核不扩散机制基石的效力和重要性。俄认为，核不扩散机制面临的新挑战可以也应该在《不扩散核武器条约》的基础上加以解决。

俄将《全面禁止核试验条约》视为核裁军和防扩散领域的关键国际文书之一。俄呼吁尚未签、批《全面禁止核试验条约》的国家，尤其是《条约》生效所必需的国家尽快签、批。同样重要的是，暂停核武器试验爆炸和其他核爆炸应继续维持，直至《全面禁止核试验条约》生效。

国际安全面临的新威胁需要新的应对之策。在俄倡议下，安理会通过了第1540号决议，联大通过了《制止核恐怖主义行为国际公约》。安理会第1540号决议和《制止核恐怖主义行为国际公约》均须得到完全、普遍地执行。

二、俄高兴地看到，第四轮朝鲜半岛核问题“六方会谈”取得积极成果。俄欢迎朝鲜承诺放弃核武器和现有核计划，并尽快重返《不扩散核武器条约》和国际原子能机构。俄希望“六方会谈”能继续取得进展，实现朝鲜半岛无核化的最终目标。俄支持有关各方努力寻求平衡的解决方案，并确保会谈各方合法的安全利益。

国际原子能机构理事会9月24日就伊朗核计划通过的决议，是国际社会为推动国际原子能机构和伊朗继续加强合作以解决有关遗留问题而发出的信号。俄认为，国际原子能机构有足够的潜力使伊核问题在其框架内得到解决。俄希望有关各方能加强对话，寻求合理的解决方案。该方案应一方面消除一切对伊核活动属于和平性质的疑问，另一方面保证伊合法的能源需求。

三、国际安全面临的核心威胁之一是外空武器化的危险。国际社会完全有能力防止上述危险情况的出现，这符合所有国家的利益。俄与中国一道，在许多其他国家的支持下，在日内瓦裁谈会推动达成一项关于禁止在外空部署武器和禁止对外空物体使用或威胁使用武力的新的普遍性的安排。上述倡议正逐步具有实质性内容，相关工作将继续开展。俄期待裁谈会能尽早设立防止外空军备竞赛特委会。

透明和建立信任措施将有助于减少有关国家在近地空间部署武器的企图。近年来，俄提出了一系列倡议。俄愿重申俄关于不首先在外空部署一切类型武器的单方面声明。俄欢迎“集体安全条约组织”成员国2005年6月23日做出相同自愿政治承诺的声明。俄再次呼吁所有国家做出类似的承诺。

俄认为，所有国家全面讨论关于外空建立信任措施可能的安排，并重新考虑联合国在20世纪90年代初提出的有关建议的时机已经成熟。俄拟向2005年联大一委提交题为“外空活动透明和建立信任措施”的新决议草案，希望得到所有国家的支持。

四、虽然联合国“国际信息安全政府专家组”未能就最后报告达成一致，但该专家组的工作十分有益。信息安全问题关系到各国安全和总体国际稳定。俄与其他许多国家一样，认为该政府专家组应继续工作，俄将向2005年联大一委提交“从国际安全的角度看信息和电信领域的发展”决议草案，希各国支持。

俄支持加强《禁止化学武器公约》的普遍性，支持加强《禁止生物武器公约》。谈判具有法律约束力的《禁止生物武器公约》核查措施仍然具有重要价值。俄希望2006年《禁止生物武器公约》第6届审议大会取得成功。

俄希望裁谈会能尽早打破僵局。裁谈会的现状不是由其程序性的缺陷造成，而是由于有关国家缺乏政治意愿和正确的态度。俄希望不支持目前关于裁谈会工作计划的妥协建议的国家能倾听国际社会绝大多数成员的意见，显示必要的灵活性。

俄批准《特定常规武器公约》第一条的修正案和《战争遗留爆炸物议定书》的工作已经启动。

《识别和追查非法小武器国际文书》的达成，是2005年裁军领域取得的成就之一。2005年联大核可该文书，将有助于各国可靠、及时地识别和追查非法小武器。

非盟代表在第60届联大一委一般性辩论中发言

10月4日，尼日利亚代表非盟在第60届联大一委一般性辩论中发言。主要内容如下：

非盟致力于在严格、有效的国际监督下实现全面、有效的裁军，相信有必要最终全面实现防止大规模杀伤性武器扩散的目标。

非盟欢迎联大首脑会议通过成果文件，但对各方未能就该文件有关裁军和防扩散的内容达成一致表示失望，呼吁各方显示政治意愿，推动裁军和防扩散取得进展。

非盟认为，核武器是人类面临的最大威胁，必须尽早谈判达成一项禁止发展、生产、试验、部署、储存、转让、使用或威胁使用核武器及销毁核武器的公约。为实现这一目标，核武器国家首先应停止改进、发展、生产和储存核弹头及其运载系统。在彻底销毁核武器之前，核武器国家应以法律形式承诺不对无核武器国家使用或威胁使用核武器。核裁军进程应不可逆、透明和可核查。第一届裁军特别联大是多边裁军、特别是核裁军进程的转折点；应召开第四届裁军特别联大，推动核裁军进程。

《不扩散核武器条约》对维护国际和平与安全至关重要，非盟支持2002年《不扩散核武器条约》审议大会通过的13条核裁军措施，认为核武器国家应严格履行《不扩散核武器条约》第六条规定，直至最终彻底销毁其核武库。

非盟历来支持全面禁止核试验，强调《全面禁止核试验条约》应得到包括核武器国家在内的普遍遵守，支持2005年“促进条约生效大会”通过的《宣言》，主张在《条约》生效前应维持暂停试。

非盟认为，应全面遵守和有效履行现有多边军控和裁军协定并加强其普遍性；主张加强现有裁军机制以推动核裁军进程，呼吁裁谈会尽快达成工作计划；支持建立无核武器区，呼吁有关国家尽快批准《非洲无核武器区条约》，以使该《条约》尽快生效。

非盟呼吁各国采取措施防止倾倒核及放射性废物，国际原子能机构关于跨国移动放射性废物的行为准则应得到有效实施。

非盟认为国际社会应全面解决非法小武器问题。希望2001年联合国小武器《行动纲领》得到全面实施，支持“识别和追查非法小武器国际文书”，呼吁建立有效的国际机制处理中间商问题，支持成立中间商问题政府专家组。非盟呼吁《渥太华禁雷公约》成员国全面履行公约义务。

埃及代表在第60届联大一委一般性辩论中发言

10月4日，埃及代表在第60届联大一委一般性辩论中发言。主要内容如下：

当前裁军和国际安全形势令人担忧。第一届裁军特别联大(SSOD I)确立的核裁军、其他大规模杀伤性武器和常规武器三个裁军优先事项在多边框架内几乎没有进展，在双边层面虽有进展，却难以核查。

一、核裁军

《不扩散核武器条约》无限期延期以来，核裁军进程并未取得实质性进展，《不扩散核武器条约》的普遍性未能实现。一些《不扩散核武器条约》成员国，特别是核武器国家没有切实努力促进《条约》的普遍性。一些非成员国获得核能力甚至核武器，而核武器国家却违反《条约》义务，与其加强核合作。核武器国家及在其核保护下的盟国一方面谋求不断扩大无核武器国家的义务，另一方面企图限制退约的权利，阻碍无核武器国家获取发展和平核计划的材料及技术，采取多重标准处理可疑的违约事件，排斥多边框架。核武器国家对履行13条核裁军措施缺乏政治意愿。日内瓦裁军谈判会议未能设立核裁军附属机构，无法开始谈判可核查的《禁产条约》以及《全面禁止核试验条约》的生效难以实现等，均体现出这一点。

二、防扩散

在中东建立无核武器区十分必要，但除非以色列加入《不扩散核武器条约》，建立中东无核区前景渺茫。为什么伊拉克被禁止拥有大规模杀伤性武器，而别的国家却可以这么干？为什么有的国家可以不遵守《不扩散核武器条约》义务和安理会有关中东问题的决议？

《不扩散核武器条约》审议大会和联大首脑会议未能就军控和防扩散问题达成成果文件，并不能说明国际裁军机制已经崩溃，但这警示各国，如不能平衡、切实履行义务，国际裁军机制必将受到侵害。《不扩散核武器条约》审议大会虽未达成实质性成果，但国际社会

1995年及2000年达成的共识得以维持，仍应切实遵守。

我们确有必要在多边框架内处理裁军问题，努力维护联合国的权威和我们成员国自己的信誉。如果我们无法就此达成共识，《不扩散核武器条约》和国际裁军努力将面临彻底崩溃的危险。

三、常规武器

埃及高度重视小武器问题。认为2005年第二届“双年度会议”有助于联合国小武器《行动纲领》在国家层面的全面履行，国际社会应向发展中国家提供有关财政和技术援助。埃及支持“识别和追查非法小武器国际文书”。

四、裁军的未来走向

我们必须在多边、而不是双边或安理会框架内处理裁军问题，否则，国际裁军努力就不会成功。必须按照SSOD I确定的优先事项推进裁军努力。政治和战略格局的转变不应改变这些优先事项，安全形势和国际力量格局的变化也不应改变我们对裁军问题的基本态度和做法。

巴西代表在第60届联大一委一般性辩论中发言

10月5日，巴西代表在第60届联大一委一般性辩论中发言。主要内容如下：

核裁军应是最优先事项。大规模杀伤性武器扩散的风险仍然存在，然而，削减和销毁现有大规模杀伤性武器的重要性不容忽视。在防扩散的同时，必须继续致力于核裁军。为此，要在谈判有效核裁军措施的基础上，系统、连续、逐步地履行《不扩散核武器条约》第六条规定。这也是"新议程联盟"在本届一委提出决议草案的核心所在。

2005年召开的无核武器区成员国大会加强了国际社会在整个南半球实现无核武器化的决心。巴西对此表示欢迎，并将再次在本届联大一委与新西兰就此提交决议草案。

《不扩散核武器条约》的三大支柱，即核裁军、核不扩散及和平利用核能，有助于实现无核武器世界的最终目标。在2005年《不扩散核武器条约》审议大会上，巴西努力寻求就与这三大支柱有关的实质性问题开展工作。然而，由于各方缺乏政治意愿，未能就此展开讨论，最后也未能达成实质性文件。下次审议大会及其筹备会必须对包括13条核裁军步骤在内的《条约》2000年文件重新进行彻底评估。巴西呼吁未加入《不扩散核武器条约》的国家以无核武器国家身份无条件地加入该《条约》。

巴西始终支持《全面禁止核试验条约》，已签署和批准该《条约》。《全面禁止核试验条约》旨在通过限制改进及研发新型核武器来防止纵向和横向的核扩散，是迈向彻底销毁核武器的关键一步。巴西呼吁尚未签署和批准《全面禁止核试验条约》的国家、特别是《条约》附件2中所列的国家尽快签署和批准《条约》，不要从事违背《条约》宗旨和义务的活动。2005年"促进条约生效大会"通过的《宣言》强调《条约》对于国际裁军和防扩散的重要意义，重申了各国促进《条约》生效的决心。

巴西对联大首脑会议未能就有关裁军和防扩散的内容达成一致感到遗憾。当前，核裁军及核不扩散体制面临的挑战十分突出，但这并不能妨碍我们追求实现无核武器世界的目标。加强多边主义是有效解决人类共同安全关切的惟一途径。

日内瓦裁军谈判会议仍未达成工作计划，联合国裁军审议委员会无法就议程达成一致，这都是不可接受的。巴西认为，一项平衡的裁谈会工作计划必须包括同时就核裁军、《禁产条约》、防止外空军备竞赛以及消极安全保证四个议题建立附属机构。这四个核心议题不容回避。

恐怖主义和大规模杀伤性武器的进一步扩散是当前国际和平与安全面临的主要挑战。非国家实体若获取和使用大规模杀伤性武器，其后果将十分严重。必须严格依据公认的国际法律原则和规定，防止此种情况发生。然而，如果在裁军、特别是核裁军领域没有进展，甚至遭遇挫折，这同样也构成挑战。

正如巴西外长在本届联大开幕时所说的，巴西将继续支持打击恐怖主义及铲除其根源的国际合作。这些努力必须尊重国际法和人权。打击恐怖主义不能仅靠一味镇压，必须避免造成无谓和不加区分的伤亡，否则将无异于恐怖主义。

印尼代表在第60届联大一委一般性辩论中发言

10月5日，印尼代表在第60届联大一委一般性辩论中发言。主要内容如下：

一、过去一年中，军控、裁军与国际安全相关努力深陷危机。狭隘的自我利益观和单边主义加重，进一步削弱了处理上述问题的多边机制。

印尼对2005年《不扩散核武器条约》审议大会未能提出实质性建议深感失望。联合国刚刚通过的历史性文件未提及防扩散和裁军问题，这更加令人不安。在联合国首脑会议上，核武器国家拒绝在成果文件中提及《不扩散核武器条约》规定的裁军义务，导致其他国家纷纷对文件提出修改和异议。这些事态增加了打破军控、裁军和防扩散当前僵局的难度。如果核武器国家坚持保留并改进其核武器，将更难说服其他国家放弃核武器选择。此外，裁谈会和裁审会陷于僵局，一委陷于分裂，这应主要归因于一些国家、特别是核武器国家缺乏政治意愿。上述消极事态使多边裁军处于危机。我们应继续努力争取就解决这些重大问题达成新的一致。

二、面对当前的挑战，印尼已开始致力于建立跨印度洋的合作。2005年4月举行的亚非峰会确立了一些合作渠道。峰会通过的“战略伙伴宣言”既务实又具有前瞻性。《宣言》致力于推进多边主义，维护联合国处理国际事务的核心地位，强调各国应通过对话解决冲突、跨国犯罪、恐怖主义和大规模杀伤性武器等共同关切。

印尼还参加了挪威倡议的《七国部长宣言》。《宣言》旨在寻求解决全球防扩散和裁军问题的现实途径。

三、目前，军控、裁军和防扩散条约的遵约问题极为严重。

违约情况的发生，以及核武器国家未采取实际、可核查、不可逆的裁军步骤，导致对《不扩散核武器条约》机制的信任危机。

由于一些核武器国家未批准《条约》，《全面禁止核试验条约》尚未生效，这与上个月“促进条约生效大会”的成功举行是不协调的。

印尼主张尽快无条件地谈判一项可核查的《禁产条约》，《条约》

应处理现存及未来生产的武器用裂变材料。

世界仍面临日益增长的核武器威胁，只有彻底消除核武器才能解决问题。核武器国家必须无条件地以法律形式承诺不对无核武器国家使用或威胁使用核武器。

应推动国际原子能机构在帮助发展中国家和平利用核技术方面发挥更大作用，同时应保证核材料不被转用，防止核材料及技术的扩散和核恐怖主义。印尼呼吁各国加强国际原子能机构全面保障体系，遵守附加议定书。

作为《东南亚无核武器区条约》缔约国，印尼将继续寻求核武器国家遵守该《条约》的议定书。希望各方增加紧迫感，解决有关遗留问题，以促进地区安全和防扩散，推进核裁军进程。整个南半球已成为无核武器区。中亚五国建立无核武器区的努力取得重大进展。希望相关国家继续支持有助于加强地区及全球和平与安全的努力。呼吁有关各方采取切实步骤，在中东建立无核武器区。

通过对话和平解决朝鲜核问题是确保东北亚和平与稳定及在朝鲜半岛建立无核武器区的必要前提。"六方会谈"发表的原则声明令人鼓舞。这一进展有助于通过外交手段和平解决朝鲜核问题，使朝鲜重返《不扩散核武器条约》，接受国际原子能机构核查。

四、要摆脱当前裁军领域的困境，召开第四届裁军特别联大是惟一可行的办法。1978年第一届裁军特别联大协商一致通过最后文件以来，许多国际会议相继召开，寻求解决重大全球性问题的多边方案。对裁军问题，也应采取这一做法。召开第四届裁军特别联大不仅将推动裁军进程，还将为审议多边裁军机制提供良机。

印尼欢迎"识别和追查非法小武器国际文书"的达成。2005年的第二届小武器双年度会议表明，打击非法小武器努力在国家、地区及国际层面都取得了显著进展，各国也意识到应进一步全面履行小武器问题《行动纲领》。希望2006年的《行动纲领》审议大会采取后续行动来处理加强国际合作等突出问题。

一委应改进工作方式。改革不仅应处理程序性问题，更应关注第四届裁军特别联大框架内的实质性问题，从而在多边框架下寻求全面、持久解决裁军和安全问题的办法。

巴基斯坦代表在第60届联大一委一般性辩论中的发言

10月5日，巴基斯坦常驻日内瓦裁军谈判会议代表在第60届联大一委一般性辩论中发言。主要内容如下：

一、巴对全球安全环境的看法

全球安全机制正不断受到冲击。各国对处理核裁军和防扩散问题的观念、途径和方式存在明显分歧。国际裁军和防扩散共识趋于消亡，多边裁军机制正被严重削弱。这使得单边主义、歧视性做法和强制手段大行其道。

联合国首脑会议"成果文件"裁军和防扩散内容的磋商无果而终，反映出各国之间的深刻分歧。这一分歧对全球，尤其是局势紧张地区的和平与稳定非常危险。国际社会应就推进裁军和防扩散达成新的共识，这一目标应通过所有联合国成员国的充分协商加以实现。而要形成上述新共识，就不能不考虑"各国安全利益平等"这一《联合国宪章》的基本精神。在当今世界，只有通过集体手段，才能维护各国的普遍安全。

要真正推进裁军和防扩散，国际社会必须解决有关国家获取大规模杀伤性武器的动因。核裁军和防扩散努力相辅相成，应同步推进。歧视性做法和技术限制解决不了大规模杀伤性武器扩散问题，也无助于实现地区和全球稳定。只有通过集体行动和加强国际合作，才能有效防止恐怖分子获取大规模杀伤性武器。

新的安全共识应包括如何处理国际和地区安全面临的挑战，各国可在日内瓦裁谈会或召开裁军审议委员会特别会议就此进行讨论。新的安全共识应有助于消除恐怖分子获得大规模杀伤性武器、纵向核扩散、发展和积累先进常规武器、发展和部署反弹道导弹系统、在导弹问题上缺乏国际共识以及外空军事化等造成的危险。

二、巴在核裁军等问题上的立场

核武器国家在合理的时间框架内采取可信的核裁军步骤，对防止核武器扩散至关重要。同时，国际社会应继续支持根据各国一致同意的条件，开展和平利用核能合作。

国际防扩散机制应接受“核现实”，即承认有8个核武器国家，而不仅是5个。巴基斯坦赞同《不扩散核武器条约》的目标，但巴是核武器国家。巴已履行《不扩散核武器条约》的防扩散准则，准备继续恪守《不扩散核武器条约》第一、第二、第三条为核武器国家规定的义务。但是，巴不能以无核武器国家的身份加入《不扩散核武器条约》。国际原子能机构总干事已呼吁，将3个非《不扩散核武器条约》核武器国家纳入未来核裁军和防扩散谈判中。这一主张不应被忽视。

巴支持根据“香农职权”和关于裁谈会工作计划的“五国大使建议”，谈判一项普遍的、非歧视的、多边的、可有效国际核查的《裂变材料条约》。各方过去达成一致的谈判基础不应被曲解为启动谈判的“前提条件”。“暂停生产裂变材料”是不现实的。一项无法核查的“暂停产”既不能增进信任，也不能实现全面的、可核查的《裂变材料条约》的目标。巴将根据其核威慑态势的需求，决定何时停止生产裂变材料。

在核裁军目标实现前，无核武器国家有权要求核武器国家不对其使用核武器。大多数核武器国家给予无核武器国家的“安全保证”是有限的、不完整的和有条件的。只有普遍的、无条件的和具有法律约束力的安全保证，才能真正增进无核武器国家的安全。

现有国际法律文书不足以防止外空军备竞赛。有必要巩固和加强现有机制，并增进其有效性。中国和俄罗斯在此方面发挥了重要作用。巴支持裁谈会根据“五国大使建议”，设立“防止外空军备竞赛”特委会并开展工作。

巴呼吁各国在联合国框架内，就导弹各方面问题谈判一项全面、非歧视性的《条约》。巴希望有关国家加快销毁库存化学武器。巴呼吁《禁止生物武器公约》所有缔约国进一步共同努力，建立关于公约遵约和核查的机制。

三、巴的安全政策

巴发展战略威慑能力，是为了维护自身安全，而非谋求大国地位。巴是在南亚地区出现核扩散之后才拥有核武器的。巴的战略态势是克制和负责任的。巴仅保持了可信的最低限度核威慑能力。巴不会对无核武器国家使用或威胁使用核武器。巴反对在南亚地区进行核和常规军备竞赛。巴对核计划采取了一系列负责任的监管措施：于2002年成立了“国家指挥机构”；建立了可靠的控制和指挥体系；采取了严格的监管控制措施，以防止核技术泄漏、意外发射和未经授权的部署；颁布并执行了关于核、生、化学武器的出口控制措施，于2004年颁布了一项关于核武器和生物武器的全面《出口控制法》，并正在制定一项关于《禁止生物武器公约》的新法案；巴“核管理机构”确保了民用核电站的安全运行。

在南亚，巴致力于与印度建立一个“战略克制机制”，主要包括3部分内容：解决冲突机制、在核与导弹领域实行克制、常规军力方面的平衡。自2003年初起，巴与印就建立信任措施和综合对话进行了多渠道的接触。从2004年6月起，巴、印为建立核和常规武器领域的建立信任措施进行了3轮对话。2005年10月3日，巴、印签署了关于预先通报弹道导弹试验的协定。巴已建议将下列要素作为“战略克制机制”的组成部分：继续暂停核试验；保持核武器的“解除警戒状态”；不实战部署反弹道导弹；不获取或部署导弹防御系统。

四、如何解决现有多边裁军机制存在的问题

国际社会应努力改变裁军机制无所作为的状态，以推进裁军和防扩散。联大一委、裁谈会和裁军审议委员会是国际公认的处理防扩散和裁军问题的论坛。试图绕过现有多边机制的新倡议只能为反扩散、防扩散、和违约问题提供暂时的解决方案。不平等和成员有限的安理会不能取代或绕过多边谈判进程。单边和歧视性的机制不会增进国际社会的安全。谈判《条约》虽很艰难，但只有各国在自愿基础上达成的《条约》，才能确保普遍性和严格遵约。

打破裁谈会的僵局，是国际社会当前面临的一项明确任务。裁谈会无法开展工作是由于政治性原因，而非程序性问题。现在各国需要的是就所有问题开展实质性谈判的政治意愿，而非仅处理部分问题的“快速解决方案”。

东盟代表在第60届联大一委一般性辩论中发言

10月6日，缅甸代表东盟在第60届联大一委一般性辩论中发言。主要内容如下：

一、联大首脑会议

东盟欢迎联大首脑会议的召开，但对“成果文件”未提及裁军和防扩散问题感到失望。希望“成果文件”后续进程透明、全面和开放。

二、核裁军和核不扩散

国际法院关于“使用或威胁使用核武器的合法性”的咨询意见是对国际社会维护和平与安全努力的重要贡献。东盟再次确认国际法院1996年7月有关核裁军问题的咨询意见，2005年将继续支持并联署一直由马来西亚提交的有关决议案。东盟国家每年均联署缅甸提出的核裁军决议案。2005年，马来西亚和缅甸将在东盟和其他共提国支持下再次提出这两项决议案，希望得到更广泛的支持。

《全面禁止核试验条约》和《不扩散核武器条约》应得到普遍遵守。核武器国家须进一步努力消除所有核武器。东盟欢迎2005年“促进《全面禁止核试验条约》生效大会”《最后宣言》及促进《条约》生效的措施，重申2003年大会通过的12条具体措施的重要性，欢迎马达加斯加和瓦努阿图批准、黎巴嫩签署《全面禁止核试验条约》。作为2004年海啸的受害地区，东盟欢迎关于将《全面禁止核试验条约》核查系统用于海啸预警的倡议。

东盟对2005年《不扩散核武器条约》审议大会未达成实质性成果感到遗憾；敦促有关国家显示政治意愿、弥合分歧，为核裁军和不扩散共同努力；重申彻底消除核武器是防止使用或威胁使用核武器的惟一和绝对的保证，核武器国家应采取切实措施履行其《不扩散核武器条约》义务。

三、导弹和《莫斯科条约》

寻求导弹问题的平衡、非歧视性和全面的解决办法是维护国际和平与安全的迫切需要。通过多边谈判达成非歧视性的协议是解决导弹扩散关切的最佳途径。东盟将与各国携手努力，寻求可能达成的共识，包括于2007年建立政府专家组，为联合国解决导弹各方面问题做出贡献。

《莫斯科条约》生效是美俄迈向削减已部署战略核武器的一步。应按照不可逆、透明的原则履行该《条约》。希望两国根据《条约》规定，在2012年前削减其部署的战略核弹头。

四、生、化学武器

东盟注意到《禁止生物武器公约》第五次审议大会有关召开缔约国年会和专家会的决定，欢迎2004年召开的《禁止生物武器公约》缔约国第二次年会，敦促缔约国继续增强应对和调查传染性疾病的能力。东盟还欢迎2005年第三次专家组会制定并实施“行为准则”，以防止发生违背公约宗旨、滥用科研成果的情况。

东盟承诺遵守《禁止化学武器公约》的核查制度，强调迫切需要解决相关问题，以促进公约得到全面、有效和非歧视性的实施。

五、常规武器

东盟欢迎第二届小武器非法贸易问题双年度大会取得积极成果，希望本届联大通过“识别和追查非法小武器国际文书”。

六、无核武器区

建立无核武器区是全球核裁军进程的积极步骤。东盟欢迎有关国家和地区在自愿协商的基础上建立无核武器区。

《东南亚无核武器区条约》已经生效。核武器国家应尽快签署《条约》所附议定书，以使《条约》得到全面、有效的履行。目前，《条约》缔约国正与五个核武器国家就签署议定书问题进行磋商。虽然仍有一些未决问题，但磋商是确保核武器国家支持该无核武器区的正确步骤。东盟对中国准备签署议定书表示欢迎。

七、第四届裁军特别联大（SSOD IV）

东盟支持召开SSOD IV。联合国所有成员国均应参加SSOD IV，大会应审议和评估第一届裁军特别联大最后文件的实施情况并重申其原则及优先事项。

八、东盟地区论坛（ARF）和建立信任措施

东盟重视在本地区国家间建立信任的努力，并在ARF框架内提出各种倡议，采取具体措施增强地区安全。ARF欢迎旨在增进该地区理解和信任的对话。通过会间会活动和一轨和二轨之间的沟通与联系，ARF进程正取得积极进展，它作为本地区主要的政治和安全论坛发挥着至关重要的作用。东盟将继续增强自身在推进ARF进程、深化地区合作方面的领导作用。东盟高兴地看到，ARF已对《东南亚友好合作条约》的宗旨和原则表示认可。东盟欢迎蒙古、新西兰加入该《条约》和澳大利亚声明愿加入该《条约》，并呼吁东南亚地区以外的国家考虑加入该《条约》。

九、日内瓦裁军谈判会议

作为惟一的多边裁军谈判机构，裁谈会的地位和作用十分重要。裁谈会持续陷于僵局，2005年仍未达成工作计划，东盟对此感到遗憾。希望有关国家显示政治意愿，打破僵局，尽早找到妥善的解决办法。

多边主义是实现裁军领域共同目标的重要途径。东盟决心进一步推动多边主义，与国际社会一道，为维护和平与安全、实现无核武器世界而不懈努力。

日本代表在第60届联大一委一般性辩论中发言

10月6日，日本代表在第60届联大一委一般性辩论中发言。主要内容如下：

国际安全、裁军和防扩散面临严峻挑战，主要包括：大规模杀伤性武器扩散、国际恐怖主义及恐怖分子获取大规模杀伤性武器的威胁上升、核相关技术通过地下网络的扩散以及个别国家的遵约问题。

2005年《不扩散核武器条约》审议大会未能达成实质性文件，联大首脑会议也未能就成果文件中有关裁军和防扩散内容达成一致，日本对此深感遗憾，认为这将妨害裁军和防扩散领域的进展。联合国正处于十字路口，它能否有效应对裁军与防扩散领域的挑战，取决于每一个成员国的努力。在联大一委，我们同样需要共同努力解决这些问题。作为审议国际安全与裁军问题的场所，一委应聚集各成员国的智慧和政治意愿，提出应对上述挑战的具体措施，推动国际安全与裁军取得进一步进展。

近来，国际军控与裁军取得了一些进展。在常规武器领域，《渥太华禁雷公约》第一次审议大会通过了“内罗毕行动计划”；“识别和追查非法小武器国际文书”谈判达成，联合国小武器《行动纲领》第二届双年度会议成功举行。日本将与柬埔寨及南非提交关于小武器问题的决议，希望能协商一致通过。在国际反恐领域，《核材料实物保护公约》通过了修正案；《制止核恐怖主义行为国际公约》上个月开放供签署。日本呼吁各国尽快批准该公约以及其他12个反恐公约和议定书。此外，2005年第四届“促进《全面禁止核试验条约》生效大会”通过了《宣言》，呼吁推动《条约》尽快生效，强调维持暂停核试验的重要性。日本再次呼吁尚未批准《全面禁止核试验条约》的国家尽快批约，使该《条约》早日生效。

日本认为，进一步加强现有机制，促进其全面履行并增强其普遍性是解决上述问题的现实、有效的途径。保持政策的一贯性对于维护现有机制的信誉十分重要。各国应充分听取国际社会和公众的呼声，尊重其意愿，而不是只追求本国利益。应加强与民众及非政府组织的对话与合作以及在裁军与防扩散方面的教育。

日本认为，作为国际裁军和防扩散努力的基础，《不扩散核武器条约》、《全面禁止核试验条约》、国际原子能机构保障协定及附加议定书、《禁止生物武器公约》和《禁止化学武器公约》等国际框架的作用至关重要。《不扩散核武器条约》审议大会未能达成实质性文件，这不应损害《不扩散核武器条约》的权威和信誉，各国应稳步落实裁军和防扩散措施。

日本在核裁军问题上的基本立场是：通过逐步落实具体措施来实现和平、安全的无核武器世界。日本自1994年起每年向联大提交的核裁军决议案即反映了这一立场。

2005年是原子弹爆炸及联合国成立60周年。日本将提交题为“朝向全面消除核武器的新决心”核裁军决议案。与以往相比，新决议案的结构有所调整，避免了重复，文字也更加精练。希望包括核武器国家在内的所有国家支持该决议，以实现彻底销毁核武器的目标。

每年向联大提交的核裁军决议的内容和角度不尽相同，但目标都是彻底销毁核武器。为实现这一目标，各国应进一步强化努力，形成核裁军的强劲势头。

日本欢迎近年来关于一委改革问题的讨论。改进一委的工作是发挥其作用、应对国际安全环境的变化的迫切要求。有关一委改革的讨论应在联合国改革的大背景下进行，同时应考虑日内瓦裁谈会、联合国裁军审议会议等裁军机制的工作。日本欢迎2004年协商一致通过的关于改进一委工作效率和工作方式的决议，感谢主席和各成员国为执行该决议付出的努力。希望2005年再次就此交换意见，日本将积极参与相关讨论。

以色列代表在第60届联大一委一般性辩论中发言

10月7日，以色列代表在第60届联大一委一般性辩论中发言。主要内容如下：

一、总体立场

近年来，由于各方未能就裁军议程、如何应对挑战以及优先工作事项等问题达成一致，国际裁军努力陷于停滞。日内瓦裁谈会和联合国裁审会处于僵局，联大首脑会议成果文件未能就裁军和防扩散内容达成一致，都反映了当前的裁军形势。我们应抛开那些过时或不相关的问题，采取务实的态度，重启各机构的实质性工作。

以色列认为，在国际安全领域主要有以下威胁和挑战：国家和非国家行为者进一步扩散大规模杀伤性武器及其运载工具和相关技术；有关国家不遵守相关义务，以和平利用为掩护秘密从事大规模杀伤性武器计划；各种形式的恐怖主义；一些国家的世俗和宗教领袖不断鼓吹暴力、煽动仇恨，反复对有关国家进行威胁，这些言论同样是不稳定因素。

为了加强全球稳定，维护和平与安全，国际社会应根据不同的目标采取相应的手段，而不是一味地诉诸裁军。鉴于当前形势，我们应对防扩散予以充分重视，为此采取注重实效的外交政策并加强双边和多边合作。裁军与防扩散性质不同，两者没有必然联系。加强防扩散的努力与裁军领域的进展无关。

二、核燃料循环

应从概念上区别军用燃料循环技术和相关民用技术。燃料循环技术的不慎扩散可被转用于军事目的。亟须切实防止那些不讲信用的国家利用现有国际机制和准则中的漏洞钻空子；否则，将损害国际社会所有成员和平利用核能的权利。

有的国家，特别是伊朗，滥用《不扩散核武器条约》第六条赋予的和平利用核技术的权利，秘密发展军用核计划。国际原子能机构的保障监督机制不足以发现秘密核计划和设施。发展军事核计划所需的技术和设备，特别是铀浓缩等燃料循环领域的双用途技术，越来越容易获取。汗博士的地下扩散网络等表明，越来越多的非国家行为者在从事出口活动。

三、反恐与防止大规模杀伤性武器扩散

传统的防扩散机制固然重要，但不足以应对当前的挑战，应寻求新的机制和途径加以弥补。

恐怖主义与大规模杀伤性武器结合只是时间问题。恐怖分子将获得发展大规模杀伤性武器的能力并付诸使用，这对安全和稳定造成潜在威胁。以色列欢迎联合国通过1540号决议。该决议在加强防扩散及反恐方面将发挥重要作用。

一些国家企图赋予恐怖组织某种合法性，并允许非国家行为者使用某些类别的武器，这是危险的，也是不能允许的。应禁止任何非国家行为者获取地雷、肩扛式防空导弹（MANPADS）等武器。以色列已采取实际措施暂停出口任何杀伤人员地雷，并遵守“瓦森纳安排”关于肩扛式防空导弹的指导原则。国际社会必须采取措施，防止恐怖分子及其他非国家行为者获取、使用肩扛式防空导弹、短程火箭及其他类型的导弹。2004年一委首次通过了关于肩扛式防空导弹问题的决议，具有重要意义。应进一步采取切实、有效步骤解决肩扛式防空导弹问题。

以色列支持并积极参与国际社会防扩散的努力，支持“扩散安全倡议”（PSI）、“大型港口安全倡议”、“集装箱安全倡议”等倡议，呼吁各国切实执行安理会1540号决议。

严格的出口控制对防止有关国家和非国家行为者获取大规模杀伤性武器至关重要。双边和多边努力固然不可或缺，但国家层面的措施首当其冲。2004年，以色列制定了“进出口控制法令”，实现了与“澳大利亚集团”、“核供应国集团”、《导弹及其技术控制制度》等出口控制机制的接轨。

四、常规军控

近年来，常规武器非法扩散的威胁上升。真正的威胁在于武器与敌意的结合。在本地区建立信任将减少对武器的需求。各国同时应加

强武器控制，避免不必要的人员伤亡。

常规军控领域取得了实质性进展，但我们不应沾沾自喜。联合国通过的小武器《行动纲领》为解决非法小武器问题奠定了良好基础，但未就防止恐怖分子和未经授权的实体获取小武器作出规定。对以色列和该地区其他国家乃至整个国际社会而言，履行《行动纲领》具有重要意义，是和平进程中的关键步骤。以色列欢迎《识别和追查非法小武器国际文书》的达成。

我们希望刚刚完成的从加沙地带撤离的计划使安全环境得以改善，减少以色列面临的威胁。希望巴勒斯坦当局履行承诺，收缴恐怖组织持有的小武器，防止恐怖分子获取小武器和弹药，并断绝其财政来源。

五、地区安全

当前，一些邻国及本地区的其他国家决意发展大规模杀伤性武器，违背其法律义务，支持恐怖组织，这严重影响地区和平与安全。中东应在开展安全合作的基础上建立新的安全架构，保证各国人民的安全，促进各国关系正常化，促进共同繁荣。应从建立信任措施、加强互信和安全着手，缓解紧张局势，应对地区新挑战，为实现持久和平与稳定创造条件。

以色列历来支持在有关地区所有国家自愿协商基础上，最终建立可有效核查的无大规模杀伤性武器及其运载工具区。然而，鉴于中东地区的政治现实，我们必须采取务实态度，循序渐进。应从建立信任措施起步，然后建立和平关系、和解及睦邻友好，辅之以常规及非常规武器控制措施，最终实现建立无大规模杀伤性武器区的目标。这一目标只能通过本地区所有国家之间的直接对话来实现，以削弱以色列自卫能力为目的的强迫性措施无助于建立地区信任、安全与和平。

联大一委应就如何应对国际和平与安全方面的挑战达成一致。任何回避协商一致的企图都只能阻碍我们实现促进人类安全和持久发展的目标。

朝鲜代表在第60届联大一委一般性辩论中发言

10月7日，朝鲜常驻联合国代表在第60届联大一委一般性辩论中发言。主要内容如下：

一、核裁军和防扩散

通过核裁军防止核军备竞赛、实现无核武器世界是当前的紧迫挑战。冷战结束10多年以来，核武器国家对核武器的依赖并未减少，反而增加。有的国家公开鼓吹“先发制人”的核战略，加速研发新型核武器，并对核武器进行质量改进。只要有国家企图永久保持其核武器垄断地位并借此主导世界，裁军、和平与安全就根本无从谈起。

一些国家反复强调防止大规模杀伤性武器扩散的重要性，而现存核武器的威胁正是造成扩散的根源所在。因此，防扩散的首要任务就是尽快彻底消除核武器这一扩散根源。

核裁军是制止扩散的最佳途径。没有核裁军就根本谈不上防扩散。超级核大国的核威吓政策是造成武器扩散的根本原因。国际社会应采取实际措施使其放弃这种政策，才能真正防止大规模杀伤性武器扩散，并确保现有裁军机制不被削弱或破坏。核武器国家应摒弃以首先使用核武器为基础的核战略，承诺任何情况下都不首先使用核武器，并谈判相关国际协定。

只强调防扩散却避而不谈“保证不使用核武器”，是回避现实的做法。无核武器国家安全保证问题对于推动全球核裁军进程至关重要。无核武器国家要求核武器国家无条件承诺在任何情况下都不使用核武器。一些国家决定加强自卫能力，原因是《不扩散核武器条约》等现有军控机制无法确保本国安全。认为只有大国才能拥有核武器并威胁或攻击小国，这是一种强盗逻辑。如果纵容这种逻辑，将导致国际秩序发生根本改变，迫使无核武器国家发展自己的核威慑力量。

二、朝鲜半岛核问题

作为一个小国，朝鲜不断受到美国这一超级大国的威胁。半个多世纪以来，美对朝的敌视政策根深蒂固。朝只能以核威慑对抗美的核威胁。朝发展核武器不是要威胁或攻击他国。朝也无意永久拥核。如果朝美关系正常化并建立双边互信，且朝不再受到美的核威胁，朝就没有必要保留任何核武器。

朝认真参加了第四轮“六方会谈”，致力于实现朝鲜半岛无核化的最终目标。朝与会的立场是大度、有原则、公正和坦率的，最终使得会谈克服种种挑战，就有关在大的框架内实现上述目标的原则达成了共识。共同声明的发表表明了朝解决核问题的原则立场，同时明确规定了美、韩应承担的具体义务。现阶段的关键是美尽快向朝提供轻水反应堆，以证明其放弃对朝核威吓并承认朝从事和平核活动的权利。

实现半岛无核化是朝的最终目标。朝一贯主张通过对话和谈判和平解决核问题。然而，不能只通过朝单方面放弃核武器计划来实现半岛无核化。美立即放弃对朝的核威胁及“颠覆朝政权”的敌对政策才是最为紧迫的问题。美应采取决定性的实际步骤，消除朝鲜半岛问题这一冷战遗产。

为了实现半岛和平和统一以及东北亚和整个世界的和平与稳定，必须改变半岛当前不稳定的停战状态，实现持久和平，这样就会消除美对朝的敌视政策及其核威胁，无核化目标自然会得以实现。

正是由于朝的独立自主政策，战争危险才得以避免，半岛和地区和平才得以维护。朝将竭尽所能，消除外部威胁，确保半岛持久和平。

伊朗代表在第60届联大一委一般性辩论中的发言

10月7日，伊朗代表在第60届联大一委一般性辩论中发言，批评美国的单边主义军控政策，重申伊在和平利用核能问题上的立场。主要内容如下：

一、核裁军领域缺乏进展是国际社会的主要关切之一。核武器国家的成千上万枚核武器库存、有关核武器国家发展新型核武器以及关于使用核武器的军事理论，对整个人类构成了前所未有的威胁。

《不扩散核武器条约》第七次审议大会归于失败，以及联合国首脑会议“成果文件”未包含裁军的内容，均是核裁军进程的重大挫折。有关国家违背裁军承诺，依靠先发制人的战争处理国际问题，奉行降低使用核武器门槛的2001年“核态势审议”等新军事理论，计划发展小当量核武器，最近又在“2005年联合核作战理论”中将使用核武器作为先发制人战争的手段。这都对国际和平与安全构成了威胁。国际社会不能让1945年后建立起来的关于禁止威胁使用核武器的国际共识毁于一旦。

冷战结束后，国际军控和裁军努力取得了长足进展。然而，2000年以来，各国在上述领域的希望逐渐破灭。美反对国际承诺，沉迷于单边主义，开始一个接一个地退出多边条约。这种现象并非始于“9·11”事件。美拒批《全面禁止核试验条约》、中止《禁止生物武器公约》议定书谈判、退出《反弹道导弹条约》、在2001年联合国小武器大会上将自己的立场强加于人，都发生在“9·11”事件之前。“9·11”事件只是这一政策的“加速器”。美2003年入侵伊拉克，对所谓的迫在眉睫的大规模杀伤性武器威胁进行先发制人的打击，是美单边主义政策的登峰造极之作。

尽管绝大多数国家具有良好愿望并付出了真诚努力，《不扩散核武器条约》2005年审议大会仍然无果而终，其罪魁祸首就是美的政策。这一政策也导致了2005年联大首脑会议“成果文件”裁军和防扩散内容磋商的失败。美也未参加刚刚在纽约举行的“促进《全面禁止核试验条约》生效大会”。同时，美仍在继续推进缩短核试验准备时间的工作，并为此投入了大笔资金。这不禁使人怀疑其能否恪守暂停核试验的承诺。

美不顾其他国家的关切而一意孤行。国际社会如不对其进行制约，后果将不堪设想。毫不奇怪，美在各种国际场合施放烟幕，出于政治目的对别国的和平核计划说三道四，以转移国际社会对其核裁军记录和单边主义行径的注意力。

具有讽刺意味的是，当美危言耸听地渲染处于国际原子能机构全面保障监督之下的《不扩散核武器条约》缔约国和平核活动的核扩散风险时，美却与非《不扩散核武器条约》缔约国缔结了关于转让各类核技术的协定。特别是美2000年与以色列这个拥有秘密核武器设施的中东地区惟一非《不扩散核武器条约》缔约国缔结的核合作协定，明显与美所谓的防扩散战略相冲突。美向以色列转让核武器技术以及提供其他形式的“核共享”，违反了其《不扩散核武器条约》义务，已构成“违约”。上述例子清楚地表明，美对其他国家和平核活动的所谓“扩散关切”，仅仅是美为实现其政治目的和制造新的“核种族隔离”的借口。

国际社会应坚决反对美这种歧视性的政策，坚持《不扩散核武器条约》缔约国应完全履行所有义务，特别是核武器国家应履行彻底销毁核武器的义务。国际社会应采取有效措施，阻止有关国家发展新型核武器并停止“核共享”，禁止威胁对无核武器国家使用这种不人道的武器，反对非法的单边主义行动和政策。

二、虽然国际社会在核裁军和防扩散领域难有作为，但在《禁止化学武器公约》、《禁止生物武器公约》和小武器领域的进展却可圈可点。联合国小武器《行动纲领》的执行工作最具成果。虽然《识别和追查非法小武器国际文书》不能使所有国家都满意，有些国家还做了实质性的保留，但毕竟该文书的达成是小武器《行动纲领》执行工作取得的一大进展。

三、任何完整的法律文书所规定的权利和义务都应是平衡的，以便鼓励各国加入和遵约，从而确保有关法律体系能长期存在。没有一项国际裁军文书关于缔约国和平利用有关技术的不可剥夺权利的规定被限定在特定的范围。谈判《不扩散核武器条约》的历史也清楚地表明，《不扩散核武器条约》的起草者从未试图限制《不扩散核武器条约》缔约国的权利。《不扩散核武器条约》也规定，国际原子能机构保障监督是确保缔约国不从事违约活动的客观保证。

不许《不扩散核武器条约》缔约国开展包括核燃料循环在内的和平利用核能活动毫无道理。《不扩散核武器条约》对缔约国和平利用核能只设定了一项前提条件，就是接受国际原子能机构保障监督的核查。

一些国家过去还试图通过建立不透明和排他性的组织，如“澳大利亚集团”、“核供应国集团”和《导弹及其技术控制制度》，来垄断有关先进技术。但发展中国家的一项重要任务就是发展科技。任何民族的发展和进步都不是外力所能阻止的。

伊朗作为《不扩散核武器条约》、《禁止化学武器公约》和《禁止生物武器公约》的缔约国，将一如既往地遵守其《条约》义务，并与有关国际组织进行合作。少数国家出于政治动机所做的任何决定，都不能阻止伊行使其合法权利。

专题发言摘要

欧盟代表在联大一委详细阐述在常规武器领域的主张

10月13日，英国裁军大使弗里曼代表欧盟在第60届联大一委专题讨论中就常规武器问题发言。主要内容如下：

一、轻、小武器（SALW）问题

轻、小武器的容易获取导致冲突加剧、助长暴力犯罪和恐怖主义、阻碍战后重建、影响长期可持续发展，必须继续努力铲除此祸端。欧盟目前正在拟订其关于打击轻、小武器及其弹药非法积累和贩运的战略，以作为联合国《轻、小武器行动纲领》的补充。

欧盟对2006年《行动纲领》审议大会寄予厚望，希望早日确定大会及其筹备会主席，认为各方积极参与在纽约及日内瓦的密集磋商十分重要，并欢迎联合国开发计划署框架下的资助计划。

欧盟欢迎《识别和追查非法轻、小武器国际文书》的达成，但对文书未包含弹药及维和行动问题的具体规定以及文书不具法律约束力感到遗憾。然而，文书仍是落实《行动纲领》的重要一步，是国际社会向非法轻、小武器受害国发出的一个积极信号。各国如能切实履行文书规定，将有助于抑制并减少轻、小武器非法贸易。希望今后的审议会议能使该文书得到进一步加强。欧盟将致力于按照工作组主席程序性报告的建议，推动弹药问题的解决。

中间商及转让控制问题是欧盟重点关注的优先事项。非法中间商及贩运活动是助长全球性非法贸易的主要因素之一。欧盟2004年即坚持在联大一委有关决议中增加建立非法中间商问题政府专家组的授权。该专家组应于2006年审议大会之后尽快成立，其授权应研究为防止、打击和消除轻、小武器及其弹药非法中间商问题制定国际文书的可行性。

欧盟主张制定关于转让控制的“最低共同标准”，包括关于转让授权的标准或指导原则，以防止轻、小武器被转用于助长冲突、压制人权或妨害发展。许多其他国家集团与欧盟一道，呼吁在PoA的框架下加强转让控制方面的合作。欧盟强烈希望各地区及各国明确支持就转让控制制定共同原则，并在2006年审议大会筹备进程中进一步讨论有关共同原则。欧盟还支持目前关于最终用户证明的有关工作，其长远目标是，在联合国框架内，就有关“最终用户证明”以及“对接受者进行核查”的最佳做法的指导原则达成一致。

联合国常规武器登记册的范围得到扩大，将便携式防空导弹包括在内，欧盟对此感到欣慰，同时欢迎有关鼓励在自愿基础上报告轻、小武器有关信息的动议。欧盟认为，将轻、小武器全面纳入登记册的时机已经成熟，希望在下一步有关登记册范围和运作情况的审议中优先考虑此问题。

轻、小武器若容易被获取，就会助长武装冲突，严重妨碍可持续发展。轻、小武器问题与安全和发展密切相关，所以，此问题受到“名人小组”报告、联合国秘书长报告以及联合国首脑会议《成果文件》的关注。欧盟呼吁各国和有关国际组织努力强化对轻、小武器的控制，减少对轻、小武器的需求。如能与长期的发展需要相结合，这方面的努力将更加有效。新近决定成立的建设和平委员会可在其工作中制定有关管理轻、小武器的措施，并加强有关轻、小武器管理的培训。

欧盟支持以普遍接受的原则和标准为基础，制定关于武器贸易的全面国际协定，以控制常规武器的扩散。希望其他国家和地区支持在这方面开展工作并参与相关讨论。

国际社会应关注恐怖分子和非国家行为者使用便携式防空导弹威胁民航安全问题，并立即采取行动。欧盟坚决支持瓦森纳安排、欧安组织、八国集团等作出的有关努力。欧盟一直与其他国家进行便携式防空导弹销毁、储存及安全管理等方面的合作，并将继续向有关国家提供帮助。呼吁其他国家也积极进行上述活动。

二、地雷问题

欧盟欢迎在增强《渥太华禁雷公约》普遍性、销毁库存杀伤人员地雷、清除雷区及受害者援助方面取得的进展。2004年的“渥约”第一次审议大会具有里程碑意义。欧盟完全支持大会达成的5年《行动计划》。欢迎“渥约”缔约国充分履行义务并向雷患国提供更多的技术援助。呼吁尚未加入公约的国家尽快加入。即将在克罗地亚召开的第六次缔约国会议对于审议《行动计划》执行进展情况具有重要意义，欧盟欢迎制定有关进展报告的倡议。

《特定常规武器公约》是关于限制使用特定类型武器的重要的国际人道主义法。欧盟重视2003年达成的《战争遗留爆炸物》议定书，希望该议定书早日生效，呼吁公约各缔约国尽快批准和履行议定书并报告其批约进展情况。

在《特定常规武器公约》框架内，当前的工作重点是反车辆地雷问题。欧盟认为，反车辆地雷的不当使用在人道主义、发展及经济方面均造成严重关切，但另一方面，反车辆地雷仍是用于自卫及其他军事行动的合法武器。解决反车辆地雷问题应兼顾人道主义关切和正当军事需要。欧盟支持协调员为制定反车辆地雷议定书作出的努力，希望11月缔约国会议能就该问题达成一致，呼吁各缔约国为实现此目标作出不懈努力。欧盟将继续致力于尽快达成关于MOTAPM的法律文书。

在《特定常规武器公约》框架内，目前还在讨论遵约、履行现有国际人道主义法的原则以及预防弹药成为战争遗留爆炸物的措施等问题，欧盟也希望在这些方面能取得进展。

加拿大代表在第60届联大一委关于核查问题的专题发言

10月17日，加拿大驻日内瓦代表梅耶大使在第60届联大一委专题讨论中就核查问题作专题发言，主要内容如下：

当前，国际军控与裁军机制整体面临的挑战表明，要使缔约国相信相关国际文书仍在发挥作用，核查手段至关重要。以可核查的方式遵守军控与裁军协定，将大大有助于增进国际安全。我们必须继续坚持“信任加核查”机制，这是因为，不遵约会严重损害信任，而信任对于军控和裁军进程的成功非常重要。与维持大规模军事力量等所需的投入相比，投资核查机制将是明智之举。进一步而言，大规模杀伤性武器持续对国际和平与安全造成潜在威胁，因此，潜在的不遵约问题将变得十分突出和重要。

联合国在核查问题上具有长期、特殊的历史。1978年第一届裁军特别联大指出，足够的核查可使国际社会相信所有缔约国都能遵守有关军控与裁军协定。1985年，加拿大提出的第40/152号决议获得联大协商一致通过，其中呼吁各国就核查问题发表意见。在1987年和1988年，由加拿大主持的工作组提出了16条核查原则，并被联大核可。这些原则迄今仍是国际社会在核查问题上的关键共识。1990年和1995年，另外两届政府专家组分别就联合国在核查领域的作用问题进行过研究，并提出了具体建议，但其中部分建议迄未引起各方重视，也未见诸于行动。

2004年，联大第59/60号决议决定在2006年成立一个政府专家组，研究核查问题，并向联大一委报告。专家组定于2006年1月开始工作，将具体研究核查的各方面问题以及联合国的作用。

加拿大认为专家组可在以下4个领域开展工作：

首先，应重新审查1990年及1995年专家组的结论。这与以前专家组的工作方式相一致。此举有助于确定一些领域进一步开展工作，以期对往届专家组的有关工作成果进行更新，从而就核查问题的走向提出更为长远的看法。专家组还可开阔视野，吸纳一些联合国及其他机构过去10年来在核查领域的研究成果。

第二，分析并吸取近来在核查领域的经验教训。近年来，针对大规模杀伤性武器的核查机构、核查技能和相关科技领域不断取得显著进展。国际原子能机构、禁止化学武器组织、全面禁止核试验条约组织等机构的核查能力进一步提高并得到广泛认可。同时，在常规武器领域也有许多有价值的创新经验可供借鉴。

第三，研究如何改进现有的机制，是加强有关条约的普遍性，还是简单地强调更有效或更全面的履约。在此方面，对新技术进行分析非常重要。新技术和科技发展既可能有益于核查进程，但也可能被用于规避核查。因此，对这两方面都应予考虑。此外，大多数核查系统都是基于国家关系建立的，在"非国家行为者"的地位日渐上升的今天，也需对此因素予以审查。

第四，研究联合国在核查领域的作用。联合国监核会的经验表明，联合国有能力建立和保持一个高度专业化、公正、有效的核查组织，并能在十分困难的政治环境中工作。另外，通过联合国与国际原子能机构、禁止化学武器组织等专门机构的合作和互补，可实现核查的高效率。以往的专家组曾积极考虑建立常设多边核查机制问题。2006年的政府专家组或许可对建立该机制的时机是否业已成熟的问题进行研究。

在其他一些领域，核查问题也面临着挑战。《禁止生物武器公约》缺乏核查是最突出的问题。此外，在关于执行安理会1540号决议的国家报告方面，在处理弹道导弹等大规模杀伤性武器运载系统的问题上，鉴于这些领域不存在具有法律约束力的多边监控机制，核查是否、如何发挥作用也值得研究。

加拿大欢迎各方就核查问题展开进一步讨论，赞赏一些国家已向联合国秘书长提供有关看法和意见，鼓励其他国家在政府专家组2006年1月开始工作前提交意见，供专家组考虑。

美国代表在联大一委阐述关于遵约与核查问题的主张

日前，美国国务院主管军控核查、遵约和履约问题的助理国务卿戴苏特在第60届联大一委就防扩散、军控和裁军协定的遵约问题作专题发言，主要内容如下：

一、美和大多数国家一样，希望多边手段能成为各国为加强安全所做自身努力的补充，军控、防扩散和裁军协定就属于这种多边手段。

但当美认为其他国家不会像美一样忠实遵约时，美就不会加入那些限制美行使维护国家安全的权利的机制或条约。当美加入一项国际条约时，美希望了解其他缔约国是否遵约，并希望能尽早发现违约行为，使违约者无法从违约行为中受益。美认为，核查、遵约和遵约执法密切相关。核查具有双重目的：探查和威慑。如果违约者没有受到惩罚，核查也就失去了意义，而威慑更无从谈起。

2005年8月，赖斯国务卿代表布什总统向国会提交了《加入和遵守军控、防扩散和裁军协定与义务》的报告。其中列举了美掌握的有关国家的违约情况，并尽可能详尽地提供了美掌握的证据和理由。该报告的目的是提醒美行政和法律部门以及美公众关注现有和潜在的违约情况。

美2005年向联大一委提交了题为“遵守防扩散、军控和裁军协定”的决议草案。该决议草案不仅提请国际社会重视遵约问题，而且强调遵守国际条约和义务对国际和平与安全至关重要，请各国政府采取一致行动，通过外交手段促使违反国际义务的国家改弦更张。

二、遵约评估

朝鲜和伊朗的例子有力地证明了遵约具备两个固有的组成部分：遵约评估和遵约执法。美判断违约行为的程序是在有关国际义务的基础上，根据美国法律制定的。虽然美判断违约的经验在许多方面是独特的，但美所用的方法却是所有国家都可采用的。现在各国可用来获取判断违约所需情报的方法比以往要多得多。旧的核查理念，即国家核查技术手段已暴露出其局限性。如今，各国可使用一切相关情报，如外交官、别国流亡者、国际核查员、商业卫星等提供的信息来判定有关国家的违约行为。

虽然有必要对所有情报进行甄别，但有时情报能自行证明其可靠性，特别是当该情报被许多不同的信息来源证实的时候。如情报表明某国可能存在违约行为，美首先采取的步骤之一就是研究有关国际协定和国际承诺对其成员国设定的义务是什么。与此同时，美会尽可能地寻找所有与该违约行为相关的信息。当违约情况非常严重时，通过多种渠道收集信息尤为重要。

当有关情报令人不安，却具有不确定性和模糊性，不足以用来判定违约行为的时候，美会中止使用此类情报。美会尽可能区分不小心违约和蓄意违约，因为这关系到应采取何种应对策略的问题。美也会尽力判断违约行为的严重程度，以确定促使有关国家重新遵约所需的各项步骤，或采取其他方式来解决违约关切。判断其他国家是否违约并非易事，有关过程耗时、耗力，是一项系统工程。但作为有关军控、防扩散和裁军协定和承诺的成员国，美的安全在一定程度上取决于其他国家是否遵守上述协定和承诺。因此，遵约评估工作是美国家安全的重要组成部分，可为美提供必要的预警信息，以便美采取反制行动。

三、核查

核查与遵约评估、遵约执法一样，是“遵约进程”的核心组成部分之一，三者密不可分。

“完美的核查”并不存在，“有效核查”也不意味着可以探知每一起违约行为。只有在综合考虑缔约国遵约的历史、缔约国违约带来的风险、阻止违约者从违约行为中受益的难易程度、条约关于核查的规定和核查措施以及美的核查手段等各方面因素后，美才可判断某一条约或机制是否可有效核查。有关条约或机制的可核查度必须高到足以使美在探知违约行为后，有足够时间来降低违约行为对美构成的威胁，并阻止违约者从其错误行为中受益。

国际社会普遍存在一种错误认识，认为仅靠综合采取国际数据宣布、国际合作措施（包括技术措施）和现场视察机制，就足以探知违约行为。事实上，上述措施对调查违约迹象，如国际原子能机构在伊朗开展的活动，以及发现不小心违约的行为颇为有效。但核查活动所获得的信息的多少，取决于经有关各方谈判确定的核查员的准入程度、可采用的信息收集手段等因素，核查活动也只能在特定的时间、地点开展。即便是合作措施，诸如远程照相机、持续监测封记等，虽然十分有效，但也只能在其安装地点发挥作用。条约的可核查程度不能靠是否采取上述措施来判断。这些措施可能有助于使各国相信其他缔约国正在履约，但并不一定有助于探查违约行为，其效力是有限的。“可核查性”评估还受很多其他因素的影响，包括参加条约谈判的国家是否会加入条约，在利益驱动下，有的国家可能不得不违约以及违约行为对条约目标的影响等。

美国在对《禁产条约》进行核查评估时，考虑了上述所有因素。经过两年的认真研究，美认为，即使采用“高入侵性”的核查措施，对《禁产条约》进行“有效国际核查”也是不可能的。因此，试图为《禁产条约》制定“完美”的核查机制，不仅徒劳无功，而且有害无益，势将拖延《条约》谈判进程。此外，无效的核查机制还会使国际社会误以为该《条约》一直在被忠实履行。出于上述考虑，美呼吁日内瓦裁谈会各成员国支持美的主张，致力于达成一项无核查的《禁产条约》，由各国依靠其自身力量来核查《条约》的遵约情况。在该《条约》达成前，美呼吁所有的核武器国家和非《不扩散核武器条约》缔约国公开声明不再生产核武器或其他核爆炸装置用裂变材料。五个核武器国家中的四国，包括美国已经作出这样的承诺。美希望国际社会意识到，并非所有的协议都需采用20世纪军控、裁军和防扩散协定的模式。

四、遵约执法

国际社会正面临严峻的大规模杀伤性武器扩散威胁，其中，违反核不扩散义务的行为最为危险。朝鲜和伊朗作为有关国际协定的缔约国，在过去的几年甚至几十年中一直欺骗国际社会。它们的违约行为绝不是所谓“技术性的”，也不是事故或疏忽，而是蓄意违约。朝、伊为其秘密核计划投入了大量的资源，在其秘密核计划曝光前，两国凭借《不扩散核武器条约》缔约国的身份，捞取了包括核技术合作和援助在内的大量好处。

上一轮“六方会谈”结束时，朝公开声明放弃一切核武器及现有核计划，重返《不扩散核武器条约》和国际原子能机构保障监督。显然，要实现这一目标仍有许多工作要做。鉴于朝过去轻视自身国际义务的不良记录，国际社会应采取强有力的核查措施来确保朝履行其义务。正如希尔大使在“六方会谈”发表《共同声明》后所表示的，朝应立即消除一切核武器和核计划，应采取可靠的国际手段，包括国际原子能机构的参与，来对朝进行核查。

伊朗的核计划也引发了国际社会的关切。下次国际原子能机构理事会会议将讨论将伊违约行为报告安理会的时机和报告内容。向安理会报告本身并不能解决伊核问题。伊朗的统治者必须做出遵守国际义务的战略决策。

国际社会绝不能让违约者从违约行为中获益，否则防扩散机制本身和各国对其的信心都会受到削弱，最终损害所有国家的安全利益。令人欣慰的是，国际社会正在处理扩散问题和滥用“和平合作”权利的问题。例如，核供应国集团已制定了新的指导原则，暂停向违反国际原子能机构保障监督义务的国家转让“触发清单”上的物项。

在戴苏特发言的次日，朝鲜行使答辩权，表示美肆意指责朝鲜，反映出美仍然奉行对朝敌视政策。美的核不扩散政策完全是歧视性的。试问，哪个国家第一个制造和使用了核武器？哪个国家目前仍拥有世界上最庞大的核武库？美大肆鼓吹要对别国的核计划进行核查，目的是想垄断核武器。事实上，美不仅以核武器威胁别国安全，还向有关国家扩散核武器。“六方会谈”发表的《共同声明》明确地规定了美的义务，即实现朝鲜半岛无核化。希望美国能尽早做出战略决策，改变对朝敌视政策，不再对朝进行核威胁。

后 记

在广大会员单位全体同仁的共同努力下，新版《2006年度国际军备控制与裁军报告》终于在早春二月完成了编辑工作，即将公开出版发行。这是协会第三次公开出版此类报告，报告的出版与发行凝聚了广大会员，特别是撰稿人以及协会编辑人员的心血和努力，反映出过去一年中国专家对国际军控与裁军以及防扩散研究领域里的最新成果。

协会领导及全体工作人员万分感谢所有为本报告出版做出贡献的专家、学者和相关人员，希望大家继续努力，把来年的报告做得更好。